Der Auskunftsanspruch gemäß § 131 AktG
und das Informationsbedürfnis des Aktionärs
als Verbandsmitglied und Kapitalanleger

Europäische Hochschulschriften
Publications Universitaires Européennes
European University Studies

Reihe II
Rechtswissenschaft

Série II Series II
Droit
Law

Bd./Vol. 3288

PETER LANG
Frankfurt am Main · Berlin · Bern · Bruxelles · New York · Oxford · Wien

Henning Bälz

Der Auskunftsanspruch gemäß § 131 AktG und das Informationsbedürfnis des Aktionärs als Verbandsmitglied und Kapitalanleger

PETER LANG
Europäischer Verlag der Wissenschaften

Die Deutsche Bibliothek - CIP-Einheitsaufnahme

Bälz, Henning:

Der Auskunftsanspruch gemäß § 131 AktG und das Informationsbedürfnis des Aktionärs als Verbandsmitglied und Kapitalanleger / Henning Bälz. - Frankfurt am Main ; Berlin ; Bern ; Bruxelles ; New York ; Oxford ; Wien : Lang, 2001
(Europäische Hochschulschriften : Reihe 2, Rechtswissenschaft ; Bd. 3288)
Zugl.: Berlin, Freie Univ., Diss., 2001
ISBN 3-631-38485-8

D 188
ISSN 0531-7312
ISBN 3-631-38485-8

www.peterlang.de

VORWORT

Die vorliegende Arbeit wurde im Wintersemester 2000/2001 von der Rechtswissenschaftlichen Fakultät der Freien Universität Berlin als Dissertation angenommen. Sie wurde im Dezember 1998 abgeschlossen; Literatur und Rechtsprechung sind auf dem Stand von Juli 2001.

Die Arbeit entstand während meiner Tätigkeit am Institut für Rechtswissenschaft an der Technischen Universität Berlin als Wissenschaftlicher Mitarbeiter von Herrn Prof. Dr. Dietrich von Stebut. Ihm, der leider viel zu früh verstorben ist, verdanke ich nicht nur die Anregung zu dem Thema. Besonderen Dank schulde ich ihm auch für die Betreuung der Arbeit sowie dafür, daß er mir stets die für ihre Fertigung erforderlichen Freiheiten ließ.

Die Begutachtung der Arbeit, zu der Herr Prof. von Stebut aufgrund seiner schweren Erkrankung nicht mehr in der Lage war, übernahm Herr Prof. Dr. Joachim Schulze-Osterloh. Das Zweitgutachten erstellte Herr Prof. Dr. Lutz Sedatis. Auch Ihnen danke ich.

Schließlich möchte ich mich ganz herzlich bei Frau Karla Julier und Herrn Dr. Carel Maske für die akribische und kritische Durchsicht des Manuskripts bedanken.

Berlin, im Juli 2001

Henning Bälz

INHALT

ABKÜRZUNGSVERZEICHNIS

a.A.	anderer Ansicht
a.a.O.	am angegebenen Ort
abgedr.	abgedruckt
ABl.	Amtsblatt
abl.	ablehnend
Abs.	Absatz
Abschn.	Abschnitt
AcP	Archiv für die civilistische Praxis
a.F.	alte Fassung
AG	Aktiengesellschaft; Die Aktiengesellschaft
AktG	Aktiengesetz
allg.	allgemeine
Alt.	Alternative
Anm.	Anmerkung
AO	Abgabenordnung
Art.	Artikel
BayObLG	Bayerisches Oberstes Landesgericht
BB	Betriebs-Berater
Begr.	Begründung
Beil.	Beilage
BGB	Bürgerliches Gesetzbuch
BGBl.	Bundesgesetzblatt
BGH	Bundesgerichtshof
BGHZ	Entscheidungen des BGH in Zivilsachen
BiRiLi	Bilanzrichtlinien-Gesetz
BörsZulVO	Börsenzulassungs-Verordnung
BT-Drucks.	Bundestags-Drucksache
BVerfG	Bundesverfassungsgericht
bzw.	beziehungsweise
DB	Der Betrieb
ders.	derselbe
dies.	dieselbe(n)
Diss.	Dissertation
DJT	Deutscher Juristentag
DM	Deutsche Mark
DZWir	Deutsche Zeitschrift für Wirtschaftsrecht

ebd.	ebenda
EG	Europäische Gemeinschaften
Einl.	Einleitung
EWiR	Entscheidungen zum Wirtschaftsrecht
EWS	Europäisches Wirtschafts- und Steuerrecht
f(f)	folgende
Fn.	Fußnote
FS	Festschrift
gem.	gemäß
GG	Grundgesetz
GK	Großkommentar
GmbHR	GmbH-Rundschau
HGB	Handelsgesetzbuch
h.M.	herrschende Meinung
Hrsg.	Herausgeber
HV	Hauptversammlung
insb.	insbesondere
i.H.v.	in Höhe von
i.S.v.	im Sinne von
i.V.m.	in Verbindung mit
JA	Juristische Ausbildung
JuS	Juristische Schulung
KG	Kammergericht
KK	Kölner Kommentar zum Aktiengesetz
KWG	Gesetz über das Kreditwesen
LG	Landgericht
m.w.N.	mit weiteren Nachweisen
NJW	Neue Juristische Wochenschrift
Nr.	Nummer
OLG	Oberlandesgericht
RabelsZ	Rabels Zeitschrift für ausländisches und internationales Privatrecht

RdA	Recht der Arbeit
RefE	Referentenentwurf
RegE	Regierungsentwurf
RGZ	Entscheidungen des Reichsgerichts in Zivilsachen
Rn.	Randnummer
Rspr.	Rechtsprechung
S.	Satz, Seite(n)
st.	ständige
u.	und
u.a.	und andere
umstr.	umstritten
UmwBerG	Gesetz zur Bereinigung des Umwandlungsgesetzes
Unstr.	unstreitig
VAG	Versicherungsaufsichtsgesetz
Verf.	Verfasser
vgl.	vergleiche
VVDStRL	Veröffentlichungen der Vereinigung Deutscher Staatsrechtslehrer
WiB	Wirtschaftsrechtliche Beratung
WM	Zeitschrift für Wirtschafts- und Bankrecht
WpHG	Wertpapierhandelsgesetz
WuB	Entscheidungssammlung zum Wirtschafts- und Bankrecht
ZBB	Zeitschrift für Bankrecht und Bankwirtschaft
ZFA	Zeitschrift für Arbeitsrecht
ZfB	Zeitschrift für Betriebswirtschaft
ZfbF	Schmalenbachs Zeitschrift für betriebswirtschaftliche Forschung
ZGR	Zeitschrift für Unternehmens- und Gesellschaftsrecht
ZHR	Zeitschrift für das gesamte Handels- und Wirtschaftsrecht
ZIP	Zeitschrift für Wirtschaftsrecht
ZRP	Zeitschrift für Rechtspolitik
zust.	zustimmend(er)
ZZP	Zeitschrift für Zivilprozeß

EINLEITUNG

„Jedem Aktionär ist auf Verlangen in der Hauptversammlung vom Vorstand Auskunft über Angelegenheiten der Gesellschaft zu geben, soweit sie zur sachgemäßen Beurteilung des Gegenstands der Tagesordnung erforderlich ist." In dieser Form ist der aktienrechtliche Auskunftsanspruch seit 1965 in § 131 Abs. 1 S. 1 geregelt.[1] Die Diskussion, welche Informationen ein Aktionär über „seine" Gesellschaft einholen kann, reicht sehr viel weiter zurück.[2] Sie wurde bereits unter der Geltung der aktienrechtlichen Vorschriften des HGB geführt, die eine ausdrückliche Regelung des Auskunftsrechts noch nicht enthielten, und dauerte fort, nachdem das individuelle Informationsrecht des Aktionärs in § 112 AktG 1937 erstmals Eingang in das Aktienrecht gefunden hatte. Da diese Vorschrift vielfach als unbefriedigend empfunden wurde, erfolgte 1965 im Rahmen der Novelle des AktG eine Neufassung.[3] Obgleich dabei vor allem eine inhaltliche Straffung und Konkretisierung der Norm angestrebt wurde, zeigte sich alsbald, daß das Fragerecht[4] nichts von seiner Konfliktträchtigkeit verloren hatte. Der Gesetzgeber mußte sich sogar den Vorwurf gefallen lassen, mit der Einführung von § 131 sei die Handhabung des Auskunftsanspruchs eher schwieriger als leichter geworden.[5] Diese Kritik wiegt um so schwerer, als nach dem Inkrafttreten der Vorschrift ein sprunghafter Anstieg von Klagen auf Auskunftserteilung zu verzeichnen war.[6] Denn erst seit das Auskunftsrecht zu einem durchsetzbaren Anspruch ausgestaltet worden ist, haben die Aktionäre die Möglichkeit, die Entscheidung des Vorstands einer vollständigen gerichtlichen Kontrolle zu unterziehen.

Die praktische Bedeutung des Auskunftsanspruchs ist bis zum heutigen Tage unverändert groß.[7] Davon zeugt nicht nur die inzwischen kaum mehr

---

[1] §§-Angaben ohne Zusatz sind solche des AktG 1965.

[2] Zur historischen Entwicklung: *Deuss* S. 9 ff.; *Ebenroth* S. 7 ff.; *Ehricke*, BB 1979, 496, 497; *Geßler*, DB 1957, 1254 f.; *Joussen*, AG 2000, 241, 247; *Neuburger*, BB 1957, 1045; *Reinicke* in: Beiträge zur Aktienrechtsreform, S. 117, 118 ff.

[3] Siehe dazu Begr. § 131 RegE, abgedr. bei *Kropff*, AktG, S. 185.

[4] Auch wenn es genaugenommen nicht um das *Recht* zu fragen, sondern den *Anspruch* auf Auskunft geht, soll der in der Diskussion um § 131 vielfach verwendete Begriff „Fragerecht" im folgenden Gebrauch finden.

[5] *Ebenroth/Bohne*, WuB II A. § 131 AktG 1.96, 42; *Luther*, FS Möhring, S. 221.

[6] Dazu *Barz*, FS Möhring, S. 153, 155; siehe auch *Hüffer*, AktG, § 131 Rn. 12: Vielzahl der Urteile ist „kein gutes Zeichen".

[7] Siehe aber *Budde/Steuber*, AG 1996, 542, 546, die aufgrund der Einführung von Abschlüssen, die den *International Accounting Standards* genügen, eine wesentliche Abnahme von

überschaubare Zahl gerichtlicher Entscheidungen. Auch die im Anschluß an die Beschlüsse des LG Berlin[8] und des KG[9] lebhaft und zum Teil heftig geführte Debatte[10] über die Offenlegung des Beteiligungsbesitzes einer Gesellschaft belegt die Relevanz, die dem Fragerecht beigemessen wird. Bei keinem anderen verbandsrechtlichen Informationsrecht stoßen wohl so gegensätzliche Meinungen aufeinander wie bei § 131. Offenbar gelingt es bei anderen Gesellschaftsformen sehr viel öfter, für einen internen Informationsfluß zu sorgen, der den Interessen aller Beteiligten Rechnung trägt. Hingegen herrscht bei der AG oftmals „kleingewichtiges Gezänk"[11] zwischen Verwaltung und Aktionär, wobei es einige wenige, stets gleiche Fragesteller sind, die besonders oft die Auseinandersetzung um die Grenzen des Auskunftsanspruchs suchen.[12] Infolgedessen wird bereits der Ruf nach dem Gesetzgeber laut, der die Geltendmachung des Auskunftsrechts erschweren solle;[13] eine Forderung, der entgegengehalten

---

Auseinandersetzungen um den Auskunftsanspruch des Aktionärs erwarten. Siehe in diesem Zusammenhang auch *Witt*, AG 2000, 257 ff. zur Rechtslage in den USA, Großbritannien und Frankreich.

8 LG Berlin, BB 1993, 1827 ff. mit Anm. *Eichholz*, WuB II A. § 131 AktG 2.94; LG Berlin, AG 1994, 40 ff. Siehe zuletzt LG Berlin, AG 2000, 288.

9 ZIP 1993, 1618 ff.; ZIP 1994, 1267 ff.; ZIP 1995, 1585 ff.; ZIP 1995, 1590 ff.; ZIP 1995, 1592 ff.

10 *U.H. Schneider* in: Assmann/Schneider, WpHG, vor § 21 Rn. 51 f.; *Ebenroth/Wilken*, BB 1993, 1818 ff.; *dies.*, a.a.O., 2030 f.; *Franken/Heinsius*, FS Budde, S. 213, 236; *Geßler*, AktG, § 131 Rn. 11a; *Groß*, EuZW 1994, 395, 402 f.; *ders.*, AG 1997, 97, 106 f.; *Großfeld/Möhlenkamp*, ZIP 1994, 1425 ff.; *Hüffer*, AktG, § 131 Rn. 19a; *ders.*, ZIP 1996, 401 ff.; *G. Krieger*, DStR 1994, 177 ff.; *Noack*, DZWir 1994, 121 ff.; *ders.*, EWiR § 131 AktG 1/94, 833 f.; *ders.*, EWiR § 131 AktG 2/95, 1047 f.; *Spitze/Diekmann*, ZHR 158 (1994), 447, 457 ff.; *Weitbrecht/Wilken*, EWS 1994, 418, 422; *Wenger*, ZIP 1993, 1622 ff.; *Wilken*, EWiR § 131 AktG 1/95, 943 f.; *ders.*, EWiR § 132 AktG 1/94, 1155 f.; *Wittkowski*, EWiR § 131 AktG 2/93, 1043 f.

11 *Lutter* in: 25 Jahre AktG, S. 53, 67.

12 In jüngster Vergangenheit hat insbesondere *Wenger*, der unter anderem mit dem Ziel der Aufdeckung des „Beziehungsgeflechts zwischen deutschen Großkonzernen" angetreten ist (ZIP 1993, 1622, 1625), eine Vielzahl von Beschlüssen in Auskunftserzwingungsverfahren gemäß § 132 erwirkt; so etwa die in Fn. 8 und 9 genannten Entscheidungen, ferner LG München I, WM 1993, 1634 ff.; LG Frankfurt, WM 1994, 1929 ff. Auch in den Verfahren OLG Stuttgart, ZIP 1998, 1482 ff.; LG Stuttgart, ZIP 1998, 422 ff.; OLG Braunschweig, ZIP 1998, 1585 ff.; LG Braunschweig, ZIP 1998, 914 ff., rügte er unter anderem die unzureichende Unterrichtung der Hauptversammlung. Schließlich hat *Wenger* das Auskunftsrecht des Aktionärs auch zum Gegenstand von zwei Verfassungsbeschwerden gemacht, BVerfG, ZIP 1999, 1798 ff.; ZIP 1999, 1801 ff. (siehe dazu unten S. 130 ff. u. 162 ff.).

13 *Stengel*, WuB II A. § 131 AktG 4.96, 944.

wird, ein Aktionär sei bereits nach geltendem Recht zu vielen Einschränkungen unterworfen.[14]

Entsprechend unterschiedlich wird die zu § 131 ergangene Rechtsprechung bewertet. Während den Gerichten von einem Teil der Literatur eine exzessive Auslegung des § 131 vorgeworfen wird,[15] meinen andere, das Auskunftsrecht werde überwiegend (zu) eng interpretiert.[16] Eine einheitliche Linie in den gerichtlichen Entscheidungen läßt sich aufgrund der Verweisung von Auskunftserzwingungsverfahren an die freiwillige Gerichtsbarkeit gemäß § 132 Abs. 3 i.V.m. § 99 ohnehin kaum ausmachen. Zuletzt hat sich dies in der Auseinandersetzung um die Aufdeckung des Beteiligungsbesitzes der auskunftspflichtigen AG gezeigt. Während das BayObLG[17] der Ansicht des KG[18] beigetreten ist und dessen Rechtsprechung fortentwickelt hat, hat es das LG Frankfurt[19] ausdrücklich abgelehnt, sich dem anzuschließen. Der Wunsch nach einer höchstrichterlichen Entscheidung[20] dieser Frage wird sich wohl auf absehbare Zeit nicht erfüllen. Der BGH ist nur dann zu einer Entscheidung in Auskunftserzwingungsverfahren berufen, wenn es zu einer Vorlage gemäß § 28 Abs. 2 FGG kommt, weil ein Oberlandesgericht[21] von der Entscheidung eines anderen abzuweichen beabsichtigt. Und auch das gilt nur dann, wenn beide Entscheidungen im Wege der freiwilligen Gerichtsbarkeit ergangen sind, nicht aber, wenn es sich bei einer davon um ein nach einer Beschlußanfechtung ergangenes Urteil der streitigen Gerichtsbarkeit handelt.[22] Bis zum heutigen Tage ist es noch nicht zu einer Vorlage an den BGH gekommen, der wohl auch in Zukunft nur im Zusammenhang mit Anfechtungsklagen, die auf eine Verletzung des Auskunftsrechts gestützt werden, Stellung zu § 131 nehmen können wird.

Besondere Beachtung findet das aktienrechtliche Auskunftsrecht nicht zuletzt deshalb, weil die Auseinandersetzung um seinen Inhalt und Umfang zumeist *coram publico* ausgetragen wird. Anspruch auf Auskunftserteilung hat der Aktionär ausschließlich in der Hauptversammlung. Frage und Antwort werden

---

14 *Hirte/Leibe,* EWiR § 131 AktG 2/96, 673, 674.

15 Etwa *Eyles,* WuB II A. § 131 AktG 4.94, 680; *Franken/Heinsius,* FS Budde, S. 213, 239.

16 *Burgard* S. 76; *ders.,* AG 1992, 41, 46; *Martens,* WM 1981, 1010, 1020.

17 WM 1996, 2147, 2149 f.; WM 1997, 117, 119 f.

18 Nachweise Fn. 9.

19 WM 1994, 1929, 1931; 1931, 1932 mit Anm. *Harrer,* DStR 1995, 1161; *Wilken,* EWiR § 132 AktG 1/94, 1155 f.

20 *Bork,* EWiR § 131 AktG 3/96, 963; *Hüffer,* ZIP 1996, 401, 411; *Noack,* DZWir 1994, 121; *Saenger,* DB 1997, 145; *Wilken,* EWiR § 131 AktG 1/95, 943, 944.

21 In Bayern das BayObLG.

22 OLG Düsseldorf, ZIP 1987, 1555, 1558.

deshalb nicht nur durch sämtliche Teilnehmer der Hauptversammlung zur Kenntnis genommen; bei großen Publikumsgesellschaften ist zudem durch die Berichterstattung in der Presse gewährleistet, daß der wesentliche Inhalt der Debatte allgemein bekannt wird. Um sich dieses Forum zu erschließen, bedarf es lediglich des Erwerbs einer einzigen Aktie. Vor diesem Hintergrund wird immer wieder beklagt, die Hauptversammlung der AG werde von etlichen Aktionären als Plattform zur Wahrnehmung außergesellschaftlicher Interessen zweckentfremdet, etwa um wirtschafts-, gesellschafts- oder umweltpolitische Vorstellungen publikumswirksam zum Vortrag zu bringen.[23] In einigen Fällen haben auch handfeste materielle Interessen dazu beigetragen, die Diskussion um den Auskunftsanspruch an Schärfe gewinnen zu lassen. „Räuber im Gewande eines Aktionärs“[24] zogen von Hauptversammlung zu Hauptversammlung und provozierten durch eine Vielzahl von Fragen die Verweigerung einer Auskunft, um einen im Anschluß daran gefaßten Beschluß anzufechten und sich ihre Klage später von der AG, der an der Vermeidung der anfechtungsbegleitenden Nachteile gelegen war, „abkaufen“ zu lassen.[25]

Andererseits kann nicht immer ausgeschlossen werden, daß die zurückhaltende Informationspolitik in der Hauptversammlung einiger Gesellschaften weniger durch die Belange der AG als persönliche Interessen des Vorstands motiviert ist. In der Tat können sich Auskunftsersuchen nicht nur zum Nachteil der Gesellschaft auswirken, indem geheimhaltungsbedürftige Tatsachen allgemein bekannt werden. Die Öffentlichkeit der Hauptversammlung sorgt auch dafür, daß aufgrund des Auskunftsanspruchs offenbarte Mißstände ebenso wie Fehleinschätzungen oder gesellschaftsschädigende Verhaltensweisen der Verwaltung allgemein bekannt werden.[26] Kritische Fragen muß der Vorstand insbesondere bei der Entscheidung über seine Entlastung erwarten, mit der die Aktionäre seine Geschäftsführung billigen und ihm für die Zukunft ihr Vertrauen aussprechen. Bei dieser durch die Aktionäre ausgeübten Kontrolle ist er aufgefordert, die für eine unter Umständen negative Bewertung seiner Tätigkeit er-

---

23 Dazu etwa *Geßler*, AktG, § 131 Rn. 3; *Grüner*, NZG 2000, 770, 771; *Kallmeyer*, AG 1998, 123; *Luther*, FS Möhring, S. 221; *Martens*, WM 1981, 1010; *Quack*, AG 1985, 145; *A. Reuter*, DB 1988, 2615; *Stengel*, WuB II A. § 131 4.96, 943, 944; *Stützle*, WuB II A. § 131 2.87, 702; *Timm*, EWiR § 131 AktG 1/86, 7; *Trouet*, NJW 1986, 1302.

24 *Lutter*, FS 40 Jahre Der Betrieb, 193, 194.

25 Siehe etwa die Fälle OLG Düsseldorf, AG 1994, 228, 232; OLG Köln, WM 1988, 1792, 1795 f. mit Anm. *Bayer*, WuB II A. § 340a AktG 1.89, 194 ff.; bestätigt durch BGH, WM 1990, 140, 144 f. mit Anm. *Werner*, WuB II A. § 340a AktG 4.90, 1232 ff.; OLG Frankfurt, WM 1990, 2116, 2119 ff. mit Anm. *Westermann*, WuB II A. § 243 AktG 1.91, 386 ff.; OLG Karlsruhe, WM 1992, 654, 565 f. mit Anm. *Bayer*, WuB II A. § 243 AktG 2.92, 958 ff.

26 Siehe zuletzt etwa OLG Köln, ZIP 1998, 994, 997 und die von *Meilicke/Heidel*, DStR 1992, 113, 116 genannten Beispiele.

forderlichen Auskünfte zu geben: „Der Häftling hat die Stricke zu liefern, mit denen er gebunden werden soll."[27]

Der Vielfältigkeit der in einer Hauptversammlung gestellten Fragen kann nur eine allgemein gehaltene Regelung wie § 131 Rechnung tragen, die notwendigerweise ein gewisses Maß an Rechtsunsicherheit mit sich bringt.[28] Ob eine Frage in einer Hauptversammlung beantwortet werden muß, hängt wesentlich von den Umständen des Einzelfalls ab. Das entbindet jedoch nicht von der Aufgabe, die einer solchen Entscheidung zugrundeliegenden Wertungskriterien aufzuzeigen. Ausgangspunkt entsprechender Überlegungen muß die Frage nach Grundlagen und Funktion des Auskunftsrechts sein. Nachdem zuletzt die Versuche überwogen haben, sich dieser Problematik durch eine rechtsformübergreifende Betrachtung der Informationsrechte in sämtlichen Gesellschaftsformen anzunähern,[29] beschränkt sich die vorliegende Untersuchung auf den aktienrechtlichen Auskunftsanspruch. Ihren Schwerpunkt hat sie bei den rechtsformspezifischen Besonderheiten der Mitgliedschaft in der AG und ihren Auswirkungen auf den Informationsbedarf des Aktionärs.

---

27 So die Charakterisierung der Berichtspflicht des Vorstands gegenüber dem Aufsichtsrat durch *Lutter*, Information und Vertraulichkeit, S. 2.

28 Siehe bereits *Geßler*, DB 1957, 1254.

29 *K. Schmidt*, Informationsrechte, sowie die Dissertationen von *Wischenbart* und *Wohlleben*. Siehe aus jüngster Vergangenheit aber auch die Arbeiten von *S. Schäfer* und *Grage*, die nach Fertigstellung des Manuskripts dieser Arbeit erschienen und inhaltlich nicht mehr berücksichtigt werden konnten.

1. KAPITEL: DIE ANSPRUCHSVORAUSSETZUNGEN

Gläubiger des Auskunftsanspruchs ist der Aktionär. Anderen Personen steht ein Auskunftsanspruch auch dann nicht zu, wenn ihre Anwesenheit in der Hauptversammlung zulässig ist. Bei der Ausübung seines Rechts ist der Aktionär an formelle und materielle Voraussetzungen gebunden. Erstere stecken den äußeren Rahmen für Auskunftsbegehren ab und bereiten in der Praxis kaum Probleme. Zu ihnen gehört, daß das Auskunftsrecht nur in der Hauptversammlung geltend gemacht werden kann. Wie sich aus § 131 Abs. 4 ergibt, können einem Aktionär zwar außerhalb der Hauptversammlung Informationen zur Verfügung gestellt werden; Anspruch hierauf hat er aber nicht.[1] Des weiteren müssen Auskünfte nur auf Verlangen erteilt werden. Der Aktionär muß die Initiative ergreifen, um die Rechnungslegung des Vorstands ergänzende Informationen zu erhalten.[2] Persönlich muß er von seinem Auskunftsanspruch nicht Gebrauch machen. Auch ein Stimmrechtsvertreter oder Legitimationszessionar kann Fragen in der Hauptversammlung vorbringen.[3]

Weitaus problematischer als die formellen sind die materiellen Tatbestandsmerkmale des § 131 Abs. 1 S. 1. Dazu gehört zum einen, daß sich Fragen des Aktionärs auf „Angelegenheiten der Gesellschaft" beziehen müssen. Zum anderen muß der Vorstand eine Auskunft nur erteilen, „soweit sie zur sachgemäßen Beurteilung eines Gegenstands der Tagesordnung erforderlich ist."[4]

§ 1 Angelegenheiten der Gesellschaft

Gegenstand des Auskunftsrechts sind die Angelegenheiten der Gesellschaft. Gemeinhin wird dazu alles gezählt, was sich auf die AG und ihre Tätigkeit bezieht.[5] Dazu gehören notwendigerweise auch die rechtlichen und geschäftlichen

---

[1] Unstr., siehe etwa *Geßler*, AktG, § 131 Rn. 18; *Janberg*, AG 1965, 191.

[2] Anders aber LG Berlin, AG 1997, 183, 185; dazu unten S. 103 f.

[3] Dazu *Ebenroth*, S. 12 f.

[4] Dieses Tatbestandsmerkmal wird im folgenden auch nur mit dem Begriff „Erforderlichkeit" bezeichnet.

[5] BayObLG, AG 1999, 320, 321; WM 1997, 117, 120; LG Heidelberg, AG 1996, 523, 524; GK[3]-*Barz*, § 131 Anm. 7; *Großfeld/Möhlenkamp*, ZIP 1994, 1425; *Noack*, DZWir 1994, 121, 122; KK-*Zöllner*, § 131 Rn. 18; etwas enger *Trouet*, NJW 1986, 1302, 1303: „Tatsachen, die die Gesellschaft unmittelbar als solche kennzeichnen".

Beziehungen der Gesellschaft zu einem verbundenen Unternehmen. § 131 Abs. 1 S. 2 hat insofern lediglich klarstellende Bedeutung.[6]

I. Merkmal ohne eigenständige Bedeutung?

Die sehr allgemein gehaltene Definition der Angelegenheiten der Gesellschaft taugt kaum zu einer näheren Konkretisierung des Auskunftsanspruchs. Fest steht zunächst nur, daß es sich um Tatsachen handeln muß, nach denen gefragt wird.[7] Auskunftsbegehren, die auf die Abgabe einer Prognose oder eines Werturteils in der Hauptversammlung[8] abzielen oder die ein zukünftiges Verhalten[9] des Vorstands zum Gegenstand haben, müssen deshalb nicht beantwortet werden. Im übrigen läßt sich aber bei fast jeder Frage eines Aktionärs zumindest ein fernliegender Zusammenhang zu der AG herstellen. Deshalb wurde den Angelegenheiten der Gesellschaft bislang so gut wie keine Bedeutung beigemessen. Obgleich die Formulierung in § 131 Abs. 1 S. 1 darauf hindeutet, es handele sich um eine eigenständige Anspruchsvoraussetzung, soll sich eine nennenswerte Begrenzung des Fragerechts daraus nicht ableiten lassen;[10] zum Teil heißt es auch, die Angelegenheiten der Gesellschaft setzten einem Auskunftsbegehren des Aktionärs nur „scheinbar" eine Schranke.[11]

Erst in jüngster Vergangenheit finden die Angelegenheiten der Gesellschaft wieder mehr Beachtung, nachdem Aktionäre in einigen Fällen mit ihrem Antrag gemäß § 132 bereits deswegen gescheitert waren, weil das Gericht einen Bezug ihres Auskunftsbegehrens zu der Tätigkeit der AG nicht zu erkennen vermochte.[12] Auf welch unterschiedliche Weise das in § 131 Abs. 1 S. 1 erstge-

---

6 Ganz h.M., siehe etwa OLG Bremen, ZIP 1981, 192, 194; *Ebenroth,* AG 1970, 104, 105; *Hüffer,* AktG, § 131 Rn. 13; *A. Reuter,* BB 1986, 1653, 1655; *Spitze/Diekmann,* ZHR 158 (1994), 447, 449 f.

7 KK-*Zöllner,* § 131 Rn. 18.

8 Ob und in welcher Form sich der Vorstand zu einem bestimmten Sachverhalt bereits vorher eine Meinung gebildet hat, ist allerdings eine Tatsache und kann zum Gegenstand einer Frage gemacht werden.

9 BayObLG, DB 1996, 130, 131; kritisch *Hirte/Leibe,* EWiR § 131 AktG 2/96, 673 f.; zust. *Eyles,* WuB II A. § 131 AktG 3.96, 452, 453.

10 *Hüffer,* AktG, § 131 Rn. 11; *ders.,* ZIP 1996, 401, 406; *Großfeld/Möhlenkamp,* ZIP 1994, 1425; *Meilicke/Heidel,* DStR 1992, 113, 114; *Saenger,* DB 1997, 145, 146.

11 KK-*Zöllner,* § 131 Rn. 18; *Burgard* S. 76; *ders.,* AG 1992, 41, 45 Fn. 67.

12 Siehe etwa BayObLG, WM 1996, 2147, 2151, mit zust. Anm. *Groß,* WuB II A. § 131 1.97, 134, 135; *ders.,* AG 1997, 97, 104 f.; *Hüffer,* AktG, § 131 Rn. 11; LG München, WM 1995, 2033, mit zust. Anm. *Diekgräf,* WuB II A. § 131 AktG 2.96, 130; *Geßler,* AktG, § 131 Rn. 11a; LG Berlin, AG 1994, 40, 42; LG Heidelberg, AG 1996, 523, 525; LG Frankfurt, WM 1994, 1931, 1933.

nannte Merkmal in der Praxis interpretiert wird, läßt sich an zwei Beispielen aus der Rechtsprechung darstellen.

Die Bedeutung der Angelegenheiten der Gesellschaft als eigenständige Anspruchsvoraussetzung hat das BayObLG hervorgehoben.[13] Mit der Begründung, es fehle bereits an diesem Merkmal, gelangte das Gericht zu dem Ergebnis, ein in der Rechtsform der AG betriebenes Kreditinstitut müsse die Frage nach den Abstimmungsempfehlungen an seine Depotkunden nicht beantworten. Erteile eine Bank Vorschläge für die Stimmrechtsausübung in einer anderen Gesellschaft, so nehme sie ausschließlich fremde Angelegenheiten wahr, bei denen sie ihre eigenen Belange außer acht lassen und sich ausschließlich an den Interessen ihrer Kunden orientieren müsse. Daß Gegenstand der Tagesordnung die Beschlußfassung über eine Sonderprüfung wegen eines mißbräuchlichen Gebrauchs des Depotstimmrechts war, konnte nach Ansicht des BayObLG kein anderes Ergebnis rechtfertigen.

Anders hingegen die Tendenz in einigen Entscheidungen des KG. Das Gericht verzichtet auf eine Prüfung des Tatbestandsmerkmals Angelegenheiten der Gesellschaft und prüft sogleich die Erforderlichkeit der Auskunft. Dabei hat das KG nicht nur die Beteiligungen, die unmittelbar durch die auskunftspflichtige AG gehalten werden, als deren Angelegenheiten angesehen.[14] Darüber hinaus rechnete es auch - ohne auf diese Fragestellung näher einzugehen - den Beteiligungsbesitz verbundener Unternehmen zu den Angelegenheiten der auskunftspflichtigen Gesellschaft. Das KG beschränkte sich insofern auf den Hinweis, die wirtschaftliche Lage verbundener Unternehmen wirke sich auch auf die wirtschaftliche Situation der Gesellschaft aus.[15] Im Anschluß daran beschäftigte es sich nur noch mit der Frage, ab welcher Größenordnung der Beteiligungsbesitz der AG und verbundener Unternehmen für eine sachgerechte Beurteilung eines Gegenstands der Tagesordnung erforderlich ist.

Diese Rechtsprechung des KG erteilte der Ansicht *Trouets* eine Absage, nur speziell geregelte Auskunftsrechte wie §§ 293g, 295, 319 bezögen sich auf die wesentlichen Angelegenheiten eines verbundenen Unternehmens. Seiner Folgerung, dies müsse als *argumentum e contrario* dahingehend gewertet werden, daß der allgemeine Auskunftsanspruch nur unmittelbar das Unternehmen betref-

---

13 BayObLG, a.a.O.

14 KG, ZIP 1993, 1618, 1619; ZIP 1994, 1267, 1269; ZIP 1995, 1585, 1587; insofern unstr., siehe nur *Hüffer,* ZIP 1996, 401, 406.

15 KG, ZIP 1993, 1618, 1620; ZIP 1994, 1267, 1271; zust. *Decher,* ZHR 158 (1994), 473, 491; *Hüffer,* ZIP 1996, 401, 406; ähnlich für § 51a GmbHG bereits OLG Hamm, WM 1986, 740, 741, mit Anm. *A. Reuter,* BB 1986, 1653, 1655.

fende Tatsachen umfasse,[16] hat das Gericht offenbar nicht gelten lassen. Damit setzte sich das KG dem Vorwurf aus, es verpflichte die auskunftspflichtige AG im gleichen Maße zu Mitteilungen wie das verbundene Unternehmen selbst. Das könne aber nicht angenommen werden, weil eine so weitgehende Pflicht zur Auskunftserteilung für die Obergesellschaft gemäß § 326 nur in Fällen der Eingliederung vorgesehen sei.[17] Schließlich ist kritisiert worden, das Gericht mißachte den eindeutigen Wortlaut des § 131 Abs. 1 S. 2, wonach sich die Auskunftspflicht lediglich auf die Beziehungen zu verbundenen Unternehmen, nicht aber auf deren Angelegenheiten erstreckt.[18] Ob dieser Kritik zu folgen ist und deshalb mit dem BayObLG zunächst zu prüfen gewesen wäre, ob es sich bei den erfragten Umständen um Angelegenheiten der Gesellschaft handelt, ist im folgenden zu untersuchen.

II. Stellungnahme

Bei seinem Versuch, die Bedeutung der Angelegenheiten der Gesellschaft als eigenständiges Tatbestandsmerkmal herauszuarbeiten, schießt das BayObLG über das Ziel hinaus. Das Erteilen von Abstimmungsvorschlägen, zu dem die AG unter den in § 128 Abs. 2 genannten Voraussetzungen verpflichtet ist, „betrifft" nicht nur die Tätigkeit der AG,[19] sondern ist unmittelbarer Bestandteil ihrer Geschäftstätigkeit. Es handelt sich um eine Geschäftsführungsmaßnahme, die das Verhältnis zu den Depotkunden des Kreditinstituts regelt.[20] Als eine solche kann es wie jeder andere rechtliche oder tatsächliche Vorgang der Geschäftsführung zum Gegenstand einer Sonderprüfung gemäß § 142 Abs. 1 gemacht werden.[21] Daß es sich um eine Angelegenheit handelt, die im Interesse gesellschaftsfremder Dritter liegt, spielt keine Rolle. Das ergibt sich aus § 142 Abs. 2, dem zufolge einem Antrag auf Sonderprüfung stattgegeben werden muß, wenn der Verdacht gerechtfertigt ist, daß es bei dem Vorgang zu Unredlichkeiten oder groben Verletzungen des Gesetzes oder der Satzung gekommen ist. Nicht vorausgesetzt wird, daß es sich um eine Maßnahme handelt, die unmittelbar die Belange der Gesellschaft oder ihrer Aktionäre betrifft.

---

16 *Trouet,* NJW 1986, 1302, 1303, für §§ 293, 295, 319 a.F.; ähnlich LG Heidelberg, AG 1996, 523, 525; anders bereits OLG Düsseldorf, ZIP 1987, 1555, 1556; *Spitze/Diekmann,* ZHR 158 (1994), 447, 450 f.; KK-*Zöllner* § 131 Rn. 19.

17 *Ebenroth/Bohne,* WuB II A. § 131 AktG 1.96, 42, 43; *G. Krieger,* DStR 1994, 177, 178; *Saenger,* DB 1997, 145, 146.

18 *Ebenroth/Bohne,* WuB II A. § 131 AktG 1.96, 42, 43; *Ebenroth/Wilken,* BB 1993, 1818, 1819; *Vossel,* ZIP 1988, 755, 756.

19 Siehe die vom BayObLG in Übereinstimmung mit der h.M. genannte Definition, WM 1996, 2147, 2151.

20 Zutreffend LG München, AG 1994, 380.

21 Dazu *Hüffer,* AktG, § 142 Rn. 4.

Das Verhalten ihrer Organe wird der AG unmittelbar zugerechnet. Daß jede Geschäftsführungsmaßnahme des Vorstands eine Angelegenheit der Gesellschaft ist, kann deshalb nicht ernstlich in Zweifel gezogen werden. Problematisch ist, inwieweit durch das in § 131 Abs. 1 S. 1 erstgenannte Tatbestandsmerkmal Vorgänge „jenseits der Gesellschaft“[22] vom Auskunftsrecht ausgenommen werden. In diesem Zusammenhang heißt es vielfach, „fremde“ Angelegenheiten könnten einen Zusammenhang zu der Geschäftstätigkeit der AG aufweisen und deshalb zu deren „eigenen“ Angelegenheiten werden.[23] Darüber, unter welchen Voraussetzungen dies angenommen werden kann, gehen die Meinungen auseinander. Zum Teil wird vertreten, Angelegenheiten der Gesellschaft lägen nur dann vor, wenn es sich um Umstände handelt, auf die der Vorstand Einfluß nehmen kann.[24] Dem wird entgegengehalten, einzig ausschlaggebendes Kriterium sei, ob die Kenntnis einer Tatsache für die sachgerechte Beurteilung eines Gegenstands der Tagesordnung erforderlich ist. Sei dies der Fall, müßten auch die Rahmenbedingungen der unternehmerischen Tätigkeit der AG, seien sie wirtschaftlicher, politischer oder sogar nur klimatischer Natur, zu den Angelegenheiten der Gesellschaft gerechnet werden. Demnach habe dieses Merkmal neben der Erforderlichkeit der Auskunft keine eigenständige Bedeutung.[25]

Die Entstehungsgeschichte des § 131 Abs. 1 S. 1 ist diesbezüglich wenig aufschlußreich. Obgleich der Gesetzgeber das Auskunftsrecht in der Fassung von § 112 AktG 1937 als zu weitgehend erachtete, übernahm er das Merkmal der Angelegenheiten der Gesellschaft unverändert. Die gewünschte Einschränkung des Auskunftsanspruchs erfolgte einzig durch die Aufnahme des Erforderlichkeitskriteriums.[26] Ausführungen zu Umständen, die außerhalb der Sphäre der AG anzusiedeln sind, finden sich in den Materialien lediglich im Hinblick auf Angelegenheiten verbundener Unternehmen. In diesem Zusammenhang zeigt sich einerseits, daß die wirtschaftliche Lage verbundener Unternehmen nicht ohne weiteres zum Gegenstand des Auskunftsrechts gemacht werden kann.[27] Andererseits macht die Begründung des RegE deutlich, daß

---

22 *Lutter,* EWiR § 131 AktG 3/86, 1055, 1056.

23 Etwa BayObLG, AG 2000, 131, 132; WM 1996, 2147, 2151; *Hüffer,* AktG, § 131 Rn. 11.

24 So zumindest für das Auskunftsrecht des Aktionärs einer Konzernmutter über Angelegenheiten einer Tochtergesellschaft, *Lutter,* AG 1985, 117, 121; *Spitze/Diekmann,* ZHR 158 (1994), 447, 455 f.; *Vossel,* ZIP 1988, 755, 756.

25 So insbesondere KK-*Zöllner* § 131 Rn. 18; ebenso *Burgard* S. 76; *ders.,* AG 1992, 41, 45 Fn. 67; *Großfeld/Möhlenkamp,* ZIP 1994, 1425, 1426; *Meilicke/Heidel,* DStR 1992, 113, 114; *U.H. Schneider* in: Assmann/Schneider, WpHG, vor § 21 Rn. 52 Fn. 40; *Wittkowski,* WuB II A. § 131 AktG 2.95, 146, 147.

26 Dazu sogleich S. 14.

27 Begr. § 131 RegE, abgedr. bei *Kropff,* AktG, S. 185.

§ 131 Abs. 1 S. 2 den Auskunftsanspruch nicht dahingehend beschränkt, nur die Beziehungen zu, nicht aber die Angelegenheiten der verbundenen Unternehmen könnten Angelegenheiten der auskunftspflichtigen AG sein. Ein geschäftlicher Vorgang bei einem verbundenen Unternehmen kann vielmehr so bedeutend sein, daß er zu einer Angelegenheit der auskunftspflichtigen Gesellschaft wird.[28] Ob damit allein auf die wirtschaftliche Größenordnung eines Vorgangs abgestellt werden sollte[29] oder darüber hinaus eine bestimmte Qualität erforderlich ist, läßt sich den Materialien nicht entnehmen.

Eine systematische Auslegung ergibt zweierlei. Zum einen legt ein Vergleich mit § 142 Abs. 1 nahe, daß der Begriff der Angelegenheiten der Gesellschaft weiter ist als der eines Vorgangs bei der Geschäftsführung. Zum anderen zeigt § 289 Abs. 1 HGB, daß sich die Informationspflicht des Vorstands gegenüber der Hauptversammlung nicht auf solche Umstände beschränkt, die unmittelbar der Sphäre der AG zuzurechnen sind. Um ein den tatsächlichen Verhältnissen entsprechendes Bild des Geschäftsverlaufs und der Lage der Gesellschaft zu vermitteln, ist es unter Umständen geboten, auf den Markt und das Umfeld einzugehen, in dem die Gesellschaft tätig ist, und die volkswirtschaftlichen und politischen Rahmenbedingungen zu erörtern, soweit sie einen konkreten Bezug zu der Gesellschaft aufweisen.[30] Gemäß §§ 176 Abs. 1, 175 Abs. 2 ist der Lagebericht zusammen mit dem Jahresabschluß und dem Bericht des Aufsichtsrats der Hauptversammlung vorzulegen, so daß er zum Gegenstand von Fragen gemacht werden kann. Das setzt voraus, daß der Umfang des Auskunftsanspruch nicht hinter dem des Lageberichts zurückbleibt. Um eine sachgerechte Ergänzung des darin vermittelten Bildes von der Lage der Gesellschaft zu ermöglichen, müssen sämtliche Berichtsgegenstände als Angelegenheiten der Gesellschaft i.S.d. § 131 Abs. 1 S. 1 angesehen werden.[31]

Daran wird deutlich, daß es der jeweilige Tagesordnungspunkt ist, der Art und Umfang der zu erteilenden Auskünfte bestimmt. Nur so kann der Regelungsabsicht des § 131 Abs. 1 S. 1 Rechnung getragen werden, den Aktionären eine fundierte Meinungsbildung in der Hauptversammlung zu ermöglichen.[32]

---

28 Siehe Begr. § 131 RegE, a.a.O. und die ganz h.M., etwa GK^{3}-*Barz,* § 131 Anm. 9; G/H/E/K-*Eckardt,* § 131 Rn. 52; *Hüffer,* AktG, § 131 Rn. 16; *Lutter,* AG 1985, 117, 120; KK-*Zöllner,* § 131 Rn. 29; anders nur *Vossel,* S. 63 ff.

29 So offenbar BayObLG, WM 1997, 117, 121.

30 *Adler/Düring/Schmaltz,* § 289 HGB Rn. 67 f.; *Semler,* ZfbF-Sonderheft 10/1980, 177, 200.

31 *Adler/Düring/Schmaltz,* a.a.O. Rn. 28.

32 Deshalb hat es eine Minderheit der Aktionäre mit dem Antragsrecht gemäß § 122 Abs. 2 auch in der Hand, nicht nur die Tagesordnung, sondern auch die Auskunftspflichten des Vorstands in der Hauptversammlung zu erweitern, *Franken/Heinsius,* FS Budde, S. 213, 228 ff. u. 237; wohl auch *Henn,* BB 1982, 1185, 1186. Anders verhält es sich bei bloßen Gegenanträgen

Um dieses Ziel zu erreichen, bedarf es einer Unterrichtung über alle Tatsachen, deren Kenntnis für die sachgerechte Beurteilung der Tagesordnung erforderlich ist. Sinn und Zweck des § 131 Abs. 1 S. 1 gebieten es deshalb, das an zweiter Stelle genannte Tatbestandsmerkmal als das entscheidende anzusehen. Damit schließt sich der Kreis zu dem Beschluß des BayObLG. Denn auch das BayObLG hielt es für möglich, daß die vermeintlich fremden Angelegenheiten zugleich solche der Gesellschaft sind. In diesem Zusammenhang stellte es auf eine drohende Schmälerung des Geschäftsergebnisses oder Schadensersatzansprüche ab, vermochte eine entsprechende Gefahr anhand des Sachverhalts aber nicht zu erkennen.[33] Damit hat es in der Sache die Prüfung der Erforderlichkeit vorweggenommen und das Auskunftsbegehren daran scheitern lassen, daß der Antragsteller den Zusammenhang zu einem Tagesordnungspunkt nicht hinreichend substantiiert dargelegt hatte. Wäre ihm dies gelungen, so hätte nicht nur von einer Angelegenheit der Gesellschaft ausgegangen, sondern gleichermaßen auch die Erforderlichkeit bejaht werden müssen. Das BayObLG hat lediglich die Prüfungsreihenfolge des KG umgekehrt: Während dieses sogleich auf die Erforderlichkeit einging, meint jenes, eine Angelegenheit der Gesellschaft verneinen zu müssen, weil die erfragten Informationen für die Beurteilung der Tagesordnung nicht erforderlich waren.[34]

§ 2 Die Erforderlichkeit der Auskunft

Die Prüfung der Anspruchsvoraussetzungen des § 131 Abs. 1 S. 1 konzentriert sich auf die Frage, ob eine Auskunft erforderlich ist, um einen Tagesordnungspunkt sachgemäß beurteilen zu können. Das liegt nicht nur daran, daß sich (bisher) die Angelegenheiten der Gesellschaft für den Fragesteller als eine leicht zu nehmende Hürde erwiesen haben. Darüber hinaus beschreibt die Erforderlichkeit das Informationsbedürfnis des Aktionärs und damit das für den Auskunftsanspruch typische Merkmal. Daß die Mitglieder in der Hauptversammlung ihre Rechte in Angelegenheiten der Gesellschaft ausüben, ergibt sich bereits aus § 118 und wird durch § 131 Abs. 1 S. 1 lediglich bestätigt. Erst der erforderliche Zusammenhang mit einem Tagesordnungspunkt konkretisiert das

---

gemäß § 126 AktG, die den Tagesordnungspunkt als solchen unberührt lassen, zutreffend hierzu *Franken/Heinsius*, a.a.O., S. 226 f. Zum Recht des Vorstands auf Zurückweisung eines Antrags gemäß § 122 Abs. 2: *H.-J. Mertens*, AG 1997, 481, 487 ff.

[33] BayObLG, WM 1996, 2147, 2151.

[34] Nichts anderes gilt für die Entscheidung des LG Berlin, AG 1994, 40, 42, daß Beteiligungen der Aktionäre an der auskunftspflichtigen AG nicht deren Angelegenheiten sind, und für den Beschluß des LG Heidelberg (AG 1996, 523, 525), hinsichtlich der Buchwerte, mit denen die auskunftspflichtige AG bei der herrschenden AG geführt wird.

Fragerecht und lenkt das Interesse der Aktionäre an einer Unterrichtung über die Gesellschaft in geordnete Bahnen.[35]

I. Die Erforderlichkeit als anspruchsbegrenzendes Merkmal

1. Entstehungsgeschichte

Geht es um die Bedeutung des Erforderlichkeitskriteriums, so wird immer wieder auf die Gesetzesmaterialien verwiesen.[36] Die Formulierung, die Auskunft müsse zur sachgemäßen Beurteilung der Tagesordnung erforderlich sein, sollte *das* Kriterium sein, Auskünfte in der Hauptversammlung auf ein sachgerechtes Maß zu begrenzen. Nach § 112 AktG 1937 reichte es noch aus, daß sich eine Frage auf Angelegenheiten der Gesellschaft bezog, die mit dem Gegenstand der Verhandlung in Zusammenhang standen. Dieses Merkmal, das nach überwiegender Ansicht weit auszulegen war und bereits bei einem losen Bezug zur Tagesordnung gegeben sein sollte,[37] hielt der Gesetzgeber für zu allgemein und weitgehend. In der Begründung des RegE heißt es deshalb: „Es genügt nicht ein Zusammenhang mit einem Tagesordnungspunkt, vielmehr muß darüber hinaus die Auskunftserteilung auch zur sachgemäßen Beurteilung dieses Tagesordnungspunktes erforderlich sein."[38]

Mit seiner Funktion als Schranke für Auskunftsbegehren nimmt die Erforderlichkeit bei der Neufassung des § 131 eine exponierte Stellung ein. Denn im Rahmen der Aktienrechtsnovelle von 1965 bildete sie nicht nur ein, sondern das *einzige* Merkmal, das auf eine im Vergleich zur Vorgängerregelung engere Fassung des Auskunftsanspruchs hindeutet.[39] Im übrigen war die Neuregelung des Auskunftsanspruchs deutlich von dem Anliegen geprägt, die Stellung des einzelnen Aktionärs zu verbessern. Zu diesem Zweck wurde das Auskunftsrecht zu einem Anspruch ausgestaltet, der in einem eigenständigen Erzwingungsverfahren gemäß § 132 durchgesetzt werden kann. Während der Vorstand unter der Geltung von § 112 AktG 1937 noch als „Richter in eigener Sache"[40] über die

---

[35] Auch wenn ein Aktionär von seinem *Rede*recht Gebrauch macht und sich mit einem eigenen Beitrag an die Hauptversammlung wendet, muß er sich auf erforderliche Ausführungen beschränken; *Quack,* AG 1985, 145; *ders.,* FS Brandner, S. 113, 115; *Schaaf,* ZIP 97, 1324, 1326; ähnlich *Kallmeyer,* AG 1998, 123, 124; *Martens,* WM 1981, 1010, 1017.

[36] Etwa OLG Düsseldorf, ZIP 1986, 1557, 1558; *Saenger,* DB 1997, 145, 147; *Trouet,* NJW 1986, 1302, 1303; einschränkend aber *Flume,* Grundfragen, S. 19.

[37] BGHZ 32, 159, 165; *Barz,* BB 1957, 1253, 1254; *Deuss* S. 62; *Klauss,* BB 1957, 732, 733.

[38] Begr. § 131 RegE, abgedr. bei *Kropff,* AktG, S. 185.

[39] Siehe die Gegenüberstellung von § 112 AktG 1937 und § 131 AktG 1965 bei *Karehnke,* AG 1968, 280, 282.

[40] Begr. § 131 RegE, abgedr. bei *Kropff,* AktG, S. 185; zur (vollen) gerichtlichen Prüfung auch OLG Hamburg, AG 1969, 150, 151; LG Heidelberg, AG 1967, 81, 82, mit Anm. *Henn,*

Beantwortung einer Frage entschied und seine Entscheidung nur auf einen mißbräuchlichen Gebrauch hin kontrolliert werden konnte, erfolgt nunmehr eine vollständige gerichtliche Überprüfung. Die Einfügung eines abschließenden Katalogs von Auskunftsverweigerungsgründen in § 131 Abs. 3 S. 1 sollte es dem Aktionär schließlich ermöglichen, die Erfolgsaussichten eines Auskunftsbegehrens besser zu bewerten.

2. Bezug zu einem konkreten Tagesordnungspunkt

Das Interesse, über die Gesellschaft informiert zu werden, findet nur unter bestimmten Anforderungen Anerkennung. § 131 Abs. 1 S. 1 hindert einen Aktionär daran, seine Frage mit einem über den Rahmen der Hauptversammlung hinausgehenden Informationsbedürfnis zu begründen. Ein gesellschafts- oder wirtschaftspolitisches Interesse, etwa an einer größeren Transparenz des Aktienmarktes oder an der Aufdeckung nationaler und internationaler Verflechtungen von Kapitalgesellschaften, rechtfertigt für sich genommen noch kein Auskunftsersuchen.[41] Das bedeutet allerdings nicht, daß eine Auskunft erst dann erforderlich ist, wenn sie für sich genommen die sachgemäße Beurteilung eines Gegenstands der Tagesordnung ermöglicht. Es reicht aus, daß sie überhaupt als Entscheidungsgrundlage geeignet ist und eine wesentliche Ergänzung der dem Aktionär bereits zur Verfügung stehenden Kenntnisse bildet.[42]

Ob dies der Fall ist, läßt sich nach einhelliger Ansicht nur im Zusammenhang mit einem konkreten Tagesordnungspunkt, nicht aber durch eine Gesamtschau auf alle in der Hauptversammlung behandelten Gegenstände feststellen.[43] Der Aktionär ist darauf angewiesen, sein Auskunftsbegehren zum „richtigen" Zeitpunkt vorzubringen bzw. zu wiederholen. Denn eine Frage kann zwar zu einem Gegenstand der Tagesordnung zulässig, hingegen zu einem anderen zurückzuweisen sein. Das ist insbesondere dann von Bedeutung, wenn später eine Anfechtungsklage auf eine unzureichende Unterrichtung der Teilnehmer der

---

ebenda, S. 83; *Baumbach/Hueck*, AktG, § 131 Rn. 13; kritisch *S. Wilhelmi*, NJW 1968, 731, 732 f.

[41] KG, ZIP 1994, 1267, 1271; LG Berlin, AG 1994, 40, 41 f.; BB 1993, 1827, 1829; *Ebenroth/Koos*, BB 1995 Beilage 8, S. 2; *Eyles*, WuB II A. § 131 AktG 3.96, 452, 453; *Hemeling*, WuB II A. § 131 AktG 1.94, 59, 61; *A. Reuter*, DB 1988, 2615.

[42] KG, ZIP 1994, 1268, 1269; ZIP 1995, 1585, 1586; ob sich der dort angeführten Entscheidung des LG München (AG 1993, 519) tatsächlich etwas anderes entnehmen läßt, erscheint zweifelhaft.

[43] Siehe etwa BayObLG, AG 2000, 131, 132; DB 1996, 130; ZIP 1996, 1743, 1744 f., mit Anm. *Bork*, EWiR § 131 AktG 3/96, 963 f.; OLG Frankfurt, BB 1993, 2181; *Hüffer*, ZIP 1996, 401, 407; *Saenger*, DB 1997, 145, 146. Anders nur, wenn eine Generaldebatte zu sämtlichen Tagesordnungspunkten geführt wird, dazu BayObLG, DB 2001, 1138.

Hauptversammlung gestützt wird.[44] Es genügt nicht, daß der Aktionär seine unbeantwortet gebliebene Frage überhaupt in der Hauptversammlung gestellt hat. Er muß sie zu dem Tagesordnungspunkt vorgebracht haben, zu dem der angefochtene Beschluß gefaßt worden ist. Bezog sich sein Auskunftsbegehren auf einen anderen Gegenstand der Tagesordnung und erweist sich eine Auskunft in diesem Zusammenhang als nicht erforderlich, so ist der Vorstand nicht gehalten, im weiteren Verlauf der Hauptverhandlung von sich aus zu prüfen, ob sie zu einem später erörterten Gegenstand zu erteilen wäre.

Diese ganz überwiegend vertretene Ansicht kann für sich den Wortlaut des § 131 Abs. 1 S. 1 anführen. Dennoch ist die ausschließliche Zuordnung eines Auskunftsbegehren zu einem Gegenstand der Tagesordnung problematisch. Aus § 120 Abs. 3 ergibt sich nicht nur, daß die Verhandlung über die Entlastung der Verwaltung mit der über die Verwendung des Bilanzgewinns verbunden werden soll (S. 1), sondern auch, daß die Beschlußfassung auf der Grundlage des vorgelegten Jahresabschlusses, des Lageberichts und des Berichts des Aufsichtsrats beruht (S. 2). Fragen zum Tagesordnungspunkt „Vorlage des Jahresabschlusses" werden daher fast immer auch im Hinblick auf die später anstehenden Beschlußfassungen gestellt. Die Unterscheidung, ob ein Auskunftsbegehren sich auf den Jahresabschluß „als solchen" oder zugleich auf die nachfolgende Abstimmung über Gewinnverwendung und Entlastung bezieht, wird sich vielfach nicht treffen lassen. Nachdem auch in gerichtlichen Entscheidungen oftmals offen bleibt, welchem konkreten Gegenstand der Tagesordnung eine Auskunft zuzuordnen ist,[45] muß eine solche Beurteilung erst recht dem Aktionär schwer fallen. Ein vorsichtiger Aktionär wird seine Fragen deshalb „sicherheitshalber" zu mehreren Tagesordnungspunkten vorbringen, um zu vermeiden, seine berechtigte Frage lediglich zu einem „falschen" Zeitpunkt gestellt zu haben. Hauptversammlungen, deren Dauer ohnehin oftmals als ermüdend empfunden wird, werden zusätzlich verlängert und in ihrem Ablauf gehemmt.[46]

Es sind weniger die Anforderungen, die § 131 Abs. 1 S. 1 an ein Auskunftsbegehren stellt, als die Folgen einer Anfechtungsklage für die Gesellschaft, die eine eindeutige Zuordnung einer Frage zu einem bestimmten Tagesordnungs-

---

44 Dazu BGHZ 119, 1, 13 f., mit zust. Anm. *Windbichler,* EWiR § 295 AktG 1/92, 953, 954; LG Köln, AG 1991, 38; OLG München, WM 1994, 742, 745, mit zust. Anm. *Claussen,* WuB IV D. § 252 HGB 1.94, 828, 829; KG, WM 1996, 1454, 1458; *Geßler,* AktG, § 131 Rn. 10.

45 Jeweils mehrere Tagesordnungspunkte nennen etwa KG, ZIP 1994, 1267, 1270; ZIP 1993, 1618, 1619, mit insofern kritischer Anm. *Hüffer,* ZIP 1996, 401, 406 f.; *Saenger,* DB 1997, 145, 147; BayObLG, WM 1997, 117, 120; DB 1996, 130; OLG Frankfurt, WM 1983, 1071; LG Berlin, AG 1994, 40; BB 1993, 1827, 1828; WM 1990, 978, 981.

46 *H. N. Götz,* ZIP 1995, 1310; siehe ferner die von *Franken/Heinsius,* FS Budde, S. 213, 229, genannten Beispiele.

punkt erforderlich machen. Insbesondere bei großen Publikumsgesellschaften ist es angesichts der Dauer von Hauptversammlungen und der Vielzahl von Redebeiträgen und Auskunftsbegehren für den Vorstand ausgesprochen schwierig, sich stets aller noch offenen Fragen bewußt zu sein und bei jedem Beschlußpunkt erneut zu prüfen, ob eine bereits zuvor verlangte Auskunft nunmehr erteilt werden muß. Versäumt er dies und könnte ein Aktionär daraufhin Anfechtungsklage erheben, so würden wirtschaftlich sinnvolle und erwünschte Maßnahmen auf lange Zeit verhindert. Das gilt nicht nur dann, wenn die Eintragung der beschlossenen Maßnahme in das Handelsregister, etwa gemäß § 16 Abs. 2 UmwG oder § 319 Abs. 5, eine Negativerklärung des Vorstands voraussetzt.[47] Auch wenn dies nicht der Fall ist, kann das Eintragungsverfahren gemäß § 127 FGG bis zur Entscheidung über die Anfechtungsklage ausgesetzt werden.[48]

Angesichts dieser Konsequenzen ist es sachgerecht, die Anfechtung eines Beschlusses wegen der Verletzung des Auskunftsrechts davon abhängig zu machen, daß der betreffende Aktionär vor der Beschlußfassung seine bereits in anderem Zusammenhang gestellte Frage wiederholt. Eine kurze Erklärung, daß er an einer Frage festhalten wolle, ist für ihn ohne nennenswerten Aufwand möglich und kann ihm deshalb zugemutet werden. Er gibt dadurch zu erkennen, welchen Stellenwert er seinem Auskunftsverlangen beimißt und daß es ihm auch in Hinblick auf den zu fassenden Beschluß bedeutsam erscheint. Dem Vorstand wird vor Augen geführt, mit welchem Risiko eine Auskunftsverweigerung verbunden ist. Er kann dann erneut abwägen, ob er die Frage nicht doch beantworten möchte, um so der Gefahr einer späteren Anfechtung zu begegnen.[49]

3. Die Abgrenzungsschärfe der Erforderlichkeit in der Praxis

Die bisherigen Ausführungen deuteten auf die hohen Erwartungen hin, die sich an die Erforderlichkeit als anspruchsbegrenzendes Tatbestandsmerkmal richten. Nicht nur der Gesetzgeber schien davon auszugehen, daß ihm mit der Neuformulierung der Anspruchsvoraussetzungen eine eindeutige und im Vergleich zu der vorherigen Fassung der Vorschrift engere Abgrenzung gelungen sei. Wer verlangt, die Erforderlichkeit müsse sich im Hinblick auf einen konkreten Gegenstand der Tagesordnung feststellen lassen, setzt ebenfalls voraus, eine solche Verbindung könne stets hergestellt werden. In der Praxis erweist es

---

47 Diese Problematik ist durch das Verfahren zur Überwindung der Registersperre gemäß § 319 Abs. 6 AktG bzw. § 16 Abs. 3 UmwG allenfalls entschärft, nicht aber beseitigt worden. Zu ersten praktischen Erfahrungen mit § 16 Abs. 3 UmwG siehe *Decher,* AG 1997, 388 ff.; *Rieger/Schockenhoff,* ZIP 1997, 2105 ff.

48 Dazu etwa *Geßler,* AktG, § 243 Rn. 25; GK^4-*Hüffer,* § 243 Rn. 119.

49 BGHZ 119, 1, 14; OLG München, WM 1994, 742, 745.

sich jedoch vielfach als schwierig, den Informationsfluß zwischen Verwaltung und Aktionären zur Zufriedenheit beider Seiten zu gestalten. Wie die große Zahl von Auskunftserzwingungsverfahren zeigt, erachten nach wie vor viele Aktionäre die freiwillig durch die AG zur Verfügung gestellten Informationen als unzureichend.

Es ist deshalb fraglich, ob dem Gesetzgeber mit der Erforderlichkeit tatsächlich eine „glückliche Begrenzung"[50] des Auskunftsanspruchs gelungen ist. Dem Vorstand, der oftmals im Laufe einer hitzig geführten Debatte über eine Vielzahl von Auskunftsbegehren befinden muß, werden von Literatur und Rechtsprechung nur dürftige Leitlinien für seine Entscheidung zur Verfügung gestellt. Das gilt sowohl für die Ansicht, für § 131 Abs. 1 S. 1 gelte ein „großzügiger Maßstab"[51] bzw. die Norm sei „weit"[52], jedenfalls aber „nicht kleinlich"[53] auszulegen, als auch für die gegenteilige Behauptung, nur eine „relativ strenge"[54] oder (gar) „strenge"[55] Handhabung des Auskunftsrechts sei angemessen. Der Vorstand kann aufgrund dieser Aussagen, die nicht mehr als vage Anhaltspunkte für die Auslegung bieten, kaum abwägen, wie er unnötige Auskunftserzwingungs- und Anfechtungsverfahren vermeiden kann, ohne sensible Unternehmensdaten zu offenbaren. Fragesteller sind andererseits nicht in der Lage, die Erfolgsaussichten einer prozessualen Durchsetzung des Auskunftsrechts einzuschätzen. Im folgenden ist deshalb auf die Kriterien einzugehen, die über ganz allgemeine Maßstäbe hinaus bei der Bestimmung dessen, was zur sachgemäßen Beurteilung eines Tagesordnungspunktes erforderlich ist, angelegt werden.

II. Der „objektive Durchschnittsaktionär"

Wendet man sich zunächst der Person des fragenden Aktionärs zu, so stößt man auf die einhellig vorgebrachte Formulierung, abzustellen sei auf einen objektiv bzw. vernünftig denkenden Durchschnittsaktionär, der die Gesellschaftsverhältnisse nur aufgrund allgemein bekannter Tatsachen kennt und deshalb die

---

[50] *von Caemmerer* in: Das Frankfurter Publizitätsgespräch, S. 141, 168.

[51] *U.H. Schneider* in: Assmann/Schneider, WpHG, vor § 21 Rn. 52 Fn. 41.

[52] *Emde*, ZIP 1998, 725, 726.

[53] *Burgard* S. 76; G/H/E/K-*Eckardt*, § 131 Rn. 36; *Nitschke/Bartsch*, AG 1969, 95, 97; *Werner*, WuB II A. § 131 AktG 1.87, 183; ähnlich *Baumbach/Hueck*, AktG, § 131 Rn. 7; *G. Hueck*, GesR, § 25 III 4; OLG Hamburg AG 1969, 150.

[54] OLG Düsseldorf, ZIP 1986, 1557, 1558.

[55] OLG Düsseldorf AG 1987, 21, 23; OLG Frankfurt ZIP 1986, 1244, 1246; LG München AG 1981, 79, 81 *Saenger*, DB 1997, 145, 147; *Franken/Heinsius*, FS Budde, S. 213, 225; vermittelnd: *Hefermehl*, FS Duden, 109, 112; *Luther*, FS Möhring, 221, 238.

Auskunft zur Beurteilung der Tagesordnung benötigt.[56] Einem solchen Aktionär kommt bei Auseinandersetzungen um das Auskunftsrecht in zweifacher Hinsicht Bedeutung zu. In Auskunftserzwingungsverfahren ist er der Maßstab, ob eine Auskunft erforderlich ist und deshalb erteilt werden muß. Darüber hinaus spielt er bei der Prüfung von Anfechtungsklagen, die auf eine zu Unrecht verweigerte Auskunft gestützt werden, eine wesentliche Rolle. Denn die Begründetheit der Klage hängt nicht zuletzt davon ab, ob die fehlende Unterrichtung der Aktionäre für deren Beschlußfassung kausal war. Gemäß § 243 Abs. 4 ist es zwar unerheblich, ob die Hauptversammlung oder Aktionäre erklärt haben oder erklären, die Verweigerung der Auskunft habe keinen Einfluß auf die Beschlußfassung gehabt. Das bedeutet jedoch nicht, daß es nicht darauf ankommt, ob die begehrte Auskunft Einfluß auf die anschließende Abstimmung gehabt hätte. Entscheidend soll dabei sein, ob ein objektiv denkender Aktionär dann, wenn die Auskunft ordnungsgemäß erteilt worden wäre, genauso abgestimmt hätte, wie ohne die verlangte Mitteilung.[57] Ist dies der Fall, so bleibt der Anfechtungsklage der Erfolg versagt.

Auf welche Art und Weise ein „durchschnittlicher" Aktionär zu ermitteln ist, darüber finden sich trotz der vielfachen Verwendung des Begriffs so gut wie keine Hinweise. Objektive Maßstäbe[58] lassen sich zunächst nur insofern anlegen, als es nicht ausreicht, daß der konkrete Fragesteller eine Auskunft für erforderlich hält. Dies ergibt sich bereits aus dem Wortlaut des § 131 Abs. 1 S. 1, sollte sich im übrigen aber auch von selbst verstehen. Zwar mag das Mitglied davon überzeugt sein, selbst am besten zu wissen, welche Kenntnisse es seiner Meinungsbildung zugrunde legen will. Wären seine eigenen Vorstellungen maßgeblich, würde dies aber vielfach den geordneten Ablauf einer Hauptversammlung torpedieren und dem Mißbrauch des Fragerechts Vorschub leisten.[59] Die Neufassung des Auskunftsrechts sollte es sicherlich nicht mit sich bringen, daß statt des Vorstands nunmehr der Aktionär als „Richter in eigener Sache"[60]

---

[56] So oder ganz ähnlich etwa: OLG Karlsruhe, NZG 1999, 604, 605, mit zust. Anm. *Bungert,* ebenda, 605, 606; BayObLG, WM 1997, 117, 119; KG, ZIP 1994, 1267, 1269; OLG Frankfurt, ZIP 1986, 1244, 1246, mit Anm. *Finken,* EWiR § 131 AktG 2/86, 957 f.; GK³-*Barz,* § 131 Anm. 10; *Großfeld/Möhlenkamp,* ZIP 1994, 1425, 1426; *Geßler,* AktG § 131 Rn. 11; *Hüffer,* AktG, § 131 Rn. 12; *G. Krieger,* DStR 1994, 177; *Meilicke/Heidel,* DStR 1992, 113, 115; *Saenger,* DB 1997, 145, 147; *Semler* in: Münch. Hdb AG, § 37 Rn. 8; *Spitze/Diekmann,* ZHR 158 (1994), 447, 459.

[57] BGH, ZIP 1990, 168, 171; KG, DB 2000, 1755, 1756; OLG Düsseldorf, AG 1991, 444, 445; LG Frankfurt, BB 1985, 163, 165.

[58] BayObLG, DB 1996, 130; WM 1997, 117, 119; OLG Düsseldorf, ZIP 1987, 1555, 1556; *Spitze/Diekmann,* ZHR 158 (1994), 447, 459.

[59] *Ebenroth* S. 42; *Hefermehl,* FS Duden, S. 109, 111.

[60] Siehe oben Fn. 40.

über die Erforderlichkeit einer Mitteilung urteilt. Deshalb können Auskünfte, die der Vorstand im Verlauf der Hauptversammlung bereits erteilt hat, einem Aktionär aber entgangen sind, nicht nochmals zum Gegenstand eines Auskunftsverlangens gemacht werden, mögen sie für den Fragesteller persönlich auch erforderlich sein.[61] Andererseits spricht eine solch objektive Betrachtung aber auch dafür, daß es nicht auf persönliche Motive oder Emotionen des Fragestellers ankommt.[62]

Abgesehen von dieser wohl unstreitigen Bedeutung läßt sich das Profil eines Durchschnittsaktionärs kaum „ermitteln". Die Rechtswirklichkeit kennt ganz verschiedene Erscheinungsformen von Gesellschaften und Aktionären, die nahezu beliebig in weitere Gruppen untergliedert werden können.[63] Unterscheiden lassen sich etwa börsennotierte und nicht börsennotierte, mit anderen Unternehmen verbundene oder selbständige Aktiengesellschaften. Nach der Zahl der Anteilseigner kann zwischen Publikumsgesellschaften mit einem unüberschaubaren, anonymen Kreis von Aktionären, (Familien-)gesellschaften mit zahlenmäßig begrenztem Aktionärskreis sowie schließlich der Ein-Mann-AG differenziert werden. Eng mit der Zusammensetzung der Mitglieder ist die in der AG anzutreffende Herrschaftsstruktur verbunden. Sie kann durch einen oder mehrere Großaktionäre ebenso geprägt sein wie durch in Splitterbesitz befindliche Anteile, die zu wechselnden Mehrheiten führen. Der Aktienbesitz kann in der öffentlichen Hand liegen, juristischen Personen des Privatrechts oder natürlichen Personen gehören; des weiteren lassen sich etwa institutionelle Anleger, Kleinsparer und Unternehmen unterscheiden. Die mit einer Beteiligung an der Gesellschaft verfolgten Ziele reichen von einer unternehmerischen Betätigung über die Erzielung kurzfristiger Spekulationsgewinne bis hin zu einer langfristigen Kapitalanlage.

Es bedarf keiner allzu großen Vorstellungskraft, um sich zu vergegenwärtigen, daß in all diesen Konstellationen auch die Interessen variieren werden, die ein Aktionär an der Unterrichtung über die Gesellschaft hat. Ob der Aktionär die von ihm begehrte Auskunft erhält, hängt letztlich davon ab, ob der Vorstand der AG in der Hauptversammlung bzw. das Gericht in einem Erzwingungs- oder Anfechtungsverfahren sein Anliegen als „vernünftig" einstufen.[64] Je nach Defi-

---

61 *Ebenroth* S. 42.

62 Siehe dazu auch unten S. 94 ff. und S. 180 ff.

63 Siehe zum folgenden die Zusammenstellungen bei: GK^4-*Assmann,* Einl. Rn. 327; *Kahrenke,* AG 1968, 280 f.; *Wiethölter* in: Das Frankfurter Publizitätsgespräch, S. 33, 37; KK-*Zöllner,* Einl. Rn. 88 ff.

64 Siehe hierzu mit einem neuen Vorstoß auch *Wilhelm,* DB 2001, 520, 522, der dem Vorstand Rückfragen gestatten will, die darauf abzielen, ob der Aktionär die erforderliche Sachkompetenz hat.

nition des durchschnittlichen Teilnehmers einer Hauptversammlung lassen sich nahezu beliebige Ergebnisse erzielen und sowohl eine restriktive als auch eine großzügige Informationspolitik eines Unternehmens rechtfertigen.[65] Welch unterschiedlichen Vorstellungen sich mit dem Durchschnittsaktionär verbinden lassen, hat – einmal mehr – die Rechtsprechung des KG über die Aufdeckung von Minderheitsbeteiligungen gezeigt. Zum Maßstab, ob eine Auskunft für die Beurteilung der Tagesordnung erforderlich ist, avancierte dort ein „vernünftiger Durchschnitts*anleger*"[66]. Daß das KG damit nicht nur in der Wortwahl, sondern auch in der Sache von der bisherigen Praxis abwich, zeigen die Folgerungen, die das Gericht (in späteren Entscheidungen) zieht. Die Beurteilung der jeweiligen Tagesordnungspunkte bleibt zwar entscheidendes Kriterium, es sind nach Ansicht des KG aber „jedenfalls diejenigen Angaben erforderlich, die ... für eine sachgerechte Aktienanalyse- und Unternehmensbewertung benötigt werden oder bedeutsam sind".[67]

III. Die Tagesordnungspunkte einer (ordentlichen) Hauptversammlung

Zu untersuchen bleibt, ob dem Gesetzgeber mit der im Vergleich zu § 112 AktG 1937 engeren Anbindung des Auskunftsanspruchs an die Gegenstände der Tagesordnung eine hinreichend deutliche Inhaltsbestimmung des Informationsrechts gelungen ist. Ausgangspunkt des nachfolgenden Überblicks ist die Tagesordnung einer ordentlichen Hauptversammlung, während diejenigen in die Zuständigkeit der Hauptversammlung fallenden Angelegenheiten, die nicht alljährlich wiederkehren oder ohnehin nur unter besonderen Umständen auftreten, zunächst unberücksichtigt bleiben.[68] Zum Mindestinhalt einer ordentlichen Hauptversammlung gehört die „Vorlage des Jahresabschlusses", der sich die Beschlußfassung über die „Entlastung der Mitglieder von Vorstand und Aufsichtsrat" und die „Verwendung des Bilanzgewinns" anschließen.[69] Damit sind bereits die Gegenstände genannt, die am häufigsten Anlaß zu Auseinandersetzungen um das Auskunftsrecht geben.

---

[65] Pointiert *Lutter* in: 25 Jahre AktG, S. 53, 67: Der Durchschnittsmensch erlaubt es dem Richter, seine persönliche Sicht von der Erforderlichkeit objektiv zu begründen; kritisch auch *Hirte/Leibe,* EWiR § 131 AktG 2/96, 673, 674.

[66] KG ZIP 1993, 1618, 1619 u. 1621; ebenso *Burgard* S. 76; *ders.* AG 1992, 41, 45 f. (Hervorhebung durch den Verf.); ablehnend *Noack,* DZWir 1994, 121, 122.

[67] KG, ZIP 1995, 1585, 1586 f.

[68] Zum Auskunftsrecht bei Strukturmaßnahmen siehe unten S. 138 ff.

[69] Dazu auch *Franken/Heinsius,* FS Budde, S. 213, 219 Fn. 13; KK-*Zöllner,* § 120 Rn. 2. Zur Hauptversammlung ohne Beschlußfassung über die Entlastung *Koch,* AG 1969, 1 ff.

1. Vorlage des Jahresabschlusses

Jahresabschluß, Lagebericht des Vorstands und Bericht des Aufsichtsrats gehören zu den wichtigsten Informationsquellen der Verbandsmitglieder. Im Unterschied zum Auskunftsrecht gemäß § 131 bedarf es keiner Initiative des Aktionärs, um die entsprechenden Mitteilungen auszulösen. Die Gesellschaft ist ohne sein Verlangen verpflichtet, die Veröffentlichung zu betreiben. Jahresabschluß, Lagebericht und Bericht des Aufsichtsrats sind gemäß § 175 Abs. 2 ab dem Zeitpunkt der Einberufung der Hauptversammlung in den Geschäftsräumen der Gesellschaft auszulegen (S. 1); jeder Aktionär kann eine Abschrift der Unterlagen verlangen (S. 2).[70] Die darin enthaltenen Informationen stehen außerdem als Teil der allgemeinen Publizität der Öffentlichkeit zur Verfügung. Sie müssen nach Maßgabe des § 325 HGB zum Handelsregister eingereicht und durch große Gesellschaften i.S.d. § 267 Abs. 3 HGB zusätzlich im Bundesanzeiger bekanntgemacht werden.[71]

a. Aufschlüsselung von Bilanzposten

Jahresabschluß, Lagebericht und Bericht des Aufsichtsrats müssen gemäß § 176 Abs. 1 der Hauptversammlung zu Beginn der Verhandlung vorgelegt und durch den Vorstand bzw. den Vorsitzenden des Aufsichtsrats erläutert werden; sodann können die Aktionäre im Rahmen des § 131 Fragen stellen.[72] Dabei ist zunächst unerheblich, daß der Jahresabschluß regelmäßig gemäß § 172 durch Vorstand und Aufsichtsrat festgestellt wird und bei der Vorlage in der Hauptversammlung keine Abstimmung vorgesehen ist. Das Auskunftsrecht ist kein Annex des Stimmrechts, so daß Auskünfte auch dann eingeholt werden können, wenn eine Beschlußfassung der Hauptversammlung gemäß § 173 nicht ansteht.[73]

Die einschlägigen gesetzlichen Vorschriften regeln den Inhalt von Jahresabschluß, Lagebericht und Bericht des Aufsichtsrats notwendigerweise nur allgemein, so daß den Aktionären die Möglichkeit eröffnet sein muß, die im Einzelfall erforderliche Ergänzung der vorliegenden Informationen zu verlangen. All-

---

[70] Dieser Anspruch kann als ein echtes mitgliedschaftliches Recht klageweise durchgesetzt werden, *Baumbach/Hueck*, AktG, § 175 Rn. 7 f.; GK[4]-*Brönner*, § 175 Anm. 18; G/H/E/K-*Kropff*, § 175 Rn. 25. Eingehend *Leuering*, ZIP 2000, 2053 ff.

[71] Siehe dazu auch *Hommelhoff*, ZGR 2000, S. 748, 750.

[72] Plastisch *Hommelhoff*, a.a.O., 751, der unter Einbeziehung der Publikations- und Mitteilungspflichten im Zusammenhang mit der Einberufung der Hauptversammlung von den „drei Säulen“ des Informationssystems spricht.

[73] Ganz h.M., siehe nur KG, DB 1972, 1914, 1915; LG München, AG 1981, 79, 81; AG 1987, 185, 186; OLG Hamburg, AG 1969, 150, 151; *Henn*, Hdb AktR, Rn. 871; *Wohlleben* S. 71.

gemeingültige Kriterien lassen sich für die Entscheidung, ob eine Auskunft für die sachgerechte Beurteilung des Tagesordnungspunkts „Vorlage des Jahresabschlusses“ erforderlich ist, nicht aufstellen. Anerkannt ist lediglich, daß die Bestimmungen über die allgemeine Publizität keine abschließenden Regelungen enthalten, welche Angaben gegenüber der Hauptversammlung gemacht werden müssen.[74] Die Berichts- und Vorlagepflichten der Verwaltung beschränken das Auskunftsrecht nicht auf die Umstände, die auch Inhalt der in § 175 Abs. 2 bezeichneten Unterlagen sind. Ebensowenig kann aus den Gliederungsvorschriften geschlossen werden, daß die Gesellschaft mit den Angaben in der Bilanz hinsichtlich der darin aufgeführten Posten bereits ihrer Publizitätspflicht vollständig nachgekommen ist. Der Aktionär kann auch nach einzelnen Vermögenswerten und Geschäftsvorfällen fragen und sich so über die Zusammensetzung von Bilanzposten Aufschluß verschaffen. Dieses Recht geht (selbstverständlich) nicht so weit, daß die Aufschlüsselung und Erläuterung sämtlicher Zahlen bis in ihre Einzelheiten verlangt werden kann.[75] Eine solche Verfahrensweise würde nicht nur den Rahmen einer Hauptversammlung sprengen, sondern auch durch eine nicht mehr überschaubare Informationsflut den Wert der Auskünfte aufheben. Das Auskunftsrecht beschränkt sich deshalb auf solche Umstände, denen im Hinblick auf die Bilanzdimension erhebliche Bedeutung zukommt.[76]

b. Tagesordnungspunkt ohne Beschlußfassung

Der Auskunftsanspruch ist dem Grunde nach vom Stimmrecht des Aktionärs unabhängig. Während dies unstreitig ist,[77] wird in Frage gestellt, ob sich nicht zumindest dem Umfang nach eine Einschränkung des Fragerechts daraus ableiten läßt, daß bei der „Vorlage des Jahresabschlusses“ eine Beschlußfassung der Hauptversammlung regelmäßig nicht erfolgt. Demnach sollen bei einem Tagesordnungspunkt, zu dem keine Abstimmung vorgesehen ist, strengere Maßstäbe an die Erforderlichkeit einer Auskunft anzulegen sein als bei den Beschlußpunkten.[78]

---

[74] Siehe etwa G/H/E/K-*Eckardt*, § 131 Rn. 128; *Martens*, WM 1981, 1010, 1020.

[75] BGHZ 32, 159, 163 (zu § 112 AktG 1937); KG, AG 1973, 25, 27; BayObLG, AG 1999, 320, 321; WM 1997, 117, 120; WM 1996, 1177, 1179; *Martens*, WM 1981, 1010, 1020.

[76] KG, DB 2001, 1080, 1082; BayObLG, AG 1999, 320, 321; OLG Karlsruhe, AG 1973, 25, 26 f.; GK^3-*Barz*, § 131 Anm. 11; *Hüffer*, ZIP 1996, 401, 408; *G. Krieger*, DStR 1994, 177; *Martens*, WM 1981, 1010, 1020; *Noack*, DZWir 1994, 121, 122; *A. Reuter*, DB 1988, 2615, 2618; *Semler*, Münch. Hdb AG, § 37 Rn. 14.

[77] Siehe nur G/H/E/K-*Eckardt*, § 131 Rn. 20; *Hüffer*, AktG, § 131 Rn. 1; *Semler* in: Münch. Hdb AG, § 37 Rn. 2.

[78] KK-*Zöllner*, § 131 Rn. 22; im Anschluß daran *Trouet*, NJW 1986, 1302, 1304.

Eine Einschränkung des Auskunftsrechts unter dem Gesichtspunkt einer fehlenden Beschlußfassung ist praktisch kaum durchführbar und rechtlich nicht geboten. Wie § 120 Abs. 3 zeigt, hat die Vorlage des Jahresabschlusses, des Berichts des Aufsichtsrats und des Lageberichts beschlußvorbereitende Funktion. Dieser Aspekt der Vorlage- und Erläuterungspflichten läßt sich bei einer Beurteilung von Auskunftsbegehren schwerlich ausblenden. Eine Unterscheidung zwischen denjenigen Fragen, die sich auf den Jahresabschluß als solchen beziehen, und denen, die der Vorbereitung der Beschlußfassung dienen, wird oftmals nicht möglich sein.[79]

Aber selbst wenn die Bedeutung der in § 120 Abs. 3 genannten Unterlagen für die Abstimmung über Gewinnverwendung und Entlastung der Verwaltung unberücksichtigt bleibt, gelten für das Auskunftsrecht nicht von vornherein strengere Maßstäbe als bei den Beschlußpunkten. Es handelt sich bei den Vorlagen gemäß §§ 176 Abs. 1, 175 Abs. 2 um einen selbständigen Tagesordnungspunkt, dessen Bedeutung sich nicht in der Vorbereitung anschließender Beschlußfassungen erschöpft.[80] Aufgabe des Jahresabschlusses und des Lageberichts ist es gemäß § 264 Abs. 2 S. 1, 289 Abs. 1 HGB, ein den tatsächlichen Verhältnissen entsprechendes Bild der Vermögens-, Finanz- und Ertragslage sowie des Geschäftsverlaufs der Gesellschaft zu vermitteln. Ob es hierfür ergänzender Angaben in der Hauptversammlung bedarf, ist eine Entscheidung des Einzelfalls, bei der allgemein gehaltene Kriterien wie „weiter" und „enger" fehl am Platze sind. § 131 Abs. 1 S. 1 enthält keine Anhaltspunkte, die auf eine Hervorhebung des Stimmrechts im Zusammenhang mit der Erteilung von Auskünften hindeuten. Es ist auch nicht ersichtlich, warum für die Meinungsbildung der Aktionäre im Hinblick auf eine Nichtigkeitsfeststellungsklage gemäß § 256 Abs. 7 oder den Antrag auf eine Sonderprüfung gemäß § 258 Abs. 2 von vornherein strengere Anforderungen gelten sollen als bei anderen Tagesordnungspunkten.[81]

2. Entlastung von Vorstand und Aufsichtsrat

Mit der „Entlastung des Vorstands bzw. des Aufsichtsrats" billigen die Aktionäre die Tätigkeit der Verwaltung im vergangenen Geschäftsjahr und sprechen ihr das Vertrauen für die Zukunft aus.[82] Die Hauptversammlung ist zu ei-

---

79 Siehe oben S. 16.

80 Ebenso *Hefermehl,* FS Duden, S. 109, 128; KK-*Zöllner,* § 119 Rn. 10.

81 *Hüffer,* ZIP 1996, 401, 407; im Ergebnis wie hier auch *Burgard* S. 77; G/H/E/K-*Eckardt* § 131 Rn. 30; *Flohr,* JA 1982, 380, 381; *Hefermehl,* FS Duden, S. 109, 128; *Henn,* Hdb AktR, Rn. 871.

82 BayObLG, WM 1996, 1177, 1179; GK^3-*Barz,* § 131 Anm. 6 f.; *Hüffer,* AktG, § 120 Rn. 2; *Nitschke/Bartsch,* AG 1969, 95, 96; *Tellis* S. 29.

ner Beurteilung der Geschäftsführung durch Vorstand und Aufsichtsrat aufgerufen, ohne daß damit - wie sich aus § 120 Abs. 2 S. 2 ergibt - ein Verzicht auf eventuell bestehende Schadensersatzansprüche verbunden wäre. Unter den Voraussetzungen des § 120 Abs. 1 S. 2 ist es möglich, über die Entlastung der einzelnen Organmitglieder gesondert abzustimmen. Die Aktionäre können aber immer nur die gesamte Tätigkeit des Organs bzw. seiner Mitglieder in dem abgelaufenen Geschäftsjahr bewerten. Einzelne Geschäftsführungsmaßnahmen sind nicht Gegenstand der Entscheidung der Aktionäre.

a. Auskunft über Geschäftsführungsmaßnahmen

Die Erörterung zu dem Tagesordnungspunkt „Entlastung von Vorstand und Aufsichtsrat" umfaßt praktisch die gesamte Tätigkeit der Verwaltung im abgelaufenen Geschäftsjahr sowie sämtliche Vorgänge innerhalb der AG. Für den Auskunftsanspruch bedeutet dies, daß eine thematische Abgrenzung mit dem Erforderlichkeitskriterium praktisch nicht verbunden ist.[83] Für die Geschäftsführung durch den Vorstand, der die AG gemäß § 76 Abs. 1 in eigener Verantwortung leitet und der umfassende Kompetenzen hat, ist dies ohne weiteres nachvollziehbar. Aber auch hinsichtlich der Entlastung des Aufsichtsrats, der gemäß § 111 Abs. 4 S. 1 und 2 grundsätzlich nicht zur Geschäftsführung berufen ist,[84] ergibt sich ein umfassendes Informationsbedürfnis. Soll sich der Aktionär ein Bild davon machen können, ob der Aufsichtsrat seine Aufgabe, der Überwachung der Geschäftsführung gemäß § 111 Abs. 1, gebührend nachgekommen ist, so benötigt er sowohl Auskünfte über die Geschäftsführung als auch über die vom Aufsichtsrat veranlaßten oder nicht veranlaßten Maßnahmen.[85]

Ein bloßer Zusammenhang zu dem Tagesordnungspunkt „Entlastung des Vorstands bzw. des Aufsichtsrats" läßt sich meist ohne weiteres feststellen. Die vermeintlich strengere Anforderung, die Auskunft müsse zur Beurteilung des Gegenstands der Tagesordnung erforderlich sein, zeigt auch hier zunächst nur den äußeren Rahmen auf, in dem sich Auskunftsbegehren bewegen müssen. Steht die gesamte Geschäftsführung zur Beurteilung, so ist die Kenntnis einzelner Vorgänge grundsätzlich nicht erforderlich, um über die Entlastung der Verwaltungsmitglieder zu befinden. Andererseits ist es aber auch nicht ausge-

---

83 *Lutter,* AG 1985, 117, 122; *Martens,* WM 1981, 1010, 1020; *Nitschke/Bartsch,* AG 1969, 95, 98.

84 Siehe dazu auch unten S. 113 f.

85 Zur „Kontrolle der Kontrolleure" in diesem Zusammenhang siehe auch *Nitschke/Bartsch,* AG 1969, 95, 98; *Lutter,* AG 1985, 117, 123; *A. Reuter,* DB 1988, 2615, 2617.

schlossen, daß über einzelne Maßnahmen Auskunft eingeholt wird, sofern diese eine hinreichend große Bedeutung haben.[86]

Eine Auskunftspflicht des Vorstands kann sich aus der wirtschaftlichen Größenordnung eines einzelnen Geschäftsvorgangs ergeben. Dies soll etwa dann der Fall sein, wenn die AG ein Grundstück zu einem Preis veräußert, der 2/3 des Grundkapitals bzw. das Zehnfache des erzielten Jahresüberschusses ausmacht.[87] Sicherlich handelt es sich bei diesen Wertrelationen um eine so eindeutige Konstellation, daß eine Beantwortung der Frage nach dem Geschäft zwingend geboten scheint; verallgemeinerungsfähig sind die genannten Zahlen nicht.[88] Die finanzielle Bedeutung eines Geschäftsvorgangs sollte auch nicht als das alleine ausschlaggebende Kriterium herangezogen werden. Hinzu können weitere Faktoren treten, die eine Auskunft erforderlich machen. Unabhängig von dem vereinbarten Kaufpreis wäre die Veräußerung in dem genannten Fall zum Beispiel auch dann von besonderer Tragweite, wenn es sich um das Grundstück handelte, auf dem das Unternehmen seinen Sitz oder seine Betriebsstätten hat.

b. Beschlußfassung ohne rechtliche Bedeutung?

Es verwundert nicht, daß auch bei dem Tagesordnungspunkt „Entlastung der Verwaltung" versucht wird, anhand abstrakter Merkmale die Reichweite des Auskunftsrechts einzugrenzen. Da die Aktionäre über die Entlastung abstimmen, scheidet das bei der Vorlage des Jahresabschlusses herangezogene Kriterium, das Fehlen einer Beschlußfassung, aus. Doch wird angeführt, zumindest mittelbar lasse sich aus dem Entlastungsbeschluß herauslesen, daß in seinem Vorfeld eine weitreichende Unterrichtung der Aktionäre nicht erforderlich sei. Maßgeblich soll hier nicht sein, ob eine Beschlußfassung erfolgt, sondern wie sich diese auswirkt. Für die Entlastung wird konstatiert, es handele sich um einen Beschluß von eher geringer Bedeutung. Weil mit ihr, anders als früher, ein Verzicht auf Schadensersatzansprüche gemäß § 120 Abs. 2 S. 2 nicht mehr verbunden sei, gehe es lediglich um ein allgemeines Vertrauensvotum. Deshalb seien an die Ausübung des Auskunftsrechts strenge Maßstäbe anzulegen; über unbedeutendere Geschäftsvorgänge brauche eine Auskunft nicht erteilt zu werden.[89]

---

[86] LG München, AG 1996, 89; *Martens,* WM 1981, 1010, 1020.

[87] BayObLG, WM 1996, 1177, 1179.

[88] Kritisch auch *Geßler,* AktG, § 131 Rn. 11a.

[89] OLG Düsseldorf, WM 1991, 2148, 2153; OLG Frankfurt, BB 1993, 2181; LG Berlin, AG 1999, 188, 189; LG Frankfurt, WM 1994, 1929, 1930, mit insofern zust. Anm. *Wittkowski,* WuB II A. § 131 AktG 2.95, 146, 147 f.; *Groß,* AG 1997, 97, 100; *Hüffer,* AktG, § 131 Rn. 12; *Müller,* WuB II A. § 131 AktG 2.97, 309, 310; *Noack,* EWiR § 131 AktG 2/95, 1047,

Demgegenüber ist einzuwenden, daß bereits die Verbindung, die zwischen der Reichweite des Auskunftsanspruchs und der Bedeutung der Entlastung hergestellt wird, in dieser Form keineswegs zwingend ist. Denn der Hinweis, nach § 120 Abs. 2 S. 2 AktG 1965 sei ein Verzicht auf Ersatzansprüche „nicht mehr“[90] mit der Entlastung verbunden, geht insofern fehl, als bereits unter § 104 AktG 1937 nichts anderes galt. Wenn es auch an einer entsprechenden Regelung fehlte, so ergab sich doch aus § 84 Abs. 4 S. 3 AktG 1937 (heute: § 93 Abs. 4 S. 3), daß durch einen Entlastungsbeschluß Schadensersatzansprüche der Gesellschaft unberührt bleiben sollten.[91] Lediglich nach § 260 HGB, der bis zum Inkrafttreten des AktG 1937 galt, war ein Verzicht auf solche Ansprüche vorgesehen.[92] Demnach ergibt sich ein ganz anderer Zusammenhang zwischen Entlastung und Fragerecht, als er heute für eine Beschränkung des letzteren angeführt wird. Während sich der Gesetzgeber zu der Zeit, da mit der Entlastung ein Verzicht auf Schadensersatzansprüche verbunden war, noch zu keiner Regelung des Auskunftsanspruchs veranlaßt sah, führte er mit § 112 AktG 1937 erstmals ein individuelles Auskunftsrecht ein, obwohl sich die Bedeutung der Entlastung gleichzeitig verringerte. Und obgleich in § 120 Abs. 2 S. 2 AktG 1965 der klarstellende Hinweis[93] aufgenommen wurde, daß mit der Entlastung ein Verzicht auf Schadensersatzansprüche nicht verbunden sei, war es doch ein Anliegen der Reform, nicht zuletzt durch eine Verbesserung des Auskunftsrechts die Stellung des einzelnen Aktionärs zu stärken.[94]

Darüber hinaus ist es problematisch, die Tragweite der Beschlußfassung über die Entlastung ausschließlich von deren Rechtsfolgen her bestimmen zu wollen. Das gilt jedenfalls dann, wenn alleine auf die Rechtsfolgen eines *positiven* Entlastungsbeschlusses abgestellt wird.[95] Denn der Abstimmung der Aktionäre kommt, wenn sie der Verwaltung ihr Vertrauen nicht aussprechen, zumindest tatsächlich große Bedeutung zu.[96] Dies ergibt sich zum einen aus der Signalwirkung an die Öffentlichkeit, die jedenfalls bei großen Publikumsgesell-

---

1048; *Quack*, AG 1985, 145, 148 f.; *Saenger*, DB 1997, 145, 148; *Stengel*, WuB II A. § 131 AktG 4.96, 943; KK-*Zöllner*, § 131 Rn. 24.

90 OLG Düsseldorf, WM 1991, 2148, 2153.

91 RGZ 167, 151, 166; BGHZ 29, 385, 390; 36, 296, 306; *Brox*, BB 1960, 1226, 1227; *Schönle*, ZHR 126 (1964), 199, 220 f.; *Zempelin*, AcP 155 (1956), 209, 231. Kritisch *Schippart*, BB 1958, 1191, 1192.

92 RGZ 106, 258, 267; 115, 246, 250.

93 Begr. § 120 RegE, abgedr. bei *Kropff*, AktG, S. 167.

94 Allg. Begr. RegE, abgedr. bei *Kropff*, AktG, S. 15.

95 *Tellis* S. 11.

96 Siehe auch OLG Düsseldorf, ZIP 1987, 1555, 1556: Entlastung ist „weitreichende Entscheidung“.

schaften von dem Verlauf der Hauptversammlung Kenntnis nehmen wird. Das Ansehen der Gesellschaft erleidet ebenso wie das der Vorstands- bzw. Aufsichtsratsmitglieder Schaden, wenn diesen durch die Hauptversammlung das Vertrauen entzogen wird.[97] Zum anderen hat es zwar gesellschaftsintern keine unmittelbaren rechtlichen Folgen, wenn sich die Aktionäre gegen eine Entlastung des Vorstands entscheiden, doch wird sich der Aufsichtsrat zu der Prüfung veranlaßt sehen, ob gemäß § 84 Abs. 3 S. 1 und 2 eine Abberufung des Vorstands aus wichtigem Grund geboten ist. Auch wenn ihm dabei ein eigener Beurteilungsspielraum bleibt und er zu einer solchen Maßnahme nicht gezwungen ist,[98] wird die Verweigerung der Entlastung durch die Hauptversammlung bei seiner Entscheidung eine ganz wesentliche Rolle spielen. Denn der Aufsichtsrat wird durch die Hauptversammlung gewählt. Hält er gegen den Willen der Aktionärsmehrheit an dem Vorstand fest, so gefährdet er seine eigene Wiederwahl.

Daß Inhalt und Funktion der Entlastung nicht mit deren Rechtsfolgen vermengt werden dürfen, ergibt sich schließlich noch unter einem anderen Gesichtspunkt. Aufgabe der Aktionäre ist es nämlich, umfassend über die Geschäftsführung zu urteilen. Nachdem die Verwaltung mittels Jahresabschluß, Lagebericht und Bericht des Aufsichtsrats gegenüber der Hauptversammlung Rechenschaft über ihre für die AG ausgeübte Tätigkeit gelegt hat, entscheidet diese, ob der Vorstand bei der Geschäftsführung und der Aufsichtsrat bei seiner Überwachung eine „glückliche Hand"[99] hatten. Die Aufgabe der Aktionäre beschränkt sich nicht auf die Prüfung, ob der Gesellschaft gegen Vorstand bzw. Aufsichtsrat Schadensersatzansprüche aufgrund eines pflichtwidrigen Verhaltens gemäß § 93 Abs. 2 bzw. § 116 zustehen. Im Gegenteil: Im Vordergrund steht nicht die Rechtmäßigkeit, sondern die Zweckmäßigkeit des Vorstandshandelns.[100] So wie dem Vorstand bei der Führung der Geschäfte ein unternehmerisches Ermessen eingeräumt ist, können die Aktionäre nach ihrem Ermessen beurteilen, ob er davon zweckmäßig Gebrauch gemacht hat. Das reicht so weit, daß sie die Entlastung auch dann verweigern können, wenn keine Pflichtverletzungen des Vorstands bekannt oder erkennbar sind.[101] Ein solch weiter Prüfungsrahmen verlangt nach entsprechender Information. Eine eindimensionale

---

97 *Flume* I/2, 356, *von Rechenberg* S. 37; *Schlömer* S. 78; KK-*Zöllner*, § 120 Rn. 25.

98 GK^3-*Barz*, § 84 Anm. 33; KK-*Zöllner*, § 120 Rn. 42.

99 BayObLG, WM 1996, 1177, 1179; DB 1996, 130, 131. Für die GmbH: BGHZ 94, 324, 327.

100 G/H/E/K-*Eckardt*, § 120 Rn. 38; *Lutter*, Aktionär, S. 41; *Tellis* S. 17 f.

101 Für die GmbH: BGHZ 94, 324, 327.

Betrachtung der Entlastung, die sich lediglich an deren fehlender Verzichtswirkung orientiert, ist deshalb abzulehnen.[102]

3. Verwendung des Bilanzgewinns

Schließlich ergibt sich für die Aktionäre die Gelegenheit, anläßlich der Beschlußfassung über die Verwendung des Bilanzgewinns Auskünfte einzuholen. Die Kompetenzen der Hauptversammlung hinsichtlich der Verwendung des Gewinns werden maßgeblich durch die Vorgaben der Verwaltung bestimmt. Dies gilt zum einen für die Ermittlung des Jahresüberschusses, weil regelmäßig Vorstand und Aufsichtsrat den Jahresabschluß gemäß § 172 feststellen. Zum anderen haben Vorstand und Aufsichtsrat ein Recht des „ersten Zugriffs" auf den ermittelten Jahresüberschuß. Gemäß § 58 Abs. 2 S. 1 und Abs. 2a können sie Beträge bis zur Hälfte des Jahresüberschusses in andere Gewinnrücklagen einstellen, so daß die Hauptversammlung darüber nicht mehr befinden kann. Den Aktionären obliegt gemäß § 58 Abs. 3 nur noch die Abstimmung darüber, ob und inwieweit der verbleibende Gewinn ausgeschüttet, in Gewinnrücklagen eingestellt oder als Gewinn vorgetragen werden soll.[103]

Angesichts dieser eingeschränkten Entscheidungsbefugnis der Hauptversammlung ist vereinzelt vorgebracht worden, die Herkunft des Gewinns könne nicht beim Tagesordnungspunkt „Gewinnverwendung", sondern allenfalls bei der „Vorlage des Jahresabschlusses"[104] oder der Beschlußfassung über die „Entlastung von Vorstand und Aufsichtsrat"[105] erfragt werden. Daran ist richtig, daß die Entscheidungskompetenz der Hauptversammlung und der Auskunftsanspruch des Aktionärs korrelieren. Dies verdeutlichen § 131 Abs. 3 S. 1 Nr. 3 und 4, wonach über stille Reserven und Bewertungsmethoden im Regelfall keine Auskunft verlangt werden kann. Sie müssen in der Hauptversammlung nur dann offengelegt werden, wenn die Aktionäre zur Feststellung des Jahresabschlusses aufgerufen sind.

Daraus kann jedoch nicht geschlossen werden, daß bei einer Feststellung des Jahresabschlusses durch Vorstand und Aufsichtsrat das Zustandekommen des Gewinns ohne Bedeutung für die Beschlußfassung über seine Verwendung ist.[106] Denn die Aktionäre haben unter anderem darüber zu befinden, ob der Gewinn ausgeschüttet oder in offene Rücklagen eingestellt werden soll. Letzte-

---

102 So im Ergebnis auch *Hefermehl,* FS Duden, S. 109, 128.

103 Siehe dazu auch unten S. 125 ff.

104 *Ebenroth* S. 110.

105 *Großfeld/Möhlenkamp,* EWiR § 131 1/96, 51, 52. In der Sache (bezüglich Minderheitsbeteiligungen) wohl auch *Hüffer,* ZIP 1996, 401, 407; *Saenger,* DB 1997, 145, 148.

106 Zutreffend *Hefermehl,* FS Duden, S. 109, 124.

res kann als Maßnahme der Selbstfinanzierung erforderlich sein, um das Unternehmen gegen wirtschaftliche Rückschläge abzusichern, seinen Bestand zu gewährleisten und seine Stellung auf dem Markt zu bewahren.[107] Ob und in welchem Umfang es zum Erhalt der Funktionsfähigkeit des Unternehmens solcher Vorkehrungen bedarf, läßt sich ohne Einblick in die Ertrags- und Wirtschaftslage der Gesellschaft einschließlich der Quellen des erzielten Jahresüberschusses nicht sachgerecht entscheiden.[108]

Von der Warte des Aktionärs aus kann die Kenntnis über die wirtschaftliche Lage der AG noch unter einem anderen Gesichtspunkt Bedeutung erlangen. Vernachlässigt die Mehrheit in der Hauptversammlung bei der Beschlußfassung über die Verwendung des Bilanzgewinns das Dividendeninteresse des Aktionärs über Gebühr, indem sie den verteilungsfähigen Gewinn über ein Mindestmaß hinaus verkürzt, so kann er diesen Beschluß gemäß § 254 anfechten. Voraussetzung hierfür ist zum einen, daß der Gewinn weniger als 4% des Grundkapitals ausmacht, zum anderen, daß der Gewinnvortrag oder die Einstellung in offene Rücklagen nicht notwendig ist, um die Lebens- und Widerstandskraft der Gesellschaft auf absehbare Zukunft zu sichern. Ob das letztere Kriterium vorliegt, kann der Aktionär ohne entsprechende Informationen nicht beurteilen.[109]

Folgerichtig hat sich die Ansicht nicht durchsetzen können, Gewinnermittlung und Gewinnverwendung ließen sich voneinander trennen.[110] Deshalb ist die Frage nach dem Verkaufspreis eines Grundstücks der AG unter bestimmten Umständen[111] ebenso für zulässig erachtet worden wie die nach Minderheitsbeteiligungen der AG[112]. Auskunft über die Vermögenslage der AG muß selbst dann gegeben werden, wenn die Aktionäre aufgrund eines Gewinnabführungsvertrages keinerlei Einfluß auf die Verwendung des erzielten Gewinns nehmen können.[113] Ob es im Einzelfall einer Auskunft bedarf, hängt wie bei der Vorlage des Jahresabschlusses und der Entscheidung über die Entlastung der Ver-

---

107 Siehe Begr. bzw. Ausschußbericht § 58 RegE, abgedr. bei *Kropff,* AktG, S. 74 bzw. S. 76; *Hengeler/Kreifels* in: Beiträge zur Aktienrechtsreform, S. 11, 24; *Kronstein/Claussen* S. 131.

108 Nach dem RegE war aus diesem Grunde sogar vorgesehen, den Aktionären in beschränktem Umfang Einblick in stille Reserven der AG zu gewähren, siehe dazu Begr. § 131 RegE, abgedr. bei *Kropff,* AktG, S. 186.

109 Siehe auch *Bieg* S. 249.

110 Wie hier GK^3-*Barz,* § 131 Anm. 11; LG München, AG 1981, 79, 81.

111 LG München, AG 1996, 89.

112 KG, ZIP 1994, 1267, 1270; ZIP 1993, 1618, 1619; *Hemeling,* WuB II A. § 131 AktG 1.94, 61; *G. Krieger,* DStR 1994, 177; dagegen aber *Hüffer,* ZIP 1996, 401, 407; *Saenger,* DB 1997, 145, 148.

113 OLG Karlsruhe, AG 1990, 82.

waltung wesentlich von dem Einfluß des erfragten Umstands auf die Gesamtlage der Gesellschaft ab. Bei einer „bestimmten wirtschaftlichen Bedeutung“[114] bzw. „wenn ein Geschäft die Bilanz der AG insgesamt prägt“[115], ist darüber auf Verlangen des Aktionärs in der Hauptversammlung Mitteilung zu machen.

IV. Festlegung einzelfallunabhängiger Auskunftspflichten

§ 131 Abs. 1 S. 1 läßt nach wie vor viel Raum für die Bewertung eines Auskunftsbegehrens in der Hauptversammlung. Die Gegenstände einer ordentlichen Hauptversammlung sind thematisch so weit gefaßt, daß darunter fast jeder Umstand, der die AG betrifft und von einigem Gewicht ist, subsumiert werden kann.[116] Deshalb ist es zumeist ohne weiteres möglich, zwischen einem Auskunftsbegehren und einem bestimmten Tagesordnungspunkt eine Verbindung herzustellen. Da ein bloßer Zusammenhang zu einem Gegenstand der Tagesordnung aber nach der Neufassung des § 131 Abs. 1 S. 1 nicht mehr ausreichen sollte, bedarf es weiterer Kriterien, um die Erforderlichkeit einer Auskunft feststellen zu können. Hierfür haben sich einheitliche Maßstäbe bislang nicht herausgebildet. Einigkeit besteht allenfalls darüber, daß die wirtschaftliche Bedeutung eines Vorgangs unter Berücksichtigung der Bilanzdimension des Unternehmens eine wesentliche Rolle spielt.

1. Die Rechtsprechung zur Aufdeckung von Minderheitsbeteiligungen

Nachdem zuvor stets betont worden war, die Erforderlichkeit einer Auskunft ließe sich nur anhand der Umstände des Einzelfalls ermitteln, haben in jüngster Vergangenheit das KG und im Anschluß daran das BayObLG für die Offenlegung des Beteiligungsbesitzes einer AG feste Schwellenwerte festgelegt. Es war zunächst das LG Berlin, das die sogenannte Transparenz-Richtlinie[117], die zum Zeitpunkt der Entscheidung noch nicht in nationales Recht umgesetzt worden war, als Auslegungsmaßstab heranzog, um die Erforderlichkeit einer Auskunft zu beurteilen. Auf dieser Grundlage gelangte es zu dem Ergebnis, die AG müsse gemäß § 131 Abs. 1 S. 1 über alle Beteiligungen an börsennotierten Kapitalgesellschaften Auskunft geben, die einen Schwellenwert von 10% der Stimmrechtsanteile überschreiten.[118] Das KG hat die betreffenden Beschlüsse bestätigt und zur Begründung ausgeführt, bei der Ausübung seines Fragerechts brauchten die Erwartungen des Aktionärs nicht hinter dem zurückzubleiben,

---

[114] *Hemeling,* WuB II A. § 131 AktG 1.94, 61.

[115] LG München, AG 1996, 89.

[116] *Bunte* S. 32 f.; *Hüffer,* AktG, § 131 Rn. 12; *Tellis* S. 23. Somit ergibt sich letztlich kein Unterschied zu § 112 AktG 1937, dazu *Barz,* BB 1957, 1253, 1254; *Pabst,* BB 1956, 149.

[117] Richtlinie des Rates 88/627/EWG vom 12. Dezember 1988 (ABl. Nr. L 348/62 ff.).

[118] LG Berlin, BB 1993, 1827, 1828; AG 1994, 40, 41.

was der Rat der EG für den gesamten Raum der Europäischen Wirtschaftsgemeinschaft an Transparenz für notwendig erachtet habe. Deshalb könne ein Teilnehmer der Hauptversammlung diejenigen Informationen verlangen, die von der AG der Öffentlichkeit zur Verfügung gestellt werden müssen.[119]

Zugleich hat das KG die Auskunftspflicht noch über den durch die Transparenz-Richtlinie vorgegebenen Rahmen erweitert. Es hat nämlich nicht nur auf den Stimmrechtsanteil abgestellt, sondern außerdem eine Pflicht zur Offenlegung solcher Minderheitsbeteiligungen bejaht, die einen Anteil von 10% am Grundkapital einer anderen Gesellschaft überschreiten. Diese Abweichung von europarechtlichen Vorgaben hielt das Gericht aufgrund des unterschiedlichen Regelungszwecks von Richtlinie und Auskunftsanspruch für gerechtfertigt, zumal auch § 16 Abs. 1 für eine Mehrheitsbeteiligung eine Anteils- oder Stimmenmehrheit genügen lasse.[120] Schließlich hat das KG die Gesellschaft verpflichtet, unabhängig von der Beteiligungsquote jedenfalls über diejenigen Beteiligungen Auskunft zu geben, die einen Börsenwert von mindestens 100 Mio. DM haben.[121] Mit der Rechtsprechung des BayObLG hat diese Entwicklung vorläufig ihren Abschluß gefunden. Es hat nicht nur die Kritik an dem von der Beteiligungsquote unabhängigen Schwellenwert von 100 Mio. DM mit der Begründung zurückgewiesen, die Gerichte seien zu einer Konkretisierung der durch den Gesetzgeber allgemein gefaßten Vorschrift aufgerufen.[122] Nachdem die Transparenz-Richtlinie durch das WpHG in deutsches Recht umgesetzt worden war, hat das BayObLG außerdem im Hinblick auf § 21 WpHG eine Auskunftspflicht der beteiligten AG über alle Beteiligungen an einer börsennotierten Gesellschaft ab einer Größenordnung von 5% des Grundkapitals oder der Stimmrechte bejaht.[123]

2. Gesetzliche Publizitätspflichten als Mindestmaßstab der Auskunftspflicht?

Müssen in der Hauptversammlung all diejenigen Auskünfte erteilt werden, die der Allgemeinheit zur Verfügung zu stellen sind, so verliert das Tatbe-

---

119 KG, ZIP 1993, 1618, 1619; ZIP 1994, 1267, 1269; zustimmend *Großfeld/Möhlenkamp*, ZIP 1994, 1425, 1426; *U.H. Schneider* in: Assmann/Schneider, WpHG, vor § 21 Rn. 55.

120 KG, ZIP 1994, 1267, 1270; ZIP 1995, 1285, 1287; zustimmend *Noack*, EWiR § 131 AktG 2/95, 1047, 1048; *ders.*, EWiR § 131 AktG 1/94, 833, 834.

121 KG, ZIP 1993, 1618, 1619; ZIP 1994, 1267, 1270; ZIP 1995, 1585, 1587; kritisch *Noack*, jeweils a.a.O. In einer späteren Entscheidung hat das KG auf einen Betrag von DM 20 Mio. abgestellt und dies vor allem mit der abweichenden Bilanzdimension der betreffenden Gesellschaft begründet, DB 2001, 1080, 1081.

122 BayObLG, WM 1997, 117, 120; zustimmend KG, DB 2001, 1080, 1081.

123 BayObLG, WM 1997, 117, 121; WM 1996, 2147, 2149 f.; in diesem Sinne bereits *Großfeld/Möhlenkamp*, ZIP 1994, 1425, 1427; *Noack*, EWiR § 131 AktG 2/95, 1047; *ders.*, EWiR § 131 AktG 1/94, 833, 834.

standsmerkmal, eine Auskunft müsse zur sachgerechten Beurteilung eines Gegenstands der Tagesordnung erforderlich sein, seine Bedeutung. Daß der Schutzzweck der Transparenz-Richtlinie bzw. des § 21 WpHG ein anderer ist als der des Auskunftsanspruchs, hat auch das KG erkannt. Die kapitalmarktrechtlichen Vorschriften sollen das „Vertrauen der Anleger in die Wertpapiermärkte" stärken.[124] Die Mitteilungspflicht dient dem Schutz derjenigen Anleger, die ihr Kapital in der Beteiligungsgesellschaft investieren wollen. Sie sollen erfahren, ob ein anderer maßgeblichen Einfluß auf diese Gesellschaft ausüben kann.[125] Vor diesem Hintergrund ist es zwar zutreffend, daß für den Aktionär der beteiligten Gesellschaft nicht der Stimmrechtsanteil, sondern die Kapitalquote entscheidend ist, weil sich nur aus ihr ergibt, inwieweit die Vermögens- und Ertragslage der Gesellschaft von dem Schicksal anderer Unternehmen abhängig ist. Aus dem WpHG läßt sich dieses Ergebnis aber nicht ableiten, zumal der deutsche Gesetzgeber keinen Gebrauch von der in Art. 4 Abs. 1 S. 4 Transparenz-Richtlinie ausdrücklich vorgesehenen Möglichkeit gemacht hat, eine Offenlegungspflicht hinsichtlich des Kapitalanteils einzuführen.[126] Aus den genannten Gründen hätte es auch nahegelegen, das Auskunftsrecht auch auf Beteiligungen an nicht börsennotierten Gesellschaften zu erstrecken. Für den Aktionär der beteiligten AG ist es ohne Belang, ob deren Ertragsaussichten mit dem Schicksal börsennotierter oder anderer Gesellschaften verknüpft wird.

Bereits die Offenlegung des Anteilsbesitzes einer Gesellschaft zeigt, daß die „Öffentlichkeit" keinen hinreichend bestimmten Maßstab für die Auslegung des Auskunftsanspruchs abgibt. Diesbezüglich sind Publizitätspflichten der Gesellschaft in einer Vielzahl von Vorschriften geregelt.[127] So muß eine AG ihren Anteilsbesitz an einem anderen Unternehmen gemäß § 285 Nr. 11 (bzw. § 313 Abs. 2 Nr. 4) HGB im (Konzern-)anhang oder gemäß § 287 HGB in einer besonderen Aufstellung offenlegen. Unabhängig davon, ob es sich um eine Beteiligung i.S.d. § 271 HGB handelt, sind davon alle Anteile betroffen, die einen nach § 16 Abs. 2 und Abs. 4 berechneten Kapitalanteil von 20% ausmachen. Des weiteren wird § 21 WpHG, der nur für Beteiligungen an einer börsennotierten Gesellschaft einschlägig ist, durch aktienrechtliche Mitteilungspflichten

---

124 ABl. Nr. L 348/62. Kritisch zur Beschränkung auf börsennotierte Gesellschaften *U.H. Schneider* in: Assmann/Schneider, WpHG, § 21 Rn. 50; *ders.*, AG 1997, 81, 82; *Witt*, AG 1998, 171, 173.

125 *Ebenroth/Wilken*, BB 1993, 1818, 1822; *dies.*, BB 1993, 2039, 2040; *Hüffer*, ZIP 1996, 401, 409; *Noack*, DZWir 1994, 121, 123.

126 Kritisch dazu etwa *U.H. Schneider/Burgard*, DB 1996, 1761, 1763; *U.H. Schneider* in: Assmann/Schneider, WpHG, § 21 Rn. 18; *Witt*, AG 1998, 171, 173.

127 Siehe die Darstellung bei *Burgard* S. 44 ff.; *ders.*, AG 1992, 41, 44 ff.; *Neye*, ZIP 1996, 1853, 1854; *U.H. Schneider* in: Assmann/Schneider, WpHG, vor § 21 Rn. 37 ff.

ergänzt. Demnach muß ein Unternehmen, das mehr als 25% bzw. 50% der Aktien an einer nicht börsennotierten AG mit Sitz im Inland hält, dies der Gesellschaft gemäß § 20 Abs. 1 bzw. Abs. 4 schriftlich mitteilen;[128] die betreffende AG hat die mitgeteilten Beteiligungen gemäß § 160 Nr. 8 in ihrem Anhang aufzuführen. Schließlich verlangt das Börsenrecht gemäß § 24 Abs. 1 BörsZulVO von einem Emittenten Prospektangaben über diejenigen Anteile an Unternehmen, deren Buchwert mindestens 10% seines Eigenkapitals beträgt, oder die mit mindestens 10% zu seinem Jahresergebnis beitragen. Gemäß § 24 Abs. 2 S. 2 BörsZulVO muß der Emittent des weiteren diejenigen Anteile an Unternehmen angeben, die mindestens 10% des gezeichneten Kapitals ausmachen.[129]

Allen diesen Regelungen ist gemeinsam, daß sie letztlich zu einer Unterrichtung der Öffentlichkeit über den Anteilsbesitz einer AG führen. Hinsichtlich Normadressat, Zeitpunkt der Veröffentlichung sowie Art und Größenordnung des Anteilsbesitzes weisen sie jedoch erhebliche Unterschiede auf, mit denen der Gesetzgeber dem jeweiligen Regelungszweck der Vorschrift Rechnung trug.[130] Die der AG obliegenden Informationspflichten sind nicht gegenüber jedermann identisch, sondern auf das Informationsbedürfnis des jeweils Berechtigten abgestimmt.[131] Dementsprechend muß sich auch die Auslegung des Auskunftsanspruchs, dessen Regelungszweck die Gewährleistung einer sachgerechten Meinungsbildung der Aktionäre in der Hauptversammlung ist, an dem mitgliedschaftlichen Informationsinteresse eines Aktionärs orientieren.

3. Auskunftsanspruch trotz vorheriger Veröffentlichung

Fraglich ist, ob das Argument, der Informationsstand eines Aktionärs dürfe nicht hinter dem der Allgemeinheit zurückbleiben, unter umgekehrten Vorzeichen Geltung beanspruchen kann. So ist unmittelbar im Anschluß an die Entscheidungen des KG vorgebracht worden, ein Auskunftsersuchen in der Hauptversammlung könne unbeantwortet bleiben, wenn die Gesellschaft die betreffende Tatsache bereits zuvor aufgrund kapitalmarktrechtlicher Publizitätsvorschriften veröffentlicht habe. Demzufolge erübrigt sich nach Inkrafttreten des

---

[128] Das Nebeneinander zahlreicher Offenlegungspflichten hinsichtlich Beteiligungen wird vielfach kritisiert, siehe etwa *Austmann,* WiB 1994, 143, 147; *Diekmann,* DZWir 1994, 13, 20; *Falkenhagen,* WM 1995, 1005, 1009; *Happ,* JZ 1994, 240, 245; *Junge,* FS Semler, S. 473, 484; *U.H. Schneider/Burgard,* DB 1996, 1761, 1763; *Witt,* AG 1998, 171.

[129] Zu Beteiligungen anderer am Emittenten siehe § 19 Abs. 2 Nr. 5 BörsZulVO.

[130] Dementsprechend ist an der Rechtsprechung des KG vor allem kritisiert worden, § 21 WpHG und § 131 unterschieden sich in ihrer Zweckrichtung, siehe etwa *Dilger,* WuB II A. § 131 AktG 7.94, 1229, 1231; *Ebenroth/Bohne,* WuB II A. § 131 AktG 1.96, 41, 44; *Ebenroth/Wilken,* BB 1993, 1818, 1821; *dies.,* BB 1993, 2039, 2040; *Groß,* WuB II A. § 131 AktG 1.97, 133, 136.

[131] *Budde/Steuber,* AG 1996, 542, 544; *Franken/Heinsius,* FS Budde, S. 213, 238.

WpHG ein Auskunftsanspruch des Aktionärs über den Beteiligungsbesitz der AG, weil dieser gemäß § 21 WpHG öffentlich bekanntgemacht werden müsse.[132] Nichts anderes müßte dann für den Fall gelten, daß die Frage eines Aktionärs eine Tatsache betrifft, die Gegenstand der ad hoc-Publizität ist und gemäß § 15 WpHG veröffentlicht wurde. Solche Überschneidungen sind vor allem dann denkbar, wenn Kursrelevanz i.S.d. § 15 WpHG und Erforderlichkeit i.S.d. § 131 Abs. 1 S. 1 gleichgesetzt werden.[133]

Eine Veröffentlichung des Beteiligungsbesitzes gemäß § 21 WpHG läßt den Auskunftsanspruch in der Hauptversammlung selbst dann nicht entfallen, wenn der Aktionär von der Bekanntgabe durch die Beteiligungsgesellschaft Kenntnis erlangt. Denn die Mitteilungspflicht gemäß § 21 WpHG wird durch das Erreichen, Überschreiten oder Unterschreiten eines bestimmten Schwellenwertes ausgelöst. Der Anteilsbesitz einer AG kann sich unter Umständen erheblich (25% der Stimmrechtsanteile minus eine Aktie) verändern, ohne daß dies der Öffentlichkeit bekannt wird. Deswegen lassen die im Laufe eines Geschäftsjahres erfolgten Veröffentlichungen gemäß § 21 WpHG keinen Rückschluß zu, wie sich der Anteilsbesitz einer AG zum Bilanzstichtag zusammensetzt. Nur dies ist aber - die Erforderlichkeit der Auskunft unterstellt - Gegenstand des Fragerechts in der Hauptversammlung der beteiligten AG.

Ein Aktionär stünde vor kaum überwindbaren Schwierigkeiten, müßte er sich alle der Allgemeinheit zugänglichen Informationen über die AG selbst beschaffen. Dies gilt insbesondere dann, wenn entsprechende Veröffentlichungen nicht durch „seine" AG, sondern durch Dritte erfolgen und/oder nicht unter dem Namen dieser Gesellschaft bekannt gemacht werden. So verhält es sich nicht nur bei dem Anteilsbesitz einer AG, dessen Veröffentlichung gemäß § 21 WpHG durch die Beteiligungsgesellschaft erfolgt,[134] sondern auch bei der Handelsregisterpublizität, etwa wenn der Vorstand einer AG ein Aufsichtsratsmandat in einer anderen Gesellschaft innehat. Letztlich kommt es aber nicht darauf an, welcher Aufwand erforderlich ist, um die begehrten Informationen außerhalb der Hauptversammlung zu erlangen. § 131 Abs. 1 S. 1 enthält keinerlei Anhaltspunkte, daß der Auskunftsanspruch nicht gegeben ist, wenn sich der Aktionär die Informationen auf zumutbare Art und Weise selbst beschaffen kann.[135] Eine solche Einschränkung wird nur dort anerkannt, wo es an einer ausdrücklichen Regelung eines Informationsrechts fehlt und sich eine Aus-

---

132 *Saenger*, DB 1997, 145, 150.

133 *Hirte*, Bankrechtstag 1995, S. 47, 56; *Joussen*, DB 1994, 2485, 2487.

134 Das räumt auch *Saenger*, DB 1997, 145, 150, ein.

135 *Spindler*, ZGR 2000, 420, 439.

kunftspflicht lediglich aus § 242 BGB ableiten läßt.[136] Auf eine gesetzlich normierte Pflicht zur Auskunftserteilung ist dieses Kriterium aber nicht übertragbar.[137]

Der Auskunftsanspruch besteht deshalb auch dann, wenn die betreffende Information öffentlich bekanntgemacht worden ist.[138] Etwas anderes gilt nur für diejenigen Informationen, die sich bereits aus dem Jahresabschluß, dem Lagebericht und dem Bericht des Aufsichtsrats ergeben. Hinsichtlich der darin enthaltenen Informationen erfüllt die AG einen Teil ihrer Informationspflichten gegenüber den Aktionären, so daß diesbezüglich ein Auskunftsanspruch nicht mehr gegeben ist.[139] Dies gilt auch, wenn die Gesellschaft bei der Aufstellung des Jahresabschlusses von den Erleichterungen gemäß §§ 266, 276, 288 HGB Gebrauch macht. Will ein Aktionär Informationen, die sich aus dem Jahresabschluß in ungekürzter Form ergeben, so muß er in der Hauptversammlung dessen Vorlage nach § 131 Abs. 1 S. 3 verlangen und gegebenenfalls in einem Verfahren gemäß § 132 gerichtlich erzwingen.[140] Zum Gegenstand eines Auskunftsbegehrens kann er solche Umstände hingegen nicht machen.[141]

4. Formulierung abstrakter Offenlegungspflichten als Aufgabe der Gerichte?

Konnte sich die Rechtsprechung hinsichtlich einer Beteiligungsquote von 5% als Schwellenwert für eine Auskunftspflicht zumindest noch auf § 21 WpHG stützen, entbehrt die Festlegung, es müßten außerdem alle Beteiligungen ab einem Börsenwert von 100 Mio. DM offengelegt werden, jeglicher gesetzlichen Grundlage. Dementsprechend ist kritisiert worden, die Kriterien für die Festsetzung dieses Werts seien nicht nachvollziehbar, zumal sie offenbar ohne Unterschied auf Gesellschaften mit ganz unterschiedlichen Bilanzdimensionen

---

[136] Dazu etwa BGHZ 126, 109, 113; 97, 118, 192; Palandt-*Heinrichs*, BGB, § 259-261 Rn. 12.

[137] BGH WM 1998, 1689, 1690.

[138] BayObLG, DB 1996, 130, 131, mit zust. Anm. *Hirte/Leibe*, EWiR § 131 AktG 2/96, 673, 674; *Großfeld/Möhlenkamp*, ZIP 1994, 1425, 1427; *Noack*, EWiR § 131 AktG 2/95, 1047 f.

[139] OLG Düsseldorf, WM 1991, 2148, 2153 f.; *Gehling*, EWiR § 131 AktG 1/92, 115, 116. Siehe auch *Grunewald*, ZHR 146 (1982), 211, 225 f.; *Hommelhoff*, BB 1981, 944, 951; *ders.*, ZIP 1983, 383, 391; *ders.*, ZGR 2000, 748, 755; *Lutter*, ZGR 1982, 1, 5 ff: Die umfassende Erfüllung kollektiver Informationspflichten kann die individuellen Auskunftsansprüche weitgehend leerlaufen lassen; a. A. *Bork*, EWiR § 337 AktG 1/94, 217, 218.

[140] OLG Düsseldorf, WM 1991, 2148, 2151 f., mit insofern zust. Anm. *Gehling*, EWiR § 131 AktG 1/92, 115, 116; *Werner*, WuB II A. § 132 AktG 1.92, 397, 399.

[141] LG Köln, AG 1991, 280.

angewendet würden.[142] Dem hat das BayObLG entgegengehalten, die Gerichte seien vom Gesetzgeber aufgerufen, die allgemeine Regelung des § 131 Abs. 1 S. 1 zu konkretisieren und eine praktikable, den Interessen aller Beteiligten Rechnung tragende Lösung zu finden. Das dies nur durch eine generalisierende Regelung möglich sei, müsse in Kauf genommen werden.[143]

Selbst wenn man dieser Begründung folgen wollte, ist die Festlegung absoluter Schwellenwerte kein geeigneter Ansatz, dem Anliegen des BayObLG Rechnung zu tragen. Denn eine praktikable Lösung, wie sie das Gericht anstrebt, setzt voraus, daß zumindest ansatzweise die Bilanzdimension der betreffenden Gesellschaft berücksichtigt wird. In Betracht käme deshalb allenfalls die Festlegung relativer Werte, wie sie etwa die BörsZulVO im Hinblick auf das Stammkapital und den Jahresgewinn vorsieht. Doch auch gegenüber dieser Lösung bleibt das Bedenken, daß der Gesetzgeber diesen Fragenkreis in den Vorschriften über die Offenlegung des Anteilsbesitzes gemäß §§ 285 Nr. 11, 313 Abs. 2 Nr. 4, 287 HGB bereits geregelt hat. Diese Vorschriften sind zwar nicht in dem Sinne abschließend, daß eine Aufschlüsselung der betreffenden Angaben in der Hauptversammlung nicht mehr verlangt werden kann.[144] Für die Festsetzung einzelfallunabhängiger, über die gesetzlichen Vorschriften hinausgehender Grenzwerte durch die Rechtsprechung lassen sie aber keinen Raum. Durch die allgemein gehaltene Regelung des Auskunftsrechts sind die Gerichte lediglich dazu aufgerufen, eine den Umständen des Einzelfalls Rechnung tragende Unterrichtung der Aktionäre zu gewährleisten. Nur wenn es konkrete Anhaltspunkte, etwa das Verhältnis von operativem Geschäft und Beteiligungen oder die Höhe des bilanziellen Eigenkapitals, nahelegen, daß ergänzende Auskünfte erforderlich sind, müssen sie auf Verlangen des Aktionärs erteilt werden.[145]

§ 3 Zwischenergebnis

§ 131 Abs. 1 S. 1 läßt einen weiten Spielraum bei der Auslegung der tatbestandlichen Voraussetzungen des Auskunftsrechts. Daß nur Angelegenheiten der Gesellschaft zum Gegenstand eines Auskunftsbegehrens gemacht werden können, bedeutet keine nennenswerte Einschränkung. Ob der mit dieser Voraussetzung geforderte Zusammenhang zwischen der erfragten Tatsache und der

---

142 Siehe etwa *Geßler*, AktG, § 131 Rn. 11a; *Hommelhoff*, ZGR 748, 766; *Hüffer*, ZIP 1996, 401, 409; *Saenger*, DB 1997, 145, 150.

143 BayObLG, WM 1997, 117, 120, dagegen wiederum *Hüffer*, AktG, § 131 Rn. 19a.

144 Siehe oben S. 22.

145 *Hüffer*, ZIP 1996, 401, 410.

Gesellschaft gegeben ist, ist einzig und alleine danach zu entscheiden, ob die Kenntnis des betreffenden Umstandes für eine sachgerechte Beurteilung eines Gegenstands der Tagesordnung erforderlich ist. Der Versuchung, vermeintlich „fremde" Angelegenheiten generell aus dem Fragerecht des Aktionärs auszugrenzen, sollte deshalb nicht nachgegeben werden.

Auch das Merkmal, daß eine Auskunft zur sachgemäßen Beurteilung der Tagesordnung erforderlich sein muß, konkretisiert das Auskunftsrecht nur bedingt. Zwar gebietet es, die Berechtigung eines Auskunftsbegehrens jeweils in Hinblick auf einen bestimmten Gegenstand der Tagesordnung zu prüfen. Die Tagesordnungspunkte einer ordentlichen Hauptversammlung sind jedoch so weit gefaßt, daß letztlich jeder Umstand von einigem Gewicht für die Meinungsbildung der Aktionäre erforderlich sein kann. Erst aufgrund der Umstände des Einzelfalls ist deshalb eine Beurteilung möglich, ob eine Frage in der Hauptversammlung beantwortet werden muß. Allgemeine Kriterien lassen sich insofern nicht aufstellen.

Die sich an die Erteilung von Auskünften unter Umständen anschließende Ausübung des Stimmrechts durch die Aktionäre sollte bei der Beurteilung eines Auskunftsbegehrens nicht einseitig in den Vordergrund gerückt werden. Es trifft zwar zu, daß die Entscheidungsbefugnisse der Hauptversammlung begrenzt sind. Das Auskunftsrecht ist aber nicht nur ein Annex des Stimmrechts, so daß die Mitsprache in Gesellschaftsangelegenheiten nicht das einzige Kriterium sein kann, das in die Beurteilung eines Auskunftsbegehrens einfließt. Darauf, daß daneben noch andere Wertungselemente zu berücksichtigen sind, wird im folgenden noch einzugehen sein.

Die in anderen gesetzlichen Bestimmungen enthaltenen, gegenüber Dritten oder der Öffentlichkeit bestehenden Mitteilungs- und Offenlegungspflichten der AG sind für das Verhältnis der Gesellschaft zu ihren Aktionären unergiebig. Die betreffenden Vorschriften unterscheiden sich vom Normzweck und dem Adressaten her und lassen einen Zusammenhang zu dem mitgliedschaftlichen Informationsinteresse des Aktionärs, das bei der Auslegung von § 131 Abs. 1 S. 1 maßgeblich ist, nicht erkennen. Auch insofern gilt, daß abstrakte Kriterien nicht an die Stelle einer Prüfung des Einzelfalls treten können.

2. KAPITEL: AUSKUNFTSRECHT UND STELLUNG DES AKTIONÄRS IN DER AG

Art und Umfang der in der Hauptversammlung zu erteilenden Auskünfte werden durch das Informationsbedürfnis des Aktionärs als Gläubiger des Auskunftsanspruchs bestimmt. Ob ein Teilnehmer der Hauptversammlung ein berechtigtes Interesse an seiner Unterrichtung geltend machen kann, läßt sich allerdings nicht anhand der verschiedenen „Aktionärstypen" feststellen, wie sie in der Rechtswirklichkeit auftreten. Sachgerechte Ergebnisse sind nur zu ermitteln, wenn als „Durchschnittsaktionär" derjenige angesehen wird, der dem Leitbild eines Verbandsmitglieds entspricht, wie es der Gesetzgeber bei der Formulierung des § 131 vor Augen hatte. „Objektive Maßstäbe" anzulegen bedeutet deshalb, nach dem Regelungszweck des Auskunftsrechts zu fragen; „vernünftig denkend" ist in diesem Sinne der Aktionär, der sich bei seinen Fragen von den Gedanken leiten läßt, die der Neufassung der Vorschrift zugrunde lagen.[1]

§ 4 „Wirtschaftliches Eigentum" des Mitglieds

Die Mitgliedschaft des Anteilsinhabers ist nicht nur als die Summe seiner Einzelrechte zu verstehen, sondern maßgeblich durch die Gesamtkonzeption des AktG bestimmt.[2] Um Bedeutung und Umfang eines mitgliedschaftlichen Rechts zu ermitteln, ist deshalb auf die Rechtsstellung einzugehen, die der Gesetzgeber dem Aktionär innerhalb einer normtypischen AG zugedacht hat. Dies gilt in besonderem Maße für den Auskunftsanspruch, dessen Bedeutung nicht zuletzt darauf zurückzuführen ist, daß ein ausreichender Kenntnisstand die Grundlage sämtlicher Entscheidungen ist, die ein Aktionär im Hinblick auf seine Beteiligung an der AG trifft. Ob eine Abstimmung in der Hauptversammlung ansteht, ein Mitglied einen Beschluß nachträglich anfechten will, ob der Aktionär überlegt, von seinem Bezugsrecht nach einer Kapitalerhöhung Gebrauch zu machen oder ob er in Erwägung zieht, seinen Anteil zu veräußern - stets kann eine sachgerechte Meinungsbildung nur aufgrund der von der Gesellschaft zur Verfügung gestellten Informationen erfolgen.[3]

---

[1] Anders *Kallmeyer,* AG 1998, 123, 124, der nicht „auf den gesetzlichen ... sondern auf den faktischen Typ des Aktionärs" abstellt.

[2] *Nitschke/Bartsch,* AG 1969, 95. Zum „Gesamtzweck des Aktienrechts" auch *Ehricke,* BB 1979, 496, 498.

[3] Siehe auch die Bezeichnung als „Grundrecht" des Aktionärs, etwa bei *Bayer,* ZGR 1995, 613, 616; *M. Becker* S. 670; *C. Fischer,* DB 1958, 1263; *K. Schmidt,* Informationsrechte, S. 21; *Wiedemann,* GesR I, S. 374.

I. § 131 in der Gesamtkonzeption des AktG 1965

Ein Blick auf das AktG als Ganzes verspricht insbesondere aus zwei Gründen aufschlußreich zu sein. Zum einen wurde der Information der Verbandsmitglieder im Rahmen der Aktienrechtsnovelle von 1965 ein besonderer Stellenwert beigemessen. Nicht nur das Fragerecht des einzelnen Aktionärs wurde neu gefaßt, sondern auch die Bestimmungen über die allgemeine Publizität. Nachdem bereits 1959 die Vorschriften über die Gliederung der Gewinn- und Verlustrechnung[4] geändert worden waren, sah der Gesetzgeber offenbar weiteren Handlungsbedarf, um die Information des Aktionärs durch die Verwaltung zu verbessern. Es dem Mitglied zu ermöglichen, sich hinreichend über die Lage des Unternehmens und die erwirtschafteten Erträge zu unterrichten, war sogar zu einem zentralen Anliegen der Reform erklärt worden.[5] Die Rechnungslegung wurde deswegen durch Vorschriften über die Gliederung der Jahresbilanz, den Inhalt des Geschäftsberichts sowie die Publizität von Konzernen ausgebaut.

Zum anderen spielte die Neuregelung des § 131 von Anfang an eine zentrale Rolle bei der Novelle von 1965.[6] Neben dem Recht auf Teilnahme an der Hauptversammlung, dem Rede- und dem Anfechtungsrecht ist es eines der Mitgliedschaftsrechte, das jedem einzelnen Aktionär unabhängig von der Größe seines Anteilsbesitzes zusteht. Als ein solches Individualrecht fügt es sich in die Grundkonzeption des AktG 1965, die davon geprägt ist, das individuelle Mitglied in den Mittelpunkt der Betrachtung zu rücken und die Organisation der AG auf seine Person hin auszurichten.[7] Der Gesetzgeber wandte sich insofern von den vorangegangenen Reformen von 1884 und 1937 ab, die weniger den einzelnen Aktionär als das Verhältnis der Organe untereinander, insbesondere das der Hauptversammlung zum Vorstand, in den Vordergrund gerückt hatten. Vor allem im Jahre 1937 war die Stellung des Vorstands gegenüber den Mitgliedern gestärkt worden. Dieser Schritt sollte durch die Reform von 1965 zwar nicht rückgängig gemacht, wohl aber in einzelnen Teilen korrigiert werden.[8] So heißt es bereits am Anfang der Begründung des RegE: „Besonderes Augenmerk schenkt der Entwurf entsprechend den ... Grundgedanken der Reform auch der

---

[4] Gesetz über die Kapitalerhöhung aus Gesellschaftsmitteln und über die Gewinn- und Verlustrechnung vom 23. Dezember 1959 (BGBl. I, S. 789 ff.).

[5] Allg. Begr. RegE, abgedr. bei *Kropff,* AktG, S. 15.

[6] Siehe etwa *Kübler,* GesR, § 14 III 2c) bb); *Reinicke* in: Beiträge zur Aktienrechtsreform, S. 117; *Schwark* S. 131; *ders.*, ZRP 1973, 7; *Seifert,* AG 1967, 1; *H. Wilhelmi,* AG 1965, 153, 155; *Wolany,* Sonderbeilage AG 1959, S. 16.

[7] Dazu und zum folgenden *Mülbert* S. 62; *Schwark* S. 131.

[8] Allg. Begr. RegE, abgedr. bei *Kropff,* AktG, S. 15.

Rechtsstellung der einzelnen Aktionäre."[9] Die Verbesserung des Auskunftsanspruchs wird in diesem Zusammenhang an erster Stelle genannt.

Welche Bedeutung der Rolle des Aktionärs in der Gesellschaft bei der Ausgestaltung des Auskunftsanspruchs beigemessen wurde, zeigt die Begründung des RegE. Hier findet sich der Leitgedanke wieder, der als „roter Faden" die gesamte Aktienrechtsnovelle aus dem Jahre 1965 durchzieht. Das Auskunftsrecht steht dem Aktionär deshalb zu, weil er der *wirtschaftliche Miteigentümer* des von der Gesellschaft betriebenen Unternehmens ist, der sich vor der Beschlußfassung in der Hauptversammlung über alle für seine Stellungnahme wesentlichen Angelegenheiten unterrichten können muß.[10] Diese Formulierung ist mißverständlich, weil der Auskunftsanspruch nicht ausschließlich dazu dient, die Ausübung des Stimmrechts vorzubereiten. Fragen können nicht nur zu Tagesordnungspunkten ohne Beschlußfassung gestellt werden;[11] es ist auch unerheblich, ob der Aktionär selbst stimmberechtigt ist. Wie bereits gemäß § 112 AktG 1937, kann sowohl der Inhaber stimmrechtsloser Vorzugsaktien als auch jeder andere von der Stimmrechtsausübung ausgeschlossene Aktionär Auskünfte verlangen.[12] Treffender ist daher die Formulierung, der Auskunftsanspruch diene der sachgemäßen Ausübung (sämtlicher) aus der Mitgliedschaft erwachsenden Rechte.[13]

Die Ableitung des Fragerechts aus dem Unternehmenseigentum der Verbandsmitglieder findet bei einer Betrachtung aus der Sicht der zur Auskunft verpflichteten Verwaltung ihre Entsprechung. Den Aktionären als „wirtschaftlichen Eigentümern" steht der Vorstand als Verwalter fremden Vermögens gegenüber. Wenn ihn eine Rechenschaftspflicht gegenüber den Anteilseignern trifft, die erfahren müssen, wie es um „ihr" Unternehmen steht,[14] ist dies nur folgerichtig. In § 131 Abs. 2 hat diese Vorstellung unmittelbar Ausdruck gefunden: Mitteilungen an die Aktionäre haben den Grundsätzen einer gewissenhaften und getreuen Rechenschaft zu genügen. Mit anderen Worten: Was der Verwalter fremden Vermögens bei seiner Rechenschaftslegung dem Eigentümer darzulegen hat, darf auch ein Vorstand den Aktionären nicht verschweigen.[15]

---

9 Allg. Begr. RegE, a.a.O.

10 Allg. Begr. RegE, a.a.O.

11 Siehe bereits oben S. 22.

12 Unstr., grundlegend *Ebenroth* S. 10 f. und, für § 112 AktG 1937, *Deuss* S. 28 f.; siehe im übrigen etwa: *Bezzenberger* S. 108; *G/H/E/K-Eckardt,* § 131 Rn. 19 f.; *Henn,* Hdb AktR, Rn. 871; *Hüffer,* AktG, § 131 Rn. 3.

13 Ähnlich die Begr. § 131 RegE, abgedr. bei *Kropff,* AktG, S. 184 f.

14 Allg. Begr. RegE, abgedr. bei *Kropff,* AktG, S. 15.

15 *Baumbach/Hueck,* AktG, § 131 Rn. 10; *Geßler,* AktG, § 131 Rn. 16.

Die Erklärung des Auskunftsanspruchs steht exemplarisch für das Gesamtkonzept der Aktienrechtsnovelle von 1965.[16] Das „wirtschaftliche Eigentum" dient in ihr immer wieder als Kriterium, sowohl die Kompetenzen zwischen den Aktionären und der Verwaltung, als auch die Rechte der Gesellschafter untereinander abzugrenzen. Bereits in der Allgemeinen Begründung des RegE heißt es dazu, das AktG müsse „von dem wirtschaftlichen Eigentum der Aktionäre an dem auf ihren Kapitalbeiträgen beruhenden Unternehmen ausgehen"; folglich müsse „Richtlinie aller aktienrechtlichen Regelungen ... die Fragestellung sein, ob die einzelne Regelung der Stellung der Aktionäre als der wirtschaftlichen Eigentümer des Unternehmens entspricht".[17]

II. Die Bedeutung des (bloß) „wirtschaftlichen" Eigentums

In der aktienrechtlichen Literatur ist diese Sichtweise des Gesetzgebers immer wieder aufgegriffen worden.[18] Das gilt insbesondere für das Auskunftsrecht, das angesichts seiner Hervorhebung im Rahmen der Aktienrechtsnovelle von 1965 offenbar als Paradebeispiel für die Konzeption des AktG 1965 angesehen wird. So kehrt nicht nur die Einschätzung wieder, Inhalt und Umfang der Informationen seien aus dem („wirtschaftlichen") Eigentum des Aktionärs an dem Unternehmen[19] bzw. an der Gesellschaft[20] zu entwickeln. Auch der Gedankengang, den Vorstand treffe als Verwalter fremden Vermögens eine Rechenschaftspflicht, hat zahlreiche Anhänger gefunden;[21] besonders deutlich

---

16 Siehe auch *Wolany*, Sonderbeilage AG 1959, S. 16: das Auskunftsrecht „zeigt viel vom Geiste des Ganzen".

17 Allg. Begr. RegE, abgedr. bei *Kropff*, AktG, S. 14. In diesem Sinne auch *Schäffer*, BB 1958, 1253.

18 Aus jüngster Vergangenheit etwa *Th. Raiser*, NJW 1996, 552, 553; siehe auch *Badura/Rittner/Rüthers* S. 213; *Großfeld*, AG 1985, 1 ff.; *Günther*, FS Fechner, S. 117, 124; *Sonnenschein*, BB 1975, 1088, 1091.

19 *Acher*, BB 1960, 428, 429; *Budde*, FS Clemm, S. 81, 88; *Budde/Steuber*, AG 1996, 542, 543; *Bühler*, Steuerrecht, S. 114; *von Caemmerer* in: Das Frankfurter Publizitätsgespräch, S. 141, 149; *Großfeld/Möhlenkamp*, ZIP 1994, 1425, 1426; *dies.*, EWiR § 131 AktG 1/96, 52, 53; *Nitschke/Bartsch*, AG 1969, 95, 98; *Reinhardt*, FS W. Schmidt, S. 23, 31 f.; *Spitze/Diekmann*, ZHR 158 (1994), 447, 448.

20 *Fischer*, DB 1958, 1263; *Henn*, BB 1982, 1185; *ders.*, Hdb AktR, Rn. 701; *Kübler*, GesR, § 14 III 2d); *Meilicke/Heidel*, DStR 1992, 72 u. 113; aus der Rspr: OLG Düsseldorf, ZIP 1986, 1557, 1558; 1987, 1555, 1556. Mit dieser Formulierung soll der Rechtspersönlichkeit der AG und ihrem „rechtlichen" Eigentum an dem Unternehmen Rechnung getragen werden, ohne daß damit ein Unterschied in der Sache verbunden wäre, *Ebenroth/Koos*, BB 1995 Beilage 8, S. 3 Fn. 24.

21 *Acher*, BB 1960, 428, 429; *von Caemmerer* in: Das Frankfurter Publizitätsgespräch, S. 141, 167; *Fischer*, DB 1958, 1263.

findet er in der Formulierung Ausdruck, die Unternehmensleitung handele als Treuhänder der Aktionäre.[22]

Mit einem Hinweis auf das „wirtschaftliche Eigentum" ist beispielsweise begründet worden, ein Aktionär könne über „seine" Gesellschaft weitergehendere Informationen verlangen als die Öffentlichkeit,[23] der Vorstand habe auch über (vermeintlich) persönliche Angelegenheiten Auskunft zu geben[24] und die Aktionäre müßten über die von dem Unternehmen, also letztlich „von ihnen" bezahlten Steuern unterrichtet werden[25]. Dabei wird nur selten erläutert, was im einzelnen unter einer lediglich „wirtschaftlichen" Zuordnung des Unternehmens an den Aktionär zu verstehen ist. Trotz der bereits früh und in deutlicher Form geäußerten Kritik[26] an diesem Ansatz beschränken sich seine Befürworter auch in jüngeren Stellungnahmen vielfach darauf, das Schlagwort vom „wirtschaftlichen Eigentum" aus den Gesetzesmaterialien zu übernehmen. Dort, wo näher auf diese Ableitung des Auskunftsanspruchs eingegangen wird, zeigt sich, daß nur hinsichtlich des Ausgangspunktes, nicht aber hinsichtlich der daraus abzuleitenden Konsequenzen Übereinstimmung besteht.

So hat *Reinhardt* in seinen bis heute oft zitierten Ausführungen die Gemeinsamkeit von „wirtschaftlichem" und sachenrechtlichem Eigentum darin gesehen, daß es jeweils um die Zuordnung eines Vermögensgegenstandes und der Dispositionsberechtigung darüber gehe.[27] Die Verfügungsbefugnis über das Unternehmen steht demnach nicht dem einzelnen Aktionär als solchem, sondern der Hauptversammlung zu. Deren Kompetenzen beschränken sich allerdings auf bestimmte, besonders schwerwiegende Entscheidungen, während ansonsten der

---

22 *Acher,* BB 1960, 428, 429; 689, 691; *Ebenroth* S. 4; *Ehricke,* BB 1979, 496, 498; *Kronstein/Claussen* S. 17.

23 So *Großfeld/Möhlenkamp,* ZIP 1994, 1425, 1426; *dies.*, EWiR § 131 AktG 1/96, 52, 53, im Anschluß an KG, ZIP 1993, 1618, 1619; ZIP 1994, 1267, 1269. Ähnlich bereits *Meilicke/Heidel,* DStR 1992, 113.

24 OLG Düsseldorf, ZIP 1986, 1557, 1558; *Nitschke/Bartsch,* AG 1969, 95, 98.

25 Deshalb kritisch zu § 131 Abs. 3 Nr. 2 AktG: *Schwark* S. 183. Ähnlich *Bühler,* Steuerrecht, S. 114.

26 Bereits vor Inkrafttreten des AktG 1965: *Flume,* Grundfragen, S. 9; *Hengeler/Kreifels* in: Beiträge zur Aktienrechtsreform, S. 11, 15 ff.; *Jagenburg,* AG 1965, 156, 159 f.; *Leo,* AG 1957, 152, 153; *Wiethölter* S. 315; *ders.* in: Das Frankfurter Publizitätsgespräch, S. 33, 38 f.; *Wolany,* Sonderbeilage AG 1959, S. 1.

27 Zu unterscheiden sollen dabei drei Kategorien sein: die Zuordnung der Substanz selbst, die Zuordnung des aus der Substanz gewonnenen Nutzens und der Erträge und schließlich die Zuordnung der Dispositionsbefugnisse über Substanz und Erträge; siehe *Reinhardt,* FS W. Schmidt, S. 23, 24 f.; *ders.* in: Marburger Aussprache zur Aktienrechtsreform, S. 9, 11. Ihm folgend: *Acher,* BB 1960, 428, 429; *Badura,* ZfA 1974, 357, 362 f.; *Badura/Rittner/Rüthers* S. 206 f.; *Schwark* S. 132.

Vorstand mit der Geschäftsführung betraut ist.[28] Für den Auskunftsanspruch[29] hat dies in zweierlei Hinsicht Konsequenzen. Einerseits sind dem Aktionär Mitteilungen zu machen, weil seine Interessen unmittelbar durch Maßnahmen des Vorstands betroffen sein können; insofern besteht eine Rechenschaftspflicht der von den Gesellschaftern beauftragten Verwaltung.[30] Zum anderen ergibt sich ein Informationsbedarf unter dem Gesichtspunkt, daß den Mitgliedern selbst weitreichende Entscheidungen vorbehalten sind, die entsprechende Kenntnisse voraussetzen.[31]

An die gleiche Grundannahme, das - zumindest „wirtschaftliche" - Eigentum des Aktionärs an dem Unternehmen, knüpft aber auch eine in ganz andere Richtung weisende Argumentation aus jüngster Vergangenheit an.[32] Sie stellt nicht auf die Kompetenzordnung innerhalb der Gesellschaft ab, sondern auf das Verhältnis des Aktionärs zu seinem Aktienbesitz. Die AG zeichne sich nämlich dadurch aus, daß der einzelne Gesellschafter keine Möglichkeit hat, auf die Unternehmensführung Einfluß zu nehmen. Im Gegenzug ist er - anders als bei Personengesellschaften - frei, jederzeit seinen Anteil an der Gesellschaft zu veräußern.[33] Die Verantwortung des Berechtigten für den Gegenstand seines Eigentums, das Unternehmen, ist deshalb nahezu gänzlich aufgehoben. Das Eigentumsrecht beschränkt sich auf die Anlageentscheidung und reicht nur soweit, als dem Aktionär die Informationen zur Verfügung zu stellen sind, die er für eine sachgerechte Beurteilung seines Investments benötigt. Erforderlich sind demnach Auskünfte, die für die Beurteilung der Dividende sowie des Kurswertes und dessen Entwicklung benötigt werden.

III. Stellungnahme

Auf die seit langem mit „weltanschaulicher Verbissenheit"[34] geführte Auseinandersetzung um eine eigentumsrechtliche Ableitung der Verbandsmitgliedschaft braucht hier nicht erneut im vollen Umfange eingegangen werden. Das Eingeständnis derer, die immer noch von einem „wirtschaftlichen Eigentum" sprechen, die Rechtsstellung des Anteilseigners sei nicht mit der eines Eigen-

---

28 *Reinhardt,* FS W. Schmidt, S. 23, 30.

29 Die 1959 erschienen Ausführungen *Reinhardts* beziehen sich noch auf § 112 AktG 1937, sind aber ohne weiteres auf § 131 AktG 1965 übertragbar.

30 Ähnlich die Ausführungen *Buntes* S. 66, von einem „passiven Teil der aus dem »Eigentum« fließenden Herrschaftsmacht".

31 *Reinhardt,* FS W. Schmidt, S. 23, 31 f.

32 Zum folgenden *Budde,* FS Clemm, S. 81, 89 f.; *Budde/Steuber,* AG 1996, 542, 543.

33 Die Fungibilität der Aktie betonen auch *Claussen,* AG 1991, 10, 14; *von Falkenhausen,* AG 1972, 237; *Schredelseker* S. 121; *Schwark,* ZRP 1973, 7, 8.

34 *Martens,* Mehrheits- und Konzernherrschaft, S. 18.

tümers im Sinne des § 903 BGB vergleichbar,[35] entzieht bereits mancher Kritik[36] die Grundlage. Das wirft aber auch die Frage auf, welche Bedeutung dem „wirtschaftlichen Eigentum" dann noch zukommen soll.[37] Als aussagekräftiger Maßstab, an dem sich die Rechte der Aktionäre messen lassen, taugt es nur, wenn sich die Reichweite einer lediglich „wirtschaftlichen" Zuordnung hinreichend bestimmen läßt. Dazu muß aufgezeigt werden, daß abweichend von der rechtlichen Zuordnung des Unternehmens an die AG als juristische Person Merkmale vorhanden sind, die zumindest die Annahme eines „de-facto-Miteigentums"[38] der Mitglieder rechtfertigen.

Der Hinweis, es gehe im bürgerlichen wie im Gesellschaftsrecht jeweils um die Zuordnung einer Vermögenssubstanz bzw. von Dispositionsbefugnissen, ist insofern unergiebig. Man mag darin das „ganze Geheimnis"[39] der auf dem Eigentum der Aktionäre beruhenden Organisation sehen - greifbare Ergebnisse lassen sich damit nicht gewinnen. Deutlich wird dies an den Ausführungen *Reinhardts*. Es ist sicherlich richtig, daß die Kompetenzverteilung innerhalb der AG maßgeblichen Einfluß auf das Informationsbedürfnis der Aktionäre hat. Sie bedürfen nicht nur dann, wenn sie zu einer Entscheidung aufgerufen sind, der vorherigen Unterrichtung; sie wollen ebenso über Maßnahmen informiert werden, die in die Zuständigkeit des Vorstands fallen, sich aber auf ihre Belange auswirken. Diese beiden Anliegen lassen sich aber nicht als die eines – und sei es nur „wirtschaftlichen" – Eigentümers zusammenfassen. Wird das Auskunftsrecht sowohl mit der Dispositionsbefugnis des einzelnen Mitglieds bzw. der Hauptversammlung als auch mit dem Abwehrrecht des Eigentümers in Verbindung gebracht, so werden zwei in ganz verschiedene Richtungen weisende Gesichtspunkte unter einem alles überwölbenden Dach, dem „wirtschaftlichen Eigentum", zusammengefaßt. Der Begriff verliert dadurch jegliche Abgrenzungsschärfe.

Demgegenüber vermag der Einwand, auch das bürgerliche Recht kenne etwa bei Miete oder Pacht Konstellationen, in denen die dingliche Berechtigung und

---

[35] *Reinhardt*, FS W. Schmidt, S. 23, 24; *Schwark* S. 132.

[36] Auf den Unterschied zwischen Aktie und Sacheigentum weisen etwa hin: *Großfeld*, AG 1985, 1; *Joussen*, AG 2000, 241, 252; *Martens*, Mehrheits- und Konzernherrschaft, S. 19 f.; *Wiedemann*, BB 1975, 1591, 1596; *ders.* GesR I, S. 496; *Würdinger*, AktR, S. 49 f.

[37] Deutlich *Krüger*, Allgemeine Staatslehre, S. 432: Aktieneigentum ist „Karikatur eines substantiell begriffenen Eigentums" und „durch nichts mehr bestimmtes Eigentum". Siehe auch *Schredelseker*, S. 120: „denaturiertes Eigentum".

[38] *Schredelseker* S. 107. Auf das „rechtliche" Eigentum der AG weisen vor allem hin: *Brondics* S. 62 u. 82; *Henn*, BB 1982, 1185; *ders.*, Hdb AktR, Rn. 26 u. 701; *Wiedemann*, GesR I, S. 199 f.; *Wilhelm*, DB 1986, 2113, 2114.

[39] *Hengeler/Kreifels* in: Beiträge zur Aktienrechtsreform, S. 11, 17 Fn. 13a.

die Verfügungsgewalt über einen Vermögensgegenstand auseinanderfielen,[40] nicht zu überzeugen. Während die Rechtsstellung eines Vermieters bzw. Verpächters dadurch gekennzeichnet ist, daß diese ursprünglich Inhaber eines uneingeschränkten Eigentums waren, ist es im Gegensatz dazu für ein Verbandsmitglied charakteristisch, daß es niemals Alleineigentümer des Unternehmens war.[41] Der Aktionär erwirbt von Anfang an (nur) ein Mitgliedschaftsrecht in einem Verband, in dem er (überwiegend) darauf angewiesen ist, seine Rechte mit den anderen Aktionären zusammen in der Hauptversammlung auszuüben. Deswegen ist ein „individualistisch verstandenes Eigentumsrecht der Aktionäre"[42], das durch das Organisationsrecht der Gesellschaft möglichst wenig angetastet werden darf, nicht geeignet, die Binnenstruktur einer großen AG zu beschreiben. Das Handeln der Verwaltung oder Beschlüsse der Aktionärsmehrheit lassen sich nicht als ein Eingriff in die Eigentümerstellung des Verbandsmitglieds werten,[43] der entsprechende Auskunftsansprüche auslöst.

Dieser Problematik geht aus dem Weg, wer das Verhältnis des Mitglieds zu seinem Aktienbesitz in den Vordergrund rückt und den Regelungszweck des § 131 in der Gewährleistung einer sachgerechten Anlageentscheidung sieht. Dabei werden die Zusammenhänge jedoch eher verschleiert als offengelegt, wenn Kauf und Verkauf einer Aktie mit der Zuordnung des Unternehmens an den Aktionär in Verbindung gebracht werden. Die (im Regelfall bestehende) Möglichkeit, (Inhaber-)aktien jederzeit zu veräußern, beruht nicht auf einem „wirtschaftlichen" Eigentum an dem Gesellschaftsunternehmen, sondern auf dem „rechtlichen" Eigentum an einem Wertpapier, der Aktie.[44] Über sie kann der Aktionär als Inhaber der uneingeschränkten Verfügungsgewalt jederzeit frei verfügen. Eines Umwegs über eine bloß „wirtschaftliche" Berechtigung bedarf es nicht. Es ist deshalb ebenso überflüssig wie lebensfremd, den (Ver-)kauf einer Aktie als Veräußerung oder Erwerb eines Anteils an einem Unternehmen zu interpretieren. Schon aus diesem Grunde sollte in diesem Zusammenhang von einem „wirtschaftlichen Eigentum" des Aktionärs nicht gesprochen werden.[45]

---

40 *Reinhardt,* FS W. Schmidt, S. 23, 25.

41 Dazu und zum folgenden: *Leisner* in: Isensee/Kirchhof (Hrsg.), Hdb StaatsR, § 149 Rn. 116; *Mülbert* S. 64.

42 *Großfeld* S. 192. Siehe auch *Schredelseker* S. 107 ff., der den eigentumsrechtlichen Grundgedanken des AktG 1965 auf die *Gesamtheit* der Aktionäre bezieht.

43 Siehe BGHZ 82, 188, 192: Das „... Eigentum [ist] seit jeher mit der Möglichkeit belastet, durch Mehrheitsbeschlüsse eine Entwicklung zu nehmen, die den Wünschen und vielleicht auch Interessen des einzelnen Mitglieds nicht entspricht"; ähnlich *Ebenroth/Koos,* BB 1995 Beilage 8, S. 4.

44 Ähnlich *Flechtheim* in: Düringer/Hachenburg, HGB, § 179 Anm. 12.

45 Zur Verbindung von Auskunftsrecht und Anlageentscheidung siehe auch unten S. 76 f.

Für die Zuordnung des Gesellschaftsunternehmens an die Aktionäre gilt deshalb, was *Hüffer*[46] bereits in einem anderen Zusammenhang ausgesprochen hat: Es gibt kein „wirtschaftliches Eigentum", aus dem sich bestimmte Ergebnisse ableiten ließen. Die eindeutige Definition des § 903 BGB sprachlich umzubiegen, besteht kein Anlaß. Es geht dabei nicht nur um die Vorzüge einer sauberen Begriffsbildung; ein „wirtschaftliches Eigentum" bietet auch keine sachlich überzeugenden Zuordnungskriterien. Es erlaubt keine Entscheidung, sondern ermöglicht es allenfalls, anders gewonnene Ergebnisse zu etikettieren.[47] Für das Fragerecht, das exemplarisch für die Gesamtkonzeption des AktG 1965 steht, muß nach anderen Kriterien gesucht werden, um Inhalt und Umfang der in der Hauptversammlung zu erteilenden Auskünfte zu bestimmen.

§ 5 Der Aktionär als Anleger

Es bleibt die Tatsache, daß die Hinwendung zu dem einzelnen Aktionär *das* Leitmotiv der Reform von 1965 ist, das im RegE an den Anfang sämtlicher Erläuterungen gestellt worden ist.[48] Nachdem sich das AktG 1937 auch nach der Einschätzung des Gesetzgebers weitgehend bewährt hatte,[49] bedarf es einer Erklärung, aus welchen Gründen er sich trotzdem zu einer solch auffälligen Neuorientierung veranlaßt sah. Die Einschätzung, bei dem „wirtschaftlichen Eigentum" handele sich lediglich um einen rhetorischen Topos, nicht aber ein juristisches Argument,[50] darf nicht dahingehend interpretiert werden, es könne nicht auf die Wertungen und Zielsetzungen zurückgegriffen werden, die mit diesem Begriff verbunden sind. Die Regelungsabsicht, wie sie sich unter anderem aus den Materialien ergibt, ist ein wesentlicher Aspekt der Auslegung.[51]

---

46 In: Staub[4], HGB, § 240 Rn. 18, zur Zurechnung gemäß § 39 AO; ihm folgend *Ekkenga,* ZGR 1997, 262, 265.

47 Pointiert *Wiethölter* in: Das Frankfurter Publizitätsgespräch, S. 33, 38 f: „Das wirtschaftliche Eigentum ist ein Zauberwort, das nicht ein einziges Sachproblem löst, sondern sie alle lediglich verdeckt"; ebenso *Richter* S. 19 f.

48 Dazu auch *Kübler,* ZHR 131 (1958), 255 f.; *Schwark* S. 132.

49 Allg. Begr. RegE, abgedr. bei *Kropff,* AktG, S. 13 f.; *Kropff* in: 25 Jahre AktG, S. 19, 20.

50 *Flume,* Grundfragen, S. 10; *Jagenburg,* AG 1965, 156, 159.

51 Allgemein zur historisch-teleologischen Auslegung: *Larenz,* Methodenlehre, S. 332.

I. Der Kleinaktionär als Fragesteller

1. Die Rolle von Vorstand und Aktionär bei Auskunftsverlangen

Schuldner des Auskunftsanspruchs ist die Gesellschaft, für die der Vorstand (lediglich) als Organ handelt.[52] Er muß sich bei der Prüfung, ob Auskunft zu erteilen ist, von den Interessen der AG leiten und ein unter Umständen gegebenes, eigenes Interesse an der Geheimhaltung bestimmter Tatsachen unberücksichtigt lassen. Die Möglichkeit, von der Beantwortung einer Frage abzusehen, darf vom Vorstand nicht dazu genutzt werden, eigene Pflichtverletzungen zu verbergen und sich so der Verantwortung zu entziehen.[53] Wendet man sich dem Gläubiger des Auskunftsanspruchs, dem Aktionär, zu, so fällt zunächst auf, daß seine Interessen offenbar nicht ohne weiteres mit denen der Gesellschaft gleichgesetzt werden können. Bei der Regelung des Auskunftsanspruchs sah der Gesetzgeber die Möglichkeit eines Konflikts mit den Belangen der AG: Während den Aktionären an einer möglichst weitgehenden Unterrichtung über die Gesellschaft gelegen ist, muß diese befürchten, daß Geschäftsgeheimnisse offenbart werden.[54]

Diese Gegenüberstellung ist keineswegs so selbstverständlich wie sie verschiedentlich[55] dargestellt wird. Mit einem „wirtschaftlichen Eigentum" am Unternehmen ist sie schon deshalb nicht zu erklären, weil diese Terminologie eine Annäherung des Aktionärs an den Inhaber eines Handelsgewerbes suggeriert. Die Verbandsmitglieder haben sich zwar zu einer juristischen Person zusammengeschlossen, letztlich sind es jedoch sie, die hinter der unternehmerischen Betätigung der AG stehen und in der Hauptversammlung zu den Angelegenheiten „ihrer" Gesellschaft Stellung nehmen. Für die Prüfung eines Auskunftsbegehrens in der Hauptversammlung gilt hingegen nichts anderes als für die Wahrnehmung der Gesellschaftsinteressen gegenüber außenstehenden Dritten.[56] Es obliegt nicht den Aktionären, sondern dem Vorstand, die Aufgaben eines Unternehmers wahrzunehmen. Er hat zu prüfen, ob eine Auskunftserteilung dem Gesellschaftsunternehmen Schaden zufügen kann, während es den Aktionären verwehrt ist, mit ihrer Mehrheit oder gar einstimmig darüber zu ent-

---

52 Begr. § 131 RegE, abgedr. bei *Kropff,* AktG, S. 185; *Hüffer,* AktG, § 131 Rn. 5; KK-*Zöllner,* § 131 Rn. 12.

53 BGHZ 86, 1, 19; OLG Düsseldorf, WM 1991, 2148, 2153; *Meilicke/Heidel,* DStR 1992, 113, 116; *Semler* in: Münch. Hdb AG, § 37 Rn. 29; KK-*Zöllner,* § 131 Rn. 44.

54 Begr. § 131 RegE, abgedr. bei *Kropff,* AktG. S. 184 f.

55 Etwa *Baumbach/Hueck,* AktG, § 131 Rn. 1; *Bunte* S. 3; *Nitschke/Bartsch,* AG 1969, 95; *Vossel* S. 44.

56 Dazu *Godin-Wilhelmi,* § 76 Anm. 2; *Henn,* BB 1982, 1185; *K. Mertens,* AG 1997, 541, 542; *von Stebut* S. 98.

scheiden, ob das Wohl der AG durch eine Auskunftserteilung berührt wird oder nicht.[57]

Bereits in dieser Rollenverteilung kommt zum Ausdruck, daß sich ein Interessengegensatz zwischen Aktionär und Gesellschaft nicht ohne weiteres in das Bild fügt, das durch die Gesetzesmaterialien gezeichnet wird. Diese weisen auf eine enge Nähebeziehung der Mitglieder zur Gesellschaft hin. Da es den Aktionären nicht darauf ankommen kann, ihrem Aktieneigentum und damit sich selbst Schaden zuzufügen, sollte ihnen im gleichen Maße an der Wahrung von Geschäftsgeheimnissen gelegen sein wie der AG.[58] Ebensowenig kann angenommen werden, es entspreche den Interessen des Verbands, den Informationsfluß zwischen Unternehmensleitung und Mitgliedern möglichst gering zu halten. Nicht nur der Vorstand, dem die Unternehmensführung als „Verwalter fremden Vermögens" lediglich auf Zeit übertragen worden ist, sollte auf ein vertrauensvolles Verhältnis zu seinen „Auftraggebern" angewiesen sein. Auch für die AG ist es nur von Nutzen, wenn die Entscheidungen in ihren Angelegenheiten auf der Grundlage der „erforderlichen" Informationen getroffen werden.[59] Vor diesem Hintergrund bleibt unbeantwortet, weshalb der Gesetzgeber bei der Neufassung der Vorschrift zu der Einschätzung gelangte, daß „sich in anderer Hinsicht oft die vom Vorstand und von den Aktionären angestrebten Ziele decken werden, ... sie beim Auskunftsrecht [aber] häufig weit auseinander" gehen.[60]

2. Unterschiedliche Bedeutung des Fragerechts für Groß- und Kleinaktionäre

Sowohl die Gewährleistung des Auskunftsanspruchs als Individualrecht als auch die Stärkung des einzelnen Aktionärs bei der Durchsetzung dieses Rechts legen es nahe, daß es insbesondere Kleinaktionäre sind, die auf die Erteilung von Auskünften in der Hauptversammlung angewiesen sind. Ein Groß- und Mehrheitsaktionär wird aufgrund seines Einflusses innerhalb der AG ohnehin über die für seine Entscheidungsfindung erforderlichen Kenntnisse verfügen. Oftmals ist er durch ein Mitglied im Aufsichtsrat vertreten,[61] dem gegenüber der Vorstand gemäß § 90 berichtspflichtig ist. Darüber hinaus wachsen mit der

57 Ganz h.M., siehe etwa *Ebenroth* S. 15 f.; G/H/E/K-*Eckardt*, § 131 Rn. 23; *Hüffer*, ZIP 1996, 401, 405; *K. Schmidt*, Informationsrechte, S. 20; KK-*Zöllner*, § 131 Rn. 10. Siehe auch unten S. 89 f.

58 Ähnlich *Jagenburg*, AG 1965, 156, 160; *Reinicke* in: Beiträge zur Aktienrechtsreform, S. 117; *Wolany*, Sonderbeilage AG 1959, S. 4.

59 *Wolany*, Sonderbeilage AG 1959, S. 4 f. Ähnlich *Deuss* S. 271; KK-*Zöllner*, § 131 Rn. 4.

60 Begr. § 131 RegE, abgedr. bei *Kropff*, AktG, S. 184.

61 Dazu etwa *Ehricke*, BB 1979, 496; *Flume*, Grundfragen, S. 20; *Karehnke*, AG 1968, 280, 281; *Seifert*, AG 1967, 1, 2; KK-*Zöllner*, § 131 Rn. 60.

Größe des Anteilsbesitzes die Möglichkeiten, unabhängig von § 131 Auskünfte zu verlangen. Aufgrund seines faktischen Einflusses kann ein Großaktionär darauf dringen, daß ihm *praeter legem* die nach seinem Dafürhalten erforderlichen Informationen außerhalb der Hauptversammlung zur Verfügung gestellt werden.[62] Im übrigen wird er weitgehend die Einschätzung des Vorstands teilen, hinsichtlich welcher Angaben Geheimhaltungsbedarf besteht, denn die Interessen der Aktionäre mit maßgeblichem Einfluß und die der AG, vertreten durch den Vorstand, stimmen ganz regelmäßig überein.[63] Wenn überhaupt die Annäherung an einen Unternehmer zutreffend ist, dann für den Groß- oder Mehrheitsaktionär, der aufgrund seiner Stimmrechtsmacht Einfluß auf die Geschäftsführung nehmen kann.[64] Er wird deshalb darauf bedacht sein, zur Vermeidung von Wettbewerbsnachteilen die Weitergabe von Informationen an die Teilnehmer der Hauptversammlung und damit letztlich an die Öffentlichkeit einzuschränken.

Anders stellt sich die Situation für Kleinaktionäre[65] dar. Ihr Verhältnis zu der AG beschränkt sich regelmäßig darauf, einmal im Jahr an einer Hauptversammlung teilzunehmen und dort über die Angelegenheiten der Gesellschaft informiert zu werden. Aufgrund des meist anonymen Aktionärskreises ist es ihnen kaum möglich, einem Auskunftsbegehren dadurch Gewicht zu verleihen, daß sie sich der Unterstützung weiterer Mitaktionäre versichern. Wäre ein Kleinaktionär auf die Mitwirkung anderer Teilnehmer der Hauptversammlung angewiesen, so reduzierten sich insbesondere bei einer AG mit festgefügten Mehrheitsverhältnissen seine Informationsmöglichkeiten bis zur Bedeutungslosigkeit.[66] Es bedeutete deshalb eine wesentliche Verbesserung der Rechtsstellung des Einzelaktionärs, als diesem erstmals mit § 112 AktG 1937 ein Recht auf Auskunftserteilung unabhängig von der Größe seines Anteilsbesitzes eingeräumt und an diesem Individualrecht bei der Novelle des AktG von 1965 - an-

---

62 *Bunte* S. 25; *Ehricke*, BB 1979, 496; *Karehnke*, AG 1968, 280, 283. Im Ergebnis ebenso *H. N. Götz*, ZIP 1995, 1310, 1311; *Hopt*, ZHR 141 (1977), 389, 403; *K. Mertens*, AG 1997, 541, 543; *Reinicke* in: Beiträge zur Aktienrechtsreform, S. 117, 120. Siehe auch OLG Stuttgart, DB 1994, 205, 207; *Boesebeck*, AG 1963, 89, 91 f.; *Janberg*, AG 1965, 191, 193, die bei Auskünften *außerhalb* der Hauptversammlung eine Bevorzugung des Großaktionärs gegenüber Kleinaktionären für sachlich gerechtfertigt halten.

63 *Ebenroth/Koos*, BB 1995 Beilage 8, S. 10; *Ehricke*, BB 1979, 496; ferner KK-*Mertens*, § 76 Rn. 6.

64 *Hommelhoff* in: Reformbedarf im Aktienrecht, S. 65, 76.

65 Zum Begriff des Kleinaktionärs *Leverkus* S. 11 ff.; *Oehler/Mesel*, Die Bank 1990, 560 ff.

66 So vor der Einführung von § 112 AktG 1937, als es eines Mehrheitsbeschlusses der Hauptversammlung bedurfte, siehe RGZ 82, 182, 186 und dazu *Ehricke*, BB 1979, 496, 497.

derweitigen Überlegungen[67] zum Trotz - festgehalten wurde. Durch die im Vergleich mit der Vorgängerregelung gestärkte Position des Fragestellers gemäß §§ 131, 132 sind Auskunftsbegehren einer etwaigen Einflußnahme von Großaktionären heute weitgehend entzogen.[68]

Die Größe des Anteilsbesitzes ist nicht nur für die Frage relevant, ob es einer gesetzlichen Regelung des Auskunftsanspruchs überhaupt bedarf. Die Wahrnehmung dieses Rechts stellt sich für den Publikumsaktionär noch unter einem weiteren Gesichtspunkt in einem anderen Licht dar als für den unternehmerisch tätigen Großaktionär. Das Interesse, sich als „wirtschaftlicher Eigentümer" aktiv in die Geschicke der AG einzuschalten und in der Hauptversammlung zu den Angelegenheiten der Gesellschaft Stellung zu beziehen, tritt zurück. Einfluß auf die Geschäftsleitung kann er mit seiner geringen Stimmrechtsmacht nicht nehmen.[69] Nicht nur, daß die Geschäftsführung weitgehend dem Vorstand übertragen ist und sich die Kompetenzen der Hauptversammlung auf wenige Grundsatzfragen beschränken; selbst dann, wenn eine Entscheidung der Aktionäre ansteht, ist der Einfluß des einzelnen Mitglieds verschwindend gering. Die Möglichkeit, sich gegenüber der Verwaltung oder einem Großaktionär durchzusetzen, besteht deshalb praktisch nicht.[70]

II. Gleichsetzung von Publikumsaktionär und Kapitalanleger

Angesichts dieser unterschiedlichen Ausgangslage stellt sich die Frage, ob sich auch bei der Beurteilung der Interessen von Kleinaktionär und Gesellschaft Abweichungen zu dem für den Großaktionär gezeichneten Bild ergeben. Mit anderen Worten: Trifft hier die Einschätzung des Gesetzgebers zu, bei Auskunftsverlangen bestehe ein Gegensatz zwischen den Belangen der Gesellschaft und der Mitglieder, der eines Ausgleichs bedürfe? Dabei spielt, wie sich soeben gezeigt hat, die Motivation, die hinter der Beteiligung an der Gesellschaft steht, eine wesentliche Rolle. Sofern es den Aktionären um eine unternehmerische Betätigung geht, stimmen ihre Belange mit denen der Gesellschaft regelmäßig überein.

---

67 § 122 Abs. 3 RefE. Dafür, die Ausübung des Auskunftsrechts von einer gewissen Kapitalquote oder Mindestunterstützung durch andere Aktionäre abhängig zu machen, *Geßler*, DB 1957, 1254, 1256; *Reinicke* in: Beiträge zur Aktienrechtsreform, S. 117, 121 ff.; *Schäffer*, BB 1958, 1253, 1256; ablehnend *Wolany*, Sonderbeilage AG 1959, S. 3. Dagegen zuletzt *Joussen*, AG 2000, 241, 253.

68 Siehe bereits oben S. 14.

69 Darauf wird insbesondere im Zusammenhang mit einem Ausschluß des Bezugsrechts immer wieder hingewiesen: *Hirte* S. 216; *Kübler/Mendelsohn/Mundheim*, AG 1990, 461, 466; *Martens*, ZIP 1992, 1677, 1690; LG Frankfurt, WM 1992, 437, 439.

70 Siehe etwa *Großfeld* S. 21 u. 199; *Schwark*, ZRP 1973, 7, 8.

Das KG unterstellte offenbar andere Beweggründe, als es in seiner Entscheidung den Aktionär mit einem Kapitalanleger gleichsetzte.[71] Damit sprach das Gericht weniger den „Durchschnitts-" als den typischen Kleinaktionär an. Dies belegt die oftmals synonyme Bezeichnung von Klein- bzw. Publikumsaktionären als Kapitalanleger oder Anlageaktionäre.[72] Sie macht deutlich, daß diese Aktionäre an einer unternehmerischen Betätigung nicht interessiert sind. Ihrem Stimmrecht messen sie nicht nur deswegen eine geringe Bedeutung bei, weil sie den dafür notwendigen Einfluß nicht ausüben können, sondern auch, weil sie eine solche Mitbestimmung in der AG gar nicht wahrnehmen wollen. Ein Publikumsaktionär hat kein „Interesse, daran, die ihm vom Gesetzgeber zugedachte Rolle des Eigentümers zu spielen und mit Hilfe seines Stimmrechts bei der Selbstverwaltung der AG mitzuwirken"[73].

Für das Auskunftsrecht bedeutet dies zwar nicht, daß sich der Kleinaktionär und die Unternehmensleitung stets in einem Interessenwiderstreit gegenüberstünden. Regelmäßig kann denjenigen Aktionären, die ihr Anteilseigentum als Vermögensanlage ansehen, an einer bewußten Schädigung der AG nicht gelegen sein. Jedenfalls dann, wenn es um die Verfolgung langfristiger Anlageziele geht, läßt sich ihr Interesse an dem Wert und der Rentabilität ihres Aktienbesitzes nur durch eine gedeihliche Entwicklung des Unternehmens verwirklichen.[74] Dennoch findet die Einschätzung ihre Bestätigung, die Interessen von Vorstand und (Anleger)aktionären gingen „häufig weit auseinander." Ein Kapitalanleger sieht sich nicht in der Rolle eines Gesellschafters, sondern als Inhaber eines selbständigen Wertpapiers.[75] Die Beteiligung an der Gesellschaft ist für ihn ein Mittel, sein eigenes Vermögen zu mehren. Daran, einen gemeinsamen Zweck im Zusammenwirken mit anderen Gesellschaftern zu verfolgen, ist ihm nicht gelegen. Er ist zwar darauf angewiesen, sein Kapital der AG zu überlassen, im übrigen verbindet ihn mit der Gesellschaft aber keine Nähebeziehung. Dementsprechend geht es einem Anlegeraktionär darum, den Nutzen seines Investments

---

71 Siehe oben S. 21.

72 BVerfGE 50, 290, 348; BGHZ 82, 188, 192 f.; 120, 141, 151; OLG Düsseldorf, WM 1994, 337, 340; *Friedewald* S. 3; *Henssler,* ZHR 157 (1993), 91, 111 Fn. 90; *Hirte* S. 216; *Hommelhoff,* ZHR 153 (1989), 181, 195; G/H/E/K-*Hüffer,* § 243 Rn. 89; *Immenga,* Aktiengesellschaft, S. 5; *Janberg,* AG 1965, 191, 193; *Lutter,* Aktionär, S. 9, *Schwark,* ZRP 1973, 7, 8; *ders.* S. 143, 153.

73 *C. E. Fischer,* AcP 154 (1955), S. 85, 94; ihm folgend *Jagenburg,* AG 1965, 156, 157. Ähnlich *Großfeld* S. 19; *Immenga* S. 8; *Schwark,* ZRP 1973, 7, 8; *Wiedemann,* GesR I, S. 496; *ders.,* BB 1975, 1591, 1593;

74 *Ebenroth/Koos,* BB 1995 Beilage 8, S. 10; KK-*Mertens,* § 76 Rn. 6; *Mülbert,* ZGR 1997, 129, 158.

75 Treffend *R. Fischer* in: Ehrenbergs Handbuch III/1, S. 46.

zu optimieren, gegebenenfalls ohne Rücksicht auf die Belange der AG oder anderer Mitgesellschafter.[76]

Während Groß- und Mehrheitsaktionäre vielfach aktiv auf das Gesellschaftsleben Einfluß nehmen, stehen Kleinaktionäre der Gesellschaft oftmals wie Fremde[77] gegenüber. Ein Aktionär mit kleinem Anteilsbesitz wird regelmäßig nicht in der Lage sein, sich um die Belange des Unternehmens hinreichend zu kümmern. Er hat weder die Zeit noch die Sachkenntnis, komplexe Vorgänge innerhalb des Unternehmens zu beurteilen.[78] Unwissenheit oder Unerfahrenheit können deshalb dazu führen, daß er den Geheimhaltungsbedarf von Unternehmensdaten verkennt.[79] Zum Teil wird ein Kapitalanleger aber auch bewußt seine eigenen Belange in den Vordergrund stellen und eine Schädigung der AG in Kauf nehmen. Seine Anbindung an die Gesellschaft ist lockerer als bei einem unternehmerisch tätigen Aktionär. Das Ausscheiden aus der AG ist für ihn eine Alternative zu der gesellschaftsinternen Mitsprache, sofern bei dem Verkauf seiner Anteile die Rentabilität seiner Investition durch einen angemessenen Preis gewährleistet ist.[80] Eine Schädigung der AG, die nach einer Offenlegung von Unternehmensdaten erst in der Zukunft eintritt, ist für den Fragesteller irrelevant, wenn er bereits vorher durch eine Veräußerung der Aktie den von ihm angestrebten Gewinn realisieren kann. Je kürzer sein Engagement in der Gesellschaft ist, desto größer wird seine Neigung sein, seine eigenen Interessen vor die des Verbands zu stellen. Insbesondere dann, wenn es Aktionären lediglich um die Verwirklichung kurzfristiger Gewinne geht, besteht deshalb die Gefahr eines Interessenkonflikts mit der Gesellschaft.[81]

Ein Anlegeraktionär ist auf Informationen angewiesen, um die Rentabilität seiner Investition beurteilen zu können. Weil (deutsche) Bilanzierungsvorschriften zahlreiche Bewertungsspielräume lassen, die eine verläßliche Unter-

---

76 Diese Distanz zu der AG ist nicht nur als tatsächliches Phänomen bekannt, sondern stand lange der Anerkennung einer gesellschaftsrechtlichen Treupflicht des Kleinaktionärs entgegen, so früher *Lutter,* JZ 1976, 225, 230; *ders.,* ZHR 153 (1989), 446, 453; ihm folgend *Burgard,* AG 1992, 41, 48; *Reinisch* S. 90. Nunmehr wird ganz überwiegend vertreten, nicht das „ob", sondern allenfalls das „wie" einer Treupflicht des Kleinaktionärs sei fraglich; siehe etwa BGH, NJW 1995, 1739, 1741; *Bungert,* DB 1995, 1749, 1750; *Hennrichs,* AcP 195 (1995), 221, 241; *Lutter,* JZ 1995, 1053, 1054; *ders.,* ZHR 162 (1998), 164, 165; *Timm,* WM 1991, 481, 483; *Winter* S. 81 f.

77 *Clemm,* FS Goerdeler, S. 93, 97; ähnlich *Karehnke,* AG 1968, 280.

78 *Großfeld* S. 20 u. 199; *Schwark,* ZRP 1973, 7, 8; *Wiedemann,* BB 1975, 1591, 1593.

79 *Reinicke* in: Beiträge zur Aktienrechtsreform, S. 117.

80 *Mülbert* S. 150 f.

81 Dazu auch *Ebenroth/Koos,* BB 1995 Beilage 8, S. 10 f.; *G. Hueck,* GesR, § 20 III.

nehmensbewertung erschweren,[82] wird er den Auskunftsanspruch als willkommenes Mittel ansehen, die durch die allgemeine Publizität gewonnenen Erkenntnisse zu ergänzen. Daß seine Interessen als Kapitalanleger dabei in Konflikt mit den Belangen der Gesellschaft kommen können, zeigt ein Beispiel, für das bereits der Gesetzgeber eine ausdrückliche Regelung getroffen hat. Die Offenlegung stiller Reserven kann für einen Anlegeraktionär von erheblicher Bedeutung sein, um den inneren Wert seiner Anlage und einen angemessenen Preis für seine Anteile zu ermitteln.[83] Dem wird seitens der Gesellschaft entgegengehalten, es sei mit den Belangen des Unternehmens unvereinbar, wenn sämtliche in einem Geschäftsjahr erzielten Vermögensvorteile sofort aufgedeckt oder gar ausgeschüttet würden.[84] Der Gesetzgeber hat für diesen Fall in § 131 Abs. 3 S. 1 Nr. 3 - entgegen zunächst erörterten Ansätzen[85] - eine unternehmensfreundliche Lösung vorgesehen: Auskunft über stille Reserven muß in der Hauptversammlung (überhaupt) nicht erteilt werden.[86] Damit ist die Frage aufgeworfen, wie die widerstreitenden Belange von Anlegern und Gesellschaft dann zu bewerten sind, wenn es an einer ausdrücklichen Regelung fehlt.

III. Die Finanzierungsfunktion des Aktionärs

Das Leitbild der AG, das dem AktG 1965 zugrunde liegt, ist - insofern besteht weitgehend Einigkeit - das einer Publikumsgesellschaft mit weit gestreutem Anteilsbesitz.[87] Der normtypische (Durchschnitts-)aktionär ist deshalb der Kleinaktionär. Damit ist aber noch nicht die Frage beantwortet, ob die gewöhnlich mit einem kleinen Anteilsbesitz einhergehenden Interessen in den aktienrechtlichen Regelungen Berücksichtigung gefunden haben. Die oftmals anzutreffende Gleichstellung des Publikums- bzw. Kleinaktionärs mit dem Anlagegesellschafter bzw. Kapitalanleger ist zunächst nicht mehr als eine Beschreibung der Rechtswirklichkeit.[88] Ihr Aussagegehalt beschränkt sich darauf, daß Einzel- und Minderheitsaktionäre, deren Rechtsstellung das AktG besonderes Augenmerk schenkt, regelmäßig Kapitalanleger sind. Zu untersuchen bleibt, ob

---

82 Siehe etwa KG, ZIP 1994, 1267, 1269; ZIP 1995, 1585, 1587; *Eisolt*, BB 1995, 1127, 1131; *Stützel* (Diskussionsbeitrag) in: Das Frankfurter Publizitätsgespräch, 244, 251.

83 Dazu *Budde*, FS Clemm, S. 81, 97; *von Caemmerer* in: Frankfurter Publizitätsgespräch, S. 141, 145; *Ebenroth/Koos*, BB 1995 Beilage 8, S. 11.

84 Ausführlich *Ebenroth/Koos*, BB 1995 Beilage 8, S. 10 f.

85 Dazu *Ebenroth* S. 87 f.; *Geßler*, DB 1957, 1254, 1257.

86 Siehe dazu eingehend S. 161 ff.

87 BGHZ 70, 117, 123; GK^4-*Assmann*, Einl. Rn. 268; *Decher* S. 114; *Flume* I/2, S. 261; G/H/E/K-*Hüffer*, § 243 Rn. 41; *U.H. Schneider*, ZHR 142 (1978), S. 228, 237 Fn. 30.

88 Siehe etwa BGHZ 120, 141, 151, wonach diese Einschätzung der „Lebenserfahrung" entspricht.

und inwieweit der sich aus einer Vermögensanlage ergebende Informationsbedarf durch die Vorschrift des § 131 berücksichtigt wird.

Neben dem Interesse des Aktionärs, die Ausübung seines Stimmrechts vorzubereiten, nennt die Begründung des RegE noch einen weiteren Aspekt des Auskunftsrechts. Es dient dazu, in Erfahrung zu bringen, „wie der Vorstand mit dem von den Aktionären zur Verfügung gestellten Kapital gewirtschaftet hat."[89] Dieser Gesichtspunkt ist später insbesondere durch die Rechtsprechung zu § 131 aufgegriffen worden. Demnach gewährt die Norm einen Anspruch, Rechenschaft über die Verwaltung des im Unternehmen investierten Kapitals zu verlangen.[90] Noch einen Schritt weiter geht das BayObLG, wenn es dem Aktionär zugesteht, er müsse erfahren können, wie „sein" Geld angelegt worden sei, ob bestimmte Anlagearten deutlich überwiegen oder eine angemessene Streuung und Mischung erreicht werde.[91] Der Umstand, daß das Gericht dabei auf § 54 VAG Bezug nimmt, deutet darauf hin, daß es - zumindest bei einem Versicherungskonzern - die Aufgabe der Verwaltung offenbar darin sieht, für den Aktionär eine günstige Kapitalanlage zu verwirklichen.

In dieser Rechtsprechung kommt ebenso wie in der Begründung des RegE zum Ausdruck, daß das Auskunftsrecht dem Mitglied nicht nur zusteht, um seine aktive Beteiligung am Gesellschaftsleben vorzubereiten. Im Gegenteil: Weil der Aktionär ohne Einfluß auf die Verwendung des investierten Kapitals ist, er in seiner Gesellschaft „nichts zu sagen hat", ist er auf die Möglichkeit verwiesen, sich über den Bestand und Wert der Vermögensanlage zu erkundigen. Hier kehrt der Gedanke der Rechenschaft wieder, die der Vorstand als „Verwalter fremden Vermögens" schuldet. Doch erhält diese Formulierung nunmehr eine andere Bedeutung als sie zunächst durch das „wirtschaftliche Eigentum" nahegelegt wird. Die Aktionäre sind nicht die Inhaber des Unternehmens, die sich bei der Verfolgung ihrer unternehmerischen Interessen des Vorstands als Geschäftsführungsorgan bedienen. Sie sind Vermögensanleger, dic ihr Kapital dem Vorstand überlassen haben und im Gegenzug über die Rentabilität ihrer Investition unterrichtet werden wollen.

---

89 Begr. § 131 RegE, abgedr. bei *Kropff*, AktG, S. 184.

90 BGHZ 86, 1, 19; OLG Düsseldorf, ZIP 1987, 1555, 1557; KG ZIP 1995, 1585, 1587; LG München I, AG 1999, 283, 284; LG Berlin, AG 1994, 40, 41; BB 1993, 1827, 1828; WM 1990, 978, 980. In diesem Sinne auch *M. Becker* S. 670; *Burgard* S. 74; *Hommelhoff*, ZGR 2000, 749, 752; *Karehnke*, AG 1968, 280, 281; *U.H. Schneider* in: Assmann/Schneider, WpHG, vor § 21 Rn. 52 Fn. 41; *Semler* in: Münch. Hdb AG, § 37 Rn. 2; kritisch *Hüffer*, ZIP 1996, 401, 403 f.

91 BayObLG, DB 1996, 130; zust. *Hirte/Leibe*, EWiR § 131 AktG 2/96, 673, 674; abl. *Eyles*, WuB II A. § 131 AktG 3.96, 451, 453.

Diese Sichtweise des Aktionärs als Geldgeber, der das für die wirtschaftliche Betätigung der Gesellschaft erforderliche Kapital zur Verfügung stellt, ist keine Besonderheit des Auskunftsrechts. Zum Ausdruck kommt das in einer eher beiläufigen Formulierung in der Allgemeinen Begründung des RegE. Richtschnur des AktG ist das „Eigentum der Aktionäre an dem auf ihren *Kapitalbeiträgen* beruhenden Unternehmen"[92]. Wenn es ihre Rolle als Kapitallieferanten der Gesellschaft ist, die den Gesetzgeber veranlaßte, das „wirtschaftliche Eigentum" der Aktionäre als Maßstab für ihre Rechte und Pflichten zu postulieren, so liegt die Schlußfolgerung auf der Hand: Die Ausrichtung des AktG 1965 auf das einzelne Verbandsmitglied sollte seinen Schutz in der Funktion als Finanzier der Gesellschaft bewirken. Die Berücksichtigung der Belange von Einzel- und Minderheitenaktionären ist kein Selbstzweck, sondern in erster Linie ein Beitrag zur Verwirklichung des Anlegerschutzes im Gesellschaftsrecht.[93]

Die Interpretation des Auskunftsanspruchs als ein Recht, mittels dessen der Aktionär in Erfahrung bringen soll, wie die Verwaltung mit „seinem" Geld verfahren habe, ist zumindest mißverständlich. Sie kann „nur vom Sinngehalt her, nicht aber als direkte rechtliche Begründung überzeugen".[94] Weder verbindet den Aktionär mit seiner Einlageleistung ein eigentumsrechtliches Band noch ist es die Aufgabe des Vorstands, als „Verwalter fremden Vermögens" treuhänderisch die Vermögensinteressen des Aktionärs wahrzunehmen. Als Leitungsorgan der Gesellschaft hat er in erster Linie das Unternehmensinteresse wahrzunehmen und einen angemessenen Ausgleich zwischen den Belangen verschiedener Personengruppen herzustellen.[95] Im folgenden wird deshalb noch darauf einzugehen sein, wie der Gedanke einer Rechenschaft bei der Interpretation des Auskunftsanspruchs berücksichtigt werden kann.

§ 6 Das Fragerecht zwischen Gesellschaftsrecht und Anlegerschutz

In den vorangegangenen Abschnitten hat der Ausgangspunkt der vorliegenden Untersuchung seine Bestätigung gefunden. Die Regelung des Auskunftsanspruchs ist repräsentativ für die Rechtsstellung des Verbandsmitglieds, wie sie

---

92 Allg. Begr. RegE, abgedr. bei *Kropff,* AktG, S. 14 (Hervorhebung durch den Verf.). Deutlich in diesem Sinne auch *Lutter,* Aktionär, S. 11; *Spitze/Diekmann,* ZHR 158 (1994), 447, 448.

93 *Mülbert* S. 96.

94 *Eppenberger* S. 54.

95 Die vorrangige Berücksichtigung der Aktionärsinteressen durch den Vorstand ist zuletzt vor allem unter dem Stichwort *shareholder value* diskutiert worden; siehe etwa *Hopt,* ZGR 1993, 534, 536; *Mülbert,* ZGR 1997, 129, 140 ff.; *W.U. Schilling,* BB 1997, 373, 379; *von Werder,* ZGR 1998, 69, 74 ff.

der Gesetzgeber des AktG 1965 vor Augen hatte. Wie „schwach“ oder „stark“[96] der einzelne Aktionär innerhalb der Gesellschaft ist, hängt maßgeblich von seiner Funktion in und gegenüber der AG ab. In den Gesetzesmaterialien zu § 131 finden sich diesbezüglich die beiden Aspekte wieder, die bereits in der Allgemeinen Begründung des RegE der gesamten Novelle von 1965 vorangestellt werden. Einerseits hat der Aktionär die Rolle eines aktiv am Gesellschaftsleben beteiligten Verbandsmitglieds inne, dem es durch eine hinreichende Unterrichtung ermöglicht werden muß, zu den Angelegenheiten der AG Stellung zu nehmen. Daneben tritt der Aktionär als Geldgeber der AG, der sich nicht als Gesellschafter, sondern als Inhaber eines Wertpapiers sieht.[97]. Ihm liegt nicht an einer Beteiligung an der Geschäftsführung, sondern in erster Linie an der Rentabilität seiner Investition. Sein Informationsinteresse ist darauf gerichtet, daß der Vorstand Rechenschaft über die Verwendung der zur Verfügung gestellten Geldmittel gibt.

I. Die Ambivalenz des Auskunftsrechts als Regelungsproblem

An diesen Befund knüpft eine Vielzahl von Folgefragen an. Neben eine rein verbandsrechtliche Betrachtung des AktG, dessen Aufgabe es ist, das Verhältnis der Aktionäre zur Verwaltung und den Mitgesellschaftern im Hinblick auf die Verwirklichung des Verbandszwecks zu regeln,[98] tritt das Stichwort „Anlegerschutz“, über dessen konzeptionelle Grundlagen nur wenig Einigkeit besteht[99]. Offen geblieben ist bislang, ob und inwieweit eine Norm wie § 131 sowohl den Interessen eines Anlegers als auch denen eines unternehmerisch tätigen Aktionärs gerecht werden kann. Der in der Begründung des RegE verwendete Begriff vom „wirtschaftlichen Eigentümer“ knüpft vor allem an die Herrschaftsrechte des Aktionärs, insbesondere das Stimmrecht an. Den Interessen eines Klein- bzw. Anlegeraktionärs vermag diese Ausrichtung des Informationsrechts kaum gerecht zu werden. Es bleibt deshalb die Frage, ob mit der vom Gesetzgeber gewählten Ableitung des Auskunftsanspruchs lediglich eine Bezeichnung gewählt worden ist, die das Interesse des Aktionärs an einer Unterrichtung nur unzulänglich wiedergibt, oder ob mit dieser Vorgabe auch inhaltlich eine Weichenstellung verbunden ist, die den Anlegeraktionär als Fragesteller unberücksichtigt läßt.[100]

---

[96] *Nitschke/Bartsch,* AG 1969, 95.

[97] Treffend *R. Fischer* in: Ehrenbergs Handbuch III/1, S. 46.

[98] Dazu GK[4]-*Assmann,* Einl. Rn. 356; *Mülbert* S. 87 u. 91; *Schwark,* FS Stimpel, S. 1087, 1090.

[99] *Assmann,* ZBB 1989, 49; *Mülbert* S. 106; *Schwark* S. 7.

[100] Siehe vor allem *Assmann,* dem zufolge Anlegerschutz nur im Wege der Rechts*fortbildung* verwirklicht werden kann, indem der „wirtschaftliche Eigentümer“ durch den Anleger

Zu untersuchen bleibt des weiteren, auf welche Art und Weise § 131 einen Ausgleich in dem Interessenwiderstreit zwischen Aktionär und AG vorsieht. Nur einige wenige Fragenkreise haben eine ausdrückliche Regelung in § 131 Abs. 3 S. 1 Nr. 2 bis 6 gefunden. Für den Großteil von Auskunftsbegehren muß im Einzelfall entschieden werden, wie das legitime Geheimhaltungsinteresse der Gesellschaft und das Informationsbedürfnis des Aktionärs miteinander in Einklang gebracht werden können. Schließlich bedarf es der Klärung, welche Rolle die Anlageentscheidung des Kapitalanlegers bei der Auslegung des § 131 spielt. Neben dem aktienrechtlichen Auskunftsanspruch besteht eine Vielzahl von Vorschriften, die unabhängig von der Stellung als Verbandsmitglied der Information des Anlagepublikums dient. Denkbar ist sowohl, daß bereits durch diese Regelungen ein hinreichender Schutz des Aktionärs als Kapitalanleger bewirkt wird; vorgeschlagen wird aber auch, den aktienrechtlichen Auskunftsanspruch als Teil des Informationssystems zu interpretieren, durch das dem Anleger eine sachgerechte Investitionsentscheidung ermöglicht werden soll.

II. Anlegerschutz im „eigentlichen" Sinne?

Die Definition des Normzwecks „Anlegerschutz" und seine Stellung zwischen Gesellschafts- und Kapitalmarktrecht ist bis heute wenig geklärt. Bei der Debatte um den Auskunftsanspruch findet dies in der jüngst wiederholt vorgebrachten Ansicht Ausdruck, § 131 diene nicht dem „Anlegerschutz im eigentlichen Sinne". Dieser sei ein Teil des Kapitalmarktrechts und richte sich unabhängig von der Stellung als Verbandsmitglied an alle, die potentiell zu einer Kapitalanlage entschlossen seien. Gesellschaftsrechtliche Vorschriften zählen hierzu nicht, weil ihre Anwendbarkeit notwendigerweise dem Erwerb von Aktien nachfolgt. Für den Auskunftsanspruch bedeutet dies, daß der Anlegerschutzgedanke allenfalls reflexartig Bedeutung erlangen kann,[101] nicht aber - so wäre zu ergänzen - als ein Leitgedanke der Auslegung von § 131 zugrundeliegt.

Diese Auffassung steht, wendet man sich ihr unter einem etwas weiteren Blickwinkel zu, in einer Linie mit der Einschätzung, das Gesellschaftsrecht regele die Finanzierungsfunktion des Aktionärs nicht.[102] Marktrecht, das den Vertrieb von Gesellschaftsanteilen regelt, und Verbandsrecht, welches die Beteiligung an einer Gesellschaft im Hinblick auf die Verwirklichung des Ver-

---

ersetzt wird; in: GK[4], Einl. Rn. 53; *ders.*, ZBB 1989, 49, 51; ferner *Hirte*, WM 1997, 1001, 1002; *Schwark*, ZGR 1975, 271, 275; *Wiedemann*, GesR I, S. 495 f.; *ders.*, BB 1975, 1591, 1596.

101 *Ebenroth/Koos*, BB 1995 Beilage 8, S. 2; *Ebenroth/Bohne*, WuB II A. § 131 AktG 1.96, 42, 43; *Ebenroth/Wilken*, BB 1993, 1818, 1820; *dies.*, BB 1993, 2039, 2040; *Franken/Heinsius*, FS Budde, S. 213, 221 Fn. 16.

102 *Schwark* S. 355; *ders.*, FS Stimpel, S. 1087, 1091; *ders.*, ZGR 1976, 271, 275.

bandszwecks zum Gegenstand hat, werden als voneinander unabhängige Rechtsgebiete gegenübergestellt. Wird im gleichen Zusammenhang darauf hingewiesen, Anlegerschutz sei eine Aufgabe des Kapitalmarktrechts, das eine ganz andere Zielrichtung und Regelungsabsicht als das Gesellschaftsrecht habe,[103] so scheint sich in der Tat die Frage zu erübrigen, inwieweit eine aktienrechtliche Bestimmung wie § 131 dem Anlegerschutz dienen kann.

Zum Kauf von Anteilen an einer AG wird sich ein Anleger nur entschließen, wenn die Äquivalenz von Preis und Gegenwert gewährleistet ist. Seiner Entscheidung zum Erwerb von Aktien wird er deshalb vor allem den Kurswert, dessen zukünftige Entwicklung und die Ertragsaussichten der betreffenden Gesellschaft zugrunde legen. Es dem Investor zu ermöglichen, die Risiken seiner Anlage einzuschätzen, gehört zu den wesentlichen Regelungszielen des Kapitalmarktrechts.[104] Zahlreiche vertriebsrechtliche Bestimmungen sollen deshalb eine wohlinformierte Anlageentscheidung ermöglichen. Ob man in diesem Zusammenhang von „Anlegerschutz im eigentlichen Sinne" spricht, ist letztlich eine Frage der Definition. Problematisch ist hingegen, ob sich der Schutz des Anlegers auf solche Vorschriften beschränkt, die von der Stellung als Verbandsmitglied unabhängig sind. Dies ist die Frage nach einem gesellschaftsinternen Anlegerschutz, der nicht nur reflexartig verwirklicht wird, sondern zu den Regelungsabsichten des Gesellschaftsrechts gehört. Sie muß sich damit befassen, inwieweit das AktG dem Umstand Rechnung trägt, daß ein Kapitalanleger mit seiner Beteiligung an der Gesellschaft typischerweise andere Interessen verfolgt als ein unternehmerisch tätiger Aktionär.

Es besteht kein Anlaß, die Stellung als Kapitalanleger und Verbandsmitglied bereits *per definitionem* als Gegensatz aufzufassen. Daß es sich nicht um miteinander unvereinbare Kategorien handelt, zeigt bereits die Bezeichnung der AG als „Anlagegesellschaft" und ihrer Mitglieder als „Anlegergesellschafter".[105] Mit dem Erwerb von Aktien wird der Erwerber Verbandsmitglied, ohne deshalb seine Interessen als Anleger aufzugeben. Anlegerschutz kann sich deshalb nicht auf die Phase vor der Anlageentscheidung beschränken und als ein vom Gesellschaftsrecht isoliertes Rechtsgebiet angesehen werden.[106] Belegt wird dies durch Äußerungen, der „gesellschaftsrechtliche Anlegerschutz [sei]

---

103 *Schwark,* FS Stimpel, S. 1087, 1090 ff.; ähnlich *Hopt,* ZGR 1992, 265, 280 f.; *ders.*, ZHR 141 (1977), 389, 431.

104 GK^4-*Assmann,* Einl. Rn. 374; *ders.* in: Assmann/Schütze (Hrsg.), Hdb KapitalanlageR, § 1 Rn. 64.

105 *U.H. Schneider,* ZHR 142 (1978), 228 236 f.; *Wiedemann,* ZGR 1975, 385, 388 f.

106 In diesem Sinne auch *Mülbert* S. 107 f.; *Ulmer/Dopfer,* BB 1978, 461; *U.H. Schneider,* ZHR 142 (1978), S. 228, 235.

traditionell im Aktiengesetz geregelt“[107] bzw. „der deutsche Weg zum Kapitalanlegerschutz geh[e] nicht von der Teilnahme am Markt, sondern von der Beteiligung an einer Gesellschaft aus“.[108] Bis heute gibt es *das* Anlegerschutzgesetz als solches nicht. Der Anlegerschutzgedanke findet sich in zahlreichen, weit verstreuten Vorschriften wieder, zu denen unter anderem auch das Gesellschaftsrecht gehört.[109]

III. Das Auskunftsrecht als Teil eines innergesellschaftlichen Anlegerschutzes

Während vertriebsrechtliche Vorschriften den Handel mit Wertpapieren regeln, formen verbandsrechtliche Normen den Gegenstand der Anlageentscheidung.[110] Die Notwendigkeit eines gesellschaftsinternen Anlegerschutzes erklärt sich aus der ausschließlich vermögensmäßigen Beteiligung an einem Verband. Der Anleger begibt sich in eine von der Unternehmensführung abhängige Stellung und vertraut sein Vermögen anderen Personen an, ohne sich an der Verwaltung des investierten Kapitals zu beteiligen.[111] Insofern muß das AktG Regelungen bereithalten, inwieweit der Aktionär der Einflußnahme durch die Organe der Gesellschaft unterworfen werden darf und welche Rechte aus der Unterordnung unter die Mehrheitsherrschaft resultieren. Wird noch einmal das in den Materialien gezeichnete Bild vom Aktionär als „wirtschaftlichem Eigentümer“ bemüht, so heißt das: Der einzelne Aktionär gibt mit seiner Beteiligung an der Gesellschaft sein Eigentum an der Einlageleistung auf, trägt aber die Chancen und Risiken seines Engagements wie ein Eigentümer.[112]

Unternehmen in der Rechtsform der AG suchen Kapitalanleger und nicht (unternehmerisch tätige) Mitgesellschafter für eine Beteiligung zu gewinnen.[113] Im Gegenzug dafür, daß der Aktionär der Gesellschaft Kapital zur Verfügung stellt, erhält er die in der Aktie verkörperten Verwaltungs- und Vermögensrechte. Der Aufgabe, private Ersparnisse zu bündeln und einer dauerhaften un-

---

107 *Kübler,* GesR, § 31 I 1; ähnlich *ders.,* AG 1977, 85; *Hopt* in: Gutachten für den 51. DJT, G 17.

108 *Wiedemann,* BB 1975, 1591, 1593, der darauf hinweist, dies gelte insbesondere für das AktG 1965; im Anschluß daran *Assmann,* ZBB 1989, 49, 52 f.

109 *Assmann* in: Assmann/Schütze (Hrsg.), Hdb KapitalanlageR § 1 Rn. 31; *ders.,* ZBB 1989, 49, 58; *ders.* in: Nörr (Hrsg.), 40 Jahre ..., S. 241, 268; *Hopt,* Gutachten für den 51. DJT, G 16 f.

110 *Claussen,* AG 1991, 10, 14; *May* S. 82.

111 *Wiedemann,* GesR I, S. 363; ähnlich *Assmann,* ZBB 1989, 49, 51; *Schwark* S. 6.

112 *Brondics* S. 62; *Kunze,* RdA 1972, 257, 268; *Würdinger,* AktR, S. 50; kritisch *Badura,* ZfA 1974, 357, 363.

113 *Mestmäcker* S. 31 f.; *Mülbert* S. 91; *Wiedemann,* GesR I, S. 489.

ternehmerischen Nutzung zuzuführen,[114] kann die AG nur nachkommen, wenn die Rechtsstellung in dem Verband für einen Investor attraktiv ist. Die mitgliedschaftlichen Rechte, im vorliegenden Zusammenhang die Informationsrechte eines Aktionärs, müssen deshalb so ausgestaltet sein, daß sich immer wieder Anleger bereit erklären werden, der Gesellschaft ihr Kapital zur Verfügung zu stellen.[115] Deshalb kann sich eine Gesellschaft den Informationsinteressen von Anlegergesellschaftern nicht gänzlich verschließen, mögen sie zuweilen auch mit den Belangen des Unternehmens in Konflikt geraten.

Für die Binnenorganisation der AG bedeutet dies, daß im Rahmen einer teleologischen Auslegung an der Aufgabe des Aktionärs, der Gesellschaft Kapital zur Verfügung zu stellen, seine Interessen in der Gesellschaft gemessen und seine Rechte entwickelt werden müssen.[116] Die Rahmenbedingungen innerhalb des Verbandes müssen so geregelt werden, daß sie nicht nur den Belangen eines (Groß-)aktionärs gerecht werden, der mit seinem Engagement in der AG unternehmerische Interessen verfolgt. Daneben tritt der Aspekt, die Rechtsstellung des einzelnen so zu gestalten, daß die Investition in die Gesellschaft erstrebenswert erscheint. Deswegen ist den Bedürfnissen eines Kleinaktionärs, der in seiner Beteiligung eine Kapitalanlage sieht, Rechnung zu tragen. Nicht zuletzt bei der Regelung des Auskunftsanspruchs bedarf es unter diesem Gesichtspunkt eines angemessenen Ausgleichs zwischen den Belangen des Aktionärs und denen des Verbands. Jede Norm - selbstverständlich auch § 131 - kann und muß daraufhin untersucht werden, ob und inwieweit sie den Aktionär nicht nur als Verbandsmitglied, sondern in seiner Eigenschaft als Finanzier der Gesellschaft anspricht.[117]

§ 7 Zwischenergebnis

§ 131 liegen die gleichen Regelungsgedanken zugrunde, von denen sich der Gesetzgeber auch im übrigen bei der Aktienrechtsnovelle von 1965 leiten ließ. Ausdruck findet dies vor allem in der Bezeichnung der Aktionäre als wirtschaftliche Eigentümer des Unternehmens. Als Aufforderung, Inhalt und Umfang des Auskunftsrechts in Anlehnung an das zivilrechtliche Eigentum zu ent-

---

114 G/H/E/K-*Eckardt*, Vorb. § 1 Rn. 4; *Großfeld*, AG 1985, 1, 3; *Kübler*, AG 1981, 5, 6; *Lutter*, AG 1981, 21, 22; *Schockenhoff* S. 43; KK-*Zöllner*, Einl. Rn. 76.

115 So oder ähnlich: Allg. Begr. RegE, abgedr. bei *Kropff*, AktG, S. 14; *Kropff* in: 25 Jahre AktG, S. 19, 21; *Mülbert* S. 96; *Schockenhoff* S. 44; *Schwark* S. 133 f.; *Strauß* in: Marburger Aussprache zur Aktienrechtsreform, S. 15, 18; *Veelken* S. 108 f.; *H. Wilhelmi*, AG 1965, 153.

116 *Lutter*, Aktionär, S. 10. Für das Auskunftsrecht aber dezidiert anders *Geßler*, DB 1957, 1254, 1258.

117 *Mülbert* S. 96.

wickeln, kann dies nicht verstanden werden. Im Hinblick auf das von der Gesellschaft betriebene Unternehmen können dem einzelnen Aktionär weder die das Eigentum kennzeichnende Dispositionsbefugnis noch die damit einhergehenden Abwehrbefugnisse zugeordnet werden.

Hervorzuheben ist hingegen die Hinwendung zu dem einzelnen Aktionär, die der Konzeption vom wirtschaftlichen Eigentum zugrundeliegt und die nicht zuletzt zu der Regelung des § 131 Abs. 1 S. 1 in seiner heutigen Fassung geführt hat. Für die damit in erster Linie angesprochenen Kleinaktionäre liegt die Bedeutung des Auskunftsrechts sehr viel weniger darin, eine Mitsprache in Gesellschaftsangelegenheiten zu ermöglichen, als darin, sich über Geschäftsführungsmaßnahmen zu informieren, die ihre Interessen betreffen, an denen sie aber nicht mitwirken können. In diesem Zusammenhang bedarf es, wenn das Auskunftsrecht seiner Bedeutung, die ihm als Individualrecht für einen einzelnen Aktionär zukommt, gerecht werden soll, eines anderen Anknüpfungspunktes, als er in der Gleichsetzung des Aktionärs mit einem Unternehmer anklingt. Daß die Interessen, die ein oftmals nur mit einem Bruchteil eines Prozents an der Gesellschaft beteiligter Aktionär mit seiner Beteiligung verfolgt, in der Regel anders gelagert sind, war dem Gesetzgeber bei der Formulierung des § 131 Abs. 1 S. 1 nicht entgangen. Denn die Vorschrift ist auch von der Überlegung geprägt, der (Klein-)aktionär solle darüber informiert werden, wie die Gesellschaft mit dem ihr anvertrauten Kapital gewirtschaftet habe.

Damit ist der Aktionär in seiner Rolle als Kapitalanleger angesprochen, dem in erster Linie an Informationen gelegen ist, die die Rentabilität seiner Investition in die Gesellschaft betreffen. Daß dieser Gesichtspunkt in der Debatte um das Auskunftsrecht vor allem in jüngerer Vergangenheit immer wieder anklang, hat deshalb durchaus seine Berechtigung. Es handelt sich nicht etwa um einen mit dem Aktiengesetz als Organisationsrecht unvereinbaren Ansatz, sondern um die Frage nach einem gesellschaftsinternen Anlegerschutz, der den Interessen eines Aktionärs als Kapitalanleger nicht nur bei dem Erwerb oder der Veräußerung von Aktien Rechnung trägt, sondern auch bei der Ausgestaltung der Aktionärsrechte im Verband. Ob und in welchem Umfang dies bei der Auslegung des Auskunftsrechts, das seine Grundlage in der Verbandsmitgliedschaft hat, verwirklicht werden kann, wird im folgenden zu untersuchen sein.

3. Kapitel: Das Verhältnis des Fragerechts zu anderen Mitgliedschaftsrechten

Offen geblieben ist bislang, wie das Regelungsziel Anlegerschutz bei der Auslegung des Auskunftsrechts verwirklicht werden kann. Wendet man sich der bisherigen Diskussion zu, so erweist sich als problematisch, daß Gegenstand gerichtlicher Entscheidungen und Stellungnahmen in der Literatur zumeist Einzelfälle sind. Eine einheitliche Grundlinie bei der Bewertung des Fragerechts ist kaum auszumachen.[1] Soweit sich Ansätze finden lassen, § 131 einer über den konkreten Fall hinausgehenden Systematik zuzuführen, geht es dabei immer wieder um folgende Charakterisierungen: Der Auskunftsanspruch ist ein *eigennütziges* Aktionärsrecht, ein *individuelles* Informationsrecht und ein *Hilfs*recht. Während sich diese Kategorien um das Verhältnis zu anderen Mitverwaltungsrechten bzw. eine Einordnung in das Informationssystem innerhalb der AG bemühen, wird schließlich am Ende dieses Kapitels noch auf eine ganz andere Lesart der Vorschrift, ihre kapitalmarktrechtliche Interpretation, einzugehen sein.

§ 8 Das Fragerecht als eigennütziges Recht

Stellt man auf das Interesse ab, von dem sich der Aktionär bei der Ausübung von mitgliedschaftlichen Rechten leiten lassen darf, so werden gemeinhin uneigennützige und eigennützige Rechte unterschieden.[2] Während erstere aus dem Gesellschaftsinteresse abgeleitet und gerechtfertigt werden, sind letztere dem Aktionär zur Wahrnehmung seiner eigenen Belange gegeben; ihre Ausübung findet erst in dem Verbandsinteresse eine Schranke. Wie der Auskunftsanspruch in diesem Zusammenhang einzuordnen ist, wird nicht einheitlich beantwortet. Während nach Ansicht von *Godin/Wilhelmi* das Fragerecht dem Aktionär „nicht im eigenen Interesse, sondern um der Gesellschaft willen“[3] zusteht und *Zöllner* meint, es diene „sicher nicht dazu, *private* Interessen der Aktionäre zu fördern“[4], ordnet die wohl überwiegende Meinung § 131 den eigennützigen

---

[1] Siehe bereits oben S. 3.

[2] Grundlegend *A. Hueck*, FS Hübner, S. 72, 78 ff.; Staub[4]-*Ulmer*, HGB, § 105 Anm. 240; *Ulmer*, FS Möhring, S. 295, 300 f.

[3] AktG, § 131 Anm. 1; ebenso *Gehling*, EWiR § 131 AktG 1/92, 115, 116; *Wolany*, Sonderbeilage AG 1959, S. 4.

[4] In: KK, § 131 Rn. 4 (Hervorhebung im Original).

Rechten zu.[5] Auch hinter den Ausführungen des KG, es sei für die Ausübung des Auskunftsrechts unerheblich, ob sich der Aktionär primär oder ausschließlich von seinen Interessen als Kapitalanleger leiten lasse,[6] steht wohl - wenn dies auch unausgesprochen bleibt - die Einordnung als ein eigennütziges Aktionärsrecht.

I. Begründung

Der Einordnung des Auskunftsanspruchs als eigennützig ist zuzustimmen. Eindeutig ist das etwa dort, wo es um die Vorbereitung einer Abstimmung geht, bei der das Stimmrecht eigennützig ausgeübt werden kann.[7] Bei dem Beschluß über die Gewinnverwendung entscheiden die Aktionäre über die Erfüllung ihres eigennützigen Vermögensrechts auf Gewinnbeteiligung. Für den Auskunftsanspruch als „Hilfsrecht"[8] kann sich nur die gleiche Interessengebundenheit ergeben wie für das Stimmrecht. Ist letzteres dem Aktionär zur Verfolgung eigener Interessen eingeräumt, so muß gleiches für erstgenanntes gelten.[9]

Bei der Unterscheidung uneigennütziger und eigennütziger Mitgliedschaftsrechte handelt es sich keineswegs immer um zwei miteinander unvereinbare Standpunkte. Vielfach wird sich das Interesse des Aktionärs an einer sachgerechten Wahrnehmung seiner mitgliedschaftlichen Rechte mit dem Interesse des Verbands an einer Kontrolle der Verwaltung und einer wohlinformierten Entscheidungsfindung in der Hauptversammlung decken.[10] Bedeutung erlangt die Gegenüberstellung eigennütziger und uneigennütziger Rechte vor allem dann, wenn es um die Schranken der Rechtsausübung geht. Für einen solchen Fall bestätigt § 131 Abs. 3 S. 1 Nr. 1, daß der Auskunftsanspruch den eigennützigen Rechten zuzuordnen ist. Das Interesse des Aktionärs an einer Unterrichtung

---

5 Besonders deutlich LG Berlin, WM 1990, 978, 980; *Burgard* S. 75; G/H/E/K-*Eckardt*, § 131 Rn. 19; *Schlaus*, DB 1972, 374, 376: das Auskunftsrecht darf „egoistisch" ausgeübt werden. Siehe im übrigen BayObLG, DB 2001, 1138, 1139; *Bunte* S. 46; *Hüffer*, AktG § 131 Rn. 2; *Nitschke/Bartsch*, AG 1969, 95, 99; *Noack*, DZWir 1994, 121, 122; *K. Schmidt*, Informationsrechte, S. 24.

6 KG, ZIP 1995, 1585, 1587; ähnlich bereits KG, ZIP 1993, 1618, 1619 („Durchschnittsanleger"), dazu oben S. 21. Ablehnend die auf S. 58 in Fn. 101 genannten und - trotz der von ihm befürworteten Einordnung des Auskunftsrechts als eigennützig - *Hüffer*, ZIP 1996, 401, 403.

7 Das Stimmrecht wird gemeinhin als uneigennützig angesehen, von welchen Interessen sich der Aktionär bei der Ausübung dieses Rechts leiten lassen darf, kann alleine aufgrund dieser formalen Einordnung aber nicht entschieden werden, sondern hängt vom Gegenstand der Abstimmung ab, zutreffend *Henze*, RWS-Forum GesR, S. 1, 9 f.

8 Eingehend dazu sogleich S. 71 ff.

9 Zutreffend *Wohlleben* S. 33; ebenso *Bunte* S. 45 f.

10 *M. Becker* S. 669; *K. Schmidt*, Informationsrechte, S. 24; *Winter* S. 121; *Wohlleben* S. 33; KK-*Zöllner*, § 131 Rn. 4.

muß nämlich nicht - wie *Zöllner*[11] meint - ohne weiteres zurücktreten, wenn es sich nicht mit dem Interesse der Gesellschaft deckt. Für die Lösung dieses Konflikts zwischen AG und (Klein-)aktionär hat der Gesetzgeber vielmehr eine differenziertere Lösung vorgesehen. Um die Beantwortung einer Frage ablehnen zu können, genügt es nicht, daß der Mitteilung in der Hauptversammlung irgendein Interesse der AG entgegensteht.[12] Der Vorstand darf eine Auskunft erst dann verweigern, wenn ihre Erteilung der Gesellschaft einen „nicht unerheblichen Nachteil“ zufügen kann. Diese Bestimmung greift auf, was für andere eigennützige Mitgliedschaftsrechte aus der mitgliedschaftlichen Treupflicht abgeleitet wird. Sie dürfen, sofern der Gesellschaft Nachteile drohen, nicht willkürlich und ohne Rücksicht auf die Verbandsinteressen geltend gemacht werden.[13]

II. Keine Zweckförderungspflicht der Aktionäre

Die Einordnung des Auskunftsanspruch als eigennützig sollte nicht als bloße „Ideologie der Informationsrechte“ abgeurteilt werden.[14] Sie ist durchaus geeignet, den § 131 zugrundeliegenden Interessenwiderstreit in einen allgemeinen Zusammenhang einzuordnen. Die (Gründer-)aktionäre haben sich auf einen überindividuellen Gesellschaftszweck geeinigt, den Betrieb eines Unternehmens, um Gewinn zu erzielen.[15] Die konkreten Interessen jedes einzelnen Mitglieds können zwar mit dieser Zielsetzung übereinstimmen, sie müssen es aber keineswegs.[16] Mit der Einstufung als eigennützig wird zum Ausdruck gebracht, daß der Auskunftsanspruch als ein mitgliedschaftliches Recht nicht nur rechtstatsächlich, sondern legitimerweise dazu genutzt werden kann, andere Ziele zu verfolgen als die Förderung des Gesellschaftszwecks. Kommt es zu Konflikten mit den Belangen der Gesellschaft, so hat das Verbandsinteresse, das aus dem Verbandszweck abzuleiten ist, eine „Schiedsrichterfunktion“[17], wie sie in § 131 Abs. 3 S. 1 Nr. 1 ihren Niederschlag gefunden hat. Die Aussage, auch die Ausübung eigennütziger Rechte müsse „mit der allgemeinen Pflicht, den gemein-

---

11 In: KK, § 131 Rn. 4.

12 So auch *Bunte* S. 46; *Nitschke/Bartsch*, AG 1969, 95, 99 f.

13 *Henze*, RWS-Forum GesR 1995, S. 1, 13; *ders.*, BB 1996, 489, 494; *ders.*, ZHR 162 (1998), 186, 192; *Hüffer*, FS Steindorff, S. 59, 69; *Kallmeyer*, AG 1998, 123, 125; *K. Schmidt*, Informationsrechte, S. 24; *Winter* S. 121.

14 So aber *K. Schmidt*, Informationsrechte, S. 24.

15 GK^4-*Brändel*, § 3 Rn. 17; G/H/E/K-*Eckardt*, § 23 Rn. 64; *Würdinger*, AktR, S. 41; KK^2-*Zöllner*, § 179 Rn. 111.

16 *Bunte* S. 44; *Mülbert* S. 138 f.; *Schulze-Osterloh* S. 5.

17 *Mülbert* S. 140.

samen Zweck ... zu fördern, in Einklang zu bringen sein"[18], paßt deshalb nicht für die AG als juristische Person. Sie rührt von dem Ursprung der Unterscheidung eigennütziger und uneigennütziger Rechte im Recht der Personengesellschaften her.[19] Die dort geltenden Grundsätze können aber nicht ohne weiteres auf die AG übertragen werden, weil das AktG anders als § 705 BGB keine aktive Zweckförderungspflicht der Aktionäre vorsieht.[20] Deswegen kann ein Auskunftsbegehren, das nicht der Förderung des Verbandszwecks dient, nicht alleine aus diesem Grund als „privat" und deswegen unbeachtlich zurückgewiesen werden.

III. „Sachfremde" Erwägungen des Fragestellers

Allerdings beschränkt sich die Einordnung des Auskunftsanspruchs als eigennützig darauf, aus dem Verbandsinteresse die (äußersten) Schranken für die Ausübung des Fragerechts abzuleiten. Eine positive Begriffsbestimmung, welche Belange es sind, die der Aktionär verfolgen darf, bietet sie hingegen nicht. Wenn das Auskunftsrecht auch der Wahrnehmung der eigenen Interessen des Aktionärs dient, so bedeutet dies nicht, daß jedes beliebige Interesse des Aktionärs an einer Unterrichtung an die Stelle seiner legitimen, anhand objektiver Maßstäbe ermittelten Belange treten darf.[21] Der Auskunftsanspruch ist ein auf der Mitgliedschaft beruhendes Recht und kann deshalb nur der Wahrnehmung von solchen Interessen dienen, die aus der Beteiligung an der Gesellschaft resultieren.[22] Ein sonstiges „Privatinteresse", etwa an der Aufdeckung von Verflechtungen deutscher Unternehmen, reicht - wie bereits dargelegt worden ist[23] - für sich alleine nicht aus, die Erforderlichkeit einer Auskunft zu bejahen und eine Frage in der Hauptversammlung zu *rechtfertigen.*

Eine andere Frage ist die, ob eine derartige außergesellschaftliche Motivation geeignet ist, einem Auskunftsverlangen die Berechtigung zu entziehen und dem Anliegen des Aktionärs zu *schaden.* Kann eine Mitteilung, die bei der gebotenen verobjektivierten Betrachtungsweise durchaus für einen normtypischen

---

18 Staub[4]-*Fischer,* HGB, § 105 Rn. 31b. Ähnlich für die AG: *Kallmeyer,* AG 1998, 123, 127.

19 Siehe die Nachweise Fn. 2. Für die Personengesellschaften ist die Unterscheidung auch von weitaus größerer Bedeutung, weil den Gesellschaftern (mit Ausnahme des Kommanditisten) grundsätzlich die Geschäftsführungs- und Vertretungsbefugnis, mithin die bei weitem wichtigsten uneigennützigen Mitgliedschaftsrechte, zustehen.

20 *Lutter,* AcP 180 (1980), S. 84, 109.

21 Dazu oben S. 39.

22 Zu dem Sonderfall, daß die Gesellschaft und damit auch die Mitgliedschaft in dieser durch Verschmelzung erlöschen, siehe LG München I, AG 1999, 283, mit zust. Anm. *Kort,* EWiR § 131 AktG 1/99, 241 f.

23 Siehe oben S. 15.

Aktionär erforderlich ist, deswegen zurückgewiesen werden, weil der Fragesteller (auch) andere Zielsetzungen verfolgt? Oder folgt aus den bei der Beurteilung der Erforderlichkeit anzulegenden „objektiven Maßstäben", daß subjektive Vorstellungen des Mitglieds nicht nur bei der Begründung, sondern ebenso bei der Zurückweisung von Auskunftsbegehren unberücksichtigt bleiben müssen?

Die Einordnung des Auskunftsanspruchs als eigennütziges Recht vermag hierüber keinen Aufschluß zu geben. Will der Aktionär - um das von *Zöllner*[24] genannte Beispiel aufzugreifen - über Angelegenheiten der Gesellschaft deshalb unterrichtet werden, um die erlangten Erkenntnisse als Konkurrent der AG im Wettbewerb zu verwerten, so ist dieser Fall einer Verfolgung „privater" Interessen bereits durch § 131 Abs. 3 S. 1 Nr. 1 geregelt. Die Auskunft kann verweigert werden, ohne daß deswegen die Einordnung des Auskunftsanspruchs als eigennütziges Recht in Zweifel gezogen würde. Fraglich ist aber, ob die Belange der AG hinreichend und abschließend durch die in § 131 Abs. 3 genannten Auskunftsverweigerungsgründe geschützt sind oder es darüber hinaus möglich oder gar angezeigt ist, dem Vorstand das Recht einzuräumen, Auskunftsersuchen als mißbräuchlich zurückzuweisen. Auf diesen Gesichtspunkt ist in dem gebotenen Zusammenhang, bei der Behandlung der Schranken des Auskunftsanspruchs, zurückzukommen.[25]

§ 9 Die Gegenüberstellung kollektiver und individueller Informationsrechte

Während es bei der Einordnung als eigennütziges Aktionärsrecht darum geht, den Auskunftsanspruch in seiner Eigenschaft als Mitverwaltungsrecht näher zu charakterisieren, liegt der im folgenden darzustellenden Konzeption ein anderer Ansatz zugrunde. Das Fragerecht wird im Kontext mit dem gesamten aktienrechtlichen Informationssystem gesehen.[26] Dadurch soll dem Umstand Rechnung getragen werden, daß die Unterrichtung des Aktionärs in der Hauptversammlung gemäß § 131 nur ein Teil des gesellschaftsinternen Informationsflusses ist. Darüber hinaus kennt das AktG zahlreiche andere Vorschriften, die einerseits Mitteilungen der Gesellschaftsorgane untereinander, andererseits solche der Organe gegenüber den Aktionären vorsehen. Daran knüpft die Unter-

---

24 In: KK, § 131 Rn. 4.

25 Siehe unten S. 180 ff.

26 Siehe insbesondere *Groß*, AG 1997, 97; *Hüffer*, ZIP 1996, 401, 404; ferner KK-*Zöllner*, § 131 Rn. 6.

scheidung kollektiver und individueller Informationsrechte an, die mit ihrer Terminologie auf die Person des Auskunftsberechtigten abstellt.[27]

I. Kollektive Informationspflichten

Kollektive Informationspflichten sind solche, die gegenüber *allen* Gesellschaftern zu erfüllen sind.[28] Bei einer juristischen Person wie der AG bedeutet dies, daß der Verband als Kollektiv Gläubiger des Auskunftsrechts ist. Diese Einordnung beschränkt sich jedoch nicht darauf, die Person des Berechtigten zu klären. Vielmehr gilt für die kollektiven Informationspflichten, daß Art und Umfang der Mitteilungen durch die Person des Auskunfts*schuldners* bestimmt werden.[29] Es ist die Organverantwortlichkeit gegenüber dem Verband, aufgrund derer die Leitungsorgane verpflichtet sind, Rede und Antwort über ihre Tätigkeit zu stehen. Die umfassenden Kompetenzen, die vor allem dem Vorstand bei der Geschäftsführung eingeräumt sind, verlangen nach einem Korrelat. Es wird dadurch gewährleistet, daß der Vorstand den Aufsichtsrat und die Hauptversammlung, die ihrerseits die Informationen als Organe der AG entgegennehmen, unterrichten muß.[30] Ausdruck findet dieses Prinzip vor allem in § 90, der die Berichtspflicht des Vorstands gegenüber dem Aufsichtsrat regelt. Darüber hinaus bestehen kollektive Informationspflichten aber auch gegenüber der Hauptversammlung. Dazu zählt unter anderem die Vorlage und Erläuterung des Jahresabschlusses, des Lageberichts und des Berichts des Aufsichtsrats gemäß §§ 120 Abs. 3 Satz 2 u. 3, 175 Abs. 1, 176 Abs. 1 und 2.[31]

II. Individuelle Informationsrechte

Den kollektiven werden die individuellen Informationsrechte[32] gegenübergestellt, die jedem *einzelnen* Aktionär zustehen. Hierzu gehören der Auskunftsanspruch gemäß § 131 sowie die speziellen Fragerechte gemäß §§ 293g Abs. 3, 319 Abs. 3 Satz 4, 320 Abs. 4 Satz 3, 326, 337 Abs. 4. Auch diese Einordnung

---

[27] Die Terminologie stammt von *K. Schmidt* in: Gutachten und Vorschläge zur Überarbeitung des Schuldrechts, Bd. III, S. 413, 531; *ders.* in: Das neue GmbH-Recht in der Diskussion, S. 87, 90; *ders.*, Informationsrechte, S. 15 ff.

[28] Dazu und zum folgenden insbesondere *K. Schmidt*, Informationsrechte, S. 16 ff. und im Anschluß daran *M. Becker* S. 670; *Groß*, AG 1997, 97, 100 ff.; *Hüffer*, ZIP 1996, 401, 404 f.

[29] Kritisch zur Terminologie deshalb *Eppenberger* S. 44.

[30] In der Sache bereits *Barz*, BB 1957, 1253 (siehe auch unten S. 74); ferner *Hommelhoff*, BB 1981, 944, 951 Fn. 66.

[31] *Groß*, AG 1997, 97, 100, mit weiteren Beispielen. Anders *Kronstein/Claussen* S. 16, die aus § 125 Abs. 6 S. 2 AktG 1937 (jetzt: § 175 Abs. 2 S. 2) ableiten, Adressat der Rechnungslegung sei nicht die Hauptversammlung, sondern der einzelne Aktionär.

[32] Dazu und zum folgenden insbesondere *K. Schmidt*, Informationsrechte, S. 21 f.; ferner *M. Becker* S. 670; *Groß*, AG 1997, 97, 103 ff.; *Hüffer*, ZIP 1996, 401, 405 f.

beschränkt sich nicht auf die Person des Anspruchsberechtigten. Vor allem hinsichtlich der dogmatischen Grundlage sollen sich wesentliche Unterschiede zu den kollektiven Informationspflichten ergeben. Maßgeblich ist nicht der Auskunftsschuldner, der mit der Geschäftsführung betraut ist und aufgrund seiner Organverantwortlichkeit zur Rechenschaft verpflichtet ist. Die individuellen Auskunftsrechte setzen nicht beim Verpflichteten an, sondern beim Gläubiger des Anspruchs. Sie beruhen auf der Mitgliedschaft des Aktionärs, aus der sich ein subjektives Recht auf Information ergibt. Da das Rechtsverhältnis zwischen Verband und Mitglied maßgeblich ist, richten sich die individuellen Informationsrechte nicht gegen ein einzelnes Organ der AG, sondern gegen die Gesellschaft selbst, für die freilich der Vorstand handelt. § 131, der die Beantwortung von Fragen dem Vorstand überträgt, bestimmt mithin nicht den Auskunftsschuldner, sondern regelt lediglich das Verfahren der Informationsgewährung.[33]

III. Die einheitliche Theorie von der Mitgliedschaft

Fraglich ist, welche Konsequenzen sich für Inhalt und Umfang des Auskunftsanspruchs aus der Zuordnung zu den individuellen Informationsrechten ergeben. Das Fragerecht auf die Mitgliedschaft in der AG zurückzuführen und folglich als Instrument „zur Wahrnehmung mitgliedschaftlicher Positionen"[34] anzusehen, ist sicherlich zutreffend, trägt in dieser Allgemeinheit aber kaum zu einer Konkretisierung bei. Die Tragweite der Unterscheidung kollektiver und individueller Informationsrechte ergibt sich erst aus der Konzeption, die hinter dieser Differenzierung steht. Die Deutung des aktienrechtlichen Auskunftsanspruchs erfolgt nämlich nicht nur im Hinblick auf das gesamte Informationssystem in der AG, sondern ist Teil einer Gesamtschau der Informationsrechte bei sämtlichen Gesellschaftstypen.[35] Ausgangspunkt dieser Überlegungen ist, daß sich die Rechte und Pflichten innerhalb aller privatrechtlichen Verbände auf die gleichen institutionellen Grundgedanken zurückführen lassen und sich auf diese Art und Weise eine allgemeine Theorie der Mitgliedschaft herausbilden läßt.[36]

Grundmodell aller verbandsrechtlichen Auskunftsansprüche und Mitteilungspflichten ist demnach die gesellschaftsinterne Information bei einer Ge-

---

[33] *Groß*, AG 1997, 97, 99 Fn. 17; *Hüffer*, ZIP 1996, 401, 405; *K. Schmidt*, Informationsrechte, S. 27 f. Siehe auch oben S. 48.

[34] *K. Schmidt*, a.a.O., S. 23; *Wilde*, ZGR 1998, 423, 424.

[35] *M. Becker* S. 673; *K. Schmidt*, a.a.O., S. 13 f.; *Wohlleben* S. 1.

[36] Dazu *Lutter*, AcP 180 (1980), S. 84 ff.; *K. Schmidt*, GesR, § 3 III; ferner *ders.* in: Rechtsdogmatik und Rechtspolitik, S. 20 ff.; *ders.*, ZHR 147 (1983), S. 165, 169.

sellschaft des bürgerlichen Rechts.[37] Den Prototyp des individuellen Auskunftsrechts sieht demnach § 716 Abs. 1 BGB vor, der jedem Gesellschafter, gerade auch dem von der Geschäftsführung ausgeschlossenen, das Recht zuspricht, sich über die Angelegenheiten der Gesellschaft persönlich zu unterrichten (und außerdem die Geschäftsbücher und die Papiere der Gesellschaft einzusehen sowie sich aus ihnen eine Übersicht über den Stand des Gesellschaftsvermögens anzufertigen). Es handelt sich dabei um „ein auf die Mitgliedschaft und damit auf die gemeinsame Zweckverfolgung sich stützendes, gesetzliches Informationsrecht“[38]. Dem steht als Grundmodell der kollektiven Informationspflichten die in §§ 713, 666 BGB geregelte Pflicht der geschäftsführenden Gesellschafter gegenüber, anderen Gesellschaftern die erforderlichen Nachrichten zu geben, auf Verlangen über den Stand des Geschäfts Auskunft zu erteilen und Rechenschaft abzulegen.

Wird die Gesellschaft bürgerlichen Rechts als Ausgangspunkt der Vorschriften über die Informationsgewährung in allen Gesellschaftsformen gewählt, so ist dies ein Grundmodell, das mit der Konzeption der AG, wie sie dem AktG 1965 zugrunde liegt, kaum etwas gemein hat.[39] Während die normtypische BGB-Gesellschaft einen überschaubaren Gesellschafterkreis hat und auf die arbeitsteilige Zusammenarbeit der Gesellschafter bei der Verwirklichung eines gemeinsamen Zwecks angelegt ist, ist die AG als Publikumsgesellschaft konzipiert, in der die Kompetenzen der Aktionäre auf wenige Entscheidungen reduziert sind.[40] Wertungsmerkmale wie Anlegerschutz bzw. Ausrichtung auf den Kapitalmarkt bleiben bei der Auslegung des bürgerlich-rechtlichen Auskunftsrechts notwendigerweise unberücksichtigt, weil die Beteiligung an einer Gesellschaft bürgerlichen Rechts keine Einlageleistung, geschweige denn einen finanziellen Beitrag zum Gesellschaftsvermögen voraussetzt. Deshalb muß den Regelungen des BGB bzw. des HGB ein Bedürfnis des Gesellschafters, zu erfahren, „wie der Vorstand mit dem ... zur Verfügung gestellten Kapital gewirtschaftet hat“[41], fremd sein.[42] Demnach findet sich bei der Gegenüberstellung

---

[37] *Hüffer,* ZIP 1996, 401, 404; *K. Schmidt,* Informationsrechte, S. 15 f.; *Wilde,* ZGR 1998, 423.

[38] *K. Schmidt,* Informationsrechte, S. 27.

[39] Grundlegend zu dieser „Kehrseite“ der Theorie der Mitgliedschaft: *Mülbert* S. 70 f.; kritisch auch *Flume,* I/2, § 8 I; MüKo-*Reuter,* BGB, § 38 Rn. 5; *D. Reuter,* AG 1986, 130, 136 f.; *Zöllner*, FS Gernhuber, S. 563, 566 ff.

[40] Siehe auch die Gegenüberstellung von OHG und AG als Unternehmer- bzw. Anlagegesellschaft bei *U.H. Schneider,* ZHR 142 (1978), S. 228, 236.

[41] Begr. § 131 RegE, abgedr. bei *Kropff,* AktG, S. 184; dazu bereits oben S. 54 f.

[42] Lediglich die Stellung eines Kommanditisten ist unter diesem Gesichtspunkt mit der eines Aktionärs vergleichbar, weil sich sein Engagement auf einen finanziellen Beitrag beschränkt,

kollektiver und individueller Informationsrechte zwar der Rechtsgedanke der Rechenschaftspflicht des Vorstands wieder, doch wird der nicht dem Auskunftsanspruch des einzelnen Aktionärs, sondern dem gesamten Verband zugeordnet.

Damit ist die von *K. Schmidt*[43] selbst formulierte Vorgabe in Frage gestellt, die vom Gesetzgeber bewußt vorgesehenen, rechtsformabhängigen Differenzierungen bei der Gewährleistung der Informationsrechte nicht einzuebnen. Eine rechtsformübergreifende Institutionenbildung muß sich notwendigerweise darauf beschränken, die gemeinsamen Merkmale sämtlicher Personenverbände, ihren „kleinsten gemeinsamen Nenner“[44] aufzugreifen. Für den Auskunftsanspruch gilt insofern nichts anderes. Anlegerschutz gehört allenfalls zu den „Marginalien des Gesellschaftsrechts“[45] und wird lediglich ein Stück weit durch die mitgliedschaftlichen Rechte und Pflichten verwirklicht. Es bleibt das Dilemma, daß einerseits zwar eindringlich betont wird, das Auskunftsrecht gemäß § 131 habe seine Grundlage in der Mitgliedschaft des einzelnen Aktionärs, andererseits aber der eindeutig formulierte Auftrag des Gesetzgebers, den „Besonderheiten des aktienrechtlichen Mitgliedschaftsrechts als einer auf die Großwirtschaft und den Kapitalmarkt zugeschnittenen“ Beteiligung Rechnung zu tragen,[46] nicht berücksichtigt wird.[47]

§ 10 Der Auskunftsanspruch als „Hilfsrecht“

Unterteilt man die sich aus der Mitgliedschaft ergebenden Rechte des Aktionärs in Mitverwaltungs- und Vermögensrechte, so ist das Auskunftsrecht der erstgenannten Gruppe zuzuordnen.[48] Innerhalb dieser wird ihm aber eine Sonderstellung zugesprochen. Nach ganz überwiegender Ansicht soll es sich im Gegensatz zu den „eigentlichen“ Mitverwaltungsrechten nicht um ein selbständi-

---

während er im übrigen von der Geschäftsführung und Vertretung der Gesellschaft ausgeschlossen ist; dazu jüngst etwa *Hahn,* BB 1997, 741 ff.

43 *K. Schmidt,* Informationsrechte, S. 13 u. 22. Auf die rechtsformspezifische Ausgestaltung der Informationsrechte verweist auch *Lutter,* ZIP 1997, 613, 614.

44 *Mülbert* S. 71.

45 *K. Schmidt,* GesR, § 1 II 2d; in der Sache ähnlich *Lutter,* AcP 180 (1980), S. 84, 156 f.

46 Allg. Begr. RegE, abgedr. bei *Kropff,* AktG, S. 14.

47 Siehe zur Differenzierung kollektiver und individueller Informationsrechte auch nochmals sogleich S. 74 ff.

48 Unstr., siehe nur *G. Hueck,* GesR, § 26 III 3a; *Kübler,* GesR, § 15 II 4b) aa); *Semler* in: Münch. Hdb AG § 37 Rn. 2; *Würdinger,* AktR, S. 50; KK-*Zöllner,* § 131 Rn. 16.

ges Aktionärsrecht[49], sondern (nur) um ein „Hilfsrecht"[50] handeln. Diese Charakterisierung geht auf *Barz* zurück, der mit ihr bereits für § 112 AktG 1937 zum Ausdruck bringen wollte, daß der Auskunftsanspruch dem Aktionär nicht um „seiner selbst willen" zusteht, er „seinen Zweck nicht in sich selbst"[51] trägt. Er dient nicht der bloßen Vermehrung des Wissens, sondern ist Grundlage und Sicherung der übrigen Mitgliedschaftsrechte.

I. Einordnung ohne praktische Relevanz?

Dieser Einschätzung scheint zunächst keine weitergehende Bedeutung zuzukommen. Glaubt man ihren Befürwortern, so soll sie praktisch ohne Konsequenzen bleiben.[52] Daß es sich bei der Charakterisierung als Hilfsrecht tatsächlich nur um eine Frage der Terminologie handelt, darf aber bezweifelt werden. Immerhin deutet die „dienende Natur"[53] des Auskunftsanspruchs darauf hin, daß sein Inhalt und Umfang nicht selbständig zu ermitteln, sondern stets von der Reichweite des „Hauptrechts" abhängig sind. Das ist vor allem dann von Bedeutung, wenn das Fragerecht in erster Linie mit der Ausübung des Stimmrechts in Verbindung gebracht wird, wie es nach den bereits eingangs der vorliegenden Untersuchung dargestellten Ansichten geschieht. Der Vorstellung von einem Hilfsrecht verpflichtet ist etwa die Meinung, das Auskunftsrecht sei enger zu begrenzen, wenn zu einem Tagesordnungspunkt eine Abstimmung der Hauptversammlung nicht bevorsteht;[54] nichts anderes gilt für Überlegungen, daß bei einer „weniger bedeutsamen" Beschlußfassung besonders strenge Maßstäbe für die vorhergehende Information der Aktionäre gelten müßten.[55] Auch wenn es um die Person des Fragestellers geht, wirkt sich die dienende Natur des § 131 aus. So ist zwar anerkannt, daß der Aktionär nicht persönlich von seinem Fragerecht Gebrauch machen muß, sondern auch sein Stimmrechtsvertreter

---

49 So aber *Bunte* S. 50; *Kutzenberger* S. 126; *Neuburger*, BB 1957, 1045; *Schlegelberger/Quassowski*, AktG, § 112 Rn. 2.

50 Siehe etwa BGHZ 119, 305, 317; OLG Stuttgart, DB 1994, 205, 207; *Ebenroth* S. 20; *Ebenroth/Koos*, BB 1995 Beilage 8, S. 3; G/H/E/K-*Eckardt*, § 131 Rn. 1; *Flohr*, JA 1982, 380; *Groß*, AG 1997, 97, 101; *Henn*, Hdb AktR, Rn. 869; *Hüffer*, ZIP 1996, 401, 406; *Nitschke/Bartsch*, AG 1969, 95, 97; *A. Reuter*, DB 1988, 2615, 2616; *K. Schmidt*, Informationsrechte, S. 23; *Tellis* S. 22 f.

51 *Barz*, BB 1957, 1253; ähnlich *Hellwig*, FS Budde, S. 265, 269; *Wilde*, ZGR 1998, 423, 424; dezidiert anders *Bunte* S. 52.

52 *Barz*, BB 1957, 1253; GK³-*Barz*, § 131 Anm. 2; *Ebenroth* S. 20; ferner *Reinicke* in: Beiträge zur Aktienrechtsreform, S. 117, 119 Fn. 10.

53 *Barz*, BB 1957, 1253.

54 Siehe dazu oben S. 23 f.

55 Siehe oben S. 26 f.

dazu berechtigt ist.[56] Zum Teil wird in diesem Zusammenhang aber vertreten, dies gelte nur, wenn es um die Vorbereitung der Abstimmung geht; bei Tagesordnungspunkten, die keine Beschlußfassung vorsehen, bedürfe er hingegen einer besonderen Vollmacht.[57]

II. Bezugspunkt der dienenden Natur - Meinungsstand

Daß die Information der Aktionäre kein Selbstzweck ist, ist zunächst nicht mehr als eine Selbstverständlichkeit. Dies gilt nicht nur für gesellschaftsrechtliche Auskunftserteilungen, sondern für alle Fälle, in denen zivilrechtliche Anzeige-, Aufklärungs- oder Mitteilungspflichten vorgesehen sind. Sie sind immer nur im Zusammenhang mit bereits vorhandenen Rechtspositionen gegeben und bestehen niemals nur der bloß subjektiven Informationsinteressen des Anspruchsgläubigers wegen.[58] Auf die Zusammenhänge zwischen der Information des Aktionärs und seiner Rechtsstellung in der AG ist bereits hingewiesen worden.[59] Ob man dem durch die Bezeichnung als Hilfsrecht Rechnung tragen will, ist zweitrangig. Im Ausgangspunkt, daß Auskünfte nicht dazu dienen, die allgemeine Neugier des Aktionärs zu befriedigen,[60] besteht Einigkeit. Ebenfalls liegt auf der Hand, daß der durch das Auskunftsrecht vermittelte Schutz des einzelnen Aktionärs ganz wesentlich von dem Bezugspunkt abhängt, auf den § 131 ausgerichtet wird. Fraglich ist demnach, *welche* Aktionärsrechte durch Mitteilungen der Verwaltung an den Aktionär gesichert werden sollen.

Diese Frage scheint zunächst eindeutig beantwortet: Das Auskunftsrecht beruht auf dem Mitbestimmungsrecht des Aktionärs in den Angelegenheiten der Gesellschaft. Es ist deshalb im Zusammenhang mit den neben § 131 bestehenden Herrschaftsrechten, etwa dem Stimm- und Anfechtungsrecht, zu sehen.[61] Aber in dieser Eindeutigkeit wird die Frage, welche Aktionärsrechte es denn sind, die der Auskunftsanspruch flankieren soll, keineswegs durchgängig beantwortet. So heißt es vielfach nur vage, es gehe um die Wahrnehmung mit-

---

56 Unstr., etwa LG Heilbronn, AG 1967, 81 f., mit insofern zust. Anm. *Henn*, ebd., 83; *Groß*, AG 1997, 97, 103; *Hüffer*, AktG, § 131 Rn. 4; *Saenger*, NJW 1992, 348, 350; KK-*Zöllner*, § 131 Rn. 8.

57 So G/H/E/K-*Eckardt*, § 131 Rn. 21; anders aber *Hüffer*, AktG, § 131 Rn. 4; *Meilicke/Heidel*, DStR 1992, 72, 73; LG Köln, AG 1991, 38.

58 *Eppenberger* S. 9.

59 Siehe oben S. 39.

60 *Lutter*, ZGR 1982, 1, 4.

61 BGHZ 119, 305, 317; *Barz*, BB 1957, 1253; *Hüffer*, ZIP 1996, 401, 411. Zu eng *Groß*, AG 1997, 97, 100; *A. Reuter*, DB 1988, 2615; *K. Schmidt*, Informationsrechte, S. 48, die nur das Stimmrecht nennen.

gliedschaftlicher Positionen[62] oder um Rechte und Ansprüche des Aktionärs[63]. Auch *Barz*, der zunächst die Mitspracherechte als entscheidenden Aspekt erachtet, weicht von dieser Einschätzung sogleich wieder ab. Denn neben dem Stimm- und Anfechtungsrecht sowie dem Recht zur Bestellung von Sonderprüfern nennt er gleichermaßen das Bezugsrecht, über dessen Ausübung der Aktionär nach entsprechender Information entscheiden solle.[64] Dabei handelt es sich um ein Vermögensrecht, das nichts mit einer aktiven Mitsprache in Gesellschaftsangelegenheiten zu tun hat. Wiederum anders schließlich eine dritte Meinung: § 131 dient demnach dem Aktionär als Hilfe bei der Beurteilung seiner Anlage bzw. seines Aktienbesitzes[65] und bei der Entscheidung, ob er weitere Aktien erwerben oder seine Anteile verkaufen soll[66].

III. Die unterschiedlichen Ansichten im einzelnen

1. Auskunftsanspruch und Herrschaftsrechte

Mit der Verknüpfung von Auskunftsanspruch und Herrschaftsrechten wird in der Sache die Differenzierung zwischen kollektiven und individuellen Informationsrechten aufgegriffen. So weist *Barz* ausdrücklich darauf hin, das Fragerecht dürfe nicht mit der Rechenschaftspflicht in Verbindung gebracht werden, die den Vorstand aufgrund seiner starken Geschäftsführungsposition treffe. Rechenschaft schuldet der Vorstand demnach lediglich dem Verband, vertreten durch Aufsichtsrat und Hauptversammlung, nicht aber dem einzelnen Aktionär. Dessen aus der Mitgliedschaft abgeleitetes Auskunftsrecht dient der Mitbestimmung in den Angelegenheiten der Gesellschaft.[67] Der Rechtfertigung des Auskunftsanspruchs unter dem Gesichtspunkt, daß die Aktionäre von der Geschäftsführung weitgehend ausgeschlossen sind und deshalb über die Verwen-

---

62 *K. Schmidt*, Informationsrechte, S. 23; *Wilde*, ZGR 1998, 423, 424.

63 *Barz*, BB 1957, 1253.

64 *Barz*, a.a.O.

65 KG, ZIP 1993, 1618, 1619; ZIP 1994, 1267, 1269; LG Berlin, AG 1994, 40; BB 1993, 1827, 1828; WM 1990, 978, 980; *Bunte* S. 46; *Ebenroth* S. 11; G/H/E/K-*Eckardt*, § 131 Rn. 19; ferner KG, DB 2001, 1080; ZIP 1995, 1585, 1587 („Aktienanalyse"); ablehnend KK-*Zöllner*, § 131 Rn. 3; einschränkend *Barz*, BB 1957, 1253.

66 OLG Hamburg, AG 1969, 150, 151; LG Berlin, AG 1994, 40; BB 1993, 1827, 1828; *Burgard* S. 75 u. 77 Fn. 224; *ders.*, AG 1992, 41, 45; G/H/E/K-*Eckardt*, § 131 Rn. 1; *Hommelhoff*, ZGR 2000, 748, 768 f.; ferner *Budde*, FS Clemm, S. 81, 89 f.; *Budde/Steuber*, AG 1996, 542, 543 (dazu bereits oben S. 44); *von Caemmerer* in: Das Frankfurter Publizitätsgespräch, S. 141, 154.

67 *Barz*, BB 1957, 1253, noch ohne Verwendung der von *K. Schmidt* (oben Fn. 27) begründeten Terminologie. Allerdings geht *Barz*, a.a.O., davon aus, die Hauptversammlung könne durch Mehrheitsbeschluß Rechenschaftspflichten des Vorstands begründen, siehe dazu unten S. 89 f.

dung des investierten Kapitals unterrichtet werden wollen, wird so in aller Deutlichkeit eine Absage erteilt.

Die Gegenüberstellung von Rechenschaftspflicht des Vorstands und mitgliedschaftlichem Informationsrecht als zwei miteinander unvereinbare Kategorien ist problematisch. Denn sowenig der Inhalt kollektiver Informationspflichten alleine durch deren Schuldner bestimmt wird, sowenig läßt sich der Inhalt individueller Informationsrechte einzig anhand von deren Gläubigern ermitteln. Die Pflicht des Vorstands, Rechenschaft gegenüber dem Verband abzulegen, kann inhaltlich erst dann näher bestimmt werden, wenn das Organ einbezogen wird, das die Informationen für den Verband entgegennimmt.[68] Vorlage- und Erläuterungspflichten gegenüber der Hauptversammlung obliegen dem Vorstand zwar aufgrund seiner Organverantwortlichkeit und nicht aufgrund der Mitgliedschaft des Aktionärs, doch ergibt sich erst aus dessen mitgliedschaftlichem Informationsinteresse, inwieweit das Organ Hauptversammlung der Unterrichtung bedarf.

Entsprechendes gilt für das aus der Mitgliedschaft des Aktionärs abgeleitete Auskunftsrecht. § 131 Abs. 1 S. 1 beschränkt sich nicht darauf, § 118 Abs. 1 zu wiederholen und die Hauptversammlung als den Ort festzulegen, an dem Auskunftsverlangen gestellt und beantwortet werden müssen. Auch Art und Umfang der zu erteilenden Auskünfte sind davon geprägt, daß der Auskunftsanspruch ein versammlungsbezogenes Recht ist. Fragen, die den durch die Organisationsordnung der AG vorgegebenen Rahmen sprengen, müssen nicht beantwortet werden. Der Zusammenhang zwischen Rechenschaftspflicht und Organzuständigkeit der Hauptversammlung gilt deshalb umgekehrt für den Auskunftsanspruch. Obgleich es sich um ein eigenes, also nicht aus Organzuständigkeiten, sondern aus der Mitgliedschaft abgeleitetes Informationsrecht handelt, gibt die Zuständigkeit der Hauptversammlung den Rahmen für das individuelle Informationsrecht ab. Gewährleistet wird dies durch die Beschränkung des Fragerechts auf solche Auskünfte, die für eine sachgemäße Beurteilung eines Gegenstands der Tagesordnung erforderlich sind.[69]

Es läßt sich deshalb nicht unterscheiden, ob Rechenschaftspflichten nur dem Interesse des Aktionärs als Mitglied des Organs Hauptversammlung oder auch der Ausübung seiner aus der Mitgliedschaft resultierenden Mitverwaltungsrechte dienen.[70] Beide Gesichtspunkte gehen fließend ineinander über. Bei der

---

68 *Hüffer*, ZIP 1996, 401, 404.

69 *Hüffer*, a.a.O., 405 f. Siehe auch *Lutter*, ZGR 1982, 1, 3: das aktienrechtliche Auskunftsrecht ist eine „Verknüpfung von Mitgliedschaftsrecht und Organrecht".

70 *Ebenroth/Koos*, BB 1995 Beilage 8, S. 6; ähnlich *Budde/Steuber*, AG 1996, 542, 544, die von einer „Kongruenz zwischen Informationsverpflichtung und -anspruch" sprechen.

Auslegung von § 131 kann es deshalb nicht darum gehen, den Rechtsgedanken einer Rechenschaftspflicht auszublenden, sondern es muß danach gefragt werden, inwieweit der einzelne Aktionär ein mitgliedschaftliches Interesse an einer Rechenschaft der Verwaltung geltend machen kann. Ein Ansatzpunkt sind dabei die Herrschaftsrechte. Das zeigt besonders deutlich § 120 Abs. 3 S. 2 für die Beschlußfassung über die Entlastung: Ohne vorherige Rechenschaft der Verwaltung können die Aktionäre nicht sachgemäß darüber befinden, ob sie die Geschäftsführung billigen und Vorstand und Aufsichtsrat für die Zukunft ihr Vertrauen aussprechen wollen.[71] Zu untersuchen bleibt, ob sich die „dienende Natur" des Auskunftsanspruchs in der Ausübung der Verwaltungsrechte erschöpft oder ob darüber ein Bedürfnis für Rechenschaftspflichten gegenüber den Aktionären besteht. Dies ist die Frage nach dem Auskunftsanspruch in seiner Funktion als Kontrollrecht.[72]

2. Vorbereitung der Anlageentscheidung

Auf welche Art und Weise die Aktionäre unabhängig von ihren Mitbestimmungsrechten die Verwaltung kontrollieren können, darüber gibt eine ebenfalls unter dem Stichwort „Hilfsrecht" vorgebrachte Interpretation Aufschluß. Ihr zufolge dient der Auskunftsanspruch der Bewertung des Aktienbesitzes und der Vorbereitung einer sachgerechten Anlageentscheidung.[73] Diese Ansicht steht in einem auffälligen Gegensatz zu der soeben diskutierten Konzeption. Von einer gesellschaftsinternen Lösung, die das Verhältnis der Verbandsmitglieder zu der Verwaltung zum Gegenstand hat, wird abgesehen. Statt dessen werden Erwerb und Aufgabe der Mitgliedschaft als Reaktion auf die erlangten Informationen genannt. Das Stimmrecht als wichtigstes Mitgliedschaftsrecht wird durch das Austrittsrecht abgelöst, indem an die Stelle der Beschlußfassung in der Hauptversammlung die Abstimmung an der Börse[74] tritt. Das wirft die Frage nach dem Verhältnis des Auskunftsanspruchs zu vertriebsrechtlichen Informationspflichten auf, gilt die (Des-)investitionsentscheidung des Kapitalanlegers doch als „archimedischer Punkt des Anlegerschutzes"[75].

---

71 GK³-*Barz*, § 131 Anm. 4; *Hüffer*, AktG, § 120 Rn. 15; *Tellis* S. 22.

72 Siehe zu dieser Charakterisierung etwa *Flume*, Grundfragen, S. 15; *Friauf/Wendt* S. 63; *Lutter*, Aktionär, S. 22; *Meilicke/Heidel*, DStR 1992, 113, 115; *Mülbert* S. 160 Fn. 27; *Nitschke/Bartsch*, AG 1969, 95; *Wenger*, ZIP 1993, 1622, 1625; *Wiedemann*, GesR I, S. 366; zurückhaltend *Saenger*, DB 1997, 145, 146.

73 Siehe die Nachweise S. 74 Fn. 65 u. 66.

74 *Hopt*, ZHR 141 (1977), 389, 403; von *control by exit* statt *control by voice* sprechen *Bea/Thissen*, DB 1997, 787; *Meier-Schatz* S. 220; kritisch *Löffler* S. 162 ff.

75 *Mülbert* S. 105.

Gegen diese Interpretation des Auskunftsanspruchs ist vorgebracht worden, sie lasse die Tatbestandsvoraussetzungen des § 131 außer acht. Zur Beurteilung eines Gegenstands der Tagesordnung seien Auskünfte zur Vorbereitung der Anlageentscheidung nicht erforderlich, weil diese nicht Gegenstand der Verhandlung in der Hauptversammlung sei.[76] Dieser Einwand, der zunächst etwas formal erscheinen mag, weist auf einen wesentlichen Aspekt hin. Wenn sich die Einordnung als Aktionär und Kapitalanleger auch nicht gegenseitig ausschließen,[77] so gilt doch, daß das AktG den Anleger nur in seiner Eigenschaft als Verbandsmitglied berücksichtigen kann. Mit anderen Worten: Die Verwirklichung von Anlegerschutz darf sich zwar nicht auf solche Belange beschränken, die von der Stellung als Aktionär unabhängig sind; umgekehrt bedeutet dies aber, daß ein durch das Gesellschaftsrecht vermittelter Anlegerschutz nur an die Mitgliedschaft in der AG und die daraus resultierenden Rechte anknüpfen kann.[78]

Das Fragerecht gemäß § 131 ist untrennbar mit der Stellung als Aktionär verbunden und folgt deshalb der Entscheidung, überhaupt in die Gesellschaft zu investieren, zeitlich nach. Deswegen kann sein Zweck jedenfalls nicht darin liegen, dem Verbandsmitglied eine sachgerechte Entscheidung zu ermöglichen, ob es seinen Aktienbesitz durch den Erwerb weiterer Aktien vergrößern soll.[79] Der Kauf von Aktien steht in keinerlei Verbindung mit einer bereits bestehenden Mitgliedschaft in einer AG. Unabhängig von seinem vorhandenen Anteilsbesitz befindet sich der Aktionär in der gleichen Situation wie jeder andere Teilnehmer am Kapitalmarkt, der vor der Überlegung steht, sein Kapital einer Gesellschaft zur Verfügung zu stellen. Ob er bereits Anteile an der betreffenden AG hält oder nicht, ist weder für sein Informationsinteresse von Belang, noch ergibt sich ein anderer oder höherer Schutzbedarf als bei demjenigen, der erstmals vor einer solchen Entscheidung steht. Die Regelungsaufgabe, eine möglichst optimale Investitionsentscheidung zu treffen, ist dem Bereich des *ex-ante* Anlegerschutzes[80] zuzuordnen. Er hat seinen Platz nicht im AktG, sondern in den kapitalmarktrechtlichen Vorschriften, die den Vertrieb von Gesellschaftsanteilen regeln.[81]

---

76 *Ebenroth/Wilken,* BB 1993, 1818, 1820; *Franken/Heinsius,* FS Budde, S. 213, 220 Fn. 16; *Hüffer,* ZIP 1996, 401, 409.

77 Siehe oben S. 58 ff.

78 *Ebenroth/Koos,* BB 1995 Beilage 8, S. 3.

79 So aber *von Caemmerer* in: Das Frankfurter Publizitätsgespräch, S. 141, 154; G/H/E/K-*Eckardt,* § 131 Rn. 1

80 Dazu *Möllers,* ZGR 1997, 334, 337; *Mülbert* S. 109.

81 Wie hier für das Problem des *insider*-Handels: *von Falkenhausen,* AG 1972, 237.

Fraglich ist, ob sich diese Erwägungen auf das Ausscheiden aus der Gesellschaft übertragen lassen. Dabei ist zu differenzieren: Nicht zur Diskussion stehen hier Vorschriften wie §§ 305 Abs. 1, 320a, 320b Abs. 1 AktG oder §§ 29 Abs. 1, 207 UmwG,[82] die es dem Aktionär ermöglichen bzw. vorschreiben, gegen Abfindung aus der Gesellschaft auszuscheiden. In diesen Fällen ist er nicht als Marktteilnehmer angesprochen, sondern die betreffenden Ansprüche knüpfen unmittelbar an seiner Verbandsmitgliedschaft an, für deren Beeinträchtigung, Aufgabe oder Verlust er entschädigt wird. Davon zu unterscheiden ist der Verkauf von Aktien an Dritte. Für eine Verknüpfung von Auskunftsanspruch und Anlageentscheidung ließe sich anführen, daß angesichts des geringen Einflusses eines einzelnen Aktionärs in der AG, der Verkauf der Aktien nicht nur eine naheliegende, sondern oft die einzige Möglichkeit sein wird, seine Interessen wahrzunehmen. Dies gilt insbesondere dann, wenn man das Recht, (Inhaber-)aktien jederzeit zu veräußern, zu den (uneigennützigen) Mitgliedsrechten zählt.[83] Konsequenterweise wäre dann der mitgliedschaftliche Auskunftsanspruch als Hilfsmittel zur Vorbereitung dieses Rechts heranzuziehen.

Das Interesse des Aktionärs, sich im Hinblick auf sein Ausscheiden aus der AG zu informieren, führt nicht *per se* dazu, daß sein Auskunftsbegehren als unberechtigt oder gar rechtsmißbräuchlich zu bewerten wäre.[84] Sofern der erforderliche Zusammenhang zu einem Punkt der Tagesordnung besteht, kann eine Frage nicht mit der Begründung zurückgewiesen werden, dem Aktionär gehe es letztlich nicht um die Ausübung seiner mitgliedschaftlichen Rechte, sondern um eine Bewertung seines Aktienbesitzes. Dieses Anliegen kann aber immer nur ein Reflex des Auskunftsanspruchs, nicht aber sein vorrangiger Zweck sein.[85] Der Wille, aus der Gesellschaft auszuscheiden, wird vor allem dann bestehen, wenn der Aktionär mit der Führung der Geschäfte durch die Verwaltung nicht einverstanden ist bzw. er die Rentabilität seiner Investition bei einem Verbleib in der Gesellschaft nicht mehr für gewährleistet hält. Diese Risiken werden bei der Veräußerung der Aktie auf den jeweiligen Erwerber abgewälzt.[86] Deshalb bedarf nicht nur das Verbandsmitglied, das seine Anteile veräußern will, sondern im gleichen Maße auch deren Erwerber der Unterrichtung.

Aus diesen Gründen ist die Ermöglichung einer rationalen Anlageentscheidung kein Problem des aktienrechtlichen Minderheitenschutzes, sondern des Kapitalmarkts überhaupt. Vertriebsbezogener Anlegerschutz hat seinen Platz

---

82 Zu den damit einhergehenden speziellen Auskunftsrechten siehe unten S. 137 ff.

83 *Henze,* RWS-Forum GesR, S. 1, 9; anders *Barz,* BB 1957, 1253.

84 Siehe dazu eingehend unten S. 180 ff.

85 Insofern zutreffend *Ebenroth/Koos,* BB 1995 Beilage 8, S. 2.

86 *Mülbert* S. 146; *Roth,* AG 1976, 176, 177.

deswegen nicht im AktG, sondern in kapitalmarktrechtlichen Vorschriften, die von der Stellung als Aktionär unabhängig sind.[87] Bei der Beurteilung der für eine (Des-)investitionsentscheidung maßgeblichen Faktoren wird sich eine ungleiche Verteilung anlegerrelevanter Informationen letztlich nicht vollständig vermeiden lassen. Für die Funktionsfähigkeit des Kapitalmarkts ist es aber wesentlich, daß Informationsasymmetrien zwischen den Marktteilnehmern durch eine Aufklärung aller Marktteilnehmer entgegengewirkt wird.[88] Diese Zielsetzung darf durch § 131 nicht konterkariert werden, indem die Norm dahingehend interpretiert wird, sie solle dem Aktionär gegenüber dem Erwerber seiner Anteile einen Informationsvorsprung verschaffen. Aus diesen Gründen ist dem Ansinnen, die gesellschaftsrechtliche Regelung des Auskunftsanspruchs in eine vertriebsrechtliche Vorschrift umzudeuten, eine Absage zu erteilen.[89]

3. Auskunftsanspruch und Vermögensrechte des Aktionärs

Schließlich bleibt die Verknüpfung des Auskunftsanspruchs mit den Vermögensrechten des Aktionärs. Eine solche Verbindung herzustellen ist nach dem bisher Gesagten nur folgerichtig. Bereits *Barz* hat die Herrschaftsrechte, zu denen selbstverständlich auch § 131 zählt, als die Rechte bezeichnet, mit denen der Aktionär Einfluß auf das Geschick der Gesellschaft nimmt und seine eigenen vermögensrechtlichen Ansprüche verwirklicht.[90] Es drängt sich deshalb die Frage auf, warum zwar einhellig die Mitgliedschaft als Grundlage des Auskunftsrechts bezeichnet wird, die ganz überwiegende Ansicht mit den Herrschaftsrechten aber nur einen Teil der daraus resultierenden Rechte bei der Auslegung des § 131 heranzieht. Das Anliegen, dem Aktionär einen „sinnvollen Gebrauch seiner Rechte"[91] zu ermöglichen, läßt sich nur dann verwirklichen, wenn alle aus seiner Stellung als Verbandsmitglied erwachsenden Rechte berücksichtigt werden. Erst recht ist die Hinwendung zu den Vermögensrechten dann geboten, wenn es um die Berücksichtigung des Aktionärs in seiner Eigenschaft als Kapitalanleger geht.

Auf diesen Zusammenhang deuten etwa die Ausführungen des KG hin, das es nicht nur für legitim erachtete, daß der Aktionär mit seinen Fragen an den Vorstand „primär oder ausschließlich seine Interessen als Kapitalanleger" verfolgt, sondern diese Ansicht vor allem mit einem Zitat aus einer Entscheidung

---

[87] So für die Insiderproblematik auch *von Falkenhausen*, AG 1972, 237.

[88] Dazu insbesondere GK^4-*Assmann*, Einl. Rn. 374 f.; *ders.* in Assmann/Schütze (Hrsg.), Hdb KapitalanlageR, § 1 Rn. 63 f.

[89] Im Ergebnis auch *Eppenberger* S. 58.

[90] GK^3-*Barz*, § 131 Anm. 3.

[91] Begr. § 131 RegE, abgedr. bei *Kropff*, AktG, S. 184.

des BVerfG[92] begründete, wonach das Vermögensrecht des Aktionärs durch sein Mitgliedschaftsrecht „vermittelt" werde.[93] Gegen diese Verbindung von Vermögensrechten und Auskunftsanspruch ist - insbesondere angesichts der weitreichenden Konsequenzen, zu denen das KG gelangt[94] - eingewandt worden, sie beruhe auf einer Fehlinterpretation der verfassungsrechtlichen Problematik. Offenbar gehe das Gericht davon aus, der Aktionär sei Verbandsmitglied und zugleich „Inhaber eines *daneben bestehenden* Vermögensrechts".[95] Aus dieser Annahme leite es einen neben oder über dem mitgliedschaftlichen Auskunftsrecht bestehenden Rechenschaftsanspruch ab. Das sei aber weder einfach- noch verfassungsrechtlich geboten, weil das BVerfG nicht von einem außerhalb der Mitgliedschaft stehenden Vermögensrecht spreche, sondern nur von den aus dem Anteilseigentum resultierenden Vermögensrechten, wie dem Dividendenrecht, dem Recht auf Bezug junger Aktien und der Beteiligung am Liquidationserlös.[96]

Indem das KG aus den verfassungsrechtlichen Vorgaben schloß, das „Auskunftsrecht [sei] nicht nur Ausfluß des Mitgliedschaftsrechts"[97], könnte man in der Tat zu der Ansicht gelangen, es gehe von einem eigenständigen Rechenschaftsanspruch aus, der unabhängig von den mitgliedschaftlichen Rechten des Aktionärs auf die Ermittlung eines angemessenen Kurswerts gerichtet ist. Dieser Eindruck täuscht jedoch. Der Kritik an den Ausführungen des KG ist lediglich insofern zuzustimmen, als sie auf die mißverständliche Interpretation der verfassungsrechtlichen Rechtsprechung hinweist. Die Terminologie des BVerfG und der Sprachgebrauch in der gesellschaftsrechtlichen Literatur und Rechtsprechung unterscheiden sich: Spricht das BVerfG vom Anteilseigentum mit „seinem mitgliedschaftsrechtlichen und seinem vermögensrechtlichen Element",[98] ist damit die Unterscheidung von Herrschaftsrechten einerseits und Vermögensrechten andererseits gemeint. Ein von der Stellung als Aktionär un-

92 BVerfGE 50, 290, 342 f.

93 KG, ZIP 1995, 1585, 1587.

94 Zu den Schlußfolgerungen des KG gehört es, daß alle „für eine sachgerechte Aktienanalyse und Unternehmensbewertung" benötigten Daten „erforderlich" sind, und das Gericht sich dabei an den Grenzwerten der sog. Transparenz-Richtlinie (Richtlinie des Rates der EG vom 12. Dezember 1988 (ABl. Nr. L 348/62 - 88/627 EWG) orientiert, ZIP 1995, 1585, 1586 f.; ZIP 1994, 1267, 1269.

95 *Hüffer,* ZIP 1996, 401, 403 (Hervorhebung durch den Verf.); ähnlich *Saenger,* DB 1997, 145, 148.

96 *Hüffer*; *Saenger,* jeweils a.a.O.

97 KG, ZIP 1995, 1585, 1587.

98 BVerfG 14, 263, 276.

abhängiges Auskunftsrecht existiert demnach auch nach der Ansicht des BVerfG nicht.[99]

Die Unterstellung, das KG habe diese Zusammenhänge verkannt, ist jedoch nicht gerechtfertigt. Trotz seiner mißverständlichen Formulierung geht das Gericht nicht von einem neben der Mitgliedschaft bestehenden Vermögensrecht aus, sondern stellt klar, die Aktionäre hätten „als Teil ihrer Mitgliedschaftsrechte aus der Aktie immer zugleich Vermögensrechte".[100] Das KG knüpft damit an die im Gesellschaftsrecht gebräuchliche Terminologie an, wonach unter dem Begriff „Mitgliedschaft" alle aus der Stellung als Aktionär folgenden Rechte zusammengefaßt werden. Zwischen den Vermögensrechen und dem Auskunftsanspruch als Herrschaftsrecht eine Verbindung herzustellen, war offenbar das Anliegen des KG. Kritisch anzumerken bleibt, daß es in seiner Entscheidung eine Erklärung schuldig bleibt, welcher Zusammenhang zwischen einer sachgerechten Aktienanalyse und Unternehmensbewertung einerseits und den mitgliedschaftlichen Vermögensrechten andererseits bestehen soll.

Trotz dieses Versäumnisses kommt dem Gericht das Verdienst zu, mit den Vermögensrechten zutreffend den Anknüpfungspunkt für einen innergesellschaftlichen Anlegerschutz benannt zu haben. Dessen Verwirklichung hängt davon ab, inwieweit die Interessen eines Kapitalanlegers wesensmäßig mit der Stellung als Verbandsmitglied verbunden sind.[101] Entscheidend ist in diesem Zusammenhang, daß ein Aktionär je nachdem, welche Ziele er mit seiner Beteiligung an der Gesellschaft verfolgt, seinen Rechten in und gegenüber der Gesellschaft unterschiedliches Gewicht beimessen wird.[102] Für den unternehmerisch engagierten Aktionär stehen die Herrschaftsrechte im Vordergrund, mittels derer er seine Mitsprache in Gesellschaftsangelegenheiten verwirklicht, die Vermögensrechte sind demgegenüber von zweitrangiger Bedeutung. Für einen Anleger sind hingegen die Vermögensrechte von besonderem Interesse, weil sie neben dem durch die Aktie verkörperten Kurswert die Rentabilität seiner Investition gewährleisten. Vor allem der regelmäßig wiederkehrende Anspruch auf Dividendenzahlung ist das für einen Investor im Mittelpunkt stehende Mitgliedschaftsrecht.[103] So schließt sich die Lücke, die bei der Einordnung des Fragerechts als eigennützig offen geblieben war. Es sind die aus der Mitgliedschaft resultierenden Vermögensrechte, deren Wahrnehmung im eigenen Interesse

99 Insofern zutreffend *Hüffer,* ZIP 1996, 401, 403.

100 KG, ZIP 1995, 1585, 1587; genauer müßte es wohl heißen, ein Teil der Mitgliedschaftsrechte seien die Vermögensrechte.

101 *Ebenroth/Koos,* BB 1995 Beilage 8, S. 3.

102 Zum folgenden vgl. *Mülbert* S. 137 f., 143.

103 Siehe etwa *Bieg* S. 243.

dem Aktionär nicht zuletzt durch den Auskunftsanspruch gemäß § 131 ermöglicht werden soll.

§ 11 Die kapitalmarktbezogene Deutung des § 131

Bei den bisher dargestellten Erklärungsansätzen spielte die Stellung des Aktionärs als Kapitalanleger allenfalls eine untergeordnete Rolle. Dies gilt vor allem für die Einordnung des § 131 als eigennütziges und individuelles Informationsrecht, die aus dem Recht der Personengesellschaften herrührt. Aber auch die Bezeichnung als Hilfsrecht ist zumindest dann, wenn mit der überwiegenden Meinung die Mitsprache in Gesellschaftsangelegenheiten in den Vordergrund gerückt wird, alleine von dem Anliegen geprägt, die Binnenorganisation der Gesellschaft im Hinblick auf die Verwirklichung des Verbandszwecks zu ordnen. Das Spezifikum der AG, die Öffnung zum Kapitalmarkt,[104] bleibt bei diesen Deutungsversuchen unberücksichtigt. Das ist deshalb erstaunlich, weil die aktienrechtliche Publizität einschließlich des individuellen Auskunftsanspruchs bereits vor geraumer Zeit als eine der (wenigen) „Einbruchstellen“[105] einer kapitalmarktrechtlichen Betrachtungsweise in das Gesellschaftsrecht ausgemacht worden ist.

I. Die Ansicht Hopts

Namentlich *Hopt* hat es unternommen, den Auskunftsanspruch des Aktionärs unter kapitalmarktrechtlichen Gesichtspunkten zu deuten. Seine Ausführungen nehmen ihren Ausgang zwar ebenfalls in der Feststellung, das AktG regele im wesentlichen den Innenbereich der Gesellschaft.[106] Im Anschluß daran leitet er aber dazu über, zunächst die allgemeine Publizität als Beispiel einer kapitalmarktrechtlichen Auslegung des AktG darzustellen. Mit der heute ganz überwiegenden Ansicht gelangt er zu dem Ergebnis, die Rechnungslegung der Gesellschaft diene nicht nur den aktuellen Anteilsinhabern, sondern sie bezwecke darüber hinaus auch den Schutz potentieller Aktionäre, Obligationäre und sonstiger Gläubiger, also des Kapitalmarkts und der Wirtschaft schlechthin.[107] Diese Überlegungen erstreckt *Hopt* sodann auf den Auskunftsan-

---

104 GK^4-*Assmann*, Einl. Rn. 268.

105 *Mülbert* S. 79.

106 *Hopt*, ZHR 141 (1977), 389, 390.

107 *Hopt* S. 307; *ders.*, ZHR 141 (1977), 389, 400; dazu auch *Budde/Steuber*, AG 1996, 542, 543; *von Caemmerer* in: Das Frankfurter Publizitätsgespräch, S. 141, 157 ff.; *Kronstein/Claussen* S. 21 ff.; *Schwark* S. 180 f.; *Wiedemann*, BB 1975, 1591, 1593; *ders.*, GesR I, S. 577 f.

spruch.[108] Demnach dient dieser zwar primär der Wahrnehmung der mitgliedschaftlichen Rechte des einzelnen Aktionärs. Weil er die Rechnungslegung voraussetze und ergänze, liege es nahe, die kapitalmarktrechtliche Sicht der allgemeinen Publizität auf § 131 auszudehnen. Diese Annahme werde durch den Adressatenkreis bestätigt, dem die erteilten Auskünfte zugute kommen. Der Zweck des Auskunftsanspruchs erschöpfe sich nämlich nicht darin, den jeweiligen Fragesteller in Kenntnis zu setzen, sondern dieser sei gleichzeitig „Anwalt" seiner Mitaktionäre.[109] Da Frage und Antwort in der Hauptversammlung vorgebracht werden müßten, sei gewährleistet, daß alle anwesenden Mitglieder gleichermaßen wie der Auskunft begehrende Aktionär unterrichtet würden.

Während sich diese Erweiterung des Adressatenkreises vom einzelnen Fragesteller auf dessen Mitaktionäre auf den gesellschaftsinternen Bereich beschränkt, geht *Hopt* noch einen Schritt weiter.[110] Um zu einer kapitalmarktrechtlichen Deutung des Auskunftsanspruchs zu gelangen, bezieht er auch gesellschaftsfremde Dritte in den Adressatenkreis der aufgrund § 131 erteilten Auskünfte ein. Mache ein Aktionär den Auskunftsanspruch geltend, so sei er nicht nur Anwalt anderer Verbandsmitglieder, sondern er repräsentiere zugleich das allgemeine Anlagepublikum und die interessierte Öffentlichkeit, die durch die Beantwortung von Fragen in der Hauptversammlung ebenfalls informiert würden.[111] Die Auskünfte des Vorstands gemäß § 131 seien zwar anders als die allgemeine Rechnungslegung der Gesellschaft nicht nach außen gerichtet, doch sei dies ein bloß äußerlicher Unterschied.[112] Diese Annahme stützt *Hopt* zum einen darauf, daß die in der Hauptversammlung erlangten Kenntnisse durch die anwesenden Anleger, Bankvertreter und die üblicherweise vertretene Presse unmittelbar nach außen getragen würden, zum anderen darauf, daß sie sich durch An- und Verkäufe an der Börse mittelbar in der Öffentlichkeit niederschlügen.

II. Konsequenzen

Der Gegensatz dieser Konzeption zu den bisher dargestellten Lösungsansätzen könnte kaum größer sein. Mit seinem kapitalmarktrechtlichen Verständnis des § 131 setzt *Hopt* sich gleich über mehrere als unumstößlich geltende Prämissen zur Erklärung des aktienrechtlichen Auskunftsanspruchs hinweg. Die Interpretation als ein Recht, das nicht (nur) der Unterrichtung des einzelnen

---

108 Zum folgenden *Hopt* S. 309 f.; *ders.*, ZHR 141 (1977), 389, 404.

109 *Hopt* S. 309; kritisch *Zöllner* in: Reformbedarf im Aktienrecht, S. 147, 157.

110 *Hopt* S. 309 f.; *ders.*, ZHR 141 (1977), 389, 404.

111 Ähnlich bereits *Rittner* in: Gutachten für den 45. DJT, Teil 4, S. 4.

112 In diesem Sinne offenbar auch *von Caemmerer* in: Das Frankfurter Publizitätsgespräch, S. 141; *Ehricke*, BB 1979, 496, 497.

Fragestellers, sondern aller in der Hauptversammlung anwesenden Aktionäre dient, läßt die Gegenüberstellung kollektiver und individueller Informationsrechte ihre Bedeutung verlieren. Werden allgemeine und individuelle Publizität als Mittel zur Verwirklichung eines einheitlichen Zwecks angesehen, wird der Unterschied zwischen einer Information aufgrund der Organverantwortlichkeit des Mitteilenden und der Unterrichtung des einzelnen aufgrund seiner Verbandsmitgliedschaft nivelliert. Indem darüber hinaus die Information der Allgemeinheit als Regelungsziel des § 131 angesehen wird, ist auch die Einordnung als Hilfsrecht in Frage gestellt. Überlegungen, welche Rechtspositionen der einzelne Aktionär mittels seines Auskunftsrechts wahrnehmen können soll, erübrigen sich, wenn es nicht mehr auf seine eigene Person, sondern auf die Unterrichtung anderer ankommt.

Angesichts dieser weitreichenden Abweichungen zu herkömmlichen Erklärungsmodellen ist es auffallend, daß die kapitalmarktrechtliche Deutung des Auskunftsanspruchs nahezu ohne praktische Auswirkungen geblieben ist.[113] Insbesondere wenn es darum geht, welche Fragen in der Hauptversammlung beantwortet werden müssen, spielt sie so gut wie keine Rolle. Der Grund dafür liegt wohl darin, daß bereits *Hopt* die Sprengung des auf das Gesellschaftsinnenrecht beschränkten Verständnishorizontes zwar als wesentlich bezeichnet hat, die Bedeutung dieses Befunds aber umgehend wieder einschränkte, indem er die „aktienrechtlichen Folgerungen aus dieser Änderung des Blickwinkels ... vornehmlich in einem Gewinn an Plausibilität für gleichbleibende Lösungen"[114] sah. Mit dieser Einschätzung über die materiellen Folgen seiner Ausführungen wird gleichzeitig deren Schwachpunkt deutlich. Der kapitalmarktrechtliche Bezug des Auskunftsrechts wird vornehmlich funktional aus seiner Ausrichtung auf einen über den einzelnen Aktionär hinaus erweiterten Adressatenkreis erklärt. Die notwendigerweise vorrangig zu beantwortende Frage, welchen Inhalts die zur Verfügung zu stellenden Informationen sein müssen, bleibt hingegen offen.

III. Die Hauptversammlungsöffentlichkeit: Zweckrichtung oder Rechtsreflex?

Für die Kapitalmarktteilnehmer werden die durch das Fragerecht vermittelten Informationen nur dann von Nutzen sein, wenn sie ihrem Inhalt nach auf die Interessen eines Investors zugeschnitten sind. Deshalb muß zunächst darauf eingegangen werden, wie durch den Auskunftsanspruch, dessen Aufgabe es ist,

---

113 Siehe dazu *Mülbert* S. 80, der mit dem Aufsatz *Grundmanns*, RabelsZ 54 (1990), S. 283 ff., insb. S. 301, 313 ff., lediglich ein Beispiel für eine relevante Umsetzung des *Hopt'schen* Ansatzes zu nennen vermag.

114 So für die im gleichen Zusammenhang erörterte Stellung des Abschlußprüfers, ZHR 141 (1977), 389, 402.

„zunächst und vor allem dem einzelnen Aktionär die Information zu sichern, die er ... zur sachgerechten Wahrnehmung seiner Rechte benötigt",[115] zugleich das Informationsinteresse von Anlegern befriedigt werden kann, die (noch) nicht an der Gesellschaft beteiligt sind. Wird die in einer Hauptversammlung gewährleistete Öffentlichkeit lediglich als eine Begleiterscheinung, ein Rechtsreflex angesehen,[116] bleibt die sachgerechte Unterrichtung des Kapitalmarkts angesichts der unterschiedlichen Interessen, die ein bereits an der Gesellschaft beteiligter Aktionär bzw. ein vor dem Erwerb von Aktien stehender Anleger an einer Auskunft haben kann, bloßer Zufall. Relevant wäre die Unterrichtung der Öffentlichkeit durch eine Auskunftserteilung in der Hauptversammlung nur dann, wenn sie sich als eine „Zweckrichtung des Auskunftsrechts"[117] unmittelbar auf den Inhalt der zu erteilenden Auskünfte auswirkte.

Den Schluß, die Informationsinteressen des Anlagepublikums hätten Einfluß auf die in der Hauptversammlung zu gewährenden Informationen, hat *Hopt* aber zu Recht nicht ziehen wollen. Gegen eine solche Betrachtung spricht schon, daß die Anlageentscheidung - wie bereits dargelegt worden ist - nicht Gegenstand des Auskunftsanspruchs ist. Die Belange gesellschaftsfremder Dritter können nicht bei der Auslegung eines Mitgliedschaftsrechts herangezogen werden.[118] Wer bereit ist, das Informationsinteresse der Öffentlichkeit zu berücksichtigen, dem wird es kaum gelingen, einer uferlosen Ausweitung des § 131 entgegenzutreten. Zum einen fehlen der Regelung des Auskunftsanspruchs, anders als den Bestimmungen über die allgemeine Publizität, detaillierte Vorgaben, welchen Inhalts die Mitteilungen sein müssen. Zum anderen bestünde bei einer einmal anerkannten Ausdehnung des Adressatenkreises über die an der AG Beteiligten hinaus kein Anlaß für eine Beschränkung auf den Kapitalmarkt. Die insbesondere durch die Presse weitergegebenen Informationen über das Gesellschaftsunternehmen erreichen nämlich nicht nur (potentielle) Anleger, sondern auch andere Personengruppen, die an einer Unterrichtung über die AG interessiert sind. Wären die Belange von Gläubigern, Arbeitnehmern und Lieferanten der

---

115 *Hopt* S. 309.

116 *Bunte* S. 23; *Neye,* ZIP 1996, 1853, 1854; *Werner,* WuB II A. § 131 AktG 1.87, 183, 184; ferner *Kübler,* AG 1977, 85, 90.

117 *Hopt* S. 309.

118 Insofern zutreffend *Ebenroth/Koos,* BB 1995 Beilage 8, S. 2: das Auskunftsrecht dient nicht dem Informationsinteresse Außenstehender.

AG[119] gleichfalls in die Prüfung eines Auskunftsbegehrens einzubeziehen, so würde dies den Rahmen des Aktienrechts vollends sprengen.[120]

So läßt sich die Behauptung, zwischen der allgemeinen Publizität und § 131 bestünde im Hinblick auf den Adressatenkreis nur „äußerlich" ein Unterschied, nicht recht nachvollziehen.[121] Die Offenlegung des Jahresabschlusses, des Lageberichts und des Berichts des Aufsichtsrats ist in § 325 HGB normiert. Eine gleichmäßige Unterrichtung aller an den veröffentlichten Daten Interessierten ist gewährleistet, da das Publikationsorgan gesetzlich bezeichnet ist und jedermann zur Einsichtnahme zur Verfügung steht, ohne daß weitere Voraussetzungen erfüllt sein müßten. Anders stellt sich die Situation bei Fragen einzelner Aktionäre dar. Hier sieht die Vorschrift als Ort der Auskunftserteilung die Hauptversammlung vor, die das AktG nur als interne Veranstaltung der Gesellschaft[122] kennt. Demnach profitieren von den erteilten Auskünften zunächst nur deren Teilnehmer. Ob und auf welche Art und Weise die in der Hauptversammlung erlangten Informationen an die Öffentlichkeit weitergetragen werden, steht keineswegs fest.[123] Eine Berichterstattung durch Vertreter der Presse mag in der Praxis häufig erfolgen, sie ist aber keineswegs durch entsprechende Vorschriften abgesichert[124] oder gar durch ein eigenes Fragerecht untermauert. Und auch dort, wo eine Veröffentlichung durch die Presse erfolgt, unterscheidet sich dieser Vorgang wesentlich von der allgemeinen Publizität. Für Ort, Zeit und Art der Darstellung bestehen nicht einmal Mindeststandards und je länger die betreffende Hauptversammlung zurückliegt, desto schwieriger wird es einem Interessierten fallen, die begehrten Informationen zu erlangen. Daß die Auskunftserteilung in der Hauptversammlung nicht mit einer Unterrichtung der Allgemeinheit gleichgesetzt werden kann, zeigt denn auch der Umstand, daß eine in der Hauptversammlung durch den Vorstand mitgeteilte Tatsache nicht als öffentlich bekannt i.S.d. insiderrechtlichen Vorschriften gilt.[125]

---

119 Sogenannte *stakeholder,* siehe dazu *W. U. Schilling,* BB 1997, 373, 374; *Mülbert,* ZGR 1997, 129, 130.

120 Anerkennenswerte Informationsinteressen der Öffentlichkeit werden teilweise durch Aufsichtsbehörden wahrgenommen, denen etwa gemäß § 44 Abs. 1 Nr. 1 KWG oder § 3 Abs. 1 BausparkG ein eigenes Auskunftsrecht eingeräumt ist; siehe auch *Hüffer,* AktG, § 131 Rn. 3.

121 So auch BGHZ 32, 159, 162; 36, 121, 124; zustimmend *Schuler,* NJW 1962, 841.

122 G/H/E/K-*Eckardt,* § 118 Rn. 42; *Franken/Heinsius,* FS Budde, S. 213, 217 f.; *Joussen,* DB 1994, 2485, 2486.

123 *Hommelhoff,* ZGR 2000, 748, 768.

124 Siehe nur *Hüffer,* AktG, § 118 Rn. 16; *Obermüller,* NJW 1969, 265; *Obermüller/Werner/Winden* S. 73; KK-*Zöllner,* § 118 Rn. 16. Weitergehend *Barz,* AG 1962 Sonderbeilage I, S. 7; *Günther,* FS Fechner, S. 117, 126.

125 Siehe dazu eingehend unten S. 168 ff.

§ 12 Zwischenergebnis

Die vorstehende Bestandsaufnahme hat ein Meinungsspektrum aufgezeigt, das von einer rein gesellschaftsrechtlichen Interpretation des Auskunftsanspruchs bis hin zu seiner kapitalmarktorientierten Deutung reicht. Obgleich es sich um kaum miteinander vereinbare Ansichten handelt, haben sich für den Fortgang der vorliegenden Untersuchung die maßgeblichen Eckdaten herauskristallisiert. Die kapitalmarktrechtliche Interpretation des Auskunftsrechts stützt sich vor allem auf die Feststellung, daß jedenfalls bei einer großen Publikumsgesellschaft von der Offenlegung einer Tatsache in der Hauptversammlung nicht nur der jeweilige Fragesteller profitiert, sondern auch seine Mitaktionäre und unter Umständen eine Vielzahl von Kapitalmarktteilnehmern. Soweit es um die Unterrichtung des Anlagepublikums geht, handelt es sich lediglich um eine Begleiterscheinung des Auskunftsrechts, nicht aber um seinen Regelungszweck. Rückschlüsse auf den Inhalt der gemäß § 131 zu erteilenden Auskünfte lassen sich deshalb aus der Öffentlichkeit der Hauptversammlung nicht ziehen. Zu untersuchen bleibt, inwieweit es Regelungszweck des Auskunftsrechts ist, die übrigen Teilnehmer der Hauptversammlung zu informieren.

Inhalt und Umfang der zu erteilenden Auskünfte werden vor allem durch zwei Aspekte bestimmt. Weil das Auskunftsrecht auf der Mitgliedschaft in dem Verband beruht, ist es im Kontext mit den mitgliedschaftlichen Herrschafts- und Vermögensrechten des Aktionärs zu sehen. Das Recht, weitere Aktien zu erwerben oder durch Verkauf der Anteile aus dem Verband auszuscheiden, spielt dabei keine Rolle. Einer Umdeutung des § 131 in eine vertriebsrechtliche Vorschrift, die der Vorbereitung einer sachgerechten Anlageentscheidung dient, ist eine Absage zu erteilen. Die Verknüpfung des Auskunftsanspruchs mit den übrigen mitgliedschaftlichen Verwaltungsrechten, insbesondere dem Stimmrecht, ist weithin anerkannt. Sie findet sich bereits in der Begründung des RegE zu § 131 und wird überall dort betont, wo das Auskunftsrecht des Aktionärs einer Rechenschaftspflicht des Vorstands gegenüber gestellt wird. Hingegen haben die mitgliedschaftlichen Vermögensrechte bislang nur wenig Beachtung gefunden. Erst in jüngerer Vergangenheit klang in der Diskussion um das Auskunftsrecht die Überlegung an, daß es die Vermögensrechte eines Aktionärs sind, die für einen Kapitalanleger im Vordergrund stehen. Inwieweit § 131 in diesem Zusammenhang dazu beitragen kann, dem Aktionär „eine sachgemäße Ausübung seiner Rechte zu ermöglichen“[126], ist dabei aber offengeblieben.

Neben dem Verhältnis des Auskunftsanspruchs zu den anderen mitgliedschaftlichen Rechten ist seine Einordnung in das Informationssystem der AG von maßgeblicher Bedeutung. Sie tritt insbesondere bei der Gegenüberstellung

[126] Begr. § 131 RegE, abgedr. bei *Kropff,* AktG, S. 185.

organschaftlicher Informationspflichten und mitgliedschaftlicher Auskunftsrechte zutage, die sich nicht nur an unterschiedliche Empfänger richten, sondern auch auf verschiedenen Rechtsgedanken beruhen. Diese Unterscheidung wird vor allem dann relevant, wenn es um eine Deutung des Auskunftsanspruchs als Teil der Rechenschaftspflicht des Vorstands gegenüber den Aktionären geht, d.h. mit den Worten des Gesetzgebers, um das Anliegen des Aktionärs, über die Verwendung des zur Verfügung gestellten Kapitals unterrichtet zu werden.[127] Dieser Aspekt soll bei der Auslegung von § 131 keine Rolle spielen, sondern der Unterrichtung des Verbands durch die Verwaltung zuzuordnen sein. Tatsächlich ist die Verbindung zwischen organschaftlichen und mitgliedschaftlichen Informationsrechten aber sehr viel enger, als dies vielfach dargestellt wird. Denn der Auskunftsanspruch beruht zwar auf der Stellung als Aktionär, findet seine Schranke aber in der Organzuständigkeit der Hauptversammlung.

[127] Dazu oben S. 55 f.

4. KAPITEL: § 131 IM INFORMATIONSSYSTEM DER AG

Der Auskunftsanspruch ist ein Teil des gesellschaftsinternen Informationssystems der AG, für die in einer Vielzahl von Vorschriften sowohl der Informationsfluß zwischen den einzelnen Organen als auch die Unterrichtung der Aktionäre geregelt ist. Nur aus dem Gesamtzusammenhang dieser Regelungen erschließen sich Inhalt und Bedeutung des Fragerechts.[1] Das Auskunftsrecht ist vor allem durch seine Einbindung in die Hauptversammlung geprägt. Daraus resultiert zum einen die Frage, in welchem Verhältnis die Unterrichtung des einzelnen Aktionärs zu der Information der Hauptversammlung steht. Zum anderen ist darauf einzugehen, welchen Einfluß die Informationen, die den anderen Organen der Gesellschaft zur Verfügung zu stellen sind, auf das Verständnis des Auskunftsanspruchs haben.

§ 13 Der Auskunftsanspruch als versammlungsbezogenes Recht

Zwischen dem einzelnen Aktionär und der Hauptversammlung als Adressat von Informationen wird vor allem bei der Gegenüberstellung kollektiver und individueller Informationsrechte unterschieden. Zum Teil findet sich allerdings auch die Ansicht, die „Zweckrichtung" des Auskunftsanspruchs erschöpfe sich nicht in der Information des einzelnen Aktionärs. Das gilt vor allem für *Hopt,*[2] dem zufolge der Aktionär „Anwalt" aller Verbandsmitglieder ist und das Fragerecht der Unterrichtung der gesamten Hauptversammlung dient. Im Gegensatz zu der weitergehenden Deutung des § 131, wonach der Aktionär außerdem Repräsentant des Kapitalmarktpublikums ist, beschränkt sich dieser Ansatz auf den gesellschaftsinternen Bereich. Er gibt deshalb Anlaß, näher auf das Verhältnis von Hauptversammlung und Fragesteller einzugehen.

I. Unterrichtung der Hauptversammlung durch den einzelnen Aktionär

1. Kein eigenes Auskunftsrecht der Hauptversammlung

Lange Zeit war die Diskussion um das Informationssystem in der AG von der Problematik bestimmt, ob der Hauptversammlung ein eigenes Auskunftsrecht zustehe. Dieser Frage wurde auch für das Verständnis des Auskunftsanspruchs des einzelnen Aktionärs maßgebliche Bedeutung beigemessen. Bei der Auslegung dieses Individualrechts sollte eine auf die Geschäftsführungskom-

---

[1] *Groß,* AG 1997, 97.

[2] Dazu oben S. 82 ff. mit Nachweisen.

petenzen des Vorstands gestützte Pflicht zur Rechenschaft nicht zuletzt deswegen unbeachtlich sein, weil es als Aufgabe der Hauptversammlung angesehen wurde, solche (kollektiven) Informationsrechte durch Mehrheitsbeschluß geltend zu machen. Daß der Hauptversammlung dieses Recht zustehe, wurde aus §§ 675, 666 BGB abgeleitet und auch ohne eine entsprechende Regelung im AktG als selbstverständlich vorausgesetzt.[3] Diese bis zum Inkrafttreten des AktG 1965 verbreitete Ansicht wird heute - soweit ersichtlich - nicht mehr vertreten. Einhellig wird der Hauptversammlung ein eigenes, ungeschriebenes Auskunftsrecht abgesprochen.[4]

Für die Interpretation des mitgliedschaftlichen Auskunftsanspruchs ist die Debatte um ein eigenes Informationsrecht der Hauptversammlung unergiebig. Selbstverständlich können sich beliebig viele Verbandsmitglieder dem Auskunftsbegehren eines einzelnen anschließen und dies gegebenenfalls durch einen entsprechenden Beschluß zum Ausdruck bringen. Das ist aber nichts anderes als die gleichzeitige Geltendmachung des Auskunftsanspruchs durch mehrere Aktionäre, ohne daß dessen Einordnung als Individualrecht in Frage gestellt würde. Eine Erweiterung der Auskunftsgegenstände ist damit nicht verbunden, weil auch die Hauptversammlung als Organ kein nachvollziehbares Interesse an Auskünften hat, die für eine sachgemäße Beurteilung der Tagesordnung nicht erforderlich sind. Ob die Voraussetzungen für eine Auskunftserteilung vorliegen, richtet sich demnach alleine nach § 131 Abs. 1 S. 1 und ist unabhängig von der Zahl der Auskunft ersuchenden Aktionäre zu beurteilen.

Bei der Auseinandersetzung um ein eigenes Auskunftsrecht der Hauptversammlung ging es letztlich nicht um seine Voraussetzungen, sondern um seine Schranken. Zur Diskussion wurde nämlich gestellt, ob die Hauptversammlung den Vorstand ungeachtet etwaiger Auskunftsverweigerungsgründe durch einen Mehrheitsbeschluß zur Beantwortung einer Frage zwingen könne.[5] Das mag für § 112 AktG 1937 noch fraglich gewesen sein, wird für das geltende Recht aber richtigerweise verneint.[6] Ob eine Auskunft erteilt werden muß, ist in der Hauptversammlung einzig durch den Vorstand zu beurteilen, dessen Entscheidung (nunmehr) in vollem Umfang einer gerichtlichen Prüfung unterzogen wer-

---

3 So für § 112 AktG 1937 vor allem *Barz,* BB 1957, 1253; im Erg. auch *Deuss* S. 26 f.; LG Detmold, BB 1958, 1072, 1073. Für die Zeit vor Inkrafttreten des § 112 AktG 1937: RGZ 82, 182, 186; 105, 40, 46.

4 *Baumbach/Hueck,* AktG, § 131 Rn. 5; *Ebenroth* S. 16; G/H/E/K-*Eckardt,* § 131 Rn. 23; *Hüffer,* ZIP 1996, 401, 405; *Geßler,* DB 1957, 1254, 1257; *K. Schmidt,* Informationsrechte, S. 20; *Semler* in: Münch. Hdb AG, § 37 Rn. 4; KK-*Zöllner,* § 131 Rn. 10. Seine früheren Ausführungen (Fn. 3) einschränkend GK[3]-*Barz,* § 131 Anm. 3.

5 *Barz,* BB 1957, 1253; *Deuss* S. 26 f.

6 *Ebenroth* S. 16; G/H/E/K-*Eckardt,* § 131 Rn. 23; *Semler* in: Münch. Hdb AG, § 37 Rn. 23.

den kann. Durch die Aufnahme eines Katalogs von Auskunftsverweigerungsgründen gemäß § 131 Abs. 3 hat der Gesetzgeber den Interessenausgleich zwischen Aktionären und AG abschließend geregelt. Daran ist auch die Mehrheit in der Hauptversammlung gebunden. Das liegt für § 131 Abs. 3 S. 1 Nr. 5 auf der Hand, gilt aber ebenso für die übrigen Verweigerungsgründe. Die Hauptversammlung hat weder eine geschriebene noch eine ungeschriebene Kompetenz, über die Offenbarung von Betriebs- oder Geschäftsgeheimnissen zu befinden.[7]

2. Unterrichtung der Hauptversammlung als Regelungszweck des § 131?

Von einer in der Hauptversammlung erteilten Auskunft profitieren unter Umständen alle anwesenden Aktionäre. Gegenüber der Folgerung, deshalb müsse die Unterrichtung der Hauptversammlung als „Regelungszweck" des § 131 angesehen werden,[8] ist aber Zurückhaltung geboten. Die Annahme, das Auskunftsrecht stehe dem Aktionär nicht aufgrund seiner Mitgliedschaft, sondern in seiner Funktion als Organglied zu,[9] geht sicherlich zu weit. § 131 regelt nicht die Ausübung eines organschaftlichen Informationsrechts durch die Teilnehmer der Hauptversammlung. Der einzelne Aktionär ist weder Organ der AG[10] noch nimmt er mit seinem Auskunftsanspruch Organfunktionen der Hauptversammlung wahr. Denn Organrechte dienen der Wahrnehmung fremder Angelegenheiten, nicht aber der Verwirklichung eigener Interessen.[11] Hingegen ist der Auskunftsanspruch ein subjektives Recht des Aktionärs, das dieser in den durch das Verbandsinteresse gesetzten Schranken eigennützig ausüben darf.[12]

Die Bezeichnung des Fragestellers als „Anwalt"[13] seiner Mitaktionäre ist zwar plastisch, sie gibt das Verhältnis zwischen dem einzelnen Fragesteller und den übrigen Teilnehmern der Hauptversammlung aber nur unzulänglich wieder. Das zeigt bereits der Umstand, daß die Teilnehmer der Hauptversammlung auf den einzelnen Aktionär als ihren vermeintlichen „Repräsentanten" keinen Einfluß nehmen können. So wenig sie den Vorstand durch Mehrheitsbeschluß zur Erteilung einer Auskunft zwingen können, so wenig können sie sich durch ei-

---

7 *von Stebut* S. 95; im Anschluß daran für das schweizerische Aktienrecht auch *Wenninger* S. 268.

8 In diesem Sinne neben *Hopt* (siehe oben S. 82) auch *Godin/Wilhelmi*, AktG, § 131 Anm. 2; *von Rechenberg* S. 46 f.; KK-*Zöllner*, § 131 Rn. 3, 101.

9 So für § 112 AktG 1937: *Janberg*, AG 1965, 191; *Wolany*, Sonderbeilage AG 1959, S. 2 f.; wie hier *K. Schmidt*, Informationsrechte, S. 21.

10 BGH, ZIP 1997, 978, 980; *Pflugradt* S. 3; *K. Schmidt*, ZZP 92 (1979), 212, 216 f. Fn. 17.

11 *Pflugradt* S. 35 f.; *Wiedemann*, Übertragung und Vererbung, S. 24.

12 Siehe bereits oben S. 64.

13 *Hopt* S. 309.

nen verbindlichen Beschluß gegen die Erteilung einer bestimmten Auskunft aussprechen.[14] Bei der Abfassung des § 131 hielt der Gesetzgeber bewußt an dem individualrechtlichen Charakter des Auskunftsanspruchs fest und sah davon ab, ein Auskunftsbegehren von der Unterstützung anderer Aktionäre abhängig zu machen.[15] Adressat einer Auskunftserteilung ist deshalb der einzelne Aktionär, nicht aber die Hauptversammlung.

3. Gleichbehandlung der Aktionäre bei der Erteilung von Auskünften

Die Konzentration von Auskunftsbegehren auf die Hauptversammlung lenkt das Auskunftsrecht in geordnete Bahnen.[16] Die Gesellschaft ist nicht gezwungen, fortlaufend auf eine Vielzahl von (unter Umständen gleichlautenden) Aktionärsfragen einzugehen, sondern diese werden in der (ordentlichen) Hauptversammlung am Ende des Geschäftsjahrs gebündelt. Zugleich gewährleistet die Versammlungsbezogenheit des Auskunftsanspruchs eine möglichst gleichmäßige Unterrichtung der Verbandsmitglieder. Daß einzelne Aktionäre aufgrund ihres faktischen Einflusses auch außerhalb der Hauptversammlung die von ihnen gewünschten Informationen erhalten, läßt sich mit rechtlichen Mitteln kaum verhindern.[17] Sich gegenüber anderen Verbandsmitgliedern mittels des Auskunftsanspruchs einen Informationsvorsprung zu verschaffen, ist den Aktionären aber verwehrt. Die Beschränkung des Fragerechts auf die Hauptversammlung leistet deshalb einen wesentlichen Beitrag zur Gleichbehandlung der Aktionäre.

Besonders deutlich wird der Stellenwert des Gleichbehandlungsgebots an der Regelung des § 131 Abs. 4,[18] wonach jeder Aktionär in der Hauptversammlung die Auskünfte verlangen kann, die einem anderen in seiner Eigenschaft als Aktionär außerhalb der Hauptversammlung gegeben worden sind. Dabei handelt es sich nicht um eine systemwidrige Ausnahme von § 131 Abs. 1 S. 1,[19] sondern um eine notwendige Ergänzung dieser Vorschrift. Sie ist erforderlich, weil die Gesellschaft ihre Aktionäre außerhalb der Hauptversammlung zwar nicht informieren muß, dies aber sehr wohl darf. Das geschieht nicht nur gegenüber Großaktionären, die kraft ihres Einflusses auf ihre Unterrichtung

---

[14] Ganz h.M., siehe etwa RGZ 167, 151, 161; BGHZ 36, 121, 130; *Barz,* BB 1957, 1253; G/H/E/K-*Eckardt,* § 131 Rn. 19; *Obermüller/Werner/Winden* S. 159; *Semler* in: Münch. Hdb AG § 37 Rn. 3. Zum Problem, per Mehrheitsentscheidung den „Schluß der Debatte" herbeizuführen, *Martens,* WM 1981, 1010, 1013; *Quack,* AG 1985, 145, 148, m.w.N.

[15] Siehe dazu bereits oben S. 51.

[16] *Hüffer,* AktG, § 118 Rn. 1.

[17] Dazu auch KK-*Zöllner,* § 118 Rn. 6, sowie oben S. 49.

[18] So auch *Hopt,* ZHR 141 (1977), 389, 404 (dazu bereits oben S. 83).

[19] So aber KK-*Zöllner,* § 131 Rn. 3.

hinwirken können, sondern auch bei der Pflege von *investors relations*, die zunehmend Beachtung durch börsennotierte Unternehmen findet. Wenn die Gesellschaft außerhalb der Hauptversammlung Informationen zur Verfügung stellt, dann müssen daran alle Aktionäre gleichmäßig teilhaben können. Deshalb kann einem Teilnehmer der Hauptversammlung nicht entgegengehalten werden, eine Mitteilung müsse aus den in § 131 Abs. 3 S. 1 Nr. 1 bis 4 genannten Gründen unterbleiben bzw. die Auskunft sei nicht zur sachgemäßen Beurteilung der Tagesordnung erforderlich. Hat die AG dessen ungeachtet zuvor einem anderen Aktionär Auskunft erteilt, so wäre es eine sachlich nicht gerechtfertigte Ungleichbehandlung, bliebe die Information den anderen Aktionären vorenthalten.[20]

Auch während der Debatte in der Hauptversammlung ist das Gebot der Gleichbehandlung durch den Versammlungsleiter zu beachten. Die Unterrichtung der Hauptversammlung wird zwar bisweilen als ein bloßer Reflex des Auskunftsanspruchs bezeichnet,[21] doch darf dies nicht darüber hinweg täuschen, daß Ziel der Auskunftserteilung eine gleichmäßige Unterrichtung aller dort anwesenden Aktionäre ist. Frage und Antwort müssen so vorgebracht werden, daß sämtliche Teilnehmer der Hauptversammlung davon Kenntnis nehmen können. Auskunftsbegehren sind deshalb in aller Regel mündlich zu stellen[22] und zu beantworten[23]. Wird ausnahmsweise von diesem Grundsatz abgewichen, so sind schriftlich eingereichte Fragen zunächst zu verlesen, um ihre Beantwortung für alle Aktionäre verständlich zu machen.[24] Entsprechendes gilt für die Erteilung der Auskunft: Soll sie durch die Einsichtnahme in Unterlagen ersetzt werden, etwa weil mündliche Ausführungen des Vorstands aufgrund ihres

---

[20] Da ein (Minderheits-)aktionär kaum wissen wird, *ob* außerhalb der Hauptversammlung Auskünfte erteilt worden sind, ist eine gleichmäßige Behandlung der Aktionäre allerdings davon abhängig, daß bereits die Frage, ob Auskünfte außerhalb der Hauptversammlung erteilt worden sind, beantwortet werden muß. In diesem Sinne etwa *Ebenroth* S. 103; *Godin/Wilhelmi,* AktG, § 131 Anm. 13; *Henn,* Hdb AktR, Rn. 879; *Semler* in: Münch. Hdb AG, § 37 Rn. 20; dagegen etwa LG Düsseldorf, AG 1992, 461, 462; G/H/E/K-*Eckardt,* § 131 Rn. 153; *Karehnke,* AG 1968, 280, 283; *Werner,* AG 1967, 122, 123; KK-*Zöllner,* § 131 Rn. 74.

[21] *Werner,* WuB II A. § 131 AktG 1.87, 183, 184.

[22] LG Köln, AG 1991, 38; a.A. *Martens,* WM 1981, 1010, 1019. Nach zutreffender Ansicht darf die Satzung keine Schriftform vorschreiben, *Hüffer,* AktG, § 131 Rn. 1; *Semler* in: Münch. Hdb AG, § 37 Rn. 25; *Meilicke/Heidel,* DStR 1992, 72, 73; a.A. G/H/E/K-*Eckardt,* § 131 Rn. 26.

[23] OLG Düsseldorf, WM 1991, 2148, 2152; LG Heidelberg, AG 1996, 523, 524; *Barz,* BB 1957, 1253, 1254; *Emde,* ZIP 1998, 725, 726; *Franken/Heinsius,* FS Budde, S. 213, 234; *Groß,* AG 1997, 97, 103; *Semler* in: Münch. Hdb AG, § 37 Rn. 27.

[24] Wie hier: LG Köln, AG 1991, 38; *Hüffer,* AktG, § 131 Rn. 8; a.A. G/H/E/K-*Eckardt,* § 131 Rn. 26; *Meilicke/Heidel,* DStR 1992, 72, 74.

Umfangs zu viel Zeit in Anspruch nehmen würden, so müssen diese Schriftstücke jedem Teilnehmer der Hauptversammlung zugänglich sein.[25]

II. „Eigenes" Interesse des Fragestellers an der Auskunft

Ob sich die durch den Vorstand erteilten Auskünfte an den jeweiligen Fragesteller oder sämtliche in der Hauptversammlung anwesenden Aktionäre richten, wird auch im Zusammenhang mit der Frage erörtert, ob ein „eigenes Informationsbedürfnis"[26] bzw. „persönliches" Interesse[27] des Aktionärs hinsichtlich der erfragten Informationen bestehen muß. Bei einer Auslegung des § 131 Abs. 1 S. 1 anhand „objektiver Maßstäbe" kommt es nicht darauf an, ob der jeweilige Fragesteller selbst eine Auskunft für erforderlich hält. Ein Auskunftsbegehren kann unbeantwortet bleiben, wenn sich eine Verbindung zu einem Gegenstand der Tagesordnung unter keinem Gesichtspunkt herstellen läßt, mag der betreffende Fragesteller auch noch so überzeugt sein, er benötige die Auskunft. Schwieriger zu beurteilen ist der Fall einer Auskunftserteilung an einen Aktionär, dem es (erkennbar) nicht auf seine eigene Meinungsbildung ankommt. In diesem Zusammenhang wird erörtert, ob das Interesse des Aktionärs an einer Unterrichtung der übrigen Teilnehmer der Hauptversammlung ein Auskunftsbegehren rechtfertigen kann, ob ein solches Anliegen unbeachtlich ist oder ob es gar zur Zurückweisung einer Frage führen kann. Die damit angesprochene Problematik läßt sich anhand der folgenden Beispiele veranschaulichen.

1. Von der Ausübung des Stimmrechts ausgeschlossene Aktionäre

Einigkeit besteht darüber, daß auch solche Aktionäre, die generell oder hinsichtlich einzelner Tagesordnungspunkte von der Ausübung des Stimmrechts ausgeschlossen sind, von ihrem Auskunftsrecht Gebrauch machen können.[28] Ersteres betrifft etwa Vorzugsaktionäre[29] oder solche Verbandsmitglieder, die ihre Einlage noch nicht vollständig erbracht haben (§ 134 Abs. 2). Letzteres gilt für Aktionäre, die bei einem Beschluß über ihre eigene Entlastung oder die Geltendmachung oder Befreiung von gegen sie gerichteten Ansprüchen gemäß § 136 Abs. 1 nicht abstimmen dürfen; des weiteren für diejenigen, die als Mitglieder des Aufsichtsrats bzw. Vorstands bei der Bestellung von Sonderprüfern

---

25 BGH, WM 1987, 1065, 1069; *Marsch-Barner,* WM 1984, 41, 42.

26 *Werner,* WuB II A. § 131 AktG 1.87, 183, 184.

27 Siehe etwa *Geßler,* AktG, § 131 Rn. 4; ähnlich OLG Koblenz, BB 1967, 1265 (zu § 112 AktG 1937), das nach einem „eigenen sachlichen Interesse" des Aktionärs fragt.

28 Unstr., siehe etwa G/H/E/K-*Eckardt,* § 131 Rn. 20; *Hüffer,* AktG, § 131 Rn. 3; *Meilicke/Heidel,* DStR 1992, 72, 73; KK-*Zöllner,* § 131 Rn. 9.

29 Dazu sogleich S. 109 ff.

unter den in § 142 Abs. 1 S. 2 genannten Umständen ihr Stimmrecht nicht ausüben dürfen.

Der Auskunftsanspruch ist kein Annex des Stimmrechts. Das ergibt sich nicht nur aus dem Wortlaut des § 131 Abs. 1 S. 1, sondern auch aus der Tatsache, daß das Stimmrecht nur eines der mitgliedschaftlichen Rechte des Aktionärs ist.[30] Das Auskunftsrecht besteht nur dann nicht, wenn ein mitgliedschaftliches Informationsbedürfnis unter keinem Gesichtspunkt ersichtlich ist. Das kann erst dann angenommen werden, wenn der Aktionär von der Ausübung sämtlicher Mitgliedschaftsrechte ausgeschlossen ist. Das ist etwa bei einem Verstoß gegen dem Aktionär obliegende Mitteilungspflichten (§ 20 Abs. 7) oder bei Aktien, die für Rechnung der Gesellschaft gehalten werden (§ 56 Abs. 3 S. 3 bzw. § 71d S. 4 i.V.m. § 71b), der Fall.

Unschädlich ist, ob der nicht stimmberechtigte Aktionär sein Auskunftsrecht (unter anderem) dazu nutzt, die übrigen Teilnehmer der Hauptversammlung in ihrem Abstimmungsverhalten zu beeinflussen.[31] Das gilt auch dann, wenn er selbst unter dem Gesichtspunkt der Befangenheit von der Ausübung seines Stimmrechts ausgeschlossen ist. Das Stimmverbot gemäß § 136 Abs. 1 beruht ebenso wie das gemäß § 142 Abs. 1 S. 2 auf dem Rechtsgedanken, die betreffenden Aktionäre dürften nicht als „Richter in eigenen Angelegenheiten" an der Entscheidung teilhaben. Die Beschlüsse der Hauptversammlung sollen sich am Verbands- nicht aber am Eigeninteresse einzelner Aktionäre orientieren.[32] Das geht jedoch nicht so weit, daß die von der Ausübung des Stimmrechts ausgeschlossenen Aktionäre nicht an der Meinungsbildung in der Hauptversammlung teilhaben könnten. Sie dürfen ihr Auskunftsrecht dazu nutzen, zu ihren Gunsten sprechende Umstände zur Kenntnis der anderen Aktionäre zu bringen. Eine Grenze findet dieses Recht erst dort, wo bereits aus der Erteilung der Auskunft ein nicht unerheblicher Nachteil für die AG resultieren kann. Ist dies der Fall, kann der Vorstand gemäß § 131 Abs. 3 S. 1 Nr. 1 von der Beantwortung der Frage absehen.[33]

---

30 Demgegenüber stellt *Ebenroth* S. 11 auf das Interesse des Aktionärs an einer Bewertung seines Aktienbesitzes ab; siehe dazu bereits oben S. 76 ff.

31 Siehe für den Vorzugsaktionär auch *Baumback/Hueck*, AktG, § 131 Anm. 4; *Lutter*, EWiR § 131 AktG 3/86, 1055.

32 Dazu *Hüffer*, AktG, § 131 Rn. 3; § 142 Rn. 13; *ders.*, FS Heinsius, S. 337, 341; *K. Schmidt*, GesR, § 21 II 2; KK-*Zöllner*, § 131 Rn. 2.

33 Zur Hauptversammlung als Ort einer kritisch geführten Debatte *Lutter*, EWiR § 131 AktG 3/86, 1055.

2. Auskunft über Umstände, die für die Meinungsbildung des Fragestellers un erheblich sind

a. Feststehendes Stimmverhalten eines Aktionärs

Ob und inwieweit der Auskunftsanspruch dazu genutzt werden kann, die übrigen Teilnehmer der Hauptversammlung über einen bestimmten Umstand zu unterrichten, wird auch für den Fall diskutiert, daß sich der betreffende Aktionär bereits vor der Beantwortung seiner Frage abschließend eine Meinung über den Gebrauch seines Stimmrechts gebildet hat. Über die Beurteilung eines solchen Sachverhalts besteht weitgehend Einigkeit: Die Auskunft muß erteilt werden.[34] Die gegenteilige Ansicht, das Auskunftsrecht werde zweckentfremdet, wenn sich der Fragesteller nicht eine eigene Meinung bilden, sondern sich Argumente für die Durchsetzung derselben beschaffen wolle,[35] ist bereits mit dem Wortlaut der Vorschrift nicht vereinbar. Sowenig es erforderlich ist, daß die Mitteilung des Vorstands für sich genommen die sachgemäße Beurteilung eines Tagesordnungspunktes ermöglicht, sowenig muß sie den Aktionär in seiner Meinung umstimmen können. Ist sie überhaupt als Entscheidungsgrundlage geeignet und eine wesentliche Ergänzung der dem Aktionär bereits zur Verfügung stehenden Kenntnisse, genügt dies.[36]

Auch in diesem Zusammenhang ist eine Beschränkung der „dienenden Natur" des Auskunftsrechts auf das Stimmrecht nicht angebracht. Hält ein Aktionär den zu fassenden Beschluß aufgrund der ihm bereits vorliegenden Informationen für rechtswidrig, so muß er zur Vorbereitung einer Anfechtungsklage Fragen an den Vorstand richten können. Andernfalls würde das Erfordernis eines „eigenen" Interesses an einer Auskunft zum nahezu beliebig einsetzbaren Instrument, Auskunftsbegehren opponierender Aktionäre zurückzuweisen.[37] Dabei spielt es keine Rolle, wenn ein Aktionär zu seiner ablehnenden Haltung aufgrund „allgemeiner ökologischer und ökonomischer Belange"[38] gelangt ist. Könnte er alleine aufgrund solcher Motive die Auskünfte nicht verlangen, die

---

[34] OLG Düsseldorf, AG 1987, 21, 23; *Hüffer*, AktG, § 131 Rn. 3; *Lutter*, EWiR § 131 AktG 3/86, 1055; *Meilicke/Heidel*, DStR 1992, 72, 73; *Nitschke/Bartsch*, AG 1969, 95, 99; *Semler* in: Münch. Hdb AG, § 37 Rn. 41; *Werner*, WuB II A. § 131 AktG 1.87, 183, 184; *Wittkowski*, WuB II A. § 131 AktG 2.95, 146, 148.

[35] So LG Dortmund, AG 1987, 21, 22, mit abl. Anm. *Timm*, EWiR § 131 AktG 1/86, 7, 8; wohl auch LG Frankfurt, WM 1994, 1931, 1932.

[36] KG, ZIP 1994, 1268, 1269; ZIP 1995, 1585, 1586 (ob sich der dort angeführten Entscheidung des LG München (AG 1993, 519) tatsächlich etwas anderes entnehmen läßt, erscheint zweifelhaft).

[37] *Timm*, EWiR § 131 AktG 1/86, 7, 8.

[38] Dazu LG Dortmund, AG 1987, 21, 22.

objektiv zur sachgemäßen Beurteilung der Tagesordnung geeignet sind, so würde § 131 Abs. 1 S. 1 in sein Gegenteil verkehrt. Die Hauptversammlung wäre ihrer Funktion als ein Ort der - selbstverständlich auch kontroversen - Auseinandersetzung mit der Verwaltung beraubt.[39]

b. Fragen nach Tatsachen, die dem Fragesteller bereits bekannt sind

Daß sich ein Aktionär zu einem bestimmten Tagesordnungspunkt bereits vor der Erteilung der Auskunft abschließend eine Meinung gebildet hat, wird oft darauf zurückzuführen sein, daß er bereits die Antwort auf seine Frage kennt oder zumindest zu kennen glaubt. Darüber, ob auch in einem solchen Fall Auskunft zu erteilen ist, gehen die Meinungen auseinander. Daß es auf das spätere Stimmverhalten des Aktionärs nicht ankomme, hat des OLG Düsseldorf damit begründet, der Aktionär könne Auskunft „*alleine* deshalb fordern, damit er andere Aktionäre in der Hauptversammlung »auf seine Seite ziehen« und von seiner bereits feststehenden Entscheidung überzeugen kann."[40] Wird dem gefolgt, so erübrigte sich die Frage nach dem Kenntnisstand des jeweiligen Aktionärs; Auskunftsbegehren bräuchten durch den Vorstand nur dann nicht beantwortet werden, wenn bereits alle Aktionäre Kenntnis von den betreffenden Tatsachen haben.[41]

Mit dem Verständnis des Auskunftsanspruchs als Mitgliedschaftsrecht ist diese Ansicht nicht vereinbar. Das Fragerecht ist dem Aktionär im eigenen Interesse zugeordnet und nicht zur Wahrnehmung fremder Angelegenheiten.[42] Das Anliegen, andere Aktionäre von der eigenen Ansicht zu überzeugen, schadet einem Auskunftsbegehren zwar nicht, es genügt für sich genommen aber auch nicht, um ein berechtigtes Informationsbedürfnis annehmen zu können. Deutlich wird dies bereits an dem in § 132 vorgesehenen Verfahren zur Erzwingung einer Auskunft. Verfügt ein Aktionär bereits vor der Hauptversammlung über die erforderlichen Informationen, so gilt nichts anderes als für den Fall, daß ihm eine Auskunft nach der Hauptversammlung erteilt wird[43]: Sein Antrag ist mangels eines berechtigten Interesses zurückzuweisen.[44] Das Anliegen, seine Mitaktionäre zu unterrichten, kann mit einer erst im gerichtlichen Verfahren erzwungenen Auskunftserteilung ohnehin nicht erreicht werden, weil es an

---

39 So insbesondere *Lutter*, EWiR § 131 AktG 3/86, 1055.

40 OLG Düsseldorf, AG 1987, 21, 23 (Hervorhebung durch den Verf.).

41 So etwa G/H/E/K-*Eckardt*, § 131 Rn. 35; *Godin/Wilhelmi*, AktG, § 131 Anm. 2; *Meilicke/Heidel*, DStR 1992, 72, 73.

42 Siehe oben S. 91.

43 Dazu BGH, WM 1983, 54, 55; BayObLG, DB 2001, 1138, 1139; WM 1997, 117, 118 f.; LG Berlin, WM 1990, 978, 983.

44 *Nitschke/Bartsch*, AG 1969, 95, 97; *Werner*, WuB II A. § 131 AktG 1.87, 183, 184.

der erforderlichen Publizität fehlt. Zudem hat es der Gesetzgeber in die Hand jedes Teilnehmers der Hauptversammlung gelegt, eine Frage seines Mitaktionärs unter den in § 132 Abs. 2 genannten Voraussetzungen aufzugreifen und gerichtlich zu verfolgen.[45] Will ein Aktionär seine Mitaktionäre an den ihm vorliegenden Erkenntnissen teilhaben lassen, so kann er zu diesem Zweck von seinem Rederecht Gebrauch machen.[46]

Die Zurückweisung eines Auskunftsbegehrens mit der Begründung, der Aktionär verfüge bereits über die erforderlichen Informationen, wird in der Praxis allerdings die Ausnahme bleiben. Sie kommt nur in Betracht, wenn feststeht, daß der Aktionär gesicherte Kenntnis von den Tatsachen hat, die Gegenstand seines Auskunftsersuchens sind. Das wird sich, sofern der Fragesteller dies nicht selbst erklärt, nur verläßlich feststellen lassen, wenn die Gesellschaft ihm gegenüber bereits zuvor entsprechende Angaben gemacht hat.[47] Aus anderen Umständen auf den Informationsstand des Fragestellers zu schließen, dürfte kaum möglich sein und ist angesichts des Risikos einer späteren Anfechtungsklage nicht ratsam. Es genügt weder, daß sich der Aktionär schon eine Meinung zu einem Gegenstand der Tagesordnung gebildet hat, noch, daß eine Veröffentlichung der betreffenden Informationen durch die AG an anderer Stelle erfolgt ist.[48] Schließlich kann der Vorstand nicht bereits dann die Auskunft verweigern, wenn der Fragesteller zu erkennen gibt, er glaube die Antwort zu kennen. Man wird einem Aktionär nicht das Recht absprechen können, eigene Mutmaßungen oder ungesicherte Informationen durch den Vorstand bestätigen zu lassen. Er kann für sich in Anspruch nehmen, durch das mit der Führung der Geschäfte betraute Organ, dessen Auskünfte besondere Autorität genießen, unterrichtet zu werden.

3. Das Verlassen der Hauptversammlung durch den Fragesteller

Wer Adressat der Mitteilungen des Vorstands in der Hauptversammlung ist, wird schließlich im Zusammenhang mit dem Problem diskutiert, ob eine Frage dann noch beantwortet werden muß, wenn der betreffende Aktionär die Hauptversammlung zwischenzeitlich verlassen hat. So wird vertreten, der Vorstand

---

[45] So auch *Simon*, AG 1996, 540, 541; anders *von Rechenberg* S. 47; *W. Schilling*, JZ 1962, 410, 411.

[46] So auch *A. Reuter*, DB 1988, 2615, 2616; *Werner*, WuB II A. § 131 AktG 1.87, S. 183, 184. Allgemein zum Rederecht G/H/E/K-*Eckardt*, § 118 Rn. 13; *Obermüller/Werner/Winden* S. 65; *Quack*, AG 1985, 145; *ders.*, FS Brandner, S. 113; KK-*Zöllner*, § 118 Rn. 18.

[47] Anders *Janberg*, AG 1965, 191, 192, dem zufolge ein Aktionär, dem bereits außerhalb der Hauptversammlung Auskunft erteilt worden ist, seine Frage in der Hauptversammlung wiederholen kann.

[48] Siehe oben S. 34 bzw. S. 96.

müsse in einem solchen Fall Auskunft geben, weil § 131 die Unterrichtung der Hauptversammlung bezwecke.[49] Dieser Schluß ist aber keineswegs zwingend. Die Erteilung einer Auskunft in der Hauptversammlung bringt zwar mit sich, daß neben dem jeweiligen Aktionär alle anderen in der Hauptversammlung anwesenden Verbandsmitglieder unterrichtet werden. Davon zu unterscheiden ist aber die Frage, ob der Aktionär sein einmal gestelltes Auskunftsbegehren zurücknehmen kann. Daß er dazu berechtigt ist, ist notwendige Folge der Ausgestaltung des Auskunftsrechts als Individualrecht.[50] Seine Durchsetzung ist von dem Willen der Mehrheit in der Hauptversammlung unabhängig und bleibt dem jeweiligen Fragesteller überlassen.[51]

Verläßt der Aktionär die Hauptversammlung bevor er eine Antwort erhalten hat, so kommt es für die Pflicht des Vorstands zur Auskunftserteilung nicht darauf an, ob die Hauptversammlung als Empfänger der Mitteilung anzusehen ist. Maßgeblich ist alleine, ob das Verhalten des Aktionärs als ein konkludent erklärter Verzicht auf die Beantwortung seiner Frage anzusehen ist. Soweit sein Weggang überhaupt bemerkt wird, was auf der Hauptversammlung einer großen Publikumsgesellschaft nicht ohne weiteres der Fall sein wird, ist dies regelmäßig anzunehmen.[52] Der Aktionär gibt zu verstehen, daß ihm jedenfalls an einer Unterrichtung seiner selbst nicht (mehr) gelegen ist. Will er im Interesse der anderen Teilnehmer der Hauptversammlung auf einer Beantwortung der Frage bestehen, so kann er einen Vertreter mit der Wahrnehmung seiner Interessen betrauen.[53] Die Belange der anderen Teilnehmer der Hauptversammlung werden nicht beeinträchtigt, weil sie sich jederzeit das Auskunftsbegehren zu eigen zu machen und seine Beantwortung erzwingen können.[54]

4. Zusammenfassung

Für die Geltendmachung des Auskunftsanspruchs ist es ausreichend, daß ein berechtigtes Interesse des Aktionärs an der Beantwortung seiner Frage nach-

---

[49] *Godin/Wilhelmi,* AktG, § 131 Anm. 2; im Ergebnis auch *Semler* in: Münch. Hdb AG, § 37 Rn. 26.

[50] Ähnlich für das Anfechtungsrecht, BGH, WM 1989, 1128, 1133.

[51] Soweit ersichtlich wird dies für den Aktionär, der in der Hauptversammlung verbleibt, auch nicht bezweifelt, siehe auch LG Düsseldorf, AG 1992, 461, 462.

[52] Im Erg. auch GK^3-*Barz,* § 131 Anm. 5; *Obermüller/Werner/Winden* S. 166 f.; *Simon,* AG 1996, 540, 541 f.; KK-*Zöllner,* § 131 Rn. 79; offen gelassen bei *Obermüller,* DB 1962, 827.

[53] Zutreffend *Simon,* AG 1996, 540.

[54] So auch KK-*Zöllner,* § 131 Rn. 79, der sich zugleich für eine Pflicht des Vorstands ausspricht, auf den Weggang des Aktionärs hinzuweisen; dagegen wiederum *Simon,* AG 1996, 540, 542.

vollziehbar ist. Das ist grundsätzlich der Fall, wenn die Auskunft für eine sachgerechte Meinungsbildung zu einem Tagesordnungspunkt erforderlich ist.[55] Das Informationsbedürfnis des Aktionärs hat mit dem Kriterium der Erforderlichkeit in objektivierter Form Eingang in den Tatbestand gefunden, so daß § 131 Abs. 1 S. 1 keiner Ergänzung um ein entsprechendes ungeschriebenes Merkmal bedarf.[56] Die Forderung nach einem persönlichen Interesse an einer Auskunft darf insbesondere nicht als Vorwand dienen, die Beweggründe des Aktionärs auszuforschen und in die Beurteilung seines Auskunftsbegehrens einfließen zu lassen. Es verbietet sich daher, nach einer gegebenenfalls bereits feststehenden Meinung des Aktionärs zu einem bestimmten Tagesordnungspunkt, seinem beabsichtigten Abstimmungsverhalten oder den Gründen für seine ablehnende Einstellung gegenüber der Vorstandstätigkeit zu fragen. Der Wunsch, anderen Teilnehmern der Hauptversammlung eine bestimmte Tatsache zur Kenntnis zu bringen, kann für sich genommen ein Auskunftsbegehren zwar nicht rechtfertigen, schadet ihm aber, sofern die Tatsache dem Aktionär nicht bereits mitgeteilt worden ist, auch nicht.

III. Keine Abstufung des Informationsinteresses nach der Größe des Anteilsbesitzes

Der Auskunftsanspruch als Individualrecht kann von jedem einzelnen Aktionär geltend gemacht werden; ohne Bedeutung ist, wie viele Aktien er besitzt. In der Begründung des RegE heißt es dazu: „Da es der Sinn des Auskunftsrechts ist, jedem Aktionär eine sachgemäße Ausübung seiner Rechte zu ermöglichen, kann es nicht darauf ankommen, wie groß sein Aktienbesitz ist.“[57] Diese Einschätzung war lange Zeit unbestritten und ist erst durch das LG Berlin in Frage gestellt worden. Das Gericht hielt es für zulässig, das Auskunftsinteresse eines mit 10% am Grundkapital beteiligten Aktionärs höher als das eines Kleinaktionärs zu bewerten. An der Begründung dieser Ansicht fällt auf, daß das Gericht nicht - wie es die Gesetzesmaterialien nahelegen - auf den mit einer größeren Beteiligungsquote wachsenden Einfluß des Aktionärs in der AG verweist, sondern darauf, daß dieser von einzelnen Geschäftsführungsmaßnahmen stärker betroffen sei.[58]

---

55 Ähnlich *Geßler,* AktG, § 131 Rn. 4; siehe zu § 112 AktG 1937 bereits *Klauss,* BB 1957, 732, 733.

56 *K. Schmidt,* Informationsrechte, S. 37.

57 Abgedr. bei *Kropff,* AktG, S. 185.

58 WM 1980, 978, 980. Für eine Differenzierung bei der Auskunftserteilung *außerhalb* der Hauptversammlung auch *Janberg,* AG 1965, 191, 193; ablehnend *Emde,* ZIP 1998, 725, 726; *Lutter,* ZIP 1997, 613, 616; *Seifert,* AG 1967, 1, 4.

Die Auffassung des LG Berlin, das Informationsinteresse des Fragestellers sei anhand der Größe seines Anteilsbesitzes zu ermitteln, hat sich nicht durchgesetzt. Auch nach der Einführung der Fünf-DM-Aktie zum 1. August 1994, die eine Diskussion um die Ausübung von Herrschaftsrechten aufgrund des Besitzes nur einer Aktie auslöste,[59] geht die bis heute ganz herrschende Meinung davon aus, daß sich auf der Grundlage des geltenden Rechts aus der Beteiligungsquote nichts für eine Einschränkung des § 131 herleiten läßt.[60] Dem ist bereits deshalb zuzustimmen, weil keine auch nur annähernd verläßlichen Kriterien denkbar sind, die für eine Abstufung des Informationsbedürfnisses herangezogen werden könnten.[61] Zudem weisen nicht nur der Wortlaut, sondern auch die Entstehungsgeschichte der Norm darauf hin, daß für eine differenzierende Bewertung von Auskunftsbegehren je nach Größe der Beteiligung kein Raum ist. Der Gesetzgeber hat bewußt davon abgesehen, den einzelnen Aktionär von der Unterstützung anderer Aktionäre abhängig zu machen.[62]

Der durch das LG Berlin gewählte Ansatz, es sei darauf abzustellen, in welchem Umfang der einzelne Aktionär von einer Maßnahme der Unternehmensleitung betroffen ist, geht fehl. Auskunftsbegehren können nicht mit der Maßgabe bewertet werden, das Interesse an einer Kontrolle der Verwaltung sei um so höher einzustufen, je größer der Anteilsbesitz eines Aktionärs sei. Die Überwachung der Geschäftsführung durch einzelne Aktionäre dient zwar auch, keineswegs aber nur der Wahrnehmung eigener Belange. Soweit das AktG den Verbandsmitgliedern Kontrollrechte zuspricht, liegt deren Ausübung auch im Interesse der AG und der Allgemeinheit.[63] Anerkannt sind diese Zusammenhänge für das Anfechtungsrecht gemäß § 243, das auf der Stellung als Aktionär beruht und zugleich eine effektive Rechtskontrolle im öffentlichen Interesse gewährleistet.[64] Für das Auskunftsrecht können im Hinblick auf seine „dienende Natur“ keine strengeren Anforderungen gelten. Ist jeder einzelne Aktionär zu einer Anfechtung des Beschlusses berechtigt, so kann es nicht von der

---

59 *De lege ferenda* siehe vor allem *Hüffer*, FS Brandner, S. 57, 63 f.; ferner *Quack*, ebenda, S. 113, 117 (Rederecht); *Zöllner* in: Reformbedarf im Aktienrecht, S. 147, 149 (Anfechtungsrecht). Siehe zur Neufassung des § 8 AktG mit Wirkung zum 1. Januar 1999, wonach der Mindestnennbetrag nunmehr ein Euro beträgt, *Joussen*, AG 2000, 241, 249 u. 252.

60 Zuletzt etwa *Emde*, ZIP 1998, 725, 726. Siehe bereits BayObLG, NJW 1974, 2094; LG Köln, AG 1991, 38; *Karehnke*, AG 1968, 280, 281; *Wolany*, Sonderbeilage AG 1959, S. 3.

61 *Karehnke*, AG 1968, 280, 281.

62 Zu entsprechenden Überlegungen im Rahmen der AktG-Novelle von 1965, siehe oben S. 51 Fn. 67.

63 *Flume*, Grundfragen, S. 14.

64 BGH, WM 1989, 1128, 1133. In der Literatur vor allem *Lutter*, AG 1968, 73, 75; *ders.*, NJW 1969, 1873, 1877 f.; *ders.*, Aktionär, S. 23; *ders.*, ZGR 1978, 347, 349; *ders.*, AcP 180 (1980), 84, 143.

Größe seines Beteiligungsbesitzes abhängig gemacht werden, ob und in welchem Umfang er die hierfür erforderlichen Informationen erhält.

Erst der Umstand, daß jedes einzelne Mitglied berechtigt ist, Auskünfte einzuholen, ermöglicht eine Meinungsbildung der Hauptversammlung, die den unterschiedlichen Interessen der Verbandsmitglieder Rechnung trägt. § 131 schafft insofern einen Ausgleich dafür, daß sich aus der Vielzahl der Kleinaktionäre regelmäßig nur ein kleiner Teil dafür entscheidet, sich aktiv am Gesellschaftsleben zu beteiligen. Machen nur wenige Aktionäre von dem Recht auf (persönliche) Teilnahme an der Hauptversammlung Gebrauch, so ist es um so wichtiger, daß ihnen ein effektives Instrument zur Verfügung steht, ihre Interessen zur Sprache zu bringen und auf eine Achtung ihrer Rechte hinzuwirken.[65] Daß ein einziger an den Gesellschaftsangelegenheiten interessierter Teilnehmer der Hauptversammlung die Offenlegung der Tatsachen verlangen kann, die für eine sachgerechte Meinungsbildung der Aktionäre erforderlich sind, macht die Kontrolle der Verwaltung durch die Aktionäre erst hinreichend wahrscheinlich und kommt letztlich allen (Klein-)aktionären zugute.[66] Überlegungen, „repräsentativen Hauptrednern“[67] in der Hauptversammlung breiteren Raum einzuräumen als Kleinaktionären, ist deswegen auch in Zukunft eine Absage zu erteilen.

IV. Die Zuordnung der Informationsinitiative

Ein wesentlicher Unterschied zwischen der Unterrichtung der Hauptversammlung einerseits und der des einzelnen Aktionärs andererseits wird gemeinhin in der abweichenden Zuordnung der Informationsinitiative gesehen. Im Hinblick auf die Entscheidung, ob, wann und in welchem Umfang Mitteilungen gemacht werden sollen, lassen sich „spontane“ und „reaktive“ Mitteilungen unterscheiden.[68] Da die Informationspflichten gegenüber dem Verband an die Verantwortlichkeit des Leitungsorgans anknüpfen, obliegt es letzterem, von sich aus Mitteilung an die anderen Organe der Gesellschaft zu machen.[69] Besonders deutlich wird dies in § 90 Abs. 1, wonach der Vorstand dem Aufsichts-

---

65 *Bunte* S. 58; *Großfeld* S. 207.

66 Zum Auskunftsrecht als Kontrollrecht siehe auch unten S. 118 ff.

67 Für das Rederecht *Franken/Heinsius*, FS Budde, S. 213, 224; *Nirk* in: Nirk/Reuter/Bächle, Hdb AG I Rn. 500.

68 Siehe zu dieser Terminologie und Einzelheiten *Eppenberger* S. 65 ff.

69 § 666 BGB, der (i.V.m. § 713 BGB) der Grundtyp aller kollektiven Informationspflichten sein soll, sieht allerdings nur in der ersten Alternative eine Mitteilungspflicht des Informationsschuldners vor, die zweite und dritte Alternative setzen hingegen ein Auskunftsverlangen des Gläubigers voraus; siehe nur Palandt-*Thomas*, BGB, § 666 Rn. 3 f.; MüKo-*Seiler*, BGB, § 666 Rn. 6, 11; Soergel-*Beuthien*, BGB, § 666 Rn. 6, 8.

rat „berichten" muß, aber auch in § 176 Abs. 1 S. 1 und 2, der den Vorstand verpflichtet, die in § 175 Abs. 2 bezeichneten Unterlagen der Hauptversammlung „vorzulegen" und zu „erläutern". Hingegen entscheidet bei dem mitgliedschaftlichen Auskunftsanspruch der Aktionär, inwieweit er sein Informationsrecht geltend machen will. Gemäß § 131 Abs. 1 S. 1 muß der Vorstand (nur) auf Verlangen des Aktionärs Auskunft geben.

1. Auskunftsanspruch ohne Auskunftsverlangen?

Diese eindeutige Grenzziehung zwischen Informationen, die durch den Vorstand, und solchen, die durch den Aktionär veranlaßt werden, hat das LG Berlin in Zweifel gezogen. Es gab einer gegen einen Entlastungsbeschluß gerichteten Anfechtungsklage unter anderem wegen eines Verstoßes gegen § 131 Abs. 1 S. 1 statt, obgleich in der Hauptversammlung nach der betreffenden Tatsache nicht gefragt worden war. Das LG Berlin sah dennoch eine Verletzung des Auskunftsrechts, weil der Vorstand die Aktionäre von sich aus über solche Umstände unterrichten müsse, die Einfluß auf die zu fassenden Beschlüsse haben können. Aus der Verpflichtung zur vertrauensvollen Zusammenarbeit der Organe folge, daß Vorstand und Aufsichtsrat über wesentliche Vorgänge im abgelaufenen Geschäftsjahr jedenfalls dann aufklären müßten, wenn erkennbar sei, daß sie für das Abstimmungsverhalten eines oder mehrerer Aktionäre von Bedeutung sein könnten.[70] Damit wich das LG Berlin von der Rechtsprechung des OLG Celle ab, das ohne ein Auskunftsbegehren in der Hauptversammlung eine Verletzung des § 131 nicht zu erkennen vermochte. Demnach kann ein Beschluß nur dann angefochten werden, wenn sein Zustandekommen wegen der unzureichenden Unterrichtung der Aktionäre als sittenwidrig anzusehen ist.[71]

Der eindeutige Wortlaut der Norm verbietet es, einen Verstoß gegen § 131 Abs. 1 S. 1 anzunehmen, wenn ein Auskunftsbegehren in der Hauptversammlung nicht gestellt wird. Die Ausführungen des LG Berlin vermögen demgegenüber nicht zu überzeugen. Sie beschränken sich letztlich auf die Prüfung, ob die in Frage stehenden Informationen für die sachgemäße Beurteilung eines Gegenstands der Tagesordnung erforderlich sind. Das ist zwar eine (wesentliche) Voraussetzung des Auskunftsanspruchs, genügt für sich genommen aber nicht, um dem Vorstand die Informationsinitiative zu übertragen. Die Regelung des Auskunftsrechts wäre ansonsten überflüssig. Für eine Rechtsfortbildung im Sinne des LG Berlin ist in der ganz überwiegenden Zahl der Fälle schon deshalb kein

70 LG Berlin, AG 1997, 183, 185. Zur Pflicht zur Zusammenarbeit der Organe siehe auch *Eppenberger* S. 46 f., sowie für die GmbH *Hommelhoff*, BB 1981, 944, 951; *Timm*, GmbHR 1980, 286, 294.

71 OLG Celle, WM 1984, 494, 501 f.; ähnlich RGZ 115, 379, 383 f.; KK-*Zöllner*, § 243 Rn. 123: Anfechtbarkeit bei arglistiger Täuschung der Hauptversammlung durch den Vorstand.

Raum, weil bereits von Gesetzes wegen eine schriftliche und mündliche Vorabinformation der Aktionäre vorgesehen ist.[72] In dem zu entscheidenden Fall hätte deshalb darauf abgestellt werden müssen, ob Vorstand und Aufsichtsrat ihren Vorlage- und Erläuterungspflichten gemäß §§ 175 Abs. 2, 176 Abs. 1 nur unzulänglich nachgekommen waren und der Entlastungsbeschluß gegebenenfalls aus diesem Grunde angefochten werden konnte.[73]

2. Auskunftspflichten bei Entscheidungen der Hauptversammlung gemäß § 119 Abs. 2

Auskunftspflichten des Vorstands lassen sich im Wege der Rechtsfortbildung allenfalls dann begründen, wenn die Verwaltung nicht bereits aufgrund spezialgesetzlicher Vorlage- und Erläuterungspflichten die Initiative ergreifen muß. Ein solcher Fall lag dem OLG München zur Entscheidung vor, das über eine Anfechtungsklage gegen den Beschluß einer außerordentlichen Hauptversammlung befinden mußte, mit dem die Aktionäre dem Verkauf einer Mehrheitsbeteiligung der AG zugestimmt hatten. Der Vorstand hatte gemäß § 119 Abs. 2 von der Hauptversammlung eine Abstimmung verlangt, ohne den Kaufvertrag ganz oder seinem wesentlichen Inhalt nach bekanntzugeben. Das OLG München gab der Klage statt und begründete dies damit, der Vorstand hätte den Vertrag ab der Einberufung der Hauptversammlung in den Geschäftsräumen der AG auslegen und den Aktionären in der Hauptversammlung vorlegen müssen. Verlange er von den Aktionären eine Entscheidung in einer Frage der Geschäftsführung, so müsse der Vorstand aus eigener Veranlassung die für eine sachgerechte Meinungsbildung erforderlichen Informationen zur Verfügung stellen.[74]

Mit dieser Entscheidung betrat das OLG München Neuland. Das ist vor allem deshalb bemerkenswert, weil der zugrundeliegende Sachverhalt zu einem solchen Schritt keinen Anlaß gab. Folgt man der Ansicht des Gerichts, die Vorlage des Kaufvertrags sei für die sachgerechte Meinungsbildung der Aktionäre erforderlich gewesen, so hätte es der Begründung ungeschriebener Mitteilungspflichten des Vorstands nicht bedurft. Der Anfechtungsklage hätte ohne-

72 Zu den Grenzen der Rechtsfortbildung siehe etwa BGH, ZIP 1998, 1870, 1871, m.w.N.

73 So letztlich auch LG Berlin, AG 1997, 183, 185, das ausführt, die von ihm für erforderlich erachteten Informationen hätten bereits im Lagebericht gemäß §§ 264 Abs. 1, 289 Abs. 2 HGB enthalten sein müssen. Zur Anfechtung eines Beschlusses, der nach Vorlage eines unvollständigen Geschäftsberichts gemäß § 160 Abs. 1 S. 2 a.F. gefaßt worden ist, BGHZ 62, 193, 194 f.; BGH, ZIP 1988, 301, 302; *Hüffer*, AktG, § 120 Rn. 15; G/H/E/K-*Kropff*, § 160 Rn. 125. Zur Anfechtung wegen eines Verstoßes gegen § 171 Abs. 2 AktG: OLG Hamburg, DB 2001, 583, 584.

74 OLG München, WM 1996, 1462, 1464; zust. *Geßler*, AktG, § 119 Rn. 5; *Saenger*, EWiR § 119 AktG 2/97, 1109 f.

hin wegen eines Verstoßes gegen das Auskunftsrecht stattgegeben werden müssen, weil es der Vorstand in der Hauptversammlung trotz eines ausdrücklichen Verlangens der Aktionäre abgelehnt hatte, den Inhalt des Vertrags bekanntzugeben.[75] Nicht zuletzt aus diesem Grund war das OLG München auch daran gehindert, eine Verpflichtung des Vorstands, von sich aus den Vertrag der Hauptversammlung vorzulegen und zu erläutern, unmittelbar aus § 131 abzuleiten.

Um bereits vor der Hauptversammlung bestehende Informationspflichten zu begründen, ist diese Vorschrift ohnehin ungeeignet. Sofern das OLG München zur Begründung von Mitteilungspflichten des Vorstands unmittelbar auf das Stimmrecht der Aktionäre abstellt[76], ist dies bedenklich. Unter diesem Gesichtspunkt hätte es einer Auseinandersetzung mit der Frage bedurft, ob dem aus der Mitgliedschaft resultierenden Informationsbedürfnis des Aktionärs nicht ausschließlich durch das Auskunftsrecht gemäß § 131 Rechnung getragen werden kann.[77] Dafür spricht vor allem, daß der Gesetzgeber eine Vorabinformation durch den Vorstand nur in speziellen Fällen ausdrücklich geregelt hat. Alleine der Umstand, daß die Hauptversammlung zu einer Abstimmung aufgerufen ist, begründet deshalb noch keine Berichtspflichten des Vorstands.[78]

Die durch das OLG München befürwortete entsprechende Anwendung derjenigen Vorschriften, die bei Strukturmaßnahmen umfassende Auslegungs-, Vorlage- und Erläuterungspflichten des Vorstands vorsehen,[79] setzt voraus, daß es sich bei dem durch das Gericht entschiedenen Fall um einen vergleichbaren Sachverhalt handelt. Dies kann jedoch nicht angenommen werden. Denn den einschlägigen Vorschriften ist gemeinsam, daß sie nur dann eingreifen, wenn eine Abstimmung der Hauptversammlung gesetzlich vorgeschrieben ist. Demgegenüber hatte das OLG München über einen Sachverhalt zu entscheiden, in dem der Vorstand freiwillig eine Frage der Geschäftsführung der Hauptversammlung zur Beschlußfassung vorgelegt hatte.[80] In einem solchen Fall wird

---

75 OLG München, a.a.O.; ebenfalls hätte das Gericht seine Urteil wohl auf eine Verletzung von § 124 Abs. 2 S. 2 stützen können, siehe dazu *Baumbach/Hueck*, AktG, § 124 Rn. 6; GK[4]-*Werner*, § 124 Rn. 49; *Werner*, FS Fleck, S. 401, 412.

76 OLG München, a.a.O.

77 In diesem Sinne *Groß*, WuB II A. § 119 AktG 1.96, 1177, 1178; *ders.*, AG 1997, 97, 101; *Wilde*, ZGR 1998, 423, 447.

78 *Groß*, a.a.O.

79 Dazu unten S. 138.

80 Ähnlich *Marsch-Barner*, WuB II A. § 131 AktG 6.94, 947, 948 f. Insofern unterscheidet sich der durch das OLG München entschiedene Sachverhalt auch von den Fällen, in denen der Vorstand aufgrund der vom BGH aufgestellten Kriterien (BGHZ 83, 122 ff. „Holzmüller"; Literaturnachweise bei *Hüffer*, AktG, § 119 Rn. 17) gezwungen ist, eine Entscheidung der

man dem Vorstand das Recht einräumen müssen, zu entscheiden, welche Informationen er der Hauptversammlung von sich aus vorlegen will, um die Aktionäre im übrigen auf ihr Auskunftsrecht zu verweisen.

V. Der Auskunftsanspruch als Unterfall der Hauptversammlungspublizität

Die Vorlage- und Erläuterungspflichten des Vorstands in der Hauptversammlung und der Auskunftsanspruch des Aktionärs unterscheiden sich hinsichtlich Adressat und Initiator der Unterrichtung. Wenn das Fragerecht dennoch als Unterfall der aktienrechtlichen Publizität bezeichnet wird,[81] so liegt dem die Erkenntnis zugrunde, daß die Unterrichtung der Aktionäre stets einem einheitlichen Zweck dient. Soweit dem entgegengehalten wird, die Information der Hauptversammlung und des einzelnen Aktionärs beruhten auf unterschiedlichen Regelungsgedanken, mag man dem im Theoretischen zustimmen, praktisch ergeben sich daraus aber keine Konsequenzen.[82] Auskünfte gemäß § 131 dienen der Vervollständigung der Informationen, die durch die allgemeine Publizität vermittelt werden.[83] Dieses Ineinandergreifen von allgemeiner Publizität und Auskunftsanspruch wäre kaum denkbar, wenn es sich jeweils um einander ausschließende Regelungsbereiche handelte, die auf verschiedene Rechtsgedanken zurückzuführen sind.[84] So wie die allgemeine Publizität unmittelbar dazu dient, den Aktionären die Ausübung ihrer mitgliedschaftlichen Rechte zu ermöglichen,[85] so haben die Aktionäre aufgrund ihres Auskunftsanspruchs unmittelbar Anteil an der Rechenschaftsverpflichtung der Verwaltung. Sie können zu der Vorlage des Jahresabschlusses und der dazugehörigen Berichte gemäß §§ 176 Abs. 1, 175 Abs. 2 ergänzende Fragen stellen und tragen so zu einer Meinungsbildung in der Hauptversammlung bei.[86]

Hauptversammlung einzuholen. Für diesen Fall wird eine Pflicht zur Vorabunterrichtung der Hauptversammlung überwiegend bejaht, siehe *Groß,* AG 1996, 111, 113 ff.; *Lutter,* FS Fleck, S. 169, 175 f. u. 180; *Lutter/Leinekugel,* ZIP 1998, 805, 814.

81 *von Caemmerer* in: Das Frankfurter Publizitätsgespräch, S. 141, 154; *Ebenroth* S. 2; *Ehricke,* BB 1979, 496, 497; *Franken/Heinsius,* FS Budde, S. 213, 214; *Geßler,* AktG, § 131 Rn. 2; *Quassowski* in: Beiträge zur Erläuterung des Deutschen Rechts 1932, S. 401, 404; *Schwark* S. 172.

82 OLG Düsseldorf, WM 1991, 2148, 2151; *Barz,* BB 1957, 1253.

83 Siehe etwa Begr. § 131 RegE, abgedr. bei *Kropff,* AktG, S. 184; *Goerdeler* in: Das Frankfurter Publizitätsgespräch, S. 211, 226; *Richter* S. 224.

84 Siehe auch *Grunewald,* ZHR 146 (1982), 211, 225 f.; *Hommelhoff,* BB 1981, 944, 951; *ders.,* ZIP 1983, 383, 391; *Lutter,* ZGR 1982, 1, 5 ff., die darauf hinweisen, daß die umfassende Erfüllung kollektiver Informationspflichten individuelle Auskunftsansprüche weitgehend leerlaufen lassen kann; einschränkend *K. Schmidt,* Informationsrechte, S. 17 f.

85 *Großfeld/Möhlenkamp,* ZIP 1994, 1425, 1426; siehe bereits oben S. 76.

86 *Hüffer,* ZIP 1996, 401, 407.

Besonders deutlich wird die Verknüpfung kollektiver und individueller Informationsrechte in § 131 Abs. 1 S. 3. Der Aktionär einer Gesellschaft, die bei der Aufstellung des Jahresabschlusses von den Erleichterungen gemäß §§ 266, 276, 288 HGB Gebrauch macht, kann in der Hauptversammlung dessen Vorlage in nicht abgekürzter Form verlangen.[87] Wie nicht zuletzt die Durchsetzung dieses Rechts in einem Verfahren gemäß § 132 zeigt,[88] ist die Rechenschaftspflicht des Vorstands als ein subjektives, mitgliedschaftliches Recht des Aktionärs ausgestaltet.[89] Nach dem eindeutigen Wortlaut der Vorschrift kommt es weder darauf an, daß die Hauptversammlung (ausnahmsweise) den Jahresabschluß feststellt,[90] noch darauf, daß die Vorlage des ungekürzten Jahresabschlusses für die Beurteilung eines anderen Tagesordnungspunktes erforderlich ist. Mit der Vorlage erfüllt die Gesellschaft zugleich auch ihre Auskunftspflicht gemäß § 131. Auf Fragen, deren Beantwortung sich aus dem ungekürzten Jahresabschluß ergibt, muß der Vorstand keine Antwort geben.[91]

§ 14 Der Auskunftsanspruch als Kontrollrecht

Gegenstand des vorangegangenen Abschnitts war das Verhältnis des einzelnen Aktionärs zu dem Organ Hauptversammlung. Dabei hat sich einerseits gezeigt, daß der Auskunftsanspruch als ein mitgliedschaftliches Recht zunächst nur der Information des jeweiligen Fragestellers dient, mag die Unterrichtung aller Teilnehmer der Hauptversammlung auch eine willkommene Begleiterscheinung sein und nicht nur im Interesse des einzelnen Aktionärs, sondern auch in dem des Verbands liegen. Andererseits hat sich bestätigt, daß § 131 und die allgemeine fließend ineinander übergehen. Letzteres gibt Anlaß, näher auf die Frage einzugehen, inwieweit die Regelungsgedanken, die üblicherweise mit der Unterrichtung der Hauptversammlung als Organ in Verbindung gebracht werden, auch bei der Auslegung des Auskunftsrechts eine Rolle spielen.

8787 Zur Erteilung einer Abschrift des Jahresabschlusses als mitgliedschaftlichem Recht des Aktionärs siehe bereits oben S. 22.

88 Dazu OLG Düsseldorf, a.a.O., 2151 f., mit insofern zust. Anm. *Gehling,* EWiR § 131 AktG 1/92, 115, 116; *Werner,* WuB II A. § 132 AktG 1.92, 397, 399.

89 Weitergehend *Wiedemann,* Organverantwortung, S. 53; *Zöllner,* ZGR 1988, 392, 417, die aus dem Anspruch auf Gewinnbeteiligung einen klagbaren Anspruch des Aktionärs auf Feststellung des Jahresabschlusses ableiten; kritisch *Pflugradt* S. 40.

90 LG Köln, AG 1991, 280; a.A. KK^{2}-*Claussen/Korth,* § 266 HGB Rn. 9.

91 LG Köln, AG 1991, 280.

I. Rechenschaftspflichten und Organisationsordnung der AG

1. Rechenschaftspflichten aus Fremdgeschäftsführung

Zur Unterrichtung der anderen Gesellschaftsorgane ist der Vorstand verpflichtet, weil er als Leitungsorgan nicht seine eigenen, sondern die Geschäfte der Gesellschaft führt. Daß ihn unter diesem Gesichtspunkt Informationspflichten treffen, wird als selbstverständlich vorausgesetzt und mit einem im gesamten Zivilrecht geltenden Rechtsgedanken begründet: Wer fremde Angelegenheiten oder solche, die zugleich eigene und fremde sind, wahrnimmt, ist zur Rechenschaft verpflichtet.[92] Als typisches Beispiel dieser Verpflichtung gilt § 666 BGB, wonach der Auftragnehmer dem Auftraggeber die erforderlichen Nachrichten geben, auf Verlangen über den Stand des Geschäfts Auskunft erteilen und nach der Ausführung des Auftrags Rechenschaft ablegen muß. Soll dieser Gedankengang auf das aktienrechtliche Informationssystem übertragen werden, so bedarf es einer Zuordnung der jeweiligen Informationspflichten an die Organe der Gesellschaft.[93] Denn der Vorstand ist nicht nur der Hauptversammlung, sondern (vor allem) dem Aufsichtsrat berichtspflichtig, der wiederum selbst die Hauptversammlung über seine Tätigkeit unterrichten muß.

Die Rechenschaftspflichten, die sich aus der Wahrnehmung fremder Angelegenheiten ergeben, tragen ebensowenig wie der Auskunftsanspruch ihren Zweck „in sich selbst".[94] Sie bestehen nur dort, wo ihnen ein berechtigtes Interesse des Informationsberechtigten gegenübersteht. Ausgangspunkt der folgenden Überlegungen ist deshalb Sinn und Zweck der Rechenschaftspflicht, die einem Fremdgeschäftsführer gegenüber dem Geschäftsherrn obliegt. Sodann ist darauf einzugehen, welches Gesellschaftsorgan der AG dazu berufen ist, entsprechende Informationen entgegenzunehmen. Dies ergibt sich aus der Funktion, die das jeweilige Organ innerhalb des aktienrechtlichen Kompetenzgefüges wahrnimmt. Damit ist die Charakterisierung von Vorstand, Aufsichtsrat und Hauptversammlung als Leitungs-, Überwachungs- bzw. Willensbildungsorgan der Gesellschaft angesprochen.[95]

---

92 RGZ 73, 286, 288; BGHZ 10, 385, 386 f.; BGH, WM 1979, 472, 474; *Barz*, BB 1957, 1253; *Budde/Steuber*, AG 1996, 542, 542; *dies.*, BB 2000, 971; *Bunte* S. 59; MüKo-*Keller*, BGB, § 259 Rn. 8; *Larenz*, SchR I, § 10 II e; *Richter* S. 17.

93 *Hüffer*, ZIP 1996, 401, 404.

94 Siehe dazu bereits oben S. 72.

95 *Hüffer*, AktG, § 118 Rn. 3.

2. Die ambivalente Funktion von Kontrollrechten

Mit der Pflicht des Geschäftsführers zur Rechenschaftslegung korrespondiert die Möglichkeit einer Kontrolle durch den Geschäftsherrn. Andeutungsweise findet sich dieser Aspekt auch in der Diskussion um das Auskunftsrecht, das vielfach als Kontrollrecht bezeichnet wird.[96] In dieser Funktion kann es, wie bereits in den Ausführungen des Gesetzgebers zu § 131 deutlich geworden ist, in unterschiedlicher Hinsicht interpretiert werden.[97] Einerseits läßt sich der Auskunftsanspruch als ein Instrument des unternehmerisch engagierten Aktionärs deuten, das diesen in die Lage versetzt, die Verwaltung bei der Leitung des Unternehmens zu überwachen. Zum anderen kann er aber auch als Kontrollrecht des Anlegers verstanden werden, mit dem dieser den Vorstand überwacht, dem er sein Kapital zur Verwaltung anvertraut hat. Die Annäherung des Aktionärs an einen unternehmerisch tätigen Gesellschafter knüpft vor allem an seine mitgliedschaftlichen Herrschaftsrechte an.[98] Für eine Lesart des Auskunftsanspruchs im zweitgenannten Sinne bieten sich deshalb die Fälle an, in denen eine Mitsprache des Informationsberechtigten von vornherein ausscheidet oder eingeschränkt ist.

a. Der Vorzugsaktionär als *der* Anlegeraktionär

Vorzugsaktien gewähren die jedem Aktionär zustehenden Rechte mit Ausnahme des Stimmrechts. Die Inhaber solcher Aktien können deswegen in der Hauptversammlung die Beantwortung ihrer Fragen gemäß § 131 verlangen.[99] Daß der Vorzugsaktionär von der Ausübung dieses Rechts nicht ausgeschlossen werden darf, wird in den Materialien zu § 112 AktG 1937 - so fernliegend dies zunächst erscheinen mag - mit seinem Stimmrecht begründet. Weil dieses Recht lediglich ruhe und unter den in § 116 Abs. 2 AktG 1937 (jetzt: § 140 Abs. 2 Satz 1) genannten Voraussetzungen wieder aufleben könne, müßten auch Vorzugsaktionäre Auskünfte einholen können.[100]

---

96 *Flume,* Grundfragen, S. 15; *Friauf/Wendt* S. 63; *Lutter,* Aktionär, S. 22; *Meilicke/Heidel,* DStR 1992, 113, 115; *Mülbert* S. 160 Fn. 27; *Nitschke/Bartsch,* AG 1969, 95; *Wenger,* ZIP 1993, 1622, 1625; *Wiedemann,* GesR I, S. 366; zurückhaltend *Saenger,* DB 1997, 145, 146.

97 Zum folgenden *Mülbert,* S. 160 Fn. 27; siehe bereits oben S. 41 bzw. 55.

98 Siehe oben S. 81.

99 Unstr.; siehe neben den oben in Fn. 28 genannten etwa *Bezzenberger* S. 108; *Ebenroth* S. 10 f.; *Henn,* Hdb AktR, Rn. 871. Soweit ersichtlich wird nicht vertreten, mangels Stimmrecht stünde dem Vorzugsaktionär - entsprechend den Überlegungen zu Tagesordnungspunkten ohne Beschlußfassung (dazu oben S. 23) - nur ein eingeschränktes Auskunftsrecht zu.

100 Begründung AktG 1937, 1. Buch, 4. Abschn. 2.), abgedr. bei *Matthes,* AktG, S. 195. Zum bedingten Stimmrecht des Aktionärs auch *Baumbach/Hueck,* AktG, § 140 Rn. 3.

Dieser Ansatz, der auf den Ausnahmefall zurückgreifen muß, um den Regelfall zu erklären, vermag nicht zu überzeugen. Denn Gegenstand der ordentlichen Hauptversammlung ist jeweils nur das abgelaufene Berichtsjahr. Das Stimmrecht des Vorzugsaktionärs lebt aber gemäß § 140 Abs. 2 Satz 1 erst dann auf, wenn der Vorzugsbetrag am Ende eines Geschäftsjahres nicht (vollständig) gezahlt und der Rückstand auch nicht im darauffolgenden Jahr neben dem vollen Vorzug dieses Jahres nachgezahlt worden ist. Der Vorzugsaktionär kann deswegen nur in der Hauptversammlung an der Beschlußfassung teilnehmen, der zum zweiten Mal die Feststellung eines Jahresabschlusses durch die Verwaltung vorausgegangen ist, in dem ein verteilungsfähiger Gewinn nicht ausgewiesen oder zwar ausgewiesen, nicht aber ausgeschüttet wird.[101] Damit unvereinbar ist, daß er in jeder Hauptversammlung von seinem Auskunftsrecht Gebrauch machen kann, also auch der, in der sein Stimmrecht keinesfalls aufleben kann.

Einer Ableitung des Auskunftsrechts aus dem Herrschaftsrecht, von dessen Ausübung der Vorzugsaktionär regelmäßig ausgeschlossen ist, bedarf es schon deshalb nicht, weil diesem alle anderen Mitverwaltungsrechte zustehen. Es handelt sich dabei vor allem um (weitere) Kontrollrechte, wie etwa das Recht, eine Sonderprüfung gemäß §§ 258 ff. zu beantragen oder einen in der Hauptversammlung gefaßten Beschluß gemäß § 243 anzufechten.[102] Die Bedeutung dieser Rechte für den Inhaber von Vorzugsaktien erschließt sich vor allem aus den Beweggründen, die zum Erwerb solcher Aktien führen. In der Begründung der §§ 115 bis 117 AktG 1937, mit denen dieser Aktientypus erstmals gesetzlich geregelt wurde, werden Vorzugsaktionäre als Verbandsmitglieder charakterisiert, die „im wesentlichen an dem Ertrag der Gesellschaft interessiert" sind; in Fortführung dieses Gedankengangs heißt es sodann: „Ihr Verhältnis als Gesellschafter und die damit verbundenen Rechte sind von geringerer Bedeutung. Ihre Hauptbedeutung liegt auf dem Gebiet der Kapitalbeschaffung".[103] Der Vorzugsaktionär ist demnach der typische Kapitalanleger, dem es „nicht auf die Ausübung von Einfluß, sondern nur auf die Anlage von Geld gegen eine sichere Rendite und eine Beteiligung an der Substanz ankommt".[104] Seine Herrschaftsrechte stellen sich für einen solchen Aktionär nicht als Mittel dar, im Zusammenwirken mit seinen Mitaktionären zur Verwirklichung des Verbandszwecks

---

[101] Ausführlich *Bezzenberger* S. 97 f. Siehe dort auch zu der Ansicht, wonach unter Umständen erst nach zweijährigem Vorzugsausfall das Stimmrecht in der Hauptversammlung ausgeübt werden kann.

[102] *Saenger*, DB 1997, 145, 146; KK-*Zöllner*, § 131 Rn. 2.

[103] Begründung AktG 1937, 1. Buch, 4. Teil 4. Abschnitt, abgedr. bei *Matthes*, AktG, S. 200.

[104] Begründung § 139 RegE, abgedr. bei *Kropff*, AktG, S. 203. Zur Bedeutung als Finanzierungsinstrument auch *Geßler*, AktG, § 139 Rn. 3; *Reckinger*, AG 1983, 216, 217.

beizutragen. Sie geben dem Vorzugsaktionär vielmehr die Stellung eines Geldgebers der Gesellschaft, dessen Renditeanspruch durch besondere Kontroll- und Auskunftsrechte abgesichert ist.[105]

b. Exkurs: Das Auskunftsrecht des Genußscheininhabers

Im Zusammenhang mit dem Vorzugsaktionär wird vielfach der Inhaber von Genußscheinen genannt.[106] Er ist zwischen Verbandsmitglied und „normalem" Gläubiger der AG angesiedelt, weil er nicht am Grundkapital der Gesellschaft beteiligt ist, wohl aber einen schuldrechtlichen Anspruch auf einen Teil des Bilanzgewinns und/oder Liquidationserlöses hat.[107] Da der Inhaber eines Genußscheins nicht Verbandsmitglied ist, kann er *ex lege* weder von dem Auskunftsrecht gemäß § 131 noch von irgendeinem anderen Mitspracherecht des Aktionärs Gebrauch machen. Fraglich ist lediglich, inwieweit ihm solche Rechte vertraglich zugestanden werden können. Dabei besteht weitgehend Einigkeit darüber, daß die innere Organisation der AG und ihre körperschaftliche Verfassung unangetastet bleiben müssen. Diejenigen Verwaltungsrechte, die wie das Stimm- und Anfechtungsrecht auf eine aktive Mitwirkung in der AG gerichtet sind, dürfen einem Genußscheininhaber nicht eingeräumt werden.[108] Anders verhält es sich mit dem Recht auf Teilnahme an der Hauptversammlung und dem Auskunftsrecht, die als (bloße) Teilhabe- und Kontrollrechte bei entsprechender vertraglicher Vereinbarung von einem Genußscheininhaber ausgeübt werden können.[109]

Festzuhalten bleibt zunächst, daß der Auskunftsanspruch des Genußscheininhabers ein vertraglich vereinbartes, nicht aber ein mitgliedschaftliches Recht ist.[110] Allerdings muß auch bei dem Inhaber eines Genußscheins davon ausgegangen werden, ein Auskunftsrecht bestehe nicht „um seiner selbst wil-

---

105 *Mülbert* S. 92; anders wohl *Bezzenberger* S. 31, der die Bestimmungen über Vorzugsaktien alleine verbandsrechtlich interpretiert.

106 Genußschein und Vorzugsaktie werden vor allem dann in Verbindung gebracht, wenn Anlaß zu der Annahme besteht, durch die Ausgabe von Genußscheinen sollten die §§ 139 ff. umgangen werden, siehe dazu etwa *Hirte,* ZIP 1988, 477, 478; *Vollmer,* ZGR 1983, 445, 447.

107 Siehe im einzelnen *Oettmeier* S. 24.

108 BGHZ 119, 305, 316; *Ernst,* AG 1967, 75, 80; KK^2-*Lutter,* § 221 Rn. 219; *U.H. Schneider,* FS Goerdeler, S. 512, 519; *Würdinger,* AktR, S. 86; a.A. *Hirte,* ZIP 1988, 477, 489; *D. Reuter,* AG 1985, 104, 105; *Vollmer,* ZGR 1983, 445, 463.

109 *Ernst,* a.a.O.; *G. Krieger* in: Münch. Hdb AG, § 63 Rn. 48; KK^2-*Lutter,* § 221 Rn. 220; *Oettmeier* S. 141; *Würdinger,* a.a.O.; wohl auch BGHZ 109, 305, 317. Weitergehend *Vollmer,* ZGR 1983, 445, 468: dem Genußscheininhaber *muß* ein Auskunftsrecht zustehen; zurückhaltend *Feddersen/Knauth* S. 82.

110 Selbstverständlich kann die vertragliche Regelung an §§ 131, 132 angelehnt sein, *Oettmeier* S. 143.

len". Eine Unterrichtung des Genußscheininhabers ist nur dann gerechtfertigt, wenn sie den Interessen dient, die sich aus dessen vertraglich eingeräumter Rechtsposition ergeben.[111] Es liegt auf der Hand, daß sich ein Informationsbedürfnis jedenfalls nicht im Hinblick auf die Mitsprache in Gesellschaftsangelegenheiten begründen läßt. Entscheidend ist die vermögensrechtliche Annäherung des Genußscheininhabers an einen Aktionär. Als Gläubiger der Gesellschaft hat er ein Interesse daran, daß seine Ansprüche gegen die Gesellschaft ordnungsgemäß erfüllt werden. Er muß deshalb prüfen können, ob die Höhe seiner Forderungen gegen die AG ordnungsgemäß ermittelt und die Grundsätze einer ordnungsgemäßen Bilanzierung eingehalten worden sind.[112]

c. Kontrolle und Vermögensrechte

Fraglich ist, inwieweit es sich bei dem Vorzugsaktionär und dem Inhaber eines Genußscheins um Sonderfälle handelt, die Rückschlüsse für den Normalfall des § 131 nicht zulassen. Immerhin ergeben sich im Hinblick auf die Eigenschaft als Kapitalanleger Parallelen zwischen Stammaktionär und Vorzugsaktionär. Sieht man ersteren als „Hybrid"[113] zwischen Verbandsmitglied und Anleger, so ist der Vorzugsaktionär die „Reinform" des Investors. Geht es darum, dem Informationsbedürfnis eines Kleinaktionärs mit Anlegerinteressen Rechnung zu tragen, so muß auch hier an seine Stellung als Gläubiger der AG mit besonderen Kontrollrechten angeknüpft werden. Denn die Gesetzesmaterialien zu Vorzugsaktien lesen sich letztlich wie die Beschreibung des normtypischen Publikumsaktionärs, der zwar von seinem Stimmrecht Gebrauch machen kann, damit innerhalb der Gesellschaft aber weder etwas auszurichten vermag noch an einer Mitbestimmung in Fragen der Geschäftsführung interessiert ist.[114]

Das Beispiel des Genußscheininhabers zeigt, daß für eine Regelung des Auskunftsrechts selbst dort Platz ist, wo der Berechtigte keinen unmittelbaren Einfluß auf die innere Ordnung der Gesellschaft nehmen kann. Seine Grundlage findet das Informationsrecht in den vermögensrechtlichen Ansprüchen, die sich gegen die Gesellschaft richten. Auf diese Zusammenhänge stellte offenbar auch das KG ab, das in seiner Rechtsprechung den Auskunftsanspruch des Aktionärs mit dessen mitgliedschaftlichen Vermögensrechten in Verbindung brachte.[115] Dem liegt die zutreffende Erkenntnis zugrunde, daß Herrschafts- und Vermögensrechte nicht isoliert nebeneinander stehen, sondern eng miteinander verwo-

---

111 *Oettmeier* S. 141.

112 So vor allem *U.H. Schneider,* FS Goerdeler, S. 512, 519 f.; siehe ferner *Oettmeier* S. 141.

113 *Mülbert* S. 100; ihm folgend *Spindler,* AG 1998, 53, 60.

114 Zur Vorzugsaktie als für den Kleinaktionär attraktive Beteiligungsform auch *Reckinger,* AG 1983, 216, 217.

115 KG, ZIP 1995, 1585, 1587; siehe dazu bereits oben S. 80 ff.

ben sind. Erstere dienen einem Kapitalanleger nicht als Mittel zur Verwirklichung des Verbandszwecks, sondern zur Verwaltung seines Investments und der Mehrung seines persönlichen Nutzens. Kontrollrechte sind in diesem Zusammenhang ein Instrument, um die aus der Mitgliedschaft resultierenden Vermögensrechte in der AG wahrzunehmen und abzusichern.[116]

II. Auskunftsanspruch und Entscheidungsbefugnisse der Aktionäre

1. Einflußnahme auf die Geschäftsführung als Rechtsgrund von Informationspflichten

§ 666 BGB bestimmt in seiner ersten und zweiten Alternative, daß der Auftragnehmer den Auftraggeber *während* der Ausführung des Auftrags zu unterrichten hat. Diese Informationspflicht sichert die Rolle des Auftraggebers als „Herr des Geschäfts"[117]. Der Auftraggeber kann dem Auftragnehmer gemäß § 665 BGB verbindliche Weisungen erteilen und muß sich, um von dieser Möglichkeit Gebrauch machen zu können, zu jedem Zeitpunkt ein Urteil über die Geschäftsführung bilden können. Dieser Regelungszweck liegt einer Vielzahl von Vorschriften zugrunde, die Informationspflichten bei der Wahrnehmung fremder Angelegenheiten vorsehen.[118] Ihnen ist die Zielsetzung gemeinsam, den Informationsberechtigten während der gesamten Geschäftsführung in die Lage zu versetzen, die einzelnen Handlungen des Informationspflichtigen zu überwachen und gegebenenfalls mit eigenen Entscheidungen regulierend einzugreifen. Die Erfüllung der Pflicht, regelmäßig Bericht zu erstatten, stellt sicher, daß die Geschäftsführung im Interesse des Informationsberechtigten erfolgt.

Die Kompetenzordnung in der AG sieht gleichberechtigte Organe vor, von denen keines alleine die Rolle eines „Herrn des Geschäfts" einnimmt.[119] Gemäß § 76 Abs. 1 ist der Vorstand zur Leitung der Gesellschaft in eigener Verantwortung berechtigt und verpflichtet. Die Überwachung der Geschäftsführung obliegt gemäß § 111 Abs. 1 dem Aufsichtsrat. Dementsprechend findet sich der Regelungsgedanke der ersten und zweiten Alternative des § 666 BGB vor allem in § 90 Abs. 1 wieder, wonach der Vorstand verpflichtet ist, dem Aufsichtsrat laufend Bericht zu erstatten. Allerdings kann der Aufsichtsrat gemäß § 111 Abs. 4 S. 1 dem Vorstand weder verbindliche Weisungen erteilen noch selbst die Geschäftsführung übernehmen. Lediglich in den in §§ 58 Abs. 2, 59 Abs. 3, 172, 173 geregelten Fällen entscheidet er zusammen mit dem Vorstand. Darüber

---

116 *Mestmäcker* S. 11; *Mülbert* S. 138, 143, 161; *Schockenhoff* S. 69.

117 *Larenz,* SchR II/1, § 56 II, S. 416; Palandt-*Thomas,* BGB, § 666 Rn. 1.

118 Siehe vor allem *Winkler von Mohrenfels* S. 61 (mit Beispielen); ferner *Eppenberger* S. 22 f.; *Esser/Weyers,* SchR II/1, § 35 II 3; *Stürner* S. 310.

119 *Hüffer,* AktG, § 118 Rn. 4; *Semler,* Leitung und Überwachung, Rn. 225.

hinaus können bestimmte Arten von Geschäften durch die Festsetzung von Zustimmungsvorbehalten gemäß § 111 Abs. 4 S. 2 von der Mitwirkung des Aufsichtsrats abhängig gemacht werden. Im übrigen kann der Aufsichtsrat auf die laufende Geschäftsführung nur durch (unverbindliche) Ratschläge und Hinweise Einfluß nehmen,[120] denen aufgrund der Personalkompetenz des Aufsichtsrats gemäß § 84 allerdings faktisch erhebliches Gewicht zukommt.

Eine laufende Berichterstattung gegenüber der Hauptversammlung läßt sich ebensowenig verwirklichen wie ein durch die Verbandsmitglieder ausgeübtes Weisungsrecht. Der Aufsichtsrat ist als Kontrollinstanz erforderlich, weil aufgrund der anonymen Teilhaberschaft in einer Publikumsgesellschaft eine effektive Überwachung des Vorstands durch die Anteilseigner selbst nicht gewährleistet ist.[121] Die bei den Aktionären verbliebenen Möglichkeiten, Einfluß auf die Geschäftsführung zu nehmen, sind teilweise unmittelbarer, überwiegend aber nur mittelbarer Natur.[122] Ersteres ist der Fall, wenn für eine Maßnahme der Geschäftsführung die Zustimmung der Hauptversammlung erforderlich ist. Gemäß § 119 Abs. 1 bedarf es nur in den in Satzung oder Gesetz bestimmten Fällen einer Beschlußfassung durch die Hauptversammlung, wobei vor allem die gesetzlich geregelten Strukturmaßnahmen[123] zu nennen sind. Eine sachgerechte Entscheidung setzt voraus, daß sich die Aktionäre zuvor über den betreffenden Vorgang hinreichend informieren können.[124] Von der Möglichkeit, für alle diese Fälle eine Berichtspflicht des Vorstands vorzuschreiben, hat der Gesetzgeber jedoch abgesehen. Die Unterrichtung der Hauptversammlung ist nicht einheitlich, sondern je nach der Bedeutung des jeweiligen Vorgangs in unterschiedlicher Intensität geregelt. Bei Strukturmaßnahmen sind umfassende Vorlage-, Berichts- und Erläuterungspflichten des Vorstands vorgesehen, die durch spezielle Regelungen des Fragerechts noch ergänzt werden.[125] Ein Bericht des Vorstands ist gemäß § 186 Abs. 4 S. 2 auch bei der Beschlußfassung über eine Kapitalerhöhung, bei der das Bezugsrecht der Aktionäre ausgeschlossen werden soll, vorgeschrieben. In der überwiegenden Zahl der Fälle bleibt es aber den

---

120 Siehe dazu BGHZ 114, 127; *Semler,* a.a.O., Rn. 249.

121 *Wiedemann,* GesR I, S. 492.

122 Siehe zu dieser Unterscheidung *Lutter,* Aktionär, S. 12.

123 Siehe §§ 293 Abs. 1 und 2, 295, Abs. 1, 319 Abs. 1, 320 Abs. 1 AktG, §§ 65, 73, 174 ff UmwG. Zu den Auskunftsrechten in diesem Zusammenhang s.u. S. 138 ff. Hinzu treten Zustimmungserfordernisse aufgrund der „Holzmüller"-Dokrin, siehe dazu BGHZ 83, 122 ff. und *Hüffer,* AktG, § 119 Rn. 17 m.w.N.

124 In diesem Sinne etwa für den Bericht gemäß § 186 Abs. 4 S. 2, BGHZ 83, 319, 326.

125 Dazu unten S. 138; zur entsprechenden Anwendung dieser Vorschriften siehe oben S. 105 Fn. 80.

Aktionären überlassen, mit Hilfe ihres Auskunftsrechts gemäß § 131 die für eine sachgerechte Beschlußfassung erforderlichen Informationen zu verlangen.

Im übrigen ist die Hauptversammlung gemäß § 119 Abs. 2 grundsätzlich von der Geschäftsführung ausgeschlossen und demzufolge auch nur periodisch nach Ablauf eines Geschäftsjahres durch die Vorlage und Erläuterung des Jahresabschlusses und der dazu gehörigen Berichte zu unterrichten.[126] Insofern haben die Aktionäre nur mittelbaren Einfluß auf die Geschäftsführung. Dazu gehört die Wahl der Mitglieder des Aufsichtsrats gemäß § 101 Abs. 1 und vor allem die Entscheidung über die Entlastung der Verwaltung. An die Stelle einer laufenden Überwachung tritt eine *ex-post* Kontrolle, deren Gegenstand nicht einzelne Geschäftsführungsmaßnahmen, sondern die gesamte Tätigkeit des Vorstands und Aufsichtsrats ist. Ihre Bedeutung erlangt sie weniger durch die rechtlichen Konsequenzen, als durch die faktische Wirkung einer verweigerten Entlastung.[127]

2. Auskunftsanspruch und Stimmrecht des Aktionärs

Wird die Möglichkeit, (unmittelbar) auf die Führung der Geschäfte Einfluß zu nehmen, als Rechtsgrund der Informationspflicht angesehen, so deutet dies auf eine restriktive Handhabung der Hauptversammlungspublizität hin. Für die Wahrnehmung ihrer inhaltlich beschränkten Entscheidungskompetenzen benötigt die Hauptversammlung im Regelfall kein umfassendes Informationsrecht.[128] Nichts anderes gilt für den Auskunftsanspruch des einzelnen Aktionärs, dessen Stimmrecht das mitgliedschaftliche Äquivalent zu den Entscheidungskompetenzen der Hauptversammlung ist. So wird insbesondere bei einem Vergleich mit dem Informationsrecht des Gesellschafters einer GmbH gemäß § 51a GmbHG immer wieder darauf hingewiesen, daß das Auskunftsrecht des Aktionärs durch die Einbindung in das aktienrechtliche Kompetenzgefüge eingeschränkt wird.[129]

Die Verknüpfung von Auskunftsanspruch und Stimmrecht steht seit der Einführung eines individuellen Informationsrechts im Vordergrund. Bereits in der Begründung zu § 112 AktG 1937 heißt es, ein Individualanspruch auf Auskunftserteilung sei erforderlich, um dem Aktionär eine sachgemäße Stimmab-

---

[126] Zur Entscheidung über die Gewinnverwendung siehe unten S. 125 f.

[127] Siehe dazu oben S. 28.

[128] *Hüffer,* ZIP 1996, 401, 405.

[129] Dazu BGH, ZIP 1997, 978, 980; *Gehling,* EWiR § 131 AktG 1/92, S. 115, 116; *Noack,* DZWir 1994, 121, 122; *Witte,* ZGR 1998, 151, 157. Allerdings wird die Regelung des Informationsrechts des GmbH-Gesellschafters vielfach als zu weit empfunden, siehe etwa *von Bitter,* ZIP 1981, 825, 826; *H.-J. Mertens,* FS Werner, S. 557 ff.; Scholz-*K. Schmidt,* GmbHG, § 51a Rn. 7.

gabe zu ermöglichen.[130] Wie sehr diese Vorstellung dominierte, wird daran deutlich, daß sogar das Fragerecht des stimmrechtslosen Vorzugsaktionärs auf dessen (unter Umständen wieder auflebendes) Stimmrecht zurückgeführt wurde.[131] Auch in den Materialien zu § 131 ist das Stimmrecht das einzige Mitgliedschaftsrecht, das ausdrücklich im Zusammenhang mit dem Auskunftsrecht genannt wird. Selbst bei dem Inhaber einer einzigen Aktie, dessen Einfluß in der Hauptversammlung verschwindend gering ist, soll es der tragende Grund des Auskunftsanspruchs sein.[132] Das entspricht der Vorstellung vom Aktionär als „wirtschaftlichem Eigentümer", der zu den Angelegenheiten der Gesellschaft sachgerecht Stellung nehmen soll.

In dieser Ableitung des Auskunftsrechts klingt die Vorstellung an, es handele sich bei dem Stimmrecht (noch immer) um das „vorzüglichste Recht des Aktionärs"[133], mit dem dieser in der Hauptversammlung als dem „obersten Organ"[134] seinen Einfluß in der Gesellschaft geltend macht. Mit der Kompetenzordnung in einer Publikumsgesellschaft, die als normtypische AG den heute geltenden Regelungen des AktG zugrunde liegt, hat diese aus der Zeit vor 1937 stammende Charakterisierung allerdings kaum etwas gemeinsam. Ebensowenig läßt sie etwas von der Zielsetzung der Novelle von 1965 erkennen, die Beteiligung an einer AG den Bedürfnissen eines Kapitalanlegers anzupassen.

3. Die historische Entwicklung der Hauptversammlungspublizität

Bereits § 112 AktG 1937 erlaubte es dem Aktionär, Fragen zu solchen Tagesordnungspunkten zu stellen, zu denen eine Beschlußfassung nicht vorgesehen war.[135] Eine Ableitung des Auskunftsanspruchs alleine aus dem Stimmrecht kam deshalb nicht in Betracht. Erst recht erscheint die Verknüpfung des Fragerechts mit den Entscheidungsbefugnissen der Aktionäre in einem anderen Licht, wenn man ihr die Entwicklung gegenüberstellt, die das Kompetenzgefüge der AG seit der Einführung eines individuellen Informationsrechts des Aktionärs genommen hat. Dafür beispielhaft ist der bereits dargestellte Zusammenhang zwischen Entlastungsbeschluß und Auskunftsrecht: Während der Gesetzgeber die rechtlichen Folgen der Entlastung mit dem Inkrafttreten des AktG

---

[130] Begr. § 112 AktG 1937; abgedr. bei *Matthes,* AktG, S. 195.

[131] Siehe dazu bereits S. 109 ff.

[132] Allg. Begr. RegE, abgedr. bei *Kropff,* AktG, S. 15.

[133] So die Allg. Begr. der Novelle des AktG 1884, abgedr. in: *Schubert/Hommelhoff* (Hrsg.), Hundert Jahre modernes Aktienrecht, S. 465; siehe auch BGHZ 70, 117, 122: „das Stimmrecht [ist] das wichtigste mitgliedschaftliche Verwaltungsrecht des Aktionärs".

[134] Dazu bereits *von Gierke,* Genossenschaftstheorie, S. 688 Fn. 1; *Fischer,* AcP 154, (1955), 181, 222; *Franta,* DB 1958, 1347, 1354; *Hölters,* BB 1975, 797; *Huppert* S. 77; *Vogel* S. 34.

[135] *Deuss* S. 63; *Ebenroth* S. 11.

1937 einschränkte, sah er sich zugleich veranlaßt, erstmals ein individuelles Auskunftsrecht des Aktionärs gesetzlich vorzusehen.[136]

Mit dem AktG von 1937 vollzog sich ein grundlegender Wandel der Organisationsstruktur der AG. Der Vorstand wurde in seiner Rolle als Leitungsorgan gestärkt und gemäß § 70 AktG 1937 erstmals mit der eigenverantwortlichen Führung der Geschäfte betraut.[137] Die Kompetenzen der Hauptversammlung wurden im Gegenzug erheblich beschnitten. Das „oberste Organ" der Gesellschaft verlor seine Allzuständigkeit und war gemäß § 103 AktG 1937 nur noch in den gesetzlich vorgesehenen Fällen bzw. dann, wenn der Vorstand sie zu einer Entscheidung in Fragen der Geschäftsführung aufforderte, zuständig. Die Feststellung des Jahresabschlusses, die bisher in die Zuständigkeit der Hauptversammlung gefallen war, erfolgte nunmehr im Regelfall durch Vorstand und Aufsichtsrat, die aufgrund weitgehender Bewertungs- und Beurteilungsspielräume erheblichen Einfluß auf den ausgewiesenen Gewinn nehmen konnten. Schließlich wurde die Wahl des Vorstands zwingend dem Aufsichtsrat übertragen.

Der Verringerung der Kompetenzen der Hauptversammlung zugunsten von Vorstand und Aufsichtsrat steht die Erweiterung der Informationspflichten der Verwaltung gegenüber.[138] Dies gilt sowohl für die allgemeine als auch für die individuelle Publizität. Mit dem AktG 1937 wurden die Vorschriften über den Inhalt des Geschäftsberichts, die Gliederung der Bilanz und der Gewinn- und Verlustrechnung sowie die Prüfung des Jahresabschlusses ausgebaut und verfeinert.[139] Obgleich es weiterhin als das vorrangige Ziel der Rechnungslegung erachtet wurde, den Aktionären die für ihre Entscheidungsfindung in der Hauptversammlung erforderlichen Informationen zur Verfügung zu stellen,[140] sah der Gesetzgeber offenbar keine Veranlassung, die Hauptversammlungspublizität einzuschränken. Statt dessen gab er den Aktionären die Möglichkeit, mittels des Auskunftsrechts gemäß § 112 AktG 1937 auf eine Ergänzung der von der Verwaltung vorgelegten Informationen hinzuwirken.

---

136 Siehe oben S. 27.

137 Im Hinblick auf die politischen Umstände der Reform wird auch von der Aufnahme des „Führerprinzips" in das AktG gesprochen, etwa GK^4-*Assmann*, Einl. Rn. 153; *Klauss*, BB 1957, 732; *von Rechenberg* S. 25.

138 Darauf weist vor allem *Wiethölter* in: Das Frankfurter Publizitätsgespräch, S. 31, 42, hin. Siehe ferner *Budde/Steuber*, BB 2000, 971.

139 *Joussen*, AG 2000, 241, 250; *Schwark* S. 178.

140 *Döllerer*, BB 1958, 1281, 1283; *Quassowski* in: Beiträge zur Erläuterung des deutschen Rechts, S. 401, 405. Zur Auseinandersetzung um ein eigenständiges Informationsinteresse der Öffentlichkeit siehe *Schwark* S. 176 ff.

Eine wesentliche Änderung der mit dem AktG 1937 eingetretenen Kompetenzverschiebung von der Hauptversammlung auf Vorstand und Aufsichtsrat war mit der Novelle im Jahre 1965 nicht verbunden. Dennoch sah sich der Gesetzgeber erneut zu Verbesserungen der allgemeinen Publizität und des Auskunftsanspruchs veranlaßt.[141] Auch der Einführung des (vermeintlich) einschränkenden Erforderlichkeitskriteriums lag nicht die Einsicht zugrunde, die Aktionäre benötigten aufgrund ihres geringen Einflusses schlechthin weniger Informationen als früher. Die Neufassung der Norm sollte lediglich „Mißbräuche des Auskunftsrechts verhindern und einen ordnungsgemäßen Ablauf der Hauptversammlung gewährleisten".[142] Durch die engere Anbindung an die Tagesordnung sollte ein zweckwidriger Gebrauch des Auskunftsanspruchs vermieden werden und irgendein Zusammenhang zwischen einer Frage und der Verhandlung in der Hauptversammlung nicht mehr ausreichen. Hingegen sah der Gesetzgeber keine Veranlassung, das Auskunftsrecht auf stimmberechtigte Aktionäre oder auf Tagesordnungspunkte, zu denen eine Beschlußfassung erfolgt, zu beschränken. Da weiterhin Fragen zu dem Tagesordnungspunkt „Vorlage des Jahresabschlusses" gestellt werden konnten, nahm letztlich auch das Auskunftsrecht an der Erweiterung der Hauptversammlungspublizität teil.

Bemerkenswert ist an der Regierungsbegründung vor allem, daß das Interesse des Mitglieds, über die Verwendung des investierten Kapitals unterrichtet zu werden, als eigenständiger Belang neben die Vorbereitung der Stimmabgabe tritt.[143] Daran wird deutlich, daß es bei Auskünften um zwei Problemkreise geht, die nicht (immer) deckungsgleich sind. Auch wenn diese Zusammenhänge in den Materialien nicht weiter vertieft werden, klingt doch zumindest an, daß Fragen, die auf die Ausübung des Stimmrechts abzielen, nicht unbedingt geeignet sein müssen, zugleich das Informationsbedürfnis des Aktionärs als Geldgeber der Gesellschaft zu befriedigen. Dahinter steht die Einsicht, daß es nicht den Interessen eines Kapitalanlegers entspricht, wenn der Auskunftsanspruch nur im Zusammenhang mit der Einflußnahme auf die Geschäftsführung gesehen wird.

---

141 Siehe oben S 14. bzw. S. 40.

142 Begr. § 131 RegE, abgedr. bei *Kropff,* AktG, S. 185. Siehe auch *Spitze/Diekmann,* ZHR 158 (1994), 447, 459; G/H/E/K-*Eckardt,* § 131 Rn. 32; *U.H. Schneider* in: Assmann/Schneider, WpHG, vor § 21 Rn. 52 Fn. 41.

143 Begr. § 131 RegE, abgedr. bei *Kropff,* AktG, S. 184: Der Aktionär will nicht nur wissen, „wie der Vorstand mit dem von den Aktionären zur Verfügung gestellten Kapital gewirtschaftet hat. Er will ... *außerdem* ... sein Stimmrecht sachgemäß ausüben ..." (Hervorhebung durch den Verf.).

4. Die von den Anteilseignern ausgehende Kontrolle der Verwaltung

a. Kontrollrechte der Aktionäre

Die Erweiterung der Publizität in der Hauptversammlung läßt sich mit deren Entscheidungsbefugnissen alleine nicht erklären. Der Unterrichtung dieses Organs kommt zwar in aller Regel beschlußvorbereitende Funktion zu, sie erschöpft sich jedoch nicht darin.[144] Dies verdeutlicht bereits die Tatsache, daß es sich bei der Vorlage des Jahresabschlusses um einen eigenständigen Tagesordnungspunkt handelt, dessentwegen der Vorstand auch dann eine Hauptversammlung innerhalb der Frist des § 175 Abs. 1 S. 2 einberufen muß, wenn eine Abstimmung über die Gewinnverwendung und die Entlastung von Aufsichtsrat und Vorstand nicht ansteht.[145] Die Zuständigkeit der Hauptversammlung, ohne das Ziel einer Beschlußfassung Informationen entgegenzunehmen, ist die notwendige Konsequenz daraus, daß sich die Verpflichtung der Verwaltung, die Aktionäre zu unterrichten, auf die Hauptversammlung beschränkt. Die Verbandsmitglieder sind deshalb von Gesetzes wegen darauf angewiesen, die Informationen, die sie für die sachgerechte Wahrnehmung sämtlicher mitgliedschaftlichen Rechte benötigen, in der Hauptversammlung zu verlangen.

Der Zusammenhang von Rechenschaft und Überwachung der Verwaltung erschließt sich deshalb erst dann vollständig, wenn in die Betrachtung neben dem Stimmrecht des Aktionärs dessen Kontrollrechte einbezogen werden, unabhängig ob diese in oder außerhalb der Hauptversammlung ausgeübt werden. Denn nicht zuletzt bei der Novelle des AktG von 1965 waren es diese Rechte, die im Vordergrund der Erörterung standen und ausgebaut wurden, während die Entscheidungsbefugnisse der Hauptversammlung nahezu unverändert blieben.[146] Dazu gehören etwa das Anfechtungsrecht gemäß §§ 243, 254 f., das den Schutz des einzelnen Aktionärs vor rechtswidrigen Mehrheitsentscheidungen der Hauptversammlung gewährleistet, und die Minderheitenrechte zur Erhaltung bzw. Geltendmachung von Ersatzansprüchen der Gesellschaft (§§ 50, 93 Abs. 4 S. 3, 147, 309 Abs. 3) und zur Bestellung von Sonderprüfern gemäß § 142 Abs. 2, die (vorrangig) einer Kontrolle der Verwaltung dienen.[147] Im

---

144 *Hüffer,* ZIP 1996, 401, 407; KK-*Zöllner,* § 119 Rn. 7.

145 *Hüffer,* AktG, § 119 Rn. 4; KK-*Zöllner,* a.a.O., Rn. 10. Dazu, daß die Beschlußfassung über die Entlastung nicht notwendiger Bestandteil einer ordentlichen Hauptversammlung ist, siehe *Koch,* AG 1969, 1 ff. Eine andere Frage ist, ob eine Hauptversammlung ausschließlich zu Informationszwecken einberufen werden kann, dazu *H. Huber,* ZIP 1995, 1740 ff.; *Hüffer,* a.a.O.; KK-*Zöllner,* a.a.O. Rn. 8.

146 Siehe dazu Allg. Begr. RegE, abgedr. bei *Kropff,* AktG, S. 16; *Flume,* Grundfragen, S. 15; *Lutter,* Aktionär, S. 10 f.; *Richter* S. 241.

147 Siehe zu weiteren Kontrollrechten unten S. 125.

Hinblick auf diese Rechte ist es nicht nur zulässig, sondern geboten, daß in der Hauptversammlung auch Fragen erörtert werden, zu denen eine Beschlußfassung nicht erfolgt.[148] Die Publizität in der Hauptversammlung dient deshalb immer auch der Überwachung der Geschäftsführung.

Die Gegenüberstellung von der Hauptversammlung als Willensbildungsorgan und des Aufsichtsrats als Überwachungsorgan der Gesellschaft steht dem nicht entgegen. Denn es ist weitgehend anerkannt, daß zur Gewährleistung eines effektiven Minderheitenschutzes die Teilhabe an der Beschlußfassung in der Hauptversammlung nicht ausreicht. Sie vermittelt nur dann einen wirksamen Schutz, wenn der Aktionär über eine Sperrminorität verfügt. Fehlt es daran, so kann ein einzelner Aktionär mittels seines Stimmrechts praktisch keinen Einfluß ausüben.[149] Auch die Existenz des Aufsichtsrats macht eine Kontrolle der Verwaltung durch die Aktionäre nicht entbehrlich. Denn eine Berücksichtigung der Interessen von Kleinaktionären ist nicht hinreichend gesichert, solange die Mitglieder des Aufsichtsrats gemäß § 101 Abs. 1 von der Mehrheit in der Hauptversammlung gewählt werden, so daß Klein- und Minderheitsaktionäre praktisch keinen Einfluß auf seine Zusammensetzung nehmen können. Da sich ihre Interessen und Ziele vielfach von denen der Mehrheit in der Hauptversammlung unterscheiden, bedürfen sie eigener Kontrollrechte.[150] Diese spielen, was die persönliche Beteiligung der Aktionäre angeht, wegen ihrer Ausgestaltung als Individual- und Minderheitenrechte für die innere Ordnung der Gesellschaft eine größere Rolle als das mitgliedschaftliche Stimmrecht.[151]

b. Die Effektivität des Auskunftsrechts als Kontrollrecht

Die von den Anteilseignern in der ordentlichen Hauptversammlung ausgehende Kontrolle beschränkt sich regelmäßig auf die Überprüfung bereits abgeschlossener Vorgänge. Ihre regulierende Funktion beruht nicht darauf, unmittelbar auf die laufende Geschäftsführung Einfluß zu nehmen. Ihr Ziel ist es, die Verwaltung zu veranlassen, ihr Verhalten von vornherein so einzurichten, daß es einer nachträglichen Überprüfung standhält.[152] Das Auskunftsrecht stellt in diesem Zusammenhang die Unterrichtung der Aktionäre sicher, die unabdingbare Voraussetzung jeglicher Kontrolle ist. Ihm kommt eine Schlüsselfunktion

---

148 Ähnlich *Hüffer,* AktG, § 119 Rn. 11; KK-*Zöllner,* § 119 Rn. 26.

149 *Flume,* Grundfragen, S. 14; *Großfeld* S. 206; *Mülbert* S. 145.

150 *Bieg* S. 243; *Hommelhoff,* ZHR 153 (1989), 181, 201; *A. Krieger,* FS Stimpel, S. 307, 330; *Lutter,* Aktionär, S. 12 f.

151 *Flume,* Grundfragen, S. 15; *Großfeld* S. 200.

152 Siehe *Bunte* S. 56 f., der in diesem Zusammenhang von einer Verlagerung von einer „nachträglichen Fremdkontrolle auf eine antizipierte Eigenkontrolle" spricht (S. 57); in diesem Sinne auch *Flume,* a.a.O.

zu, weil die Effektivität der durch die Anteilseigner ausgeübten Überwachung wesentlich davon abhängt, mit welcher Wahrscheinlichkeit Vorstand und Aufsichtsrat damit rechnen müssen, sich nachträglich für ihre Entscheidungen gegenüber den Aktionären rechtfertigen zu müssen.[153]

Bei dieser Überlegung ist vor allem die Gewährleistung als Individualrecht wesentlich, weil sie es jedem einzelnen Aktionär ermöglicht, die für eine Beurteilung der Geschäftsführung erforderlichen Tatsachen offenzulegen.[154] Die Sanktionen, die eine unberechtigte Auskunftsverweigerung nach sich zieht, tun das übrige, um den Vorstand zu einer sorgfältigen Prüfung der in der Hauptversammlung gestellten Fragen zu veranlassen. Hierzu gehört nicht nur das Recht, einen Beschluß der Hauptversammlung wegen unzureichender Unterrichtung der Aktionäre anzufechten,[155] sondern auch die Möglichkeit, die Erteilung einer Auskunft gerichtlich zu erzwingen. Die Zuständigkeit der freiwilligen Gerichtsbarkeit gemäß § 132 kommt dabei insbesondere den Bedürfnissen eines Kleinaktionär entgegen. Gemäß § 12 FGG gilt der Amtsermittlungsgrundsatz,[156] die Vertretung durch einen Anwalt ist nicht erforderlich und die Anforderungen an Form und Inhalt der Anträge sind geringer als in einem Verfahren der streitigen Gerichtsbarkeit.[157] Schließlich führt der Streitwert von regelmäßig 10.000,- DM nach § 132 Abs. 5 S. 6 dazu, daß die Durchsetzung eines Auskunftsbegehrens mit relativ geringen Kosten verbunden ist.[158] Die Effektivität des Auskunftsrechts wird nicht zuletzt dadurch gewährleistet, daß sich der Vorstand durch die unrichtige Beantwortung von Fragen gemäß § 400 Abs. 1 Nr. 1 strafbar machen kann. Außerdem drohen in diesem Fall Schadensersatzansprüche der AG gemäß § 93 Abs. 2 und des jeweiligen Fragestellers gemäß § 823 Abs. 2 i.V.m. §§ 400 Abs. 1 Nr. 1, 131[159].

Die Bedeutung des Auskunftsanspruchs beschränkt sich nicht darauf, dem Aktionär eine sachgerechte Ausübung seiner Kontrollrechte zu ermöglichen.

---

153 *Bunte* S. 57.

154 Siehe bereits oben S. 102.

155 *Franken/Heinsius,* FS Budde, S. 213, 238.

156 Dazu etwa OLG Düsseldorf, DB 1997, 2371; *Schulenberg,* AG 1998, 74, 81 f.

157 Dazu OLG Koblenz, WM 1995, 1622, 1623, mit Anm. *Kort,* EWiR § 132 AktG 1/95, 841 f.; *Ebenroth* S. 150 f.; *Henn,* BB 1982, 1185, 1188; *Meilicke/Heidel,* DStR 1992, 72; *Semler* in: Münch. Hdb AG § 37 Rn. 53.

158 Siehe insbesondere *Henn,* Hdb AktR, Rn. 905. Zur verfassungsrechtlichen Bedeutung einer sorgfältigen Festlegung des Streitwerts bei Anfechtungsklagen, insbesondere im Hinblick auf das Kostenrisiko des Kleinaktionärs, BVerfGE 14, 263, 284.

159 GK^3-*Barz,* § 131 Anm. 31; *G/H/E/K-Eckardt,* § 131 Rn. 172; *Henn* Hdb AktR, Rn. 909; *Semler* in: Münch. Hdb AG, § 37 Rn. 65. Für § 112 AktG 1937 auch *Pabst,* BB 1956, 149, 150.

Das Recht, die Geschäftsführung durch den Vorstand zu hinterfragen, hat auch einen gewissen Eigenwert. Das zeigt insbesondere der Umstand, daß der Aktionär die Entscheidung des Vorstands, eine Auskunft nicht zu erteilen, nicht nur inzident im Zusammenhang mit einer Beschlußanfechtung überprüfen lassen kann, sondern in einem selbständigen Verfahren. Sein Auskunftsrecht kann er unabhängig davon, welche Konsequenzen er aus den erlangten Erkenntnissen zu ziehen gedenkt, durchsetzen. So kommt in dem Stichwort „Kontrolle durch Öffentlichkeit"[160] treffend zum Ausdruck, daß alleine von dem Zwang, (fragwürdige) Maßnahmen nachträglich offenzulegen und gegenüber den Aktionären zu rechtfertigen, eine regulierende Wirkung auf die Tätigkeit der Verwaltung ausgeht. Die Debatte in der Hauptversammlung erfüllt bereits als solche eine Kontrollfunktion, die auf die Geschäftsführung zurückwirkt.[161]

Vor diesem Hintergrund ist die Charakterisierung des Auskunftsanspruchs als ein unmittelbares Kontrollrecht gerechtfertigt.[162] Als Teil der Hauptversammlungspublizität dient er nicht nur dazu, eine sachgerechte Willensbildung der Aktionäre durch Beschluß zu ermöglichen. Daneben findet auch die Überlegung ihren Platz, der weitgehende Ausschluß der Aktionäre von Einwirkungen auf die Leitung der Gesellschaft bedürfe eines Korrelats, dem durch ein Recht zur Überwachung der Geschäftsführung Rechnung getragen wird. Dieser Gedankengang hat nicht nur im Verhältnis des Vorstands zum Aufsichtsrat seinen Niederschlag gefunden, sondern auch in der Unterrichtung der Hauptversammlung.[163] Im Vergleich zu dem Stimmrecht und den Minderheitenrechten hat das Auskunftsrecht für den einzelnen Aktionär den Vorteil, daß es auch ohne Unterstützung durch seine Mitaktionäre ein effektives Mittel zur Kontrolle der Geschäftsführung ist. Deshalb löst das vermeintliche „Hilfsrecht" das Stimmrecht als das wichtigste Mitverwaltungsrecht des Publikumsaktionärs ab.[164]

---

160 *Lutter,* AG 1985, 117, 118.

161 RegE PublG, BT-Drucks. 5/3197, S. 14; *Baumbach/Hopt,* HGB, Einl. vor § 238 Rn. 15; *Flume,* Grundfragen, S. 32; *Oettmeier* S. 141; *Kutzenberger* S. 126; *Rittner,* Gutachten für den 45. DJT, Teil 4, S. 141.

162 *Lutter,* Aktionär, S. 23.

163 So auch *Baumbach/Hueck,* vor § 76 Rn. 10; *Hefermehl,* FS Duden, S. 109, 124; *Klauss,* BB 1957, 732, 733; *Kronstein/Claussen* S. 19; *Lutter,* AG 1985, 117, 122.

164 *Bezzenberger,* WuB II A. § 131 AktG 3.94, 426; *H. N. Götz,* ZIP 1995, 1310; *Hommelhoff,* ZHR 151 (1987), 493, 511; *Kutzenberger* S. 125.

III. Auskunftsanspruch und Rechnungslegung der Verwaltung

Während der Zusammenhang zwischen den Herrschaftsrechten und dem Auskunftsrecht in der Diskussion um § 131 immer wieder zur Sprache kommt, bleibt ein weiterer Aspekt der Informationspflichten, die aus einer Fremdgeschäftsführung resultieren, oftmals unerwähnt. Nach der dritten Alternative des § 666 BGB ist der Auftragnehmer verpflichtet, *nach Beendigung* des Auftrags gegenüber dem Auftraggeber Rechenschaft abzulegen. Bereits aus dem Zeitpunkt der Mitteilung ergibt sich, daß es in diesem Zusammenhang nicht darum geht, den Informationsempfänger in die Lage zu versetzen, unmittelbar auf die Tätigkeit des Informationsschuldners Einfluß zu nehmen. Rechenschaft ist vielmehr deswegen erforderlich, um am Ende der Geschäftsführung deren Ergebnis beurteilen zu können. Auf der Grundlage der ihm zur Verfügung gestellten Information kann der Auftraggeber gemäß § 667 BGB Herausgabe dessen verlangen, was der Beauftragte aus der Geschäftsführung erlangt hat, und zugleich prüfen, ob weitergehende Ansprüche bestehen. Gegenstand der Prüfung des Informationsempfängers ist deshalb nicht die Leistungs*handlung* des Rechenschaftspflichtigen, sondern der Leistungs*erfolg*.[165]

1. Der Zweck der Rechnungslegung in der AG

An die Stelle des Anspruchs auf Herausgabe des aus der Geschäftsführung Erlangten tritt bei der AG die Entscheidung über die Verwendung des erzielten Jahresüberschusses.[166] Im Hinblick darauf hat die Rechnungslegung zwei Funktionen.[167]

Sie dient zum einen der Ermittlung des im Laufe eines Geschäftsjahres erzielten Jahresüberschusses. Sie erfolgt regelmäßig durch Vorstand und Aufsichtsrat im Rahmen der Feststellung des Jahresabschlusses gemäß § 172. Jahresabschluß und Lagebericht werden durch den Vorstand aufgestellt (§§ 242, 264 HGB) und unverzüglich dem Abschlußprüfer vorgelegt (§ 320 HGB). Dieser hat zu prüfen hat, ob die gesetzlichen Vorschriften und ergänzende Bestimmungen der Satzung eingehalten worden sind und die Darstellung der Vermögens-, Finanz- und Ertragslage des Unternehmens nicht wesentlich durch Ver-

---

165 Zu diesen „präparatorischen" Informationspflichten siehe vor allem *Winkler von Mohrenfels* S. 30 ff.; ferner *Eppenberger* S. 12 f.; *Larenz,* SchR I, § 10 II e.

166 Die Aufgabe des Aufsichtsrats, Schadensersatzansprüche gegen den Vorstand geltend zu machen, bleibt im folgenden unberücksichtigt, siehe dazu zuletzt BGHZ 135, 244, 252 ff., mit Anm. *Priester,* EWiR § 112 AktG 1/97, 677 f.; OLG Düsseldorf, ZIP 1995, 1183, 1189 ff., mit Anm. *Rittner,* EWiR § 116 AktG 1/95, 629 f. (ARAG/Garmenbeck); *H. Götz,* NJW 1997, 3275 ff.; *Horn,* ZIP 1997, 1129, 1136 ff.; *Th. Raiser,* NJW 1996, 552 ff.; *Thümmel,* DB 1997, 1117 ff.

167 Dazu *Meier-Schatz* S. 226.

stöße gegen diese Regelungen oder Unrichtigkeiten beeinträchtigt wird (§ 317 Abs. 1 S. 2 u. 3 HGB).[168] Sodann sind Jahresabschluß und Prüfungsbericht dem Aufsichtsrat vorzulegen (§§ 170 Abs. 1, 171 AktG), mit dessen Billigung der Jahresabschluß gemäß § 172 festgestellt ist.

Zum zweiten befinden die zuständigen Gesellschaftsorgane auf der Grundlage der durch die Rechnungslegung vermittelten Informationen über die Verwendung des Jahresüberschusses, d.h. darüber, ob und in welcher Höhe dieser in dem Unternehmen verbleiben bzw. an die Aktionäre ausgeschüttet werden soll. Im Regelfall, der Feststellung des Jahresabschlusses gemäß § 172, teilen sich Vorstand und Aufsichtsrat die Zuständigkeit für diese Entscheidung mit der Hauptversammlung. Sie können gemäß § 58 Abs. 2 S. 1 grundsätzlich bis zur Hälfte des erzielten Jahresüberschusses in andere Gewinnrücklagen i.S.d. § 266 Abs. 3 A.III Nr. 4 HGB einstellen. Die Hauptversammlung ist bei der Beschlußfassung über die Verwendung des Bilanzgewinns gemäß § 174 Abs. 1 S. 2 an diese Vorgabe gebunden. Sie kann nur über den Betrag disponieren, der als Saldo am Ende der gemäß § 158 Abs. 1 fortgeführten Gewinn- und Verlustrechnung verbleibt. Demnach ist der Jahresüberschuß nach § 158 Abs. 1 Nr. 1 zunächst um einen Gewinnvortrag aus dem Vorjahr zu erhöhen bzw. um einen entsprechenden Verlustvortrag zu vermindern. Sodann sind Entnahmen aus Kapitalrücklagen gemäß § 158 Abs. 1 Nr. 2 und den in § 158 Abs. 1 Nr. 3 im einzelnen aufgeführten Gewinnrücklagen hinzuzurechnen. Schließlich sind nach § 158 Abs. 1 Nr. 4 Einstellungen in Gewinnrücklagen in Abzug zu bringen. Der Bilanzgewinn, über dessen Verwendung die Hauptversammlung zu befinden hat, ist dementsprechend bereits um die gemäß § 58 Abs. 2 und 2a durch die Verwaltung vorgenommenen Einstellungen gemindert.

2. Ermittlung des Jahresüberschusses und mitgliedschaftlicher Gewinnanspruch

Auf die Ermittlung des Jahresüberschusses können die Aktionäre, sieht man von der Ausnahme einer Feststellung des Jahresabschlusses gemäß § 173 ab, keinen unmittelbaren Einfluß nehmen. Das schränkt, wie § 131 Abs. 3 S. 1 Nr. 3 und 4 zeigt, den Auskunftsanspruch ein, schließt Fragen nach dem Zustandekommen des erzielten Jahresüberschusses aber nicht aus.[169] Auch in diesem Zusammenhang bedarf die fehlende Mitsprache der Aktionäre eines Korrelats durch ein Überprüfung des Verwaltungshandelns. Denn die Aktionäre, die insofern von der Geschäftsführung ausgeschlossen sind, haben ein unmittelbar in ihrer Mitgliedschaft wurzelndes Interesse, korrekt über den Jahresüberschuß unterrichtet zu werden. Dieses ergibt sich daraus, daß der Jahresüberschuß die

---

168 Zur Prüfung des Lageberichts siehe § 317 Abs. 2 HGB.

169 Siehe bereits oben S. 29 f.

Ausgangsgröße für den verteilungsfähigen Bilanzgewinns bildet.[170] Es besteht unabhängig von den Herrschaftsrechten aufgrund des Anspruchs auf Beteiligung an dem erzielten Gewinn gemäß § 58 Abs. 4 aufgrund der Tatsache, daß der durch die Verwaltung festgestellte Jahresabschluß die verbindliche Ausschüttungsbemessungsgrundlage ist.[171] Die Höhe des verteilungsfähigen Bilanzgewinns hängt unmittelbar von der Art und Weise ab, auf die Vorstand und Aufsichtsrat ihrer Pflicht zur Rechnungslegung gegenüber dem Verband nachkommen.[172]

Dem Schutz der mitgliedschaftlichen Vermögensrechte vor einer Verschleierung des „wahren" Gewinns durch die Verwaltung dienen die Regelungen über die Aufstellung des Jahresabschlusses. Ihr Ziel ist es, einer künstlichen Verkürzung des Gewinnanspruchs und übermäßigen Bildung von stillen Reserven als Mittel der Selbstfinanzierung des Unternehmens entgegenzutreten. Verwirklicht wird dies in erster Linie durch Bilanzierungs- und Bewertungsvorschriften, die Aktivierungspflichten und Mindestwertregelungen auf der Aktivseite und Passivierungsverbote und Höchstwertbestimmungen auf der Passivseite vorsehen.[173] Die Einhaltung dieser Vorschriften zu prüfen, ist Aufgabe des Abschlußprüfers und des Aufsichtsrats. Aber auch die Aktionäre sind zu einer Kontrolle der Verwaltung aufgerufen, um sich von der ordnungsgemäßen Erfüllung ihrer Vermögensrechte zu überzeugen.[174] Das zeigt das Recht jedes einzelnen Aktionärs zur Erhebung einer Nichtigkeitsfeststellungsklage gemäß § 256 und das Minderheitenrecht auf Einleitung einer Sonderprüfung gemäß § 258. Darüber hinaus gilt auch hier, daß bereits die Offenlegung der Rechnungslegung eine regulierende Wirkung hat, die auf die Feststellung des Jahresabschlusses zurückwirkt.[175]

3. Die Entscheidung über die Gewinnverwendung

Die Beschlußfassung der Aktionäre über die Verwendung des Gewinns gemäß §§ 58 Abs. 3, 174 kann in zweierlei Hinsicht interpretiert werden. Ein unternehmerisch tätiger Aktionär wird danach fragen, ob das Unternehmen gegen

---

[170] In diesem Sinne auch *Kübler,* GesR, § 18 II 2c.

[171] Dazu auch *Hommelhoff,* ZGR 2000, 748, 759.

[172] *Budde/Steuber,* BB 2000, 971; *dies.,* AG 1996, 543, 548. Siehe auch die Kritik von *Kronstein/Claussen* S. 122 an der Regelung der Gewinnermittlung und -verwendung nach dem AktG 1937.

[173] *Kübler,* GesR, § 18 II 2c; *Meier-Schatz* S. 226 f. Kritisch zur Rechtslage vor Inkrafttreten des AktG 1965: *von Falkenhausen,* AG 1962, 261, 263.

[174] So auch *Ebenroth* S. 4; *Ehricke,* BB 1979, 496, 498; *Eppenberger* S. 55; *Kronstein/Claussen* S. 16.

[175] Ähnlich KK-*Zöllner,* § 131 Rn. 37.

wirtschaftliche Rückschläge durch die Bildung offener Gewinnrücklagen abgesichert werden muß.[176] Ein Kapitalanleger wird seiner Entscheidung andere Kriterien zugrunde legen. Die Einstellung in Gewinnrücklagen stellt sich für ihn als eine (Re-)investition des verteilungsfähigen Gewinns in das Unternehmen dar, während eine Ausschüttung ihm ermöglicht, die ausgezahlte Dividende zu eigenen Zwecken, insbesondere der Investition in eine andere Anlage mit besseren Renditeerwartungen zu verwenden. Deshalb wird er für eine Thesaurierung des Gewinns nur dann stimmen, wenn ihm die Investition in das Unternehmen als die günstigste Anlagealternative erscheint. Unter diesem Gesichtspunkt ähnelt seine Meinungsbildung der (erstmaligen) Anlageentscheidung eines Kapitalmarktteilnehmers.[177]

Ob ein Aktionär der Entscheidung über die Gewinnverwendung seine eigenen Interessen oder die des Unternehmens zugrunde legt, spielt für die Ausübung des Auskunftsrechts keine Rolle. In dieser Hinsicht ist der Einschätzung des KG zuzustimmen, der Aktionär dürfe sich von den Interessen eines Kapitalanlegers leiten lassen.[178] Es wird deshalb zu Recht für legitim erachtet, daß ein Fragesteller mit einem Auskunftsbegehren eine Erhöhung des Dividendenvorschlags durch den Vorstand zu erreichen sucht.[179] Das gilt auch in den Fällen, in denen das Interesse an einer Ausschüttung des Gewinns mit dem Bestreben der Unternehmensleitung, weitere Rücklagen zu bilden, in Konflikt gerät. Denkbar ist das vor allem, wenn eine ungünstige Entwicklung der Ertragslage zu erwarten ist, die unter unternehmerischen Gesichtspunkten die Bildung von Rücklagen geboten erscheinen läßt, während ein Anleger auf eine möglichst hohe Ausschüttung dringen wird, um sein Kapital dort zu investieren, wo ein höherer Ertrag zu erwarten ist.[180] Das Auskunftsrecht kann in diesem Fall ebenso eigennützig geltend gemacht werden wie das Stimmrecht. Die Aktionäre müssen ihre Interessen hinsichtlich der Verwendung des Gewinns nicht denen des Verbands unterordnen, weil letzteren bereits durch § 58 Abs. 1 bis 3 hinreichend Rechnung getragen worden ist.[181]

Fraglich ist, inwieweit ein Aktionär, der seiner Meinung über die Gewinnverwendung die Interessen als Kapitalanleger zugrunde legt, die erforderlichen Informationen mittels des Auskunftsanspruchs verlangen kann. Sein Informati-

---

176 Siehe bereits oben S. 30.

177 *Meier-Schatz* S. 227; *Wagner*, ZGR 1988, 210, 212 ff.

178 KG, ZIP 1995, 1585, 1587.

179 BGHZ 36, 121, 135; OLG Karlsruhe, AG 1990, 82; *Nitschke/Bartsch*, AG 1969, 95, 99; KK-*Zöllner*, § 131 Rn. 45; ablehnend *Flohr*, JA 1982, 380, 384; *W. Schilling*, JZ 1962, 410, 411.

180 *Wagner*, ZGR 1988, 210, 212.

181 *Mülbert* S. 210.

onsbedürfnis ist zukunftsorientiert, weil er seine Entscheidung in erster Linie von der zu erwartenden Entwicklung des Kurswertes und der Ertragsaussichten der AG abhängig machen wird. Hingegen haben die Berichterstattung und Auskunftserteilung in der Hauptversammlung im wesentlichen zurückliegende Sachverhalte zum Gegenstand, weil sie der „Vergangenheitsbewältigung“[182] im Hinblick auf das abgelaufene Geschäftsjahr dienen.[183] In diesem Zusammenhang gilt nichts anderes als bei der Abstimmung über die Entlastung der Verwaltung, mit der die Aktionäre die Geschäftsführung im Berichtsjahr billigen und zugleich Vorstand und Aufsichtsrat für die Zukunft ihr Vertrauen aussprechen. Das Auskunftsrecht beschränkt sich zwar zeitlich auf Vorgänge aus dem abgelaufenen Geschäftsjahr,[184] doch ist deren Kenntnis nicht zuletzt erforderlich, um die zukünftige Entwicklung der Gesellschaft abschätzen zu können.[185]

IV. Der verfassungsrechtliche Hintergrund des § 131

Bei der Auslegung von § 131 ist immer wieder auf verfassungsrechtliche Wertungen zurückgegriffen worden. Entsprechende Überlegungen liegen angesichts der gesetzgeberischen Vorgabe, die Organisation der AG in Einklang mit den Grundsätzen der Wirtschaftsverfassung zu bringen,[186] nahe. Die Ausrichtung des AktG auf den „wirtschaftlichen Eigentümer“ beruht auf der Annahme, daß jede Beschränkung der Rechtsposition eines Aktionärs, wie sie unweigerlich mit der Mitgliedschaft in einem Personenverband einhergeht, den grundrechtlichen Schutzbereich der Eigentumsgarantie berührt. Der Interessengegensatz zwischen dem Geheimhaltungsinteresse der AG und dem Informationsbedürfnis des Aktionärs erhält dadurch einen verfassungsrechtlichen Hintergrund. Während der Gesellschaft ein Recht auf freie wirtschaftliche Betätigung und informationelle Selbstbestimmung gemäß Art. 2 i.V.m. Art. 19 Abs. 3 GG zusteht, wird von den Aktionären bei der Geltendmachung ihres Auskunftsanspruchs auf Art. 14 GG verwiesen.[187]

---

182 *Hirte* in: Bankrechtstag 1995, S. 47, 55; siehe dazu auch *Meier-Schatz* S. 227, 185 ff.

183 Lediglich der Lagebericht weist gemäß § 289 Abs. 1 Hs. 2 und Abs. 2 Nr. 1 und 2 auch eine zukunftsbezogene Komponente auf.

184 Zu der (ausnahmsweise) bestehenden Möglichkeit, Auskunft zu einem Vorgang zu verlangen, der sich nach dem Ablauf des Berichtsjahres ereignet hat, siehe GK^3-*Barz*, § 131 Anm. 11; G/H/E/K-*Eckardt*, § 131 Rn. 91; *J. Götz*, DB 1995, 1949, 1951; *Hefermehl*, FS Duden, S. 109, 125; *Joussen*, DB 1994, 2485; *Nitschke/Bartsch*, AG 1969, 95, 98. Zu § 112 AktG 1937 BGHZ 32, 159, 164; RGZ 167, 151, 165 f.

185 *Hirte* in: Bankrechtstag 1995, S. 47, 55; unter Vorbehalten auch *Meier-Schatz* S. 189.

186 Allg. Begr. RegE, abgedr. bei *Kropff*, AktG, S. 14.

187 *Budde/Steuber*, AG 1996, 542, 543; *Ehricke*, BB 1979, 496, 498; *Obermüller*, BB 1960, 689, 690.

Grundrechte entfalten nicht nur gegen die vollständige Entziehung eines Rechtsgutes Schutz;[188] auch das „wie“ der Gewährleistung muß den verfassungsrechtlichen Anforderungen entsprechen. Der Innenbereich einer AG darf nicht in einer Form vorgegeben werden, die durch die Verfassung gewährleistete Freiheitsrechte obsolet werden läßt.[189] Bei der Frage, auf welche Art diese Vorgaben bei der Auslegung von § 131 Rechnung zu tragen ist, finden sich die aus der Debatte um das „wirtschaftliche Eigentum“ bekannten Antworten wieder. Nach einer Meinung ist der Auskunftsanspruch ein grundgesetzlich geschütztes Kontrollrecht, weil der Aktionär als Geldgeber Rechenschaft über die Verwendung der zur Verfügung gestellten Mittel verlangen kann.[190] Auf das Verhältnis des Aktionärs zu seinem Aktienbesitz stellen hingegen die Vertreter der Ansicht ab, Art. 14 GG gewährleiste den Erhalt des in der Aktie verkörperten Vermögens und die Rentabilität der Investition in die AG; deshalb müßten dem Aktionär - unter anderem durch das Auskunftsrecht - die Informationen zur Verfügung gestellt werden, die er für eine sachgemäße Anlageentscheidung benötige.[191]

1. Aktieneigentum und Eigentumsgarantie

Das verfassungsrechtliche Eigentum zeichnet sich wie das sachenrechtliche zum einen durch die privatnützige Zuordnung eines bestimmten Rechtsguts an seinen Träger aus, zum anderen durch die Befugnis, über den Eigentumsgegenstand zu verfügen.[192] Über das Zivilrecht hinausgehend ist aber nicht nur die Berechtigung an Sachen geschützt, sondern jedes private Vermögensrecht.[193] Nachdem sich das BVerfG bereits mehrfach mit dem Grundrechtsschutz des

---

188 In Fällen der vollständigen Entziehung mitgliedschaftlicher Rechte ist der Schutzbereich des Art. 14 GG (jedenfalls) eröffnet, siehe etwa BVerfGE 14, 263, 277; *Würdinger,* AktR, S. 49. Zur Beseitigung des Mehrstimmrechts *Zöllner/Hanau,* AG 1997, 206, 210; *Saenger,* ZIP 1997, 1813, 1818.

189 BVerfGE 50, 290, 352; *Brondics* S. 137; *Ebenroth/Koos,* BB 1995 Beilage 8, S. 4; *von Falkenhausen* S. 9 f.; *Friauf/Wendt* S. 60; M/D/H/S-*Papier,* Art. 14 Rn. 501; *Papier,* VVDStRL 35 (1977), 55, 87; *Rittner,* FS Schilling, S. 363, 381.

190 BGHZ 86, 1, 19; KG, ZIP 1995, 1585, 1587; OLG Düsseldorf, ZIP 1987, 1555, 1556; *Burgard* S. 74 f.; *Meilicke/Heidel,* DStR 1992, 72; siehe dazu bereits oben S. 54 f.

191 *Budde,* FS Clemm, S. 81, 88; *Budde/Steuber,* AG 1996, 542, 543; siehe dazu bereits oben S. 44.

192 BVerfGE 42, 263, 294; 50, 290, 339; *Friauf/Wendt* S. 34 f.; *Leisner* in: Isensee/Kirchhof (Hrsg.), Hdb StaatsR, § 149 Rn. 81.

193 BGHZ 6, 270, 278; BK-*Kimminich* Art. 14 Rn. 31; *Kunze,* RdA 1972, 257, 261; *Rittner,* FS Schilling, S. 363, 380.

Aktionärs zu befassen hatte,[194] schien zunächst eindeutig geklärt, worauf sich die Gewährleistung des Art. 14 GG bezieht. Aus der Gesellschafterstellung ergeben sich vermögensrechtliche Ansprüche auf Gewinnbeteiligung und gegebenenfalls auf Bezug junger Aktien sowie die Abwicklungsquote. Die Aktie ist insofern ein Vermögensrecht und genießt zunächst (nur) in dieser Eigenschaft Verfassungsschutz.[195]

Die Verwaltungsrechte des Aktionärs sind nicht vermögensrechtlicher Natur, so daß es zunächst an dem Anknüpfungspunkt für den Grundrechtsschutz gemäß Art. 14 GG fehlt.[196] Das wirft die Frage auf, ob und inwieweit auch diese Rechte, darunter der Auskunftsanspruch, verfassungsrechtlich gewährleistet werden. Die Rechtsprechung des BVerfG ist diesbezüglich nicht unproblematisch, spricht das Gericht doch von einem Anteilseigentum am *Unternehmen.*[197] Daß darin nicht nur eine folgenlose Falschbezeichnung liegt, zeigt die Erläuterung dieser Zuordnung als ein gesellschaftsrechtlich „vermitteltes Eigentum", das sich aus vermögensrechtlichen und mitgliedschaftlichen Elementen zusammensetzt.[198] Die aktienrechtlichen Mitspracherechte werden dabei als die mit dem Eigentum verbundenen Verfügungsbefugnisse interpretiert, die der Aktionär allerdings nur mittelbar über die Organe der Gesellschaft nutzen kann.[199]

Hinter dieser Betrachtung verbirgt sich die Einschätzung, zumindest im Wege einer „Durchgriffstheorie"[200] seien die Aktionäre Eigentümer des Unternehmens. Dies ist verfassungsrechtlich ebensowenig haltbar wie unter einfach-

---

[194] BVerfGE 14, 263 ff. (Feldmühle); 25, 371 ff. (Rheinstahl); 50, 290 ff. (MitbestG). Aus der kaum mehr zu überschauenden Literatur etwa: *Badura,* ZfA 1974, 357, 361 ff.; *Badura/Rittner/Rüthers* S. 201 ff.; *Friauf/Wendt* S. 53 ff.; *Henn,* Hdb AktR, Rn. 1509 ff.; *E.R. Huber* S. 86 ff.; *Kübler/Schmidt/Simitis* S. 58 f.; *Kunze,* RdA 1972, 257 ff.; *von Plessen* S. 32 ff.; *Schwerdtfeger* S. 196, 217 ff.; *Zacher,* FS Peters, S. 223, 225 ff.

[195] BVerfGE 14, 263, 277; 25, 371, 407; *Ebenroth/Koos,* BB 1995 Beilage 8, S. 3; *Zöllner/Hanau,* AG 1997, 206, 208.

[196] *Claussen,* AG 1996, 481, 492 f., für das (Mehr-)stimmrecht.

[197] BVerfGE 50, 290, 342 (Hervorhebung durch den Verf.); ebenso *Kluth,* ZIP 1997, 1217, 1219. Siehe auch Bundesverband des privaten Bankgewerbes, Denkschrift S. 10, wonach „die Aktionäre im Sinne von Art. 14 Grundgesetz Eigentümer des Unternehmens sind".

[198] BVerfGE 14, 263, 276 f.; 25, 371, 407; 50, 290, 341 f., und im Anschluß daran BGH, DB 1982, 421. Aus der Literatur: *Henn,* Hdb AktR, Rn. 1509; *Kübler/Schmidt/Simitis* S. 58; BK-*Kimminich* Art. 14 Rn. 38; M/D/H/S-*Papier,* Art. 14 Rn. 193. Siehe zur Terminologie des BVerfG bereits oben S. 80.

[199] BVerfGE 50, 290, 342; ebenso *Ebenroth/Koos,* BB 1995 Beilage 8, S. 3; *Kluth,* ZIP 1997, 1217, 1219; *Kübler/Schmidt/Simitis* S. 58; M/D/H/S-*Papier,* Art. 14 Rn. 193; *Schwerdtfeger* S. 230.

[200] *Leisner* in: Isensee/Kirchhof (Hrsg.), Hdb StaatsR, § 149 Rn. 116.

rechtlichen Gesichtspunkten. Die aus der Mitgliedschaft in dem Verband resultierenden Rechte sind unmittelbar dem Mitglied zugeordnet; das Anteilseigentum ist deshalb weder „gesellschaftsrechtlich vermittelt" noch weist es einen geringeren „personalen Bezug" als „sonstiges" Eigentum auf.[201] Die Mitspracherechte in der Gesellschaft haben mit der eigentumsspezifischen Verfügungsgewalt über das Unternehmen nichts zu tun. Auch in verfassungsrechtlicher Hinsicht ist dessen alleinige Eigentümerin die AG, die entsprechenden Grundrechtsschutz gemäß Art. 19 Abs. 3 GG genießt.[202]

Das bedeutet nicht, daß die Gewährleistung mitgliedschaftlicher Herrschaftsrechte ohne verfassungsrechtliche Relevanz ist. Aufgabe der Eigentumsgarantie ist, dem Träger einen Freiheitsraum im vermögensrechtlichen Bereich zu sichern.[203] Ausgangspunkt des grundgesetzlichen Schutzes muß deshalb stets das vermögensrechtliche Element des Anteilseigentums sein, d.h. die einzelnen aus der Mitgliedschaft erwachsenden Vermögensrechte. Die gesellschaftsrechtlichen Verwaltungsrechte, zu denen auch das Auskunftsrecht gehört, dienen dem Aktionär dazu, seine vermögensrechtlichen Interessen in dem Verband wahrzunehmen. Sie stellen ein Mittel dar, um im Rahmen der durch das Gesellschaftsrecht gegebenen Möglichkeiten über die Verwendung und Nutzung des Gesellschaftsvermögens mitzubestimmen.[204] Daher wirkt sich jede Einschränkung der Mitverwaltungsrechte auf die vermögensrechtliche Seite der Mitgliedschaft aus und ist im Hinblick auf Art. 14 GG zumindest eine Inhalts- und Schrankenbestimmung. Diese untrennbare Verbindung von Mitsprache- und Vermögensrechten ist es, die erstere an dem durch Art. 14 GG gewährleisteten Schutz teilhaben läßt.[205] Vor diesem Hintergrund genießt auch das Auskunftsrecht des Aktionärs den Schutz des Art. 14 Abs. 1 S. 1 GG.[206]

2. Verfassungsmäßigkeit des § 131 Abs. 1 S. 1

Gelegenheit, sich zu den Anforderungen zu äußern, die von Verfassungs wegen an das aktienrechtliche Auskunftsrecht zu stellen sind, hatte das BVerfG erstmals im Jahre 1999 aufgrund von zwei Verfassungsbeschwerden.[207] Obgleich diese jeweils nicht zur Entscheidung angenommen wurden, so daß es

---

201 So aber BVerfGE 50, 290, 348.

202 BVerfGE 50, 290, 341, 351; kritisch zum Ansatz des BVerfG auch *Heinze*, BB 1979, 1796.

203 BVerfGE 50, 290, 348; 68, 193, 222; 83, 201, 208.

204 BGHZ 82, 182, 192; *Saenger*, ZIP 1997, 1813, 1818; *Zöllner/Hanau*, AG 1997, 206, 207.

205 BVerfGE 14, 263, 285; 25, 371, 407; BGHZ 82, 188, 192; *Ebenroth/Koos*, BB 1995 Beilage 8, S. 3 f.

206 Im Ergebnis ebenso BVerfG, ZIP 1999, 1798, 1799; ZIP 1999, 1801, 1802.

207 BVerfG, ZIP 1999, 1798 ff mit Anm. *Grüner*, NZG 2000, 770 ff.; ZIP 1999, 1801 ff.

gemäß § 93d Abs. 1 S. 3 BVerfGG einer Begründung der betreffenden Beschlüsse nicht bedurft hätte, nutzte das BVerfG die Gelegenheit, die Vereinbarkeit von § 131 mit Art. 14 GG darzulegen.

In einem der Verfahren rügte der Beschwerdeführer eine Verletzung seiner Grundrechte gemäß Art. 1, 3, 14, 19 Abs. 2 und 103 Abs. 1 GG.[208] Ihm war in einer Hauptversammlung das Wort entzogen und die Möglichkeit, Fragen zu stellen, verwehrt worden, nachdem der Versammlungsleiter eine Begrenzung der Redezeit ausgesprochen hatte. Gegen den anschließend gefaßten Beschluß der Hauptversammlung, mit dem dem Aufsichtsrat Entlastung erteilt worden war, focht der Beschwerdeführer ohne Erfolg an.[209]

Das BVerfG nahm in diesem Zusammenhang sowohl zu den zeitlichen als auch zu den gegenständlichen Begrenzungen des Auskunftsrechts Stellung. In den Voraussetzungen, unter denen der Vorstand gemäß § 131 Abs. 1 S. 1 in der Hauptversammlung Auskunft erteilen muß, sieht das BVerfG zutreffend eine Inhalts- und Schrankenbestimmung i.S.d. Art. 14 Abs. 1 S. 2 GG.[210] Eine mit dem Grundsatz der Verhältnismäßigkeit nicht vereinbare Einschränkung der Eigentumsgarantie vermag das Gericht dabei weder im Hinblick auf die neben dem Auskunftsanspruch bestehenden Verwaltungsrechte des Aktionärs noch im Hinblick auf dessen mitgliedschaftliche Vermögensrechte zu erkennen.[211]

Dazu besteht hinsichtlich des Merkmals, eine Auskunft müsse zur sachgerechten Beurteilung eines Gegenstands der Tagesordnung erforderlich sein, auch kein Anlaß. Angesichts der thematischen Weite der einzelnen Tagesordnungspunkte ist nicht ersichtlich, inwieweit verfassungsrechtliche Bedenken gegen § 131 Abs. 1 S. 1 bestehen könnten. Die Regelung läßt genügend Raum, im konkreten Einzelfall den berechtigten Informationsinteressen des Aktionärs Rechnung zu tragen.

Das gilt zunächst im Hinblick auf die dem Aktionär neben dem Auskunftsrecht zustehenden Verwaltungsrechte. Auskünfte sind gemäß § 131 Abs. 1 S. 1 in dem Maße zu erteilen, wie sie zur sachgemäßen Wahrnehmung der Mitspracherechte erforderlich sind.[212] Damit fügt sich das Auskunftsrecht in die akti-

---

208 BVerfG, ZIP 1999, 1798. Das BVerfG sah sich lediglich zu einer Prüfung am Maßstab des Art. 14 Abs. 1 GG veranlaßt, da eine Verletzung anderer Grundrechte weder hinreichend dargetan noch ersichtlich war, BVerfG, ebenda, 1801.

209 Siehe auch die Vorinstanzen: LG Stuttgart, ZIP 1995, 950 ff.; OLG Stuttgart, WM 1995, 617 ff.

210 BVerfG, ZIP 1999, 1798, 1799.

211 BVerfG, a.a.O.

212 Das BVerfG (a.a.O.) spricht auch in dieser Entscheidung von den Mitgliedschaftsrechten des Aktionärs, siehe zu dieser Terminologie bereits oben S. 80.

enrechtliche Kompetenzordnung, die von Verfassungs wegen nicht zu beanstanden ist.[213] Die Verknüpfung mit der Tagesordnung der Hauptversammlung gemäß § 131 Abs. 1 S. 1 begegnet ebenfalls keinen Bedenken. Sie bedeutet nicht, daß bei der Auslegung der Vorschrift etwa nur die in der Hauptversammlung auszuübenden Mitspracherechte berücksichtigt werden könnten, und läßt genügend Raum, auch den anderen Verwaltungsrechten des Aktionärs Rechnung zu tragen. Soweit sie zeitliche Restriktionen mit sich bringt, ist dies im Interesse einer gleichmäßigen Unterrichtung aller Aktionäre gerechtfertigt.[214]

Was den Zusammenhang des Auskunftsrechts mit den Vermögensrechten des Aktionärs angeht, bleibt die Entscheidung des BVerfG vage. Das BVerfG untersucht die Regelung des § 131 Abs. 1 S. 1 zwar auch in dieser Hinsicht und gelangt zunächst zu dem Schluß, der Aktionär benötige insofern weiterreichende und andere Informationen, als sie ihm aufgrund des Auskunftsrechts in der Hauptversammlung zu gewähren seien. § 131 Abs. 1 S. 1 sei aber dennoch verfassungsrechtlich nicht zu beanstanden, weil neben die Auskunftspflicht des Vorstands in der Hauptversammlung noch eine Vielzahl anderer Informations- und Publizitätsvorschriften trete, von denen der Aktionär profitiere.[215]

Diese knappen Ausführungen lassen einige Fragen offen.[216] So wird nicht hinreichend deutlich, ob die „sachgerechte Vermögensdisposition"[217], auf die das BVerfG in seiner Entscheidung abstellt, die Mitsprache des Aktionärs im Hinblick auf die Verwendung des Bilanzgewinns meint (und damit nichts anderes als die Ausübung seines Stimmrechts bei der Beschlußfassung gemäß § 174 Abs. 1) oder aber den Erwerb bzw. die Veräußerung des Anteilsbesitzes. Letzteres erscheint nicht zuletzt deshalb möglich, weil das BVerfG in seinem Beschluß vom gleichen Tage, in dem es sich mit § 131 Abs. 3 S. 1 Nr. 3 zu befassen hatte, von der Gefahr spricht, ein Aktionär werde bei unzureichender Unterrichtung über die Gesellschaft seinen Aktienbesitz unter Umständen zu billig verkaufen.[218] Nachdem aber auch das BVerfG im Ausgangspunkt die verfassungsrechtlich geschützten Vermögensinteressen des Aktionärs nicht in dem (Markt-)wert der Aktie, sondern in den mitgliedschaftlichen Vermögensrechten

---

213 BVerfG, ZIP 1999, 1798 f.

214 BVerfG, a.a.O., 1799.

215 BVerfG, a.a.O., 1800.

216 Kritisch zu den Ausführungen des BVerfG hinsichtlich der Vermögensrechte auch *Witt*, WuB II A. § 131 AktG 1.00, 47, 51

217 BVerfG, a.a.O., 1800.

218 BVerfG, ZIP 1999, 1801, 1803 (dazu unten S. 162 ff.). Die Verkehrsfähigkeit der Aktie hatte das BVerfG bereits in seiner Entscheidung zur Untergrenze der Abfindung ausscheidender Aktionäre betont, ZIP 1999, 1436, 1440.

sieht,[219] wäre für den Brückenschlag zu der (Des-)investionsentscheidung des Aktionärs eine ausführlichere Begründung wünschenswert gewesen.[220] Dann wäre vermutlich auch deutlich geworden, ob das BVerfG mit den anderweitigen Informationsquellen des Aktionärs diejenigen meint, die diesem aufgrund seiner Eigenschaft als Aktionär (in der Hauptversammlung) zur Verfügung stehen,[221] oder aber auch kapitalmarktrechtliche Veröffentlichungen, die sich an das Anlagepublikum schlechthin wenden.[222]

Wird mit der hier vertretenen Ansicht nach der Bedeutung gefragt, die Inhalt und Umfang des Auskunftsrechts für die mitgliedschaftlichen Vermögensrechte des Aktionärs hat, so ist dies die Frage nach der bereits unter einfach-rechtlichen Gesichtspunkten erörterten Ausschüttunsbemessungsfunktion der Rechnungslegung.[223] Die Verwaltung kann, da sie aufgrund der aktienrechtlichen Kompetenzverteilung regelmäßig den Jahresabschluß feststellt, Einfluß auf den Jahresüberschuß und damit letztlich den für eine Ausschüttung an die Aktionäre zur Verfügung stehenden Bilanzgewinn nehmen. Verfassungsrechtliche Bedenken könnten sich vor diesem Hintergrund zum einen ergeben, wenn es dem Ermessen der Verwaltung überlassen bliebe, ob und in welchem Umfang ein Gewinn an die Aktionäre ausgeschüttet wird. Dem hat der Gesetzgeber jedoch durch die Bilanzierungsvorschriften vorgebeugt, die die Gestaltungsfreiheiten der Verwaltung bei der Ausübung von Beurteilungs- und Ermessensspielräumen einschränken. Zum anderen könnten verfassungsrechtliche Bedenken dann erhoben werden, wenn dem Aktionär jegliche Möglichkeit genommen wäre, die Ermittlung des Bilanzgewinns nachzuvollziehen. Dies ist aber nicht der Fall, weil nicht nur die Offenlegung des Jahresabschlusses gegenüber den Aktionären vorgesehen ist, sondern diese auch das Recht haben, unabhängig von einer Beschlußfassung der Hauptversammlung Fragen zu der Rechnungslegung der Verwaltung zu stellen.

Verfassungsrechtliche Bedenken gegen § 131 Abs. 1 S. 1 ergeben sich insofern nicht. Insbesondere im Zusammenhang mit der Vorlage des Jahresabschlusses erlaubt das Kriterium, eine Auskunft müsse zur sachgemäßen Beurteilung dieses Tagesordnungspunkts erforderlich sein, Fragen zur Ermittlung des Jahresüberschusses und Bilanzgewinns zu stellen. Die ordnungsgemäße Er-

---

219 BVerfG, ZIP 1999, 1798, 1799.

220 Dazu, daß das Auskunftsrecht nicht zur Vorbereitung der Anlageentscheidung des Aktionärs dient, siehe oben S. 76 ff.

221 Darauf deuten die Ausführungen des BVerfG (a.a.O.) hin, von den angeführten „Informations- und Publizitätsvorschriften" profitiere der Aktionär „als Verbandsmitglied".

222 Dazu, daß nicht jede Veröffentlichung einer Tatsache außerhalb der Hauptversammlung einem Auskunftsbegehren gemäß § 131 Abs. 1 S. 1 die Grundlage entzieht, siehe oben S. 34 f.

223 Siehe oben S. 123 ff.

füllung ihrer Vermögensrechte zu prüfen, wird den Aktionären durch § 131 Abs. 1 S. 1 nicht verwehrt. Die Frage, ob insofern verfassungsrechtliche Bedenken bestehen, fokussiert vielmehr im Hinblick auf Auskunftsbegehren, die sich auf bestehende Gestaltungsfreiheiten der Verwaltung bei der Rechnungslegung beziehen, und ist deshalb ein Problem des Auskunftsverweigerungsrechts gemäß § 131 Abs. 3 S. 1 Nr. 3 und 4. Ob diese Bestimmungen dem Maßstab des Art. 14 Abs. 1 S. 1 GG genügen, war denn auch Gegenstand der zweiten im Hinblick auf das Auskunftsrecht des Aktionärs erhobenen Verfassungsbeschwerde.[224]

§ 15 Zwischenergebnis

Aufgrund der Einbindung des Fragerechts in die Hauptversammlung profitieren alle dort anwesenden Aktionäre von einer Auskunftserteilung durch den Vorstand. § 131 Abs. 1 S. 1 gewährleistet auf diese Weise eine möglichst gleichmäßige Unterrichtung der Aktionäre. Dazu, das Auskunftsrecht in ein organschaftliches Informationsrecht umzudeuten, dessen Zweck die Unterrichtung der Hauptversammlung ist, besteht jedoch kein Anlaß. Eine solche Interpretation gibt die einem Auskunftsbegehren zugrundeliegende Interessenlage unzutreffend wieder. Der Aktionär muß sich bei der Ausübung seines Rechts weder von den Interessen der Gesellschaft leiten lassen, noch hängt die Berechtigung seines Auskunftsbegehrens davon ab, ob dieses von einzelnen oder der Mehrheit der anderen Aktionäre geteilt wird.

Ähnlich verhält es sich mit der von dem Auskunftsrecht ausgehenden „Breitenkontrolle“[225] der Verwaltung durch die Aktionäre. Sie kommt nicht nur dem einzelnen Aktionär zugute, sondern liegt auch im wohlverstandenen Interesse der anderen Aktionäre, der Gesellschaft und der Allgemeinheit. Nicht zuletzt die Gewährleistung als Individualrecht trägt in diesem Zusammenhang wesentlich zu der Wirksamkeit der von den Aktionären ausgehenden Kontrolle bei. Bestrebungen, Inhalt oder Umfang der zu erteilenden Auskünfte von der Größe des Anteilsbesitzes des Fragestellers abhängig zu machen, sind deshalb zurückzuweisen. Aus den gleichen Gründen bedarf es auch keines „eigenen“ Interesses, das der einzelne Aktionär an einer Information haben muß. Den Voraussetzungen gemäß § 131 Abs. 1 S. 1 ist genüge getan, wenn eine Auskunft für eine sachgerechte Meinungsbildung über einen Tagesordnungspunkt erforderlich ist und die betreffende Tatsache gegenüber den Aktionären nicht bereits vorher offengelegt worden ist. Darüber hinaus ist kein Raum für die Frage nach den

---

224 Siehe dazu unten S. 162 ff.

225 *Ebenroth/Koos*, BB 1995, Beilage 8, S. 2.

Motiven, die der betreffende Aktionär mit seinem Auskunftsbegehren verfolgt. Schließlich ist es auch nicht geboten, die Verteilung der Informationsinitiative bei kollektiver und individueller Publizität in Frage zu stellen. Insofern ist daran festzuhalten, daß erstere grundsätzlich vom Vorstand, letztere vom Aktionär auszugehen hat.

Wenn trotz der aufgezeigten Unterschiede die Informationspflichten der Verwaltung gegenüber der Hauptversammlung als Organ und dem einzelnen Aktionär fließen ineinander übergehen, so liegt dies daran, daß das aus der Organverantwortlichkeit des Vorstands resultierende Bedürfnis nach einer Information der Hauptversammlung deckungsgleich mit dem aus der Mitgliedschaft resultierenden Informationsinteresse des einzelnen Aktionärs ist. Der Auskunftsanspruch als Kontrollrecht fügt sich so in die Kompetenzordnung der AG: Die Überwachung des Vorstands ist zwar in erster Linie dem Aufsichtsrat übertragen; dies schließt eine Kontrolle durch die Aktionäre aber nicht aus, soweit sie für eine sachgerechte Wahrnehmung von deren Mitgliedschaftsrechten erforderlich ist. Diese sind zugleich Rechtsgrund und Grenze der Kontrollbefugnisse des Aktionärs.

Dabei läßt sich das Auskunftsrecht in zweifacher Hinsicht interpretieren: Als Kontrollrecht des unternehmerisch engagierten Aktionärs, der die Geschäftsführung überwacht, oder als Überwachungsinstrument des Anlageaktionärs, dem die Rentabilität seiner Investition am Herzen liegt. Hinsichtlich des erstgenannten Aspekts korrespondiert das Bedürfnis nach einer Kontrolle der Verwaltung mit den Informationsinteresse des Aktionärs, das sich aus dessen Mitspracherechten ergibt. Dabei treten neben das Stimmrechts als das vermeintlich „vorzüglichste" Recht des Aktionärs dessen Kontrollrechte, die Auskünfte erforderlich machen. Da eine Einflußnahme der Aktionäre auf die laufende Geschäftsführung regelmäßig ausgeschlossen ist, liegt die eigenständige Bedeutung des Auskunftsanspruchs als Kontrollrecht in erster Linie in dem Zwang zu einer nachträglichen Offenlegung von Geschäftsführungsmaßnahmen und der davon ausgehenden Rückwirkung auf diese Maßnahmen.

Alleine aufgrund der Mitsprache der Aktionäre lassen sich deren Informationsinteressen jedoch nicht befriedigend erklären. Auch hinsichtlich der mitgliedschaftlichen Vermögensrechte erweisen sich kollektive und individuelle Publizität als zwei Seiten derselben Medaille. Denn neben die Rechenschaftspflicht, die die Verwaltung gegenüber dem Verband zu erfüllen hat, um das wirtschaftliche Ergebnis ihrer Geschäftsführung offenzulegen, tritt das Informationsbedürfnis des Aktionärs, das sich aus seinem Recht auf Beteiligung an dem Bilanzgewinn ergibt. Ein eigenständiges Interesse an einer Kontrolle der Verwaltung ergibt sich vor diesem Hintergrund aus der Ausschüttungsbemessungsfunktion der Rechnungslegung. Die Höhe des letztlich zur Verteilung an die Aktionäre gelangenden Bilanzgewinns ist davon abhängig, auf welche Art und Weise die Verwaltung den ihr obliegenden Informationspflichten nachkommt. Den Aktionären eine sachgerechte Wahrnehmung ihrer Vermögensrechte zu ermöglichen, bedeutet deshalb, ihnen die Möglichkeit zu geben, die Angaben in dem regelmäßig durch die Verwaltung festgestellten Jahresabschluß nachzuvollziehen. Damit schließt sich der Kreis zu der oben an zweiter Stelle angeführten Interpretation des Auskunftsanspruchs als Kontrollrecht des Anlegeraktionärs, für den die Rentabilität seines Investments im Vordergrund steht.

Diese Betrachtung trägt schließlich auch dem Zusammenhang zwischen dem Auskunftsrecht und der Eigentumsgarantie gemäß Art. 14 Abs. 1 S. 1 Rechnung. Anknüpfungspunkt des grundrechtlichen Schutzes sind die mitgliedschaftlichen Vermögensrechte. Die Verwaltungsrechte, unter ihnen das Auskunftsrecht, nehmen an diesem Schutz insofern teil, als jede Einschränkung dieser Rechte zugleich auch die Vermögenssphäre des Aktionärs beeinträchtigt. Verfassungsrechtliche Bedenken gegen § 131 Abs. 1 S. 1 bestehen vor diesem Hintergrund nicht.

5. KAPITEL: SPEZIELL GEREGELTE AUSKUNFTSRECHTE

§ 131 ist nicht die einzige Regelung eines individuellen Auskunftsrechts des Aktionärs. Daneben sehen das AktG sowie das UmwG spezielle Vorschriften vor, die sich in zwei Gruppen unterteilen lassen: §§ 326, 337 Abs. 4 betreffen bereits bestehende Konzerne und regeln das Auskunftsrecht des Aktionärs in der Hauptversammlung einer Konzernmutter bzw. Hauptgesellschaft. Dem stehen die Bestimmungen gegenüber, deren Gegenstand die Unterrichtung der Aktionäre bei Grundlagenentscheidungen ist. §§ 293g Abs. 3, 295 Abs. 2 S. 3 (gegebenenfalls i.V.m. §§ 296 Abs. 2, 297 Abs. 2 S. 2), 319 Abs. 3 S. 4, 320 Abs. 4 S. 3 AktG sowie § 64 Abs. 2 UmwG ergänzen bei Abstimmungen über Strukturänderungen[1] nach dem AktG bzw. dem UmwG das allgemeine Auskunftsrecht.

§ 16 Auskunftsrechte in bestehenden Konzernen

Gemäß § 326 kann jeder Aktionär der Hauptgesellschaft Auskunft über Angelegenheiten der eingegliederten Gesellschaft ebenso verlangen wie über Angelegenheiten der Hauptgesellschaft. Mit anderen Worten: Der Fragesteller ist so zu unterrichten, als wäre er auch Aktionär der eingegliederten Gesellschaft.[2] Dieser Ergänzung des allgemeinen Auskunftsrechts durch eine spezielle Regelung hätte es letztlich nicht bedurft, weil sie sich bereits aus § 131 Abs. 1 S. 1 ableiten läßt. Die Hauptgesellschaft haftet gemäß § 322 Abs. 1 unbeschränkt für die Verbindlichkeiten der eingegliederten AG und ist deshalb von jedem Vorgang bei der eingegliederten Gesellschaft ebenso betroffen wie diese selbst. Da die eingegliederte AG zwar rechtlich selbständig, letztlich aber nichts anderes als eine „Betriebsabteilung“ der Hauptgesellschaft ist, sind ihre Angelegenheiten zugleich solche der Hauptgesellschaft.[3]

§ 337 Abs. 4 sieht vor, daß sich die Auskunftspflicht des Vorstands einer Konzernmutter in der ordentlichen Hauptversammlung, der der Konzernabschluß und der Konzernlagebericht vorgelegt werden, auf die Lage des Konzerns und der gemäß §§ 294 ff. HGB in den Konzernabschluß einbezogenen Unternehmen erstreckt. Nach einhelliger Ansicht müssen allerdings die Voraus-

---

[1] Zu diesem Begriff BGHZ 82, 188, 195; 83, 122, 131 („Holzmüller“); *Decher* S. 114 f.; *Lutter*, FS Fleck, 169, 179 f.; *ders.*, FS Stimpel, S. 825, 837; *Wiedemann*, GesR I, S. 323.

[2] Begr. § 326 RegE, abgedr. bei *Kropff*, AktG, S. 431.

[3] Siehe auch KK²-*Koppensteiner*, § 326 Rn. 3; *Geßler*, AktG, § 326 Rn. 3; *Hüffer*, AktG, § 326 Rn. 1; GK³-*Würdinger*, § 326 Anm. 1.

setzungen des allgemeinen Auskunftsanspruchs vorliegen, d.h. die Auskunft muß zur Beurteilung eines Tagesordnungspunktes erforderlich sein.[4] Da eine Frage unter diesen Voraussetzungen bereits gemäß § 131 Abs. 3 S. 1 beantwortet werden muß, ist § 337 Abs. 4 letztlich ohne Bedeutung.[5] Maßgeblich ist ausschließlich, ob eine Angelegenheit eines verbundenen Unternehmens so wesentlich ist, daß sie für die Beurteilung eines Tagesordnungspunkts in der Hauptversammlung des Mutterunternehmens erforderlich ist. Zum Teil reicht § 131 Abs. 1 S. 1 sogar weiter als § 337 Abs. 4. Fragen zu Vorgängen in Konzernunternehmen müssen aufgrund der allgemeinen Regelung selbst dann beantwortet werden, wenn diese Unternehmen gemäß §§ 295, 296 HGB nicht in den Konzernabschluß der Muttergesellschaft einbezogen worden sind.[6]

§ 17 Informationsrechte bei Änderungen der Verfassungsstruktur der AG

Gesetzlich geregelte Strukturänderungen sind der Abschluß eines Unternehmensvertrags i.S.d. § 291 und die Eingliederung gemäß §§ 319, 320 sowie die in § 1 Abs. 1 Nr. 1 bis 4 UmwG genannten Umwandlungen in Form von Verschmelzung, Spaltung (Auf- u. Abspaltung bzw. Ausgliederung), Vermögensübertragung und Formwechsel. Mit Ausnahme des Formwechsels, bei dem die Aktionäre auf das allgemeine Auskunftsrecht gemäß § 131 verwiesen sind, sind für alle anderen Vorgänge spezielle Auskunftsrechte vorgesehen.

I. Aktionärsinformation in drei Stufen

Die genannten Maßnahmen setzen die Zustimmung der Hauptversammlung aller beteiligten Aktiengesellschaften voraus.[7] Zur Vorbereitung der Abstimmung ist eine Unterrichtung der Aktionäre in „drei Kanälen"[8] vorgesehen: eine schriftliche Vorabinformation, die mündliche Erläuterung der Strukturmaßnahme in der Hauptversammlung und die Beantwortung von Fragen der Aktio-

---

4 *Hüffer*, AktG, § 337 Rn. 14; G/H/E/K-*Kropff*, § 337 Rn. 75; GK^3-*Würdinger*, § 337 Anm. 4.

5 So auch KK-*Kronstein/Kirchner*, § 337 Rn. 5.

6 G/H/E/K-*Kropff*, § 337 Rn. 76.

7 § 293 (Beherrschungs- bzw. Gewinnabführungsvertrag); §§ 319 Abs. 1 u. 2, 320 Abs. 1 (Eingliederung); §§ 13 Abs. 1, 65 UmwG (Verschmelzung, Spaltung, Vermögensübertragung); §§ 193, 240, 242 UmwG (Formwechsel). Im folgenden wird nur die einschlägige Vorschrift aus dem Verschmelzungsrecht genannt. Ihre Geltung für Spaltungen ergibt sich - soweit nichts anderes vermerkt ist - aus § 125 S. 1 UmwG, für Vermögensübertragungen aus §§ 176 ff., 184 UmwG.

8 *Hommelhoff*, ZHR 151 (1987), 493, 509.

näre.[9] Am Anfang steht ein schriftlicher Bericht des Vorstands, in dem die vorgesehene Maßnahme rechtlich und wirtschaftlich zu erläutern und begründen ist.[10] Für einen Teil der Strukturveränderungen ist in einem weiteren Schritt eine Prüfung durch sachverständige Prüfer vorgesehen, die über das Ergebnis ihrer Untersuchung ebenfalls schriftlich berichten müssen.[11] Zusammen mit den Jahresabschlüssen und Lageberichten der beteiligten Gesellschaften für die letzten drei Geschäftsjahre, unter Umständen auch einer Zwischenbilanz, können diese Unterlagen von den Aktionären vor und während der Hauptversammlung eingesehen werden. Von deren Einberufung an sind sie in den Geschäftsräumen der Gesellschaft(en) auszulegen und einem Aktionär auf sein Verlangen hin kostenlos in Abschrift zur Verfügung zu stellen; in der Hauptversammlung schließlich müssen sie gleichermaßen ausliegen.[12]

Der Vorstand hat die Strukturveränderung in der Hauptversammlung zunächst mündlich zu erläutern.[13] Sodann können die Aktionäre auf der Grundlage von § 131 Abs. 1 S. 1, der durch spezielle Vorschriften ergänzt wird, Auskünfte einholen. §§ 293g Abs. 3, 295 Abs. 2 S. 3, 319 Abs. 3 S. 4 AktG und § 64 Abs. 2 UmwG zeichnen sich durchgehend dadurch aus, daß sie das Fragerecht auf die wesentlichen Angelegenheiten aller anderen an der Strukturänderung beteiligten Unternehmen bzw. Rechtsträger erstrecken. Ob und inwieweit es dieser Erweiterung bedarf, hängt davon ab, welche (eigenständige) Bedeutung man den Angelegenheiten der Gesellschaft i.S.d. § 131 Abs. 1 S. 1 beimißt. Über die Vermögens- und Ertragslage aller an der Neuordnung beteiligten Unternehmen sind bereits aus der Natur des zu beurteilenden Tagesordnungs-

---

9 Siehe zum folgenden auch die Darstellungen von *Bayer,* AG 1988, 323, 325 ff.; *ders.,* ZIP 1997, 1613, 1619 ff.; *R. Becker,* AG 1988, 223, 225 f.; *Engelmeyer,* BB 1998, 330, 331 ff.; *Heckschen,* WM 1990, 377, 381 ff.

10 § 293a Abs. 1 AktG (Unternehmensvertrag); §§ 319 Abs. 3 Nr. 3, 320 Abs. 4 S. 1 AktG (Eingliederung); § 8 Abs. 1 UmwG (Verschmelzung, (Vermögens)vollübertragung)); § 127 UmwG (Spaltung, (Vermögens)teilübertragung (§ 177 Abs. 1 UmwG)); § 192 Abs. 1 UmwG (Formwechsel).

11 §§ 293b Abs. 1, 293e Abs. 1 AktG (Unternehmensvertrag); § 320 Abs. 3 AktG (Eingliederung durch Mehrheitsbeschluß); §§ 9 Abs. 1, 12, 60 UmwG (Verschmelzung, Spaltung mit Ausnahme der Ausgliederung (§ 125 S. 2 UmwG), Vermögensübertragung mit Ausnahme der ausgliedernden Teilübertragung (§§ 177 Abs. 1, 125 S. 2 UmwG)).

12 §§ 293f, 293g Abs. 1 AktG (Unternehmensvertrag); §§ 319 Abs. 3 S. 1 bis 3, 320 Abs. 4 (Eingliederung); §§ 63, 64 Abs. 1 S. 1 UmwG (Verschmelzung, Spaltung, Vermögensübertragung); §§ 230 Abs. 2, 232 Abs. 1 UmwG (Formwechsel, bei dem eine Vorlage von Jahresabschlüssen nicht vorgesehen ist).

13 § 293g Abs. 2 S. 1 AktG (Unternehmensvertrag). Für eine entsprechende Anwendung bei der Eingliederung: G/H/E/K-*Grunewald/Semler,* § 319 Rn. 9; *Hommelhoff,* Konzernleitungspflicht, S. 362; *Hüffer,* AktG, § 319 Rn. 12; *G. Krieger* in: Münch. Hdb AG, § 73 Rn. 13; a.A. GK³-*Würdinger,* § 319 Anm. 14; §§ 64 Abs. 1 S. 2, 239 Abs. 2 UmwG.

punktes Angaben erforderlich.[14] Nach der hier vertretenen Ansicht müßten deshalb auch dann, wenn es an speziellen Regelungen fehlte, entsprechende Auskünfte erteilt werden. Maßstab kann auch in diesem Zusammenhang alleine die Frage sein, ob die Kenntnis der betreffenden Tatsachen für die Beurteilung der beabsichtigten Maßnahme erforderlich ist.[15]

II. Die Abstimmung in der Hauptversammlung der aus einem Unternehmensvertrag verpflichteten, der einzugliedernden bzw. der übertragenden AG

1. Die Bedeutung der Abstimmung für den Kleinaktionär

Spezielle Fragerechte, die der Vorbereitung einer Abstimmung über Strukturmaßnahmen dienen, fügen sich zunächst in den Zusammenhang, wie er gemeinhin zwischen dem Auskunftsanspruch und den Mitspracherechten des Aktionärs in Gesellschaftsangelegenheiten hergestellt wird. Die Aktionäre bedürfen einer eingehenden vorherigen Unterrichtung, weil sie in der Hauptversammlung eine Entscheidung von besonderer Reichweite treffen sollen.[16] Dies gilt insbesondere dort, wo unmittelbar die Grundlagen der Gesellschaft betroffen sind, weil zur Durchführung der geplanten Maßnahme eine Änderung des Verbandszwecks der AG erforderlich ist. Das ist etwa bei Abschluß eines Unternehmensvertrags seitens der verpflichteten Gesellschaft, bei einer Eingliederung seitens der einzugliedernden AG sowie bei einer Verschmelzung nach dem UmwG seitens der vermögensübertragenden Gesellschaft der Fall.[17]

Tatsächlich wird ein normtypischer Publikumsaktionär dieser Gesellschaften der Abstimmung allerdings kaum die Bedeutung beimessen, die ihr rechtlich zukommt. Gemäß § 293 Abs. 1 S. 2 ist bei Abschluß oder Änderung eines Beherrschungs- bzw. Gewinnabführungsvertrags ebenso wie für sämtliche Umwandlungen gemäß § 65 Abs. 1 S. 1 UmwG eine qualifizierte Mehrheit von (mindestens) drei Viertel des bei der Beschlußfassung vertretenen Grundkapitals erforderlich; bei der Eingliederung muß die eingliedernde Gesellschaft sogar alle (§ 319 Abs. 1), mindestens aber 95% der Anteile (§ 320 Abs. 1) an der einzugliedernden AG innehaben. Diese Mehrheiten sind in Verbänden mit weit gestreutem Anteilsbesitz kaum zu mobilisieren, weswegen die genannten Entscheidungen nahezu ausschließlich in der Untergesellschaft eines bereits beste-

---

14 Siehe für den Abschluß eines Beherrschungs- bzw. Gewinnabführungsvertrags: KK^2-*Koppensteiner,* § 293 Rn. 25; G/H/E/K-*Geßler,* § 293 Rn. 73; *Godin/Wilhelmi,* AktG, § 293 Anm. 4.

15 *Grunewald* in: Lutter, UmwG, § 64 Rn. 6; *K. Schmidt,* Informationsrechte, S. 34; a.A. *Ebenroth* S. 62; *ders.,* AG 1970, 104, 106. Siehe bereits oben S. 12.

16 Ähnlich Begr. § 293 RegE, abgedr. bei *Kropff,* AktG, S. 381; *Ebenroth,* AG 1970, 104; *Hommelhoff,* ZHR 151 (1987), 493, 509.

17 *Mülbert* S. 161 ff.

henden (faktischen) Konzerns getroffen werden.[18] Da in der Hauptversammlung der Untergesellschaft, die über die entsprechende Strukturmaßnahme abstimmt, auch der aus dem Unternehmensvertrag berechtigte Vertragspartner, die künftige Hauptgesellschaft bzw. der übernehmende Rechtsträger stimmberechtigt ist, gerät die Abstimmung trotz des Erfordernisses einer qualifizierten Mehrheit zum bloßen „Formalakt“.[19]

Klein- und Minderheitsaktionäre können deshalb auf die Entscheidung über die Strukturänderung letztlich keinen Einfluß nehmen und werden der Ausübung ihres Stimmrechts in der Regel nur geringe Bedeutung beimessen. Dennoch zielt die Regelung umfassender Berichts-, Erläuterungs- und Auskunftspflichten des Vorstands speziell auf diese Aktionäre ab.[20] Denn die Obergesellschaft ist als Mehrheitsaktionär in der Hauptversammlung der Untergesellschaft weder auf den allgemeinen noch den speziellen Auskunftsanspruch angewiesen. Aufgrund des konzerninternen Informationsflusses[21] ist sie über das beherrschte Unternehmen regelmäßig ebenso gut unterrichtet wie über eigene Angelegenheiten. Um eine von der Einflußnahme der Mehrheitsaktionäre unabhängige Unterrichtung der Minderheitsaktionäre zu gewährleisten, stehen diesen nicht nur individuelle Auskunftsrechte zu. Auch die Vorlage der jeweils erforderlichen schriftlichen Berichte ist nur dann entbehrlich, wenn alle Anteilsinhaber sämtlicher beteiligten Gesellschaften auf ihre Erstattung verzichten.[22]

2. Der Schutz der Minderheitsaktionäre in der Untergesellschaft

Mit dem Abschluß eines Unternehmensvertrags, der Eingliederung bzw. der Umwandlung einer Gesellschaft ist eine Beeinträchtigung der Rechtsstellung des (Minderheits-)aktionärs der aus dem Vertrag verpflichteten, sich eingliedernden bzw. übertragenden Gesellschaft verbunden, die sowohl dessen Herrschafts- als auch Vermögensrechte betrifft.[23] Da die Teilnahme des Aktionärs

---

[18] Begr. § 293 RegE, abgedr. bei *Kropff,* AktG, S. 380; *Bayer,* AG 1988, 323; *ders.,* ZGR 1995, 613, 615; *Immenga,* FS Böhm, S. 253, 257; *Mestmäcker* S. 324; *Priester,* NJW 1983, 1459, 1465; *Sonnenschein* S. 347.

[19] Begr. § 319 RegE, abgedr. bei *Kropff,* AktG, S. 422; *Emmerich/Sonnenschein,* KonzernR, § 13 V 1 d; *Sonnenschein,* BB 1975, 1088, 1089.

[20] Siehe auch *Bayer,* ZGR 1993, 599, 603; *ders.,* ZGR 1995, 613, 616: „Minderheitenschutz durch Information“.

[21] Dazu *Decher,* ZHR 158 (1994), 473, 476 ff.; *Emde,* ZIP 1998, 725, 727; *Karehnke,* AG 1968, 280, 281; *Lutter,* ZIP 1997, 613, 617 f.

[22] § 293a Abs. 3 (Beherrschungs- bzw. Gewinnabführungsvertrag); §§ 8 Abs. 3, 12 Abs. 3, 127 S. 2 (Umwandlungen). Für die Eingliederung ist eine Verzichtsmöglichkeit nicht vorgesehen.

[23] *Bayer,* AG 1988, 323 f.; *ders.,* ZGR 1993, 599, 601 f.

an der Abstimmung aus den genannten Gründen einen hinreichenden Minderheitenschutz nicht bewirken kann, wählen das AktG und UmwG einen anderen Ansatz, um den Belangen der Minderheitsaktionäre Rechnung zu tragen. Ausgangspunkt der entsprechenden Regelungen ist die Gleichsetzung des Kleinaktionärs mit einem Kapitalanleger, dessen vorrangiges Interesse der durch die Mitgliedschaft vermittelten Vermögensposition gilt.[24] Die Rentabilität seiner Investition wird durch eine Strukturmaßnahme in Frage gestellt, weil die AG entweder überhaupt nicht mehr oder nicht mehr in der Gestalt existiert, wie dies zum Zeitpunkt der Anlageentscheidung der Fall war. Daran knüpft der Schutz der Minderheitsaktionäre an, der nicht durch die Mitwirkung bei der Grundlagenentscheidung, sondern in erster Linie durch eine Entschädigung für die Beeinträchtigung der Mitgliedschaft erfolgt.[25]

a. Entschädigung der Minderheitsaktionäre

Bei den einzelnen Strukturmaßnahmen sind unterschiedliche Formen der Kompensation vorgesehen, um die Auswirkungen auf die mitgliedschaftlichen Vermögensrechte des Aktionärs auszugleichen. Die außenstehenden Aktionäre[26] können bei Abschluß eines Beherrschungs- oder Gewinnabführungsvertrags wählen, ob sie in der verpflichteten Gesellschaft verbleiben oder ausscheiden wollen. Entscheiden sie sich für ersteres, muß sie der andere Vertragsteil durch Zahlung eines festen oder variablen Ausgleichs gemäß § 304 Abs. 1 u. 2 gegen die Verluste absichern, die aufgrund des Unternehmensvertrags eintreten.[27] Will ein außenstehender Aktionär hingegen nicht in der aus dem Unternehmensvertrag verpflichteten Gesellschaft verbleiben, so kann er gegen Zahlung einer Abfindung durch den anderen Vertragsteil gemäß § 305 Abs. 1 ausscheiden. Bei einer Eingliederung durch Mehrheitsbeschluß stellt sich für die Minderheitsaktionäre der einzugliedernden AG die Frage nach dem Verbleib in der Gesellschaft nicht. Gemäß § 320a S. 1 gehen ihre Anteile zwingend auf die eingliedernde Gesellschaft über. Im Gegenzug für den Verlust der Mitgliedschaft erwerben sie nach Maßgabe des § 320b Abs. 1 einen Anspruch gegen die eingliedernde Gesellschaft auf eine Abfindung in Aktien oder in Geld.

---

24 *Mülbert* S. 271, 355.

25 Siehe auch BGH, WM 1998, 867, 869.

26 Zu diesem Begriff *Hüffer,* AktG, § 304 Rn. 2, m.w.N.

27 *Hüffer,* AktG, § 304 Rn. 1. Strittig hinsichtlich des Schuldners des Ausgleichsanspruchs, wie hier *Emmerich/Sonnenschein,* KonzernR, § 17 III 3; *Hüffer,* a.a.O., Rn. 4; KK²-*Koppensteiner,* § 304 Rn. 15; *G. Krieger* in: Münch. Hdb AG, § 70 Rn. 65; die verpflichtete AG halten für ausgleichspflichtig: *Godin/Wilhelmi,* AktG, § 304 Anm. 2; GK³-*Würdinger,* § 304 Anm. 18.

Auch bei den im UmwG geregelten Umwandlungen werden die Aktionäre der übertragenden AG für die Beeinträchtigung ihrer Mitgliedschaft entschädigt.[28] Bei der Verschmelzung sowie der Auf- und Abspaltung erhält der Aktionär der übertragenden AG im Gegenzug für die Übertragung (eines Teils) des Gesellschaftsvermögens Anteile an dem übernehmenden Rechtsträger. Mit der Eintragung des entsprechenden Beschlusses wird er gemäß § 20 Abs. 1 Nr. 3 S. 1 UmwG von Gesetzes wegen dessen Mitglied. Im Ergebnis handelt es sich dabei um eine unbare Abfindung, die den vollständigen Verlust der Mitgliedschaft bzw. deren Beeinträchtigung kompensiert.[29] Genügt die Gewährung von Anteilen diesem Zwecke nicht, so kann der Aktionär außerdem einen Anspruch auf bare Zuzahlung gegen den übernehmenden Rechtsträger geltend machen. Bei der Vermögensvollübertragung und der auf- bzw. abspaltenden Teilübertragung erhält der Aktionär der übertragenden AG ebenfalls eine abfindungsähnliche Gegenleistung, die nicht in Anteilen des übernehmenden Rechtsträgers (sondern zumeist in einer Geldzahlung) besteht. Nach Maßgabe des § 29 Abs. 1 UmwG kann in den genannten Fällen außerdem ein Barabfindungsanspruch des Aktionärs gegeben sein.

b. Information zur Durchsetzung der Ansprüche

Trotz der bestehenden Unterschiede im einzelnen haben diese Entschädigungsmechanismen eines gemeinsam: Um seine mit einer Strukturmaßnahme einhergehenden Vermögensrechte sachgerecht wahrnehmen zu können, bedarf der Aktionär entsprechender Informationen. Die Unterrichtung der Klein- und Minderheitsaktionäre ist unter diesem Gesichtspunkt vor allem deshalb erforderlich, weil ihre Interessen regelmäßig mit denen des ausgleichspflichtigen Rechtsträgers in Konflikt geraten. Während dem aus dem Beherrschungs- bzw. Gewinnabführungsvertrag berechtigten Unternehmen, der eingliedernden Gesellschaft bzw. dem übernehmenden Rechtsträger an der Gewährung einer möglichst geringen Entschädigung gelegen sein wird, ist der Aktionär an einer möglichst hohen Kompensation interessiert.[30] Eine Berücksichtigung seiner Belange und den Schutz seiner Vermögensposition kann er nur erreichen, wenn er ermitteln kann, ob der für die Beeinträchtigung, Aufgabe bzw. den Verlust seiner Mitgliedschaft gewährte Ausgleich angemessen ist.[31]

---

[28] Anders nur bei der Ausgliederung und der ausgliedernden Teilübertragung, bei der nicht der Aktionär der übertragenden AG, sondern diese selbst Anteile an dem übernehmenden Rechtsträger bzw. eine andere Gegenleistung erhält.

[29] So auch *Mülbert* S. 269.

[30] Siehe für die Verschmelzung *Bayer,* AG 1988, 323, 324.

[31] *LG Heidelberg,* AG 1996, 523; *Bayer,* ZGR 1993, 599, 610; *ders.,* ZGR 1995, 613, 615.

Verbleibt der Aktionär nach der Strukturmaßnahme in der (Unter-)gesellschaft, so muß er abschätzen können, inwieweit seine durch die Mitgliedschaft vermittelte Vermögensposition zukünftig beeinträchtigt sein wird. Im übrigen hängen Inhalt und Umfang der zu erteilenden Auskünfte vor allem von der Art der Entschädigung ab. So bemißt sich etwa bei einem Beherrschungs- und Gewinnabführungsvertrag ein fester Ausgleich gemäß § 304 Abs. 2 S. 1 nach der bisherigen Ertragslage und den zukünftigen Ertragsaussichten der verpflichteten AG.[32] Erhält der Aktionär einen variablen Ausgleich gemäß § 304 Abs. 2 S. 2, so sind für dessen Beurteilung außerdem Kenntnisse über die wirtschaftliche Lage des aus dem Beherrschungs- bzw. Gewinnabführungsvertrag berechtigten Unternehmens erforderlich. Ähnlichkeiten mit der Situation eines Kapitalmarktteilnehmers vor einer Anlageentscheidung lassen sich dort feststellen, wo der Aktionär aus der Gesellschaft ausscheidet und/oder Aktien der anderen an der Strukturmaßnahme beteiligten Gesellschaft erhält.

Endet mit der Verfassungsänderung - freiwillig oder gezwungenermaßen - die Mitgliedschaft in der AG, so handelt es sich in der Sache um eine (aufoktroyierte) Desinvestitionsentscheidung. Nicht anders als bei einem freien Verkauf seiner Aktien hat der Aktionär ein legitimes Interesse, sich über die Ertrags- und Vermögenslage der auskunftspflichtigen AG zu unterrichten. Er muß sich ein Bild von der Werthaltigkeit seiner Anteile machen können, um den Preis für seine Anteile sachgemäß festzusetzen. Vor diesem Hintergrund wird deutlich, weshalb sich der Gesetzgeber veranlaßt sah, die allgemeine Regelung des Auskunftsrechts zu erweitern. Wird der Aktionär der Untergesellschaft aufgrund der konzerninternen Neuordnung Mitglied in der Obergesellschaft, handelt es sich letztlich um eine Neuanlage seines ursprünglich in der Untergesellschaft investierten Kapitals. Er muß sich deshalb ein Bild von der Vermögens- und Ertragslage des anderen an der Verfassungsänderung beteiligten Unternehmens machen können.[33]

III. Die Abstimmung in der Hauptversammlung der aus einem Unternehmensvertrag berechtigten, der eingliedernden bzw. übernehmenden AG

1. Die unbeschränkte Haftung gemäß §§ 302 Abs. 1, 322 Abs. 1

Über die Grundlage des erweiterten Auskunftsrechts in der Hauptversammlung derjenigen AG, die aus einem Beherrschungs- oder Gewinnabführungsvertrag berechtigt wird bzw. die eine andere Gesellschaft eingliedert, besteht weitgehend Einigkeit. Das Fragerecht dient hier dem gleichen Zweck wie das

---

[32] Siehe dazu etwa OLG Celle, AG 1981, 234 f.; LG Hannover, AG 1979, 234 f.; *Emmerich/Sonnenschein*, KonzernR, § 17 IV 1; *Hüffer*, AktG, § 304 Rn. 8 ff.

[33] Siehe auch KK^2-*Koppensteiner*, § 320 Rn. 10.

Abstimmungserfordernis[34] selbst. Die Aktionäre müssen über die Angelegenheiten der aus dem Unternehmensvertrag verpflichteten bzw. der einzugliedernden Gesellschaft unterrichtet werden, weil ihre Gesellschaft für deren Verbindlichkeiten unbeschränkt haftet.[35] Die aus einem Beherrschungs- bzw. Gewinnabführungsvertrag berechtigte AG trifft gemäß § 302 Abs. 1 eine Verlustausgleichspflicht gegenüber dem anderen Vertragsteil; zudem hat sie dessen Gläubigern bei Beendigung des Vertrags gemäß § 303 Abs. 1 Sicherheit zu leisten. Für alle vor oder nach einer Eingliederung begründeten Verbindlichkeiten der eingegliederten Gesellschaft haftet die Hauptgesellschaft gemäß § 322 Abs. 1 gesamtschuldnerisch und gemäß § 324 Abs. 3 ist sie zum Verlustausgleich verpflichtet. Diese Haftung begründet erhebliche Risiken für die AG und ihre Aktionäre. Sie kann nicht nur dazu führen, daß der Gewinn geschmälert wird bzw. ganz ausbleibt; die der Höhe nach unbeschränkte Einstandspflicht kann auch den Bestand der AG selbst gefährden.[36] Davon sind alle Verbandsmitglieder gleichermaßen betroffen, unabhängig davon, ob sie unternehmerische Interessen verfolgen oder ob ihnen in erster Linie an einer Kapitalanlage gelegen ist. Sie müssen deshalb in die Lage versetzt werden, die Konsequenzen des Vertragsschlusses bzw. der Eingliederung abschätzen zu können.

2. Die Beeinträchtigung der Vermögensrechte der Aktionäre

Neben die soeben aufgezeigten Haftungsrisiken tritt ein weiterer Gesichtspunkt. Auch in der aus einem Unternehmensvertrag berechtigten, der (durch Mehrheitsbeschluß) eingliedernden bzw. der übernehmenden AG bedürfen die Minderheitsaktionäre des Schutzes vor einer unangemessenen Beeinträchtigung ihrer Rechtsstellung. Insofern können sie sich in einer ähnlichen Situation wiederfinden wie die außenstehenden Aktionäre derjenigen AG, die aus einem Beherrschungs- oder Gewinnabführungsvertrag verpflichtet wird, sich eingliedert bzw. ihr Vermögen überträgt. Während diese darauf achten werden, daß die für den Verlust bzw. die Beeinträchtigung ihrer Mitgliedschaft gewährte Kompensation nicht zu gering ausfällt, muß den Aktionären der anderen an der Maßnahme beteiligten AG daran gelegen sein, daß die Entschädigung nicht zu hoch bemessen ist. Das gilt vor allem dann, wenn Aktien ihrer Gesellschaft ausgegeben werden. Denn wenn sich beide an der Strukturmaßnahme beteiligten Gesellschaften im Mehrheitsbesitz einer weiteren Gesellschaft befinden, kann

---

[34] Siehe zu § 293 Abs. 2: Begr. § 293 RegE, abgedr. bei *Kropff*, AktG, S. 381; BGHZ 105, 324, 335 f.; *Kropff*, ZGR 1984, 112, 120; zu § 319 Abs. 2: Begr. § 319 RegE, abgedr. bei *Kropff*, AktG, S. 422; *Hüffer*, AktG, § 319 Rn. 6; *Sonnenschein*, BB 1975, 1088, 1089.

[35] KK²-*Koppensteiner*, § 319 Rn. 5; *Ebenroth* S. 70; *ders.*, AG 1970, 104, 109; *Godin/Wilhelmi*, AktG, § 293 Anm. 4; § 319 Anm. 4; G/H/E/K-*Grunewald/Semler*, § 319 Rn. 10; GK³-*Würdinger*, § 319 Anm. 14.

[36] BGHZ 105, 324, 336.

diese bestrebt sein, ein möglichst hohes Umtauschverhältnis festzusetzen, um ihre Beteiligung in der Aktien ausgebenden Gesellschaft auszubauen.[37]

Eine Abfindung in Aktien ist gemäß § 305 Abs. 2 Nr. 1 bzw. § 320b Abs. 1 S. 2 bei Beherrschungs- und Gewinnabführungsverträgen sowie bei Eingliederungen der Regelfall. Auch bei Verschmelzungen und Spaltungen im Wege der Aufnahme ist vorgesehen, daß die übernehmende AG eigene Aktien an die übertragende Gesellschaft (Ausgliederung) bzw. deren Anteilsinhaber (Verschmelzung, Auf- und Abspaltung) ausgibt. Auswirkungen auf die Rechtsstellung ihrer bisherigen Aktionäre sind in zweierlei Hinsicht möglich. Zum einen kann sich deren Beteiligungsquote verringern. Das ist der Fall, wenn die Gesellschaft nicht in hinreichender Menge über eigene Aktien verfügt und deshalb eine Kapitalerhöhung erforderlich ist, bei der das Bezugsrecht der bisherigen Aktionäre ausgeschlossen wird.[38] Deren Rechtsstellung wird dann insofern beeinträchtigt, als sich die Stimmrechtsquoten in der Hauptversammlung verschieben und ihr Anteil an dem Gesellschaftsvermögen, d.h. am Gewinn und Liquidationserlös, zumindest relativ abnimmt.[39]

Zum anderen sind Auswirkungen auf die Mitgliedschaft der bisherigen Aktionäre möglich, wenn für die Ausgabe von Anteilen der Gesellschaft eine Kapitalerhöhung nicht erforderlich ist. Dann bleiben zwar die Beteiligungsquote und damit auch der Stimmrechtsanteil der Altaktionäre unverändert. Diese können jedoch dadurch einen Vermögensverlust erleiden, daß sich der in absoluten Beträgen bemessene Wert ihres Gewinn- und Liquidationsanspruchs verringert. Denn mit jeder Leistung durch die Gesellschaft, der keine gleichwertige Gegenleistung gegenübersteht, vermindern sich das Gesellschaftsvermögen und die Werthaltigkeit und Ertragsaussichten der Anteile.[40] Wohl nicht zuletzt deshalb bedarf es einer Zustimmung der Hauptversammlung der Gesellschaft auch dann, wenn eine Abfindung auf andere Weise als durch die Ausgabe von Aktien

---

[37] *Bayer,* AG 1988, 323, 324; ferner G/H/E/K-*Grunewald,* § 352c Rn. 8; *Timm,* JZ 1982, 403, 411.

[38] Siehe auch *Emmerich/Sonnenschein,* KonzernR § 13 V 2a; *Sonnenschein* S. 349; *ders.,* BB 1975, 1088, 1092 f., die das Zustimmungserfordernis der Hauptversammlung der aktienausgebenden Gesellschaft ausschließlich auf die Beeinträchtigung der Beteiligungsquote der Aktionäre stützen.

[39] Von Verwässerung im weiteren Sinne sprechen in diesem Zusammenhang *Vollmer/Lorch,* DB 1991, 1313, und ihnen folgend BGHZ 120, 141, 147; siehe ferner BGHZ 71, 40, 44 f.; 83, 319, 321.

[40] Zu dieser Verwässerung im engeren Sinne: *Vollmer/Lorch,* a.a.O.; BGHZ 120, 141, 148; in der Sache auch *Mülbert* S. 192 f., 194.

erfolgt. In diesem Fall bleibt die Entscheidung über die Höhe der Abfindung den Aktionären überlassen.[41]

Der Tatsache, daß sein ohnehin geringer Einfluß in der Gesellschaft durch die Ausgabe von Aktien unter Umständen weiter abnimmt, wird ein Kleinaktionär eher wenig Beachtung schenken.[42] Für seine Belange als Anleger ist die Beeinträchtigung der Vermögensrechte von weitaus größerer Bedeutung. Sein Interesse gilt daher der Frage, ob der Leistung seiner Gesellschaft an die Aktionäre der anderen an der Strukturmaßnahme beteiligten Gesellschaft ein gleichwertiger Zuwachs des Vermögens bei seiner AG gegenübersteht. Denn unabhängig davon, ob sich seine Beteiligungsquote in der Obergesellschaft mit der Durchführung der Strukturmaßnahme verringert oder nicht, bleiben die Vermögensinteressen ihrer Aktionäre unberührt, wenn der Wert und die Ertragsaussichten der erworbenen Anteile bzw. des übertragenen Vermögens dem Wert der ausgegebenen Aktien bzw. sonstigen Gegenleistung entspricht.[43] Den Aktionären muß deshalb daran gelegen sein, daß weder die Anteile ihrer Gesellschaft zu niedrig noch der ihrer Gesellschaft zufließende Vermögenszuwachs zu hoch bewertet werden. Um dies beurteilen zu können, bedürfen sie der Unterrichtung über beide an der Strukturmaßnahme beteiligten Gesellschaften bzw. Rechtsträger.

§ 18 Zwischenergebnis

Die Regelungen des Auskunftsanspruchs in bereits bestehenden Konzernen weisen gegenüber dem allgemeinen Fragerecht gemäß § 131 Abs. 1 S. 1 keine Besonderheiten auf. Aufgrund der engen Verbindung, die zwischen Konzernunternehmen besteht, könnten die gemäß §§ 326, 337 Abs. 4 frageberechtigten Aktionäre auch ohne diese spezialgesetzlichen Regelungen die entsprechenden Auskünfte verlangen.

Als aufschlußreicher erweisen sich die speziellen Regelungen des Auskunftsrechts im Zusammenhang mit Strukturmaßnahmen. Die ihnen zugrundeliegende Interessenlage weist deutliche Parallelen zu dem allgemeinen Auskunftsrecht auf. Die Zuständigkeiten der Hauptversammlung bei Strukturmaßnahmen lassen sich je nach Blickwinkel in unterschiedlicher Weise interpretieren. Die Mitwirkungsrechte der Aktionäre können als Restbestand unternehme-

---

41 Siehe insbesondere § 181 Abs. 2 UmwG für die Vermögensübertragung.

42 *Bayer*, AG 1988, 323, 324; siehe auch *Martens*, ZIP 1992, 1677, 1690; *Groß*, AG 1993, 449, die eine Beeinträchtigung des Publikumsaktionärs unter diesem Aspekt gänzlich in Abrede stellen.

43 So für den Bezugsrechtsausschluß KK-*Lutter*, § 186 Rn. 58; *Mülbert* S. 192 f.

rischer Entscheidungsbefugnisse verstanden werden, aber auch als Mittel eines Anlegeraktionärs, seine mitgliedschaftlichen Vermögensrechte sachgerecht wahrzunehmen.[44] Dementsprechend weit reichen auch die speziellen Auskunftsrechte, die den Aktionären im Zusammenhang mit Grundlagenentscheidungen der Hauptversammlung zustehen. Der Aktionär ist bei der Ausübung dieser Rechte weder auf die Rolle als Unternehmergesellschafter noch auf die eines Kapitalanlegers festgelegt. Die Berichts-, Erläuterungs- und Auskunftspflichten des Vorstands, die der sachgerechten Meinungsbildung der Aktionäre in der Hauptversammlung dienen, haben zwei gleichberechtigte Standbeine. Sie beruhen sowohl auf den mitgliedschaftlichen Herrschaftsrechten als auch auf den Vermögensrechten der Aktionäre.[45]

Ein Aktionär kann deshalb von seinem Fragerecht auch hinsichtlich solcher Umstände Gebrauch machen, die seiner Mitsprache weitgehend entzogen sind. Gemäß §§ 304 Abs. 3 S. 1, 305 Abs. 5 S. 1, 320b Abs. 2 AktG und §§ 14 Abs. 2, 32 UmwG kann der Beschluß der Hauptversammlung, mit dem diese der Verpflichtung einer Gesellschaft durch einen Unternehmensvertrag, ihrer Eingliederung bzw. der Übertragung ihres Vermögens zustimmt, nicht mit der Begründung angefochten werden, die darin vorgesehenen Abfindungs- und Ausgleichsansprüche bzw. das Umtauschverhältnis der Anteile seien nicht angemessen. Statt dessen sind die außenstehenden Aktionäre darauf angewiesen, ihre Abfindungs- oder Ausgleichsansprüche bzw. das Umtauschverhältnis ihrer Anteile in einem gerichtlichen Verfahren überprüfen und gegebenenfalls in angemessener Höhe festsetzen zu lassen. Grundsätzlich kann der Auskunftsanspruch in der Hauptversammlung deshalb auch im Hinblick auf diese Vermögensrechte der Aktionäre geltend gemacht werden.[46]

Ob das Auskunftsrecht seine Funktion in diesem Zusammenhang in der Praxis auch weiterhin erfüllen wird, ist allerdings angesichts einer jüngst ergangenen Entscheidung des BGH fraglich. Danach kann bei einem Formwechsel der Umwandlungsbeschluß gemäß § 193 Abs. 1 UmwG nicht wegen einer Verletzung des Auskunftsrechts angefochten werden, wenn es dem Aktionär um Informationen ging, die sich auf die Angemessenheit einer gemäß § 207 UmwG zu zahlenden Barabfindung beziehen.[47] Begründet hat der BGH dies in erster

---

[44] *Mülbert* S. 161.

[45] BGHZ, 119, 1, 17; *Bayer*, ZGR 1993, 599, 610.

[46] BGH, ZIP 1993, 751, 760; ZIP 1995, 1256, 1258; OLG Koblenz, ZIP 2001, 1095, 1097 mit abl. Anm. *Hasselbach*, EWiR § 131 AktG 1/01, 205 f. Bei einer Verschmelzung können die Aktionäre der übernehmenden AG hingegen den Zustimmungsbeschluß wegen der Festsetzung eines zu hohen Umtauschverhältnisses anfechten, BGHZ 112, 9, 19; G/H/E/K-*Grunewald*, § 352c Rn. 8; *Mülbert* S. 195 Fn. 188.

[47] BGH, DB 2001, 319 ff.

Linie damit, daß gemäß § 210 UmwG selbst das vollständige Fehlen eines Barabfindungsangebots eine Anfechtung des Umwandlungsbeschlusses nicht rechtfertige; erst recht müsse dies für eine Verletzung des Auskunftsanspruchs gelten.[48] Damit hat das Auskunftsrecht in diesem Zusammenhang viel von seiner Schärfe verloren, da eine Auskunftsverweigerung nicht mehr das Risiko einer Anfechtung des Beschlusses der Hauptversammlung birgt.

Allerdings hat der BGH in seiner Entscheidung davon abgesehen, die zur Beurteilung der Barabfindung benötigten Auskünfte als nicht „erforderlich" i.S.d. § 131 Abs. 1 S. 1 AktG einzuordnen, was angesichts der in dem Urteil angesprochenen Verlagerung der Auseinandersetzung um die Höhe der Barabfindung in das Spruchverfahren durchaus nahegelegen hätte.[49] Der Entscheidung ist deshalb nicht zu entnehmen, ein Auskunftsanspruch hinsichtlich der Bemessung der Barabfindung bestehe schlechthin nicht, so daß ein Aktionär nach der Verweigerung der Auskunft auch daran gehindert wäre, deren Erteilung im Verfahren gemäß § 132 AktG zu erzwingen. Die Möglichkeit, ein Auskunftserzwingungsverfahren durchzuführen, muß ein Aktionär aber schon deshalb haben, weil er ansonsten keine Möglichkeit hätte, die für die Durchführung des Spruchverfahrens erforderlichen Informationen zu erlangen. So hat auch der BGH konstatiert, die Beurteilung der Abfindung könne durchaus für die Entscheidung des Aktionärs, ob er der Maßnahme zustimmen wolle, von Bedeutung sein.[50] Dem ist beizupflichten, zumal es das berechtigte Interesse der Gesellschaft an einer zügigen Durchführung des Umwandlungsbeschlusses nicht erfordert, das Bestehen des Auskunftsanspruchs gänzlich in Abrede zu stellen.

Abzuwarten bleibt, ob der BGH seine jüngste Rechtsprechung auch auf die Fälle übertragen wird, bei denen es um die Ermittlung eines angemessenen *Umtauschverhältnisses* bei Umwandlungen geht. Hierfür ließe sich anführen, daß dessen Angemessenheit durch die Aktionäre der übertragenden AG ebenfalls nur im Spruchverfahren überprüft werden kann. Der Gesetzgeber hat aber, was die Unterrichtung der Aktionäre vor der Beschlußfassung angeht, gegenüber der Regelung der *Barabfindung* deutlich differenziert. § 14 Abs. 2 UmwG ist insofern enger gefaßt. Er schließt eine Anfechtung des Hauptversammlungsbeschlusses durch die Aktionäre der übertragenden AG zwar ebenfalls aus, soweit sie auf ein unangemessenes Umtauschverhältnis gestützt wird. Die Norm bietet aber anders als § 210 UmwG keine Handhabe dafür, daß vollständige Fehlen von Angaben zum Umtauschverhältnis als ein Informationsdefizit anzusehen, das eine Anfechtung des Umwandlungsbeschlusses nicht rechtfertigt. Nichts anderes muß dann für eine Verletzung des Auskunftsrechts gelten, wenn

48 BGH, a.a.O., 320.

49 BGH, DB 2001, 319, 320.

50 BGH, a.a.O, 319.

ein Aktionär Angaben verlangt, die zur Ermittlung eines angemessenen Umtauschverhältnisses erforderlich sind. Der *a maiore ad minus* Schluß des BGH ist deshalb nicht möglich. Hingegen ist angesichts des gleichlautenden Wortlauts zu erwarten, daß der BGH seine Rechtsprechung zum Formwechsel auch auf §§ 305 Abs. 5 S. 1 und 2 erstrecken wird.[51]

Unabhängig davon können die Auskunftsrechte aber auch geltend gemacht werden, wenn es dem Aktionär ausschließlich auf die Ausübung seiner Herrschaftsrechte ankommt. Läßt etwa der Beitritt eines Unternehmens zu einem Beherrschungsvertrag die darin festgelegten Ausgleichs- bzw. Abfindungsansprüche der Aktionäre der Untergesellschaft unberührt, so können sich diese dennoch über die Angelegenheiten des dem Vertrag beitretenden Unternehmens unterrichten.[52]

---

[51] Siehe demgegenüber aber wiederum §§ 304 Abs. 3 S. 1 und 320b Abs. 2 S. 3 AktG.

[52] BGHZ, 119, 1, 17; *Bayer,* ZGR 1993, 599, 610; einschränkend KK^2-*Koppensteiner,* § 293 Rn. 28.

6. Kapitel: Schranken des Auskunftsrechts

In der Diskussion um den Auskunftsanspruch finden seit jeher die Schranken dieses Rechts besondere Beachtung. Angesichts des Spielraums, den die in § 131 Abs. 1 S. 1 genannten Anspruchsvoraussetzungen bei der Beurteilung eines Auskunftsbegehrens lassen, kommt den Gründen, aus denen der Vorstand von der Beantwortung einer Frage absehen kann, erhebliches Gewicht bei der Konkretisierung des Auskunftsrechts zu. Das Recht zur Verweigerung einer Auskunft hat der Gesetzgeber in § 131 Abs. 3 geregelt. Ob der Aktionär darüber hinaus bei der Ausübung seines Informationsrechts ungeschriebene Schranken beachten muß, wird unter dem Stichwort Mißbrauch des Auskunftsanspruchs erörtert.

§ 19 Auskunftsverweigerung gemäß § 131 Abs. 3 S. 1

Gemäß § 112 Abs. 3 S. 2 AktG 1937 lag es noch im Ermessen des Vorstands, ob er eine Frage wegen der Nachteile, die der Gesellschaft aus der Erteilung einer Auskunft erwachsen konnten, nicht beantwortete. Seine Entscheidung konnte durch die Gerichte nur in eingeschränktem Umfang daraufhin überprüft werden, ob er von seinem Ermessen pflichtgemäß Gebrauch gemacht hatte.[1] Die Konkretisierung der Auskunftsverweigerungsgründe im Rahmen der Novelle von 1965 verbesserte die Rechtsstellung des einzelnen Aktionärs.[2] Dieser hat nunmehr einen durchsetzbaren Anspruch auf Erteilung der erforderlichen Auskünfte, sofern nicht einer der in § 131 Abs. 3 S. 1 Nr. 1 bis 6 abschließend aufgezählten Tatbestände vorliegt. Die Ansicht, zumindest einzelne der dort genannten Gründe für eine Auskunftsverweigerung ließen noch Platz für eine Ermessensentscheidung des Vorstands,[3] hat sich zu Recht nicht durchsetzen können. Auch ein unbestimmter Rechtsbegriff wie der des nicht unerheblichen Nachteils i.S.d. § 131 Abs. 3 S. 1 Nr. 1 unterliegt einer vollständigen gerichtlichen Prüfung.[4]

---

[1] Siehe dazu *Deuss* S. 119 ff.

[2] Begr. § 131 RegE, abgedr. bei *Kropff*, AktG, S. 185; anders *Richter* S. 225.

[3] *Godin/Wilhelmi*, § 131 Anm. 10; *S. Wilhelmi*, NJW 1968, 731, 732 f.

[4] Heute ganz h.M., siehe etwa OLG Düsseldorf, WM 1991, 2148, 2152; *Ebenroth* S. 81 f.; G/H/E/K-*Eckardt*, § 131 Rn. 10; *Hefermehl*, FS Duden, S. 109, 111; *Semler* in: Münch. Hdb AG, § 37 Rn. 32; KK-*Zöllner*, § 131 Rn. 35.

I. Die Gründe für eine Auskunftsverweigerung

1. § 131 Abs. 3 S. 1 Nr. 1

Die mit Abstand am häufigsten vorgebrachte Begründung für eine Auskunftsverweigerung ist die sogenannte Schutzklausel. Der Auskunftsanspruch findet wie jedes andere mitgliedschaftliche Recht seine Schranke im Gesellschaftsinteresse.[5] Deshalb muß der Vorstand gemäß § 131 Abs. 3 S. 1 Nr. 1 keine Auskunft geben, soweit ihre Erteilung nach vernünftiger kaufmännischer Beurteilung geeignet ist, der Gesellschaft oder einem verbundenen Unternehmen einen nicht unerheblichen Nachteil zuzufügen. Diese Regelung trägt dem Interesse der AG an der Geheimhaltung bestimmter Tatsachen Rechnung. Anders als die Mitglieder des Aufsichtsrats sind die Aktionäre im Hinblick auf die in der Hauptversammlung erlangten Kenntnisse nicht zur Verschwiegenheit verpflichtet. Die Öffentlichkeit der Hauptversammlung, die das Charakteristikum der durch die Aktionäre ausgeübten Kontrolle ist und wesentlich zu ihrer regulierenden Wirkung beiträgt, führt deshalb zugleich zu einer Einschränkung des Auskunftsanspruchs.

a. Schädlichkeit der Auskunftserteilung

Ob die Voraussetzungen des § 131 Abs. 3 S. 1 Nr. 1 vorliegen, ist aufgrund der Umstände des Einzelfalls zu entscheiden.[6] Allgemeingültige Kriterien lassen sich für die Schutzklausel ebensowenig wie für die Erforderlichkeit zur sachgemäßen Beurteilung des Gegenstands der Tagesordnung aufstellen. Als überwiegend geklärt können jedoch einige Streitpunkte gelten, die unmittelbar nach dem Inkrafttreten des AktG 1965 erörtert wurden. So gingen zunächst die Meinungen darüber auseinander, ob das Interesse der Gesellschaft an einer Auskunftsverweigerung mit dem Interesse des Aktionärs an einer Offenlegung der erfragten Tatsachen abzuwägen sei. In diesem Zusammenhang wurde vertreten, daß sich ein nicht unerheblicher Nachteil i.S.d. § 131 Abs. 3 S. 1 Nr. 1 nur dadurch feststellen lasse, daß der Beeinträchtigung der Belange der Gesellschaft die Vorteile gegenübergestellt würden, die eine Erteilung der Auskunft für den Aktionär mit sich bringe.[7]

---

[5] Siehe oben S. 64.

[6] Eine Zusammenstellung der Rechtsprechung findet sich bei G/H/E/K-*Eckardt,* § 131 Rn. 95 ff.

[7] GK^3-*Barz,* § 131 Anm. 14; *Baumbach/Hueck,* § 131 Rn. 13; *Henn,* AG 1967, 83. Zur Interessenabwägung nach § 112 AktG 1937 etwa *Obermüller,* BB 1960, 390, 392.

Dieser Ansicht wird heute zu Recht eine Absage erteilt.[8] Ob der Aktionär ein berechtigtes Interesse an einer Auskunft geltend machen kann, ist unabhängig davon, welche Konsequenzen sich aus ihrer Erteilung für die Gesellschaft ergeben. § 131 Abs. 3 S. 1 Nr. 1 enthält keinerlei Anhaltspunkte, von der Beantwortung einer Frage könne bereits bei einem leichten Nachteil für die Gesellschaft abgesehen werden, wenn das Informationsbedürfnis des Aktionärs gering zu bewerten sei.[9] Vielmehr trat die Regelung der Schutzklausel in ihrer heutigen Fassung an die Stelle von § 112 Abs. 3 S. 1 AktG 1937, der eine entsprechende Abwägung noch vorgesehen hatte. Die Formulierung, der zufolge die Verweigerung einer Auskunft durch überwiegende Belange der Gesellschaft oder eines beteiligten Unternehmens gerechtfertigt sein muß, hat der Gesetzgeber aber nicht in das geltende Recht übernommen, weil für eine Gewichtung der Belange von Aktionär und Gesellschaft keine geeigneten Maßstab ersichtlich sind.[10]

Das Informationsbedürfnis des Aktionärs hat in Form des Erforderlichkeitskriteriums Eingang in § 131 Abs. 1 S. 1 gefunden.[11] Als Anspruchsvoraussetzung muß es bejaht werden, bevor sich überhaupt die Frage nach einem Recht zur Auskunftsverweigerung gemäß § 131 Abs. 3 stellt. Raum für ein gesondert zu bewertendes Interesse des Aktionärs an einer Auskunft bleibt daneben nicht mehr. Wer dennoch nach mehr oder weniger erforderlichen Auskünften unterscheiden will, sieht den Gesetzgeber bestätigt, daß verläßliche Anhaltspunkte für eine solche Differenzierung nicht auszumachen sind. Der Nutzen einer Information für den Aktionär läßt sich weder anhand objektiver Maßstäbe, etwa der Größe des Anteilsbesitzes,[12] noch anhand subjektiver Elemente, etwa eines „persönlichen" Interesses an der Auskunft,[13] quantifizieren.

Die Erheblichkeit eines Nachteils i.S.d. § 131 Abs. 1 S. 1 Nr. 1 ist einzig und alleine im Hinblick auf die Gesellschaft zu ermitteln.[14] Das bedeutet nicht, daß die Schutzklausel in ihrer heutigen Form eine sorgfältige Abwägung der für und gegen eine Auskunftserteilung sprechenden Gesichtspunkte entbehrlich macht. Denn die Beantwortung einer Frage in der Hauptversammlung kann für

---

[8] *Ebenroth* S. 83; G/HE/K-*Eckardt,* § 131 Rn. 10, 86; *Hefermehl* in: FS Duden, S. 109, 115; *Hüffer,* AktG, § 131 Rn. 27; *Semler* in: Münch. Hdb AG, § 37 Rn. 33; *S. Wilhelmi,* NJW 1968, 731, 733; offengelassen von OLG Düsseldorf, WM 1991, 2148, 2155.

[9] *Baumbach/Hueck,* AktG, § 131 Rn. 13.

[10] Begr. § 131 RegE, abgedr. bei *Kropff,* AktG, S. 186; siehe zu diesem Problem auch *Eppenberger* S. 166..

[11] Siehe auch *K. Schmidt,* Informationsrechte, S. 37.

[12] Siehe oben S. 100.

[13] Siehe oben S. 94 ff.

[14] *Ebenroth* S. 83.

die Gesellschaft zugleich negative und positive Auswirkungen haben. Wiegen die mit der Offenlegung bestimmter Tatsachen einhergehenden Vorteile die Nachteile auf, so kommt eine Auskunftsverweigerung nicht in Betracht.[15] Der Vorstand darf sich deshalb nicht auf die Feststellung beschränken, daß eine erhebliche Beeinträchtigung von Gesellschaftsinteressen zu befürchten ist, sondern er muß zugleich prüfen, inwieweit die AG von der Auskunftserteilung profitiert. Das gilt auch und insbesondere dann, wenn dem Vorstand ein Fehlverhalten bei der Leitung des Unternehmens zur Last gelegt wird. Bestehen berechtigte Zweifel an der Ordnungsmäßigkeit der Geschäftsführung, weiß dies der Vorstand oder muß er es erkennen und ist außerdem ein Eingreifen des Aufsichtsrats nicht zu erwarten, so muß der Vorstand persönliche Interessen hintanstellen und die Auskunft erteilen. Denn in diesem Fall gereicht es der Gesellschaft zum Vorteil, wenn ihm die Hauptversammlung das Vertrauen entzieht, auf seine Ablösung dringt und Tatsachen aufdeckt, die Schadensersatzansprüche der AG gegenüber dem Vorstand begründen.[16]

b. Darlegungslast

Von großer praktischer Bedeutung ist, welcher der Beteiligten die Voraussetzungen des § 131 Abs. 3 S. 1 Nr. 1 darzulegen hat. In einer der ersten zu § 131 ergangenen Entscheidungen hieß es noch, der Aktionär trage die Beweislast dafür, daß der Gesellschaft aus der Auskunftserteilung kein Nachteil erwachsen werde.[17] Zur Begründung führte das Gericht aus, andernfalls sei der Vorstand gezwungen, zur Rechtfertigung der Auskunftsverweigerung die geheimhaltungsbedürftige Tatsache selbst aufzudecken. Diese Ansicht stellte den Aktionär vor eine kaum zu lösende Aufgabe. Obgleich er noch nicht über die entsprechenden Informationen verfügte, sollte er beweisen, daß ihre Weitergabe für die Gesellschaft unschädlich sei. Folgte man dem, müßte sich der Vorstand nur noch auf die Schutzklausel berufen, um das Auskunftsrecht weitgehend auszuhöhlen - eine Einschränkung des § 131, die in dieser Reichweite nicht hinzunehmen ist. Deshalb wird heute zutreffend davon ausgegangen, daß es der Gesellschaft im Rahmen ihrer verfahrensrechtlichen Förderpflicht obliegt, die Tatsachen vorzutragen, auf die sie die Anwendbarkeit von § 131 Abs. 3 S. 1 Nr. 1 stützt. Ausreichend, aber auch erforderlich ist, daß die Zufügung eines Nachteils plausibel dargelegt wird.[18]

---

15 BGHZ 86, 1, 19; BGH, WM 1987, 1065, 1067; OLG Düsseldorf, WM 1991, 2148, 2155; *Hüffer*, AktG, § 131 Rn. 27; *Semler* in: Münch. Hdb AG, § 37 Rn. 34; KK-*Zöllner*, § 131 Rn. 34.

16 BGHZ 86, 1, 19 f.

17 LG Heilbronn, AG 1967, 81, 82, im Anschluß an *Godin/Wilhelmi*, AktG, § 132 Anm. 6.

18 BGH, ZIP 1992, 1227, 1232; OLG Köln, ZIP 1998, 994, 997; KG, ZIP 1993, 1617, 1620; OLG Düsseldorf, WM 1991, 2148, 2152; OLG Karlsruhe, AG 1990, 82; *A. Reuter*, DB 1988,

Den Bedürfnissen der AG kommt dabei entgegen, daß die Schutzklausel nicht erst dann eingreift, wenn ein Schaden i.S.d. §§ 249 ff BGB zu gewärtigen ist. Eine gewichtige Beeinträchtigung der Interessen der AG genügt.[19] Dabei reicht es aus, daß ein entsprechender Nachteil nach vernünftiger kaufmännischer Beurteilung zu erwarten ist, ohne daß mit Gewißheit feststehen müßte, ein solcher werde eintreten.[20] Welche Anforderungen an die Darlegung der Voraussetzungen der Schutzklausel im einzelnen zu stellen sind, hängt nicht zuletzt von der Informationspraxis anderer Gesellschaften ab. Sind diese in vergleichbaren Fällen ohne weiteres bereit, entsprechende Auskünfte zu erteilen, so deutet dies darauf hin, daß eine Schädlichkeit nach vernünftiger kaufmännischer Betrachtung nicht angenommen werden kann. Will ein Vorstand dennoch von solchen Mitteilungen absehen, so ist von ihm zu begründen, warum „seine" AG solche Auskünfte nicht zu geben bereit ist.[21]

c. Der Einfluß gesetzlicher Offenlegungspflichten auf die Auslegung der Schutzklausel

Die Rechtsprechung des KG bzw. BayObLG, wonach sich Mitteilungen über Minderheitsbeteiligungen an der Transparenz-Richtlinie bzw. dem WpHG zu orientieren haben,[22] hätte sicherlich kaum Widerspruch hervorgerufen, hätten die Gerichte nicht die Erforderlichkeit der Auskunft, sondern den fehlenden Geheimhaltungsbedarf aus diesen Vorschriften abgeleitet. Das Argument, der Aktionär müsse in der Hauptversammlung jedenfalls diejenigen Informationen erhalten, die auch der Öffentlichkeit zur Verfügung zu stellen sind, ist nur bei der Prüfung der Anspruchsvoraussetzungen gemäß § 131 Abs. 1 S. 1 unergiebig. Hingegen überzeugt es - die Erforderlichkeit der Auskunft unterstellt - bei der Prüfung von § 131 Abs. 3 S. 1 Nr. 1. Der Vorstand kann sich selbstverständlich nicht auf die mit der Auskunftserteilung drohenden Nachteile berufen, wenn die entsprechenden Daten ohnehin allgemein zugänglich sind.[23] Unerheblich ist in diesem Zusammenhang, ob die auskunftspflichtige AG selbst zur Publizität verpflichtet ist, ob sie zunächst - wie dies etwa gemäß § 21 WpHG der Fall ist - gegenüber einer anderen Gesellschaft zur Offenlegung verpflichtet

---

2615; *Hüffer,* AktG, § 131 Rn. 25; *Semler* in: Münch. Hdb AG, § 37 Rn. 32; KK-*Zöllner,* § 131 Rn. 36.

19 G/H/E/K-*Eckardt,* § 131 Rn. 89; *Hüffer,* AktG, § 131 Rn. 24. Siehe aber zu Recht OLG Düsseldorf, WM 1991, 2148, 2153: Der bloße Hinweis auf „Konkurrenzgründe" ist nicht ausreichend; zust. *Hüffer,* AktG, § 131 Rn. 25.

20 G/H/E/K-*Eckardt,* § 131 Rn. 84; *Hüffer,* AktG, § 131 Rn. 24; KK-*Zöllner,* § 131 Rn. 35.

21 KG, ZIP 1995, 1585, 1589; ZIP 1994, 1267, 1272; ZIP 1993, 1618, 1620.

22 Siehe dazu oben S. 31.

23 *Noack,* EWiR § 131 AktG 1/94, 833, 834.

ist, die sodann für eine Veröffentlichung Sorge tragen muß, oder ob die Tatsachen von vornherein durch einen anderen publiziert werden[24].

Damit ist auch die Lösung für ein Problem vorgezeichnet, das im Anschluß an die Rechtsprechung des KG bzw. BayObLG über die Aufdeckung von Minderheitsbeteiligungen zur Sprache gekommen ist.[25] Gemäß § 21 Abs. 1 S. 1 WpHG wird die Mitteilungspflicht hinsichtlich des Beteiligungsbesitzes an einer börsennotierten Gesellschaft ausgelöst, wenn die dort genannten Schwellenwerte der Stimmrechte erreicht, überschritten oder unterschritten werden. Diese Verpflichtung wird jedoch dadurch modifiziert, daß Stimmrechte bei der Berechnung des Stimmrechtsanteils in gewissem Umfang unberücksichtigt bleiben können. Dies ist gemäß § 23 Abs. 1 WpHG möglich, wenn die Anteile zum Handelsbestand von bestimmten Unternehmen, die Wertpapierhandelsdienstleistungen erbringen, gehören, und mit dem Erwerb der Aktien eine Einflußnahme auf die börsennotierte Gesellschaft nicht beabsichtigt ist. Außerdem können gemäß § 23 Abs. 2 WpHG im Hinblick auf die Meldeschwelle von fünf Prozent unter bestimmten Umständen Stimmrechte unberücksichtigt bleiben, wenn die betreffenden Anteile durch bestimmte, näher bezeichnete Unternehmen gehalten werden, um Unterschiede zwischen dem Erwerbspreis und dem Veräußerungspreis kurzfristig zu nutzen, und eine Einflußnahme auf die Geschäftsführung der Gesellschaft nicht beabsichtigt ist. Schließlich besteht die Möglichkeit, daß das Bundesaufsichtsamt gemäß § 25 Abs. 4 WpHG die Beteiligungsgesellschaft von ihrer Veröffentlichungspflicht befreit, wenn es zu der Auffassung gelangt, eine Bekanntmachung laufe dem öffentlichen Interesse zuwider oder könne der Beteiligungsgesellschaft erheblichen Schaden zufügen. Fraglich ist, ob diese Ausnahmetatbestände Einfluß auf die Auslegung des § 131 haben, wenn ein Aktionär der jeweiligen AG nach deren Anteilsbesitz fragt.

Eine Beurteilung, ob Kenntnisse über den Anteilsbesitz in der Hauptversammlung der beteiligten AG bzw. der Beteiligungsgesellschaft für die sachgemäße Beurteilung der Tagesordnung erforderlich sind, enthält die Entscheidung des Bundesaufsichtsamtes nicht. Bleibt aufgrund von § 23 Abs. 1 bzw. 2 oder § 25 Abs. 4 WpHG der Anteilsbesitz einer AG unveröffentlicht, so bedeutet dies zunächst nur, daß dem Vorstand nicht von vornherein die Möglichkeit genommen ist, diesbezüglich einen Geheimhaltungsbedarf der Gesellschaft geltend zu machen.

---

24 Siehe auch *Bezzenberger,* WuB II A. § 131 AktG 3.94, 426, 427: Eine AG kann sich bei Auskünften über Vorgänge in einem Beteiligungsunternehmen nicht auf die Schutzklausel berufen, wenn das Beteiligungsunternehmen hinsichtlich dieser Tatsachen der Rechnungslegung gemäß §§ 325 ff. HGB unterliegt.

25 Siehe dazu oben S. 31 f.

Andererseits kann nicht ohne weiteres angenommen werden, daß entsprechende Angaben in der Hauptversammlung schlechthin unterbleiben könnten.[26] Durch § 23 Abs. 1 bzw. 2 WpHG soll in erster Linie vermieden werden, daß Unternehmen aufgrund ihres ständig wechselnden Anteilsbestandes einer laufenden Mitteilungspflicht unterliegen.[27] Für eine Auskunftspflicht in der nur einmal jährlich stattfindenden Hauptversammlung der beteiligten Gesellschaft ist dieser Gesichtspunkt unerheblich.

Bei der Befreiung gemäß § 25 Abs. 4 WpHG hat das Bundesaufsichtsamt zu prüfen, ob ein öffentliches Interesse oder ein der Beteiligungsgesellschaft drohender, erheblicher Schaden einer Veröffentlichung entgegenstehen. Ob der beteiligten Gesellschaft ein nicht unerheblicher Nachteil aus der Erteilung der Auskunft erwachsen kann, wie es § 131 Abs. 3 S. 1 Nr. 1 voraussetzt, ist nicht Gegenstand seiner Entscheidung.[28] Wird in der Hauptversammlung der Beteiligungsgesellschaft nach den Anteilen gefragt, die andere Gesellschaften an dieser Gesellschaft halten, und ist die Beteiligungsgesellschaft gemäß § 25 Abs. 4 von der Veröffentlichungspflicht befreit, so ist dies ebenfalls ohne präjudizielle Wirkung für die Beurteilung eines Auskunftsbegehrens in der Hauptversammlung.[29] Denn für die Entscheidung, ob der Beteiligungsgesellschaft aus der Erteilung der Auskunft ein nicht unerheblicher Nachteil erwachsen kann, ist auf den Zeitpunkt der Hauptversammlung abzustellen. Der Vorstand muß deshalb unabhängig davon, ob einem zuvor gestellten Antrag der Gesellschaft gemäß § 25 Abs. 4 WpHG durch das Bundesaufsichtsamt stattgegeben worden ist, die Voraussetzungen der Schutzklausel prüfen.[30]

2. § 131 Abs. 3 S. 1 Nr. 2

Anders als die Schutzklausel geht § 131 Abs. 3 S. 1 Nr. 2 nicht auf eine Vorgängerregelung in § 112 AktG 1937 zurück. Bis zum Inkrafttreten des AktG 1965 war das Recht, Auskünfte über die Steuerbilanz der Gesellschaft einzuholen, umstritten.[31] Für die Aktionäre war diese Frage vor allem deshalb von Interesse, weil die Verwaltung nach den Bilanzierungsvorschriften des AktG

---

[26] Offengelassen von KG, ZIP 1995, 1585, 1588 f.

[27] Begr. RegE § 23 WpHG, BT-Drucks. 12/6679, S. 54; *U. H.Schneider* in: Assmann/Schneider, WpHG, § 23 Rn. 2.

[28] So auch *Saenger*, DB 1997, 145, 149, zu § 25 Abs. 4 WpHG.

[29] Siehe aber auch LG Berlin, AG 1994, 40, 42, wonach die Frage nach Beteiligungen an der Gesellschaft nicht deren Angelegenheiten betreffen.

[30] Anders zu der Parallelproblematik, daß ein Antrag auf Befreiung von der ad hoc-Publizität gemäß § 15 Abs. 1 S. 2 WpHG *zurückgewiesen* worden ist, *Hirte* in: Bankrechtstag 1995, S. 47, 63.

[31] Siehe dazu *Bühler*, Steuerrecht, S. 114; *Klauss*, BB 1957, 732, 734; *Risse*, BB 1958, 349 f.

1937 lediglich an Wertobergrenzen gebunden, bei der Bildung stiller Reserven hingegen weitgehend frei war. Ein Vergleich mit den Wertansätzen in der Steuerbilanz, für die geringere Ermessensspielräume galten, sollte den Aktionären deshalb Aufschluß über die wahre Ertrags- und Vermögenslage des Unternehmens geben. Mit dem Inkrafttreten des AktG 1965 (und des BiRiLiG in 1986) hat diese Vorgehensweise an Bedeutung verloren, weil die Gestaltungsmöglichkeiten bei der Aufstellung der Handelsbilanz erheblich eingeschränkt wurden.[32] Zugleich beendete § 131 Abs. 3 S. 1 Nr. 2, wonach eine Frage nach steuerlichen Wertansätzen oder der Höhe einzelner Steuern nicht beantwortet werden muß, die Debatte um ein entsprechendes Auskunftsrecht.

Zur Begründung führte der Gesetzgeber aus, die Aktionäre könnten andernfalls einen falschen Eindruck von der Vermögenslage der Gesellschaft erhalten und Gefahr laufen, den nach betriebswirtschaftlichen Grundsätzen ermittelten und für eine Ausschüttung zur Verfügung stehenden Gewinn, wie er in der Handelsbilanz ausgewiesenen sei, mit dem steuerlichen Überschuß zu verwechseln.[33] Diese Ausführungen sind als patriarchalisch und rückständig kritisiert worden, weil sie den Aktionär für unverständig und unmündig erachten.[34] In der Tat vermag die Einschätzung, ein Fragesteller werde nicht erkennen, daß dem Gewinnausweis in Handels- und Steuerbilanz unterschiedliche Bewertungsmethoden zugrunde liegen, nicht recht zu überzeugen. Die Anforderungen, die das AktG im übrigen an die intellektuelle Leistungsfähigkeit der Aktionäre stellt, lassen einen solchen Schluß jedenfalls nicht zu. Bilanzierungs- und Bewertungsmethoden müssen den Teilnehmern der Hauptversammlung schon deswegen vertraut sein, weil ihnen gemäß § 173 Abs. 1 durch Vorstand und Aufsichtsrat die Feststellung des Jahresabschlusses übertragen werden kann.[35] In diesem - in der Praxis allerdings seltenen Fall - sind gemäß § 131 Abs. 3 S. 1 Nr. 3 und Nr. 4 Fragen nach einem von dem Handelsbilanzansatz abweichenden Wert ebenso zulässig wie die nach Bilanzierungs- und Bewertungsmethoden. Aber auch nur die Vorlage des Jahresabschlusses und die Entscheidung über die Gewinnverwendung verlangen profunde Kenntnisse seitens der Teilnehmer der Hauptversammlung.[36] Von einem Aktionär wird erwartet, daß er die durch die Rechnungslegung des Vorstands vermittelten Informationen sachgerecht beurteilen und der Ausübung seiner mitgliedschaftlichen Rechte zugrunde legen kann. Nichts anderes gilt für die Berichts- und Erläuterungspflichten, die dem

---

[32] *Coenenberg,* Jahresabschluß, S. 962 f.; *Ebenroth/Koos,* BB 1995 Beilage 8, S. 9.

[33] Begr. § 131 RegE, abgedr. bei *Kropff,* AktG, S. 186; ferner Begr. § 157 RegE, a.a.O., S. 253; zustimmend *Ebenroth* S. 86; *Hopt* S. 310.

[34] KK-*Zöllner,* § 131 Rn. 37.

[35] Darauf weist auch *Zöllner,* a.a.O., hin.

[36] *Mülbert* S. 114 f.; *Wagner,* ZGR 1988, 210, 235.

Vorstand bei der Vorbereitung einer Grundlagenentscheidung in der Hauptversammlung obliegen.[37] Obgleich es um die Beurteilung komplexer Sachverhalte geht, die mit weitreichenden Konsequenzen für die Verfassung der AG und die Mitgliedschaft des Aktionärs verbunden sind, läßt das AktG eine besondere Rücksichtnahme auf den Verständnishorizont eines Kleinaktionärs nicht erkennen.

Bei der Formulierung des § 131 Abs. 3 S. 1 Nr. 2 dürfte der Gesetzgeber wohl eher die Interessen der Gesellschaft als die der Aktionäre im Auge gehabt haben. In der Begründung des RegE klingt die Besorgnis an, von „dividendenhungrigen Aktionären“[38] könnte angesichts eines steuerlichen Gewinns, der den in der Handelsbilanz ausgewiesenen Gewinn übersteigt, die Ausschüttung einer höheren Dividende gefordert werden. Daß es sich dabei um ein legitimes Anliegen handelt, welches mit Hilfe des Auskunftsanspruchs durchgesetzt werden kann, hat der BGH zu Recht angenommen.[39] Eine Debatte in der Hauptversammlung, deren Gegenstand die abweichenden Wertansätze in der Handels- und Steuerbilanz sind, liegt deshalb durchaus im mitgliedschaftlichen Interesse der Aktionäre.[40] Dabei muß die Offenlegung des steuerlichen Gewinns nicht zwangsläufig zu einer Beeinträchtigung der Belange der Gesellschaft führen, solange die Handelsbilanz alleinige Ausschüttungsgrundlage bleibt und die Eigenfinanzierung des Unternehmens durch § 58 Abs. 1 und 2 hinreichend gewährleistet ist.

Zum Teil wird § 131 Abs. 3 S. 1 Nr. 2 auch mit dem Steuergeheimnis gerechtfertigt, auf das sich die Gesellschaft im Verhältnis zu ihren Aktionären berufen könne.[41] Das ist in dieser Allgemeinheit bedenklich, weil die Geheimhaltung steuerlicher Wertansätze und entrichteter Steuern nicht zum Selbstzweck erklärt werden sollte. Ein Vergleich mit anderen Informationsquellen, die wie die Steuerbilanz den Aktionären vorenthalten bleiben, verdeutlicht dies. So hat der Gesetzgeber hinsichtlich des Abhängigkeitsberichts gemäß § 312 ein berechtigtes Geheimhaltungsinteresse der Gesellschaft anerkannt. Eine Einsichtnahme durch die Aktionäre ist ausgeschlossen, weil die Offenlegung von

---

37 *Mülbert* S. 115.

38 Zu diesem Begriff *D. Reuter,* Gutachten für den 55. DJT, B 78.

39 BGHZ 36, 121, 135; ebenso OLG Karlsruhe, AG 1990, 82; *Nitschke/Bartsch,* AG 1969, 95, 99; KK-*Zöllner,* § 131 Rn. 45; ablehnend *Flohr,* JA 1982, 380, 384; *W. Schilling,* JZ 1962, 410, 411.

40 Siehe auch KK-Zöllner, § 131 Rn. 37, der eine solche Auseinandersetzung für „ausgesprochen heilsam“ hält.

41 GK^3-*Barz,* § 131 Anm. 15; *Geßler,* DB 1957, 1254, 1257; *Henn,* Hdb AktR, Rn. 889; ablehnend *Schwark* S. 183.

berichtspflichtigen Geschäften der Gesellschaft zum Nachteil gereichen kann.[42] Das bedeutet jedoch nicht, daß eine Frage bereits deswegen unbeantwortet bleiben darf, weil sie sich auf einen Vorgang bezieht, der Gegenstand des Abhängigkeitsberichts ist. Vielmehr muß im Einzelfall geprüft werden, ob die Voraussetzungen der Schutzklausel gemäß § 131 Abs. 3 S. 1 Nr. 1 vorliegen und deshalb ein Recht zur Auskunftsverweigerung besteht.[43] Warum in Fällen, in denen der unterschiedlichen Bewertung in Handels- und Steuerbilanz Umstände zugrunde liegen, hinsichtlich derer die Gesellschaft ein berechtigtes Geheimhaltungsinteresse hat,[44] nicht ebenso verfahren werden kann, ist nicht ersichtlich.

Die rechtspolitische Berechtigung des § 131 Abs. 3 S. 1 Nr. 2 mag aus den genannten Gründen in Frage gestellt werden; solange diese Regelung geltendes Recht ist, ist sie hinzunehmen.[45] Damit ist dem Aktionär die Möglichkeit genommen, aus der Steuerbilanz Rückschlüsse auf die Handelsbilanz zu ziehen und über Jahresabschluß und Lagebericht hinausgehende Erkenntnisse über die Vermögenslage der Gesellschaft zu erlangen.[46] Auf welche Art und Weise der Vorstand bei der Aufstellung des Jahresabschlusses von Wahlrechten und Beurteilungsspielräumen Gebrauch gemacht hat, läßt sich durch einen Vergleich mit der Steuerbilanz, für die (immer noch) strengere Höchst- und Mindestwertbestimmungen sowie Abschreibungsregelungen gelten, nicht ermitteln. Ein Aktionär kann allenfalls anhand der in der Gewinn- und Verlustrechnung ausgewiesenen gewinnabhängigen Steuern den steuerlichen Gewinn schätzen und daraus auf die Ertragskraft des Unternehmens schließen; ein Verfahren, das mit erheblichen Unsicherheiten verbunden ist.[47]

---

42 Dazu Begr. RegE § 312, abgedr. bei *Kropff,* AktG, S. 411.

43 OLG Düsseldorf, WM 1991, 2148, 2154; LG Frankfurt, DB 1993, 2371; LG Berlin, WM 1990, 978, 982; G/H/E/K-*Eckardt,* § 131 Rn. 130; *Emmerich/Sonnenschein,* KonzernR, § 21 II 2; *Kropff,* ZGR 1988, 558, 577; *Meilicke/Heidel,* DStrR 1992, 113, 115; KK-*Zöllner,* § 131 Rn. 30; anders noch OLG Karlsruhe, AG 1973, 25, 27 f.; KG, DB 1972, 1914, 1916, mit abl. Anm. *Bunte,* AG 1974, 374 ff.

44 Siehe die von *Ebenroth* S. 85 f. im Anschluß an *Risse,* BB 1958, 349 f., genannten Beispiele.

45 Anders *Meilicke,* BB 1991, 241, 242, der die Vorschrift wegen eines Verstoßes gegen höherrangige europarechtliche Bestimmungen für unwirksam hält bzw. mit *Heidel,* DStR 1992, 113, 117, für deren teleologische Reduktion plädiert; dagegen *Hüffer,* AktG, § 131 Rn. 28; *Kamprad,* AG 1991, 396, 397 f.

46 Dies war durchaus im Sinne des Gesetzgebers, siehe Begr. § 157 RegE, abgedr. bei *Kropff,* AktG, S. 252; *Schwark* S. 182; *Semler* in: Münch. Hdb AG, § 37 Rn. 36.

47 Siehe *Coenenberg,* Jahresabschluß, S. 962 ff.; *Reinhart,* BB 1998, 1355, 1358.

3. § 131 Abs. 3 S. 1 Nr. 3 und Nr. 4

a. Auskunftsverweigerung hinsichtlich stiller Reserven

Von „stillen Rücklagen" wollte der Gesetzgeber bei der Formulierung von § 131 Abs. 3 S. 1 Nr. 3 und Nr. 4 angesichts der Mehrdeutigkeit dieses Begriffs nicht sprechen.[48] Dennoch sind sie der Sache nach Gegenstand dieser Regelungen. Während § 125 Abs. 3 Nr. 3 RegE noch vorgesehen hatte, daß zumindest über die Größenordnung der in der Bilanz enthaltenen stillen Reserven Auskunft zu geben sei,[49] sind diese der Gesetz gewordenen Fassung zufolge gänzlich vom Auskunftsrecht des Aktionärs ausgenommen. Die Frage nach dem Unterschied zwischen dem Wert, mit dem Gegenstände in der Jahresbilanz angesetzt worden sind, und einem höheren Wert dieser Gegenstände muß nicht beantwortet werden. Auch über Bilanzierungs- und Bewertungsmethoden muß der Vorstand keine Auskunft geben, sofern die Angaben im Anhang ausreichen, um ein den tatsächlichen Verhältnissen entsprechendes Bild der Vermögens-, Finanz- und Ertragslage der Gesellschaft im Sinne des § 264 Abs. 2 des HGB zu vermitteln.[50]

Aufgrund dieser Bestimmungen bleiben dem Aktionär stille Reserven, deren Entstehung durch die Verwaltung nicht beeinflußt werden kann, ebenso unbekannt wie solche, die aufgrund eines Bewertungsaktes gebildet werden. Sogenannte Zwangsreserven, die bei der Beachtung der Bilanzierungsvorschriften unvermeidbar sind, werden von § 131 Abs. 3 S. 1 Nr. 3 und Nr. 4 gleichermaßen erfaßt wie Ermessens- und Dispositionsreserven, die auf bilanzpolitische Spielräume bei der Festlegung eines Wertansatzes bzw. die Ausübung von Wahlrechten zurückzuführen sind.[51] Das gilt nicht nur dann, wenn unmittelbar nach der Wertdifferenz gefragt wird, sondern auch für solche Angaben, aus denen sich unschwer der Unterschied zwischen Markt- und Buchwerten errechnen läßt.[52] Zum Gegenstand einer Auskunft können stille Reserven nur gemacht werden, wenn die Hauptversammlung den Jahresabschluß feststellt.

Ob und in welchem Umfang der Vorstand aus Gründen der Gewinnregulierung sowie der Substanzerhaltung und der Eigenfinanzierung des Unternehmens

48 Ausschußbericht zu § 131 RegE, abgedr. bei *Kropff,* AktG, S. 187; *Ebenroth* S. 87; *Ebenroth/Koos,* BB 1995 Beilage 8, S. 6.

49 Dazu Begr. § 125 RegE, abgedr. bei *Kropff,* AktG, S. 186; *Ebenroth/Koos,* BB 1995 Beilage 8, S. 6; *Geßler,* DB 1957, 1254, 1257.

50 Kritisch zu dieser Einschränkung KK-*Zöllner*, § 131 Rn. 38.

51 Zur Terminologie *Küting,* BB 1995 Beilage 15, S. 3 f.; Beispiele bei *Hüffer,* AktG, § 131 Rn. 29.

52 KG, ZIP 1994, 1267, 1272; LG Berlin, BB 1993, 1827, 1828; *G. Krieger,* DStR 1994, 177, 179.

berechtigt oder verpflichtet ist, Reserven zu bilden, ist keine Frage des mitgliedschaftlichen Auskunftsanspruchs, sondern der gesetzlich geregelten Bewertungs- und Bilanzierungsmethoden. Der häufig erörterte „Wert und Unwert der stillen Reserven“[53] ist nur insoweit Gegenstand von § 131 Abs. 3 S. 1 Nr. 3 und Nr. 4, als es um die „Stille“ dieser Reserven geht.

b. Verfassungsmäßigkeit der Auskunftsverweigerungsrechte gemäß § 131 Abs. 3 S. 1 Nr. 3 und 4

Ob es sachgerecht ist, gegenüber den Aktionären von einer Offenlegung stiller Reserven abzusehen, wurde bereits vor Inkrafttreten des AktG 1965 lebhaft diskutiert und wird bis heute unterschiedlich beantwortet.[54] Neuen Antrieb hat die Debatte um das betreffende Auskunftsverweigerungsrecht in jüngster Vergangenheit durch eine Verfassungsbeschwerde erfahren, mit der der Beschwerdeführer geltend machte, er sei aufgrund einer Auskunftsverweigerung gemäß § 131 Abs. 3 S. 1 Nr. 3 in seinem Grundrecht gemäß Art. 14 Abs. 1 GG verletzt worden.[55] Auch in diesem Fall wurde die Verfassungsbeschwerde zwar nicht zur Entscheidung angenommen, das BVerfG nutzte jedoch die Gelegenheit, zu der Vereinbarkeit der Vorschrift mit der Eigentumsgarantie Stellung zu nehmen.[56]

Dabei gelangt das BVerfG zunächst zu dem Schluß, stille Reserven seien im Hinblick auf die grundrechtlich geschützten Interessen des Aktionärs „nicht unproblematisch“.[57] Dies begründet das Gericht damit, stille Reserven trübten den Blick auf den Wert des Unternehmens, woraus zum einen die Gefahr resultiere, daß die Aktionäre ihre Aktien zu billig an Insider verkauften, zum anderen, daß Ertragsschwächen oder sogar Verluste des Unternehmens durch die „stille“ Auflösung von Reserven verschleiert werden könnten.[58]

[53] *Kropff* in: Baetge (Hrsg.), Rechnungslegung, S. 64, 67; zum Meinungsstand etwa *Küting*, BB 1995 Beilage 15, S. 13.

[54] Für eine Offenlegung bereits: *Koppensteiner* in: Das Frankfurter Publizitätsgespräch (Diskussionsbeitrag), S. 237, 238; *Stützel* in: Das Frankfurter Publizitätsgespräch (Diskussionsbeitrag), S. 244, 247 ff.; *ders.*, ZfB 1967, S. 314, 329; zuletzt vor allem *Siegel u.a.*, ZIP 1999, 2077 ff., dagegen: *Deuss* S. 81; *Ebenroth/Koos*, BB 1995 Beilage 8, S. 10.

[55] BVerfG, ZIP 1999, 1801 ff.

[56] Zu diesem Vorgehen des BVerfG siehe bereits oben S. 130. Die Verfassungsmäßigkeit von § 131 Abs. 3 S. 1 Nr. 3 war bereits vor der Entscheidung des BVerfG ohne weitere Begründung bejaht worden von: KG, ZIP 1994, 1267, 1273; LG Frankfurt, WM 1994, 1929, 1939.

[57] BVerfG, ZIP 1999, 1801, 1803.

[58] BVerfG, a.a.O.

Dafür, daß § 131 Abs. 3 S. 1 Nr. 3 dennoch mit der Eigentumsgarantie vereinbar ist, sprechen nach Ansicht des BVerfG aber mehrere Gründe:[59] So könne es sowohl im Interesse der Gesellschaft als auch dem anderer, insbesondere unternehmerisch orientierter Aktionäre liegen, von einer Offenlegung stiller Reserven abzusehen. Als Mittel der Konkursvorsorge und Unternehmenssicherung seien stille Reserven nämlich nur geeignet, wenn sie „still" blieben. Demgegenüber halte sich die von stillen Reserven ausgehende Grundrechtsbeeinträchtigung bereits deshalb in Grenzen, weil die handelsrechtlichen Rechnungslegungsvorschriften solche Reserven nur in eingeschränkten Maße zuließen. Insofern erwartet das BVerfG, daß die Möglichkeiten zur Bildung stiller Reserven aufgrund der fortschreitenden Internationalisierung der Rechnungslegung zukünftig noch abnehmen werden. Schließlich führt das Gericht an, die Berechnung stiller Reserven könne sich als außerordentlich schwierig erweisen und im Ergebnis dazu führen, daß gegen geltende Prinzipien des Bilanzrechts verstoßen werde.

Diese Entscheidung hat heftige Kritik auf sich gezogen.[60] Dieser ist insofern beizupflichten, als die vom BVerfG angeführten Gründe nicht in vollem Umfange zu überzeugen vermögen. So ist nicht recht einzusehen, weshalb eine zukünftige Rechtsentwicklung, deren Verlauf alles andere als vorhersehbar erscheint, geeignet sein soll, einen gegenwärtigen, nach Ansicht des Gerichts zumindest nicht unproblematischen Zustand zu rechtfertigen.[61] Ebenfalls nicht ohne weiteres zu überzeugen vermag das Argument, bei einer Offenlegung stiller Reserven lasse sich das Prinzip der „gläsernen, aber verschlossenen Taschen" gegenüber den Renditeerwartungen, wie sie vor allem von Kleinaktionären gehegt würden, nicht mehr aufrechterhalten.[62] Die Offenlegung stiller Reserven führt für sich genommen noch nicht zu einer Realisationspflicht hinsichtlich eines auf diese Reserven entfallenden Vermögenszuwachses bei der Gesellschaft und hat deshalb keinen unmittelbaren Einfluß auf die Dividendenhöhe.[63] Daß sich zudem ausgerechnet Kleinaktionäre gegenüber Großaktionären mit ihrem Wunsch nach einer höheren Gewinnausschüttung durchsetzen könnten, erscheint wenig plausibel.

Wenn allerdings darüber hinaus an der Entscheidung des BVerfG kritisiert wird, die durch das Gericht vorgenommene Interessenabwägung gehe schon im

---

59 Zum folgenden BVerfG, ZIP 1999, 1800, 1803.

60 Siehe insbesondere die abl. Besprechungen von *Grüner*, NZG 2000, 197 f.; *Siegel u.a.*, ZIP 1999, 2077 ff.

61 Ebenso *Grüner*, a.a.O., 198; *Siegel u.a.*, a.a.O., 2084.

62 BVerfG, ZIP 1999, 1800, 1803.

63 *Ebenroth/Koos*, BB 1995 Beilage 8, S. 11; *Kaserer*, ZIP 1999, 2085, 2086.

Ausgangspunkt fehl, weil schutzwürdige Belange der Gesellschaft gegenüber deren Aktionären nicht anzuerkennen seien,[64] ist dem nicht zu folgen. Die Gesellschaft ist Eigentümerin des Unternehmens und genießt als solche den Schutz des Art. 14 Abs. 1 S. 1 GG.[65] Dem kann nicht entgegengehalten werden, die Hauptversammlung repräsentiere die Gesamtheit der Aktionäre, der gegenüber sich die Gesellschaft nicht auf eigene Interessen berufen könne.[66] Das Auskunftsrecht als Individualrecht ist weder ein Recht der Hauptversammlung noch ein Recht, das der Aktionär als Vertreter der Gesamtheit der Aktionäre geltend macht.[67] Soweit von einer Offenlegung bestimmter Tatsachen in der Hauptversammlung, die praktisch einer Veröffentlichung gegenüber der Allgemeinheit gleichkommt, Gefahren für die grundrechtlich gewährleisteten Interessen der Gesellschaft ausgehen, ist diese schutzwürdig.[68] Das Auskunftsverweigerungsrecht hinsichtlich stiller Reserven ist nichts anderes als ein speziell geregelter Sonderfall der Schutzklausel gemäß § 131 Abs. 3 S. 1 Nr. 1, einer Vorschrift, deren Verfassungsmäßigkeit bislang zu recht nicht in Zweifel gezogen worden ist.

Der Gesetzgeber ist mithin befugt, das Auskunftsinteresse eines oder mehrere Aktionäre gegenüber dem Geheimhaltungsinteresse der Gesellschaft abzuwägen. Bei der Prüfung, ob er sich dabei innerhalb des durch Art. 14 Abs. 1 vorgegebenen Rahmens bewegt, sind zunächst die mitgliedschaftlichen Vermögensrechte Anknüpfungspunkt der verfassungsrechtlichen Eigentumsgarantie.[69] Unmittelbare Bedeutung erlangen stille Reserven in diesem Zusammenhang, weil sie zu einer Verkürzung des zur Ausschüttung an die Aktionäre gelangenden Gewinns führen können.[70] § 131 Abs. 3 S. 1 Nr. 3 und 4, die die „Stille“ solcher Reserven gewährleisten, beeinträchtigen den Wert des Auskunftsrechts als Kontrollrecht insofern, als es dem Aktionär erschwert wird, selbst die Ertragslage des Unternehmens zu beurteilen und die ordnungsgemäße Ermittlung des Jahresüberschusses durch die Verwaltung zu überprüfen. Hingegen ist auch unter verfassungsrechtlichen Gesichtspunkten der Zweck des mitgliedschaftlichen Auskunftsrechts nicht in der Vorbereitung einer sachgerechten Anlageentscheidung des Aktionärs zu sehen.[71] Dies ist Aufgabe kapitalmarktrechtlicher

---

[64] *Grüner,* NZG 2000, 197; *Siegel u.a.,* ZIP 1999, 2077, 2081.

[65] Siehe oben S. 130.

[66] *Grüner,* NZG 2000, 197.

[67] Siehe oben S. 91.

[68] Ebenso *Ebenroth/Koos,* BB 1995 Beilage 8, S. 10.

[69] Siehe oben S. 127 ff.

[70] *Ebenroth/Koos,* BB 1995 Beilage 8, S. 6; *Küting,* BB 1995 Beilage 15, S. 3 und 13.

[71] Anders wohl *Siegel u.a.,* ZIP 1999, 2077, 2078.

Vorschriften, die unabhängig von einer Beteiligung an der Gesellschaft eine gleichmäßige Unterrichtung des Anlagepublikums vorsehen.[72] Von Verfassungs wegen besteht kein Anlaß, Aktionäre aufgrund ihrer Beteiligung an der Gesellschaft gegenüber anderen Anlegern, die über gesellschaftsrechtlich vermittelte Informationsquellen nicht verfügen, zu privilegieren.[73]

Das Auskunftsverweigerungsrecht ist eine konsequente Fortsetzung der verfassungsrechtlich nicht zu beanstandenden handelsrechtlichen Rechnungslegungsvorschriften, die stille Reserven im Jahresabschluß der AG zulassen.[74] Die Entscheidung des Gesetzgebers, in bestimmten Fällen eine Unterbewertung des Gesellschaftsvermögens bzw. eine Überbewertung von Verbindlichkeiten zuzulassen, läßt nicht nur erkennen, daß solche Reserven überhaupt gebildet werden können, sondern auch, daß dies „still" erfolgen soll.[75] Damit hat sich der Gesetzgeber dem Argument angeschlossen, stille Reserven könnten ihre Funktion, Wertschwankungen innerhalb der bilanzierten Aktiva des Gesellschaftsvermögens auszugleichen und eine Schädigung des *good will* des Unternehmens zu vermeiden, nur dann erfüllen, wenn sie nicht offengelegt werden müßten.[76]

Diese Einschätzung ist zwar immer wieder mit beachtlichen Argumenten kritisiert worden.[77] Mag die gesetzgeberische Entscheidung deshalb rechtspolitisch fraglich sein, so ist damit noch nicht gesagt, daß sie deshalb auch zu einem verfassungsrechtlich nicht tragbaren Ergebnis führt. Zu berücksichtigen ist, daß

---

[72] Siehe auch *Siegel u.a.*, ZIP 1999, 2077, 2080 f., die darauf hinweisen, daß der Vorstand u. U. verpflichtet ist, im Rahmen der *ad hoc* Publizität Mitteilungen zu stillen Reserven zu machen, zu Unrecht aber daraus den Schluß ziehen, deshalb müßten diese Angaben auch gegenüber den Aktionären gemacht werden. Zum Verhältnis kapitalmarktrechtlicher und aktienrechtlicher Publizitätsvorschriften siehe bereits S. 31 ff.

[73] Siehe oben S. 79.

[74] Dazu, daß die Bildung stiller Reserven im Rahmen der geltenden handelsrechtlichen Bilanzvorschriften verfassungsrechtlich nicht zu beanstanden ist, zutreffend *Ebenroth/Koos*, BB 1995, S. 8 f. Auch *Siegel u.a.*, ZIP 1999, 2077, 2080, gehen trotz aller Kritik am geltenden Recht offenbar nicht davon aus, daß die Bildung stiller Reserven bereits als solche verfassungswidrig ist.

[75] *Ebenroth/Koos*, a.a.O., S. 12; *Hüffer*, a.a.O.; *Witt*, WuB II A. § 131 AktG 1.00, 50, 52; a.A. *Siegel u.a.*, 2077, 2080.

[76] BVerfG, ZIP 1999, 1800, 1803; *Ebenroth/Koos*, BB 1995 Beilage 8, S. 10; *Hüffer*, AktG, § 131 Rn. 29; *Moxter*, BB 1985, 1101, 1103. Bereits vor Inkrafttreten des AktG 1965: *Deuss* S. 81.

[77] *Koppensteiner* in: Das Frankfurter Publizitätsgespräch (Diskussionsbeitrag), S. 237, 238; *Küting*, BB 1995 Beilage 15, S. 13 ff; *Siegel u.a.*, ZIP 1999, 2077, 2082; *Stützel* in: Das Frankfurter Publizitätsgespräch (Diskussionsbeitrag), S. 244, 247 ff.; *ders.*, ZfB 1967, S. 314, 329.

dem Gesetzgeber bei Inhalts- und Schrankenbestimmungen nach Art. 14 Abs. 1 S. 2 GG ein nicht unerheblicher Ermessensspielraum offensteht, bei dessen Ausnutzung er unter anderem auch der Wesensart des von der Eigentumsgarantie geschützten Vermögensgegenstands Rechnung tragen kann.[78] Insbesondere ist es von Verfassungs wegen nicht zu beanstanden, wenn die Rechte der Aktionäre rechtsformspezifisch, d.h. korrespondierend zu der aktienrechtlichen Kompetenzordnung, gestaltet werden.[79] Unzulässig ist eine Inhalts- und Schrankenbestimmung erst dann, wenn sie grob sachwidrig ist und in die grundrechtlich geschützten Interessen der Aktionäre ohne sachlichen Grund oder unverhältnismäßig eingreift.[80]

Der Gefahr, daß die Verwaltung bei der Erfüllung ihrer Rechenschaftspflichten mißbräuchlich von Ermessens- und Beurteilungsspielräumen Gebrauch macht, begegnen aktien- und handelsrechtliche Vorschriften auf mehrfache Weise.[81] Der durch den Vorstand aufgestellte Jahresabschluß ist zunächst durch den Abschlußprüfer gemäß § 317 Abs. 1 HGB zu prüfen. Dieser hat u.a. die Einhaltung der gesetzlichen Bestimmungen, einschließlich der Bewertungsvorschriften, zu prüfen und darauf zu achten, daß durch etwaige Verstöße oder Unrichtigkeiten die Darstellung der Vermögens-, Finanz- und Ertragslage des Unternehmens nach § 264 Abs. 2 HGB nicht wesentlich beeinträchtigt wird. Sodann unterliegt der Jahresabschluß einer eigenständigen Überprüfung durch den Aufsichtsrat. Diese Prüfung erstreckt sich ebenfalls auf die Einhaltung der handelsrechtlichen Vorschriften über die Bildung stiller Reserven sowie die Ausübung bilanzpolitischer Ermessensentscheidungen und die dem Jahresabschluß zugrundeliegende Ausschüttungs- und Thesaurierungspolitik.[82] Schließlich verbleiben im Rahmen der aktienrechtlichen Kompetenzordnung auch bei den Aktionären Kontrollbefugnisse hinsichtlich der Bildung stiller Reserven. Gemäß § 258 Abs. 2 S. 3 kann eine Minderheit von Aktionären, deren Anteile zusammen mindestens 5% des Grundkapitals oder den Betrag von Euro 500.000 erreichen, eine Sonderprüfung beantragen. Eine solche kann gemäß § 258 Abs. 1 Nr. 1 u.a. dann eingeleitet werden, wenn Anlaß für die Annahme besteht, daß in dem festgestellten Jahresabschluß bestimmte Posten gemäß § 256 Abs. 5 S. 3 nicht unwesentlich unterbewertet worden sind.[83]

---

78 Eingehend *Ebenroth/Koos,* BB 1995 Beilage 8, S. 4 f.

79 BVerfG, ZIP 1999, 1798, 1799.

80 BVerfG 18, 121, 132; 21, 150, 155. Ähnlich KG, DB 2001, 1080, 1083.

81 Zum folgenden Ebenroth/Koos, BB 1995, Beilage 8, S. 12 f.

82 *Ebenroth/Koos,* BB 1995, Beilage 8, S. 12; *Hüffer,* AktG, § 171 Rn. 7.

83 Dabei kann dem Bedenken, daß die Aktionäre angesichts § 131 Abs. 3 S. 1 Nr. 3 und 4 nur in eingeschränktem Maße darlegen können, daß Anlaß für die Annahme einer Unterbewertung

Angesichts dieser verschiedenen Kontrollmechanismen ist nicht ersichtlich, daß durch das Recht zur Auskunftsverweigerung gemäß § 131 Abs. 3 S. 1 Nr. 3 und 4 das Geheimhaltungsinteresse der Gesellschaft auf verfassungswidrige Weise höher bewertet worden wäre als die für eine Offenlegung sprechenden Gesichtspunkte.[84]

c. Einschränkungen

§ 131 Abs. 3 S. 1 Nr. 3 und Nr. 4 schränkt den Auskunftsanspruch auch insofern in seiner Funktion als Kontrollrecht ein, als die Auflösung stiller Reserven von der Verwaltung unter Umständen dazu genutzt werden kann, Verlust- und Krisensituationen zu kaschieren.[85] Führt dies dazu, daß ein pflichtwidriges Verhalten des Vorstands unerkannt bleibt, so stellt sich die Frage, ob es diesem verwehrt ist, sich auf ein Recht zur Auskunftsverweigerung gemäß § 131 Abs. 3 S. 1 Nr. 3 und Nr. 4 zu berufen. Denkbar ist, auf einen solchen Sachverhalt die Überlegungen zu übertragen, die von der Rechtsprechung zur Einschränkung der Schutzklausel entwickelt worden sind.[86] Wird dem gefolgt, so müßte der Vorstand Fragen über die Auflösung stiller Reserven beantworten, wenn die aus der Auskunftserteilung resultierenden Vorteile für die Gesellschaft die zugleich drohenden Nachteile überwiegen.[87]

Dagegen wird allerdings eingewendet, § 131 Abs. 3 S. 1 Nr. 3 und Nr. 4 lasse dem Vorstand anders als Nr. 1 keinen Beurteilungsspielraum. Vielmehr gingen diese Regelungen davon aus, daß die Offenlegung stiller Reserven stets einen nicht unerheblichen Nachteil für die Gesellschaft mit sich bringe. Für eine Abwägung der für und wider eine Auskunftserteilung sprechenden Gesichtspunkte sei demnach kein Raum.[88] Diese vor allem auf den Wortlaut der Regelung gestützte Argumentation vermag jedoch nicht zu überzeugen. Ihr ist entgegenzuhalten, daß § 131 Abs. 3 S. 1 Nr. 3 lediglich einen Sonderfall der Schutzklausel regelt.[89] Der Sinn und Zweck dieser Vorschrift gebietet es deshalb, dem Vorstand das Recht zur Verweigerung einer Auskunft abzusprechen, wenn sich

---

besteht, durch entsprechende Erleichterungen der Darlegungslast Rechnung getragen werden, dazu *Ebenroth/Koos*, BB1995, Beilage 8, S. 13.

84 *Ebenroth/Koos,* BB 1995, Beilage 8, S. 13; *Hüffer,* AktG, § 131 Rn. 29; *Luttermann,* EWiR § 131 AktG 2/99, 1033, 1034.

85 *Küting,* BB 1995 Beilage 15, S. 13.

86 BGHZ 86, 1, 19; BGH, WM 1987, 1065, 1067; OLG Düsseldorf, WM 1991, 2148, 2155.

87 Siehe dazu oben S. 153 f.

88 *Ebenroth/Koos* BB 1995 Beilage 8, S. 6.

89 Das räumen auch *Ebenroth/Koos,* a.a.O. ein. Vor Inkrafttreten des AktG 1965 konnte eine Auskunft über stille Reserven ebenfalls nur aufgrund der Schutzklausel verweigert werden, siehe BGHZ 101, 1, 6 ff.; 86, 1, 18 ff.

deren Erteilung für die Gesellschaft als insgesamt vorteilhaft darstellt.[90] Bestätigt wird dies durch eine systematische Auslegung: § 131 Abs. 3 S. 1 Nr. 6, der ebenfalls stille (Vorsorge-)reserven betrifft, enthält ebensowenig wie Nr. 3 und Nr. 4 Anhaltspunkte, die auf eine Abwägung der aus einer Auskunftserteilung resultierenden Vor- und Nachteile hindeuten. Dennoch muß aufgrund seiner Entstehungsgeschichte davon ausgegangen werden, daß hier die vom BGH zu der Schutzklausel entwickelten Kriterien gelten.[91] Wenn es aber Kreditinstituten, die im Vergleich zu anderen Gesellschaften bei der Bildung und Auflösung stiller Reserven privilegiert sind, unter Umständen verwehrt ist, ein Recht auf Auskunftsverweigerung geltend zu machen, muß dies auch für andere in der Rechtsform der AG betriebene Unternehmen gelten.

Problematisch ist des weiteren, ob sich der Vorstand auch dann auf § 131 Abs. 3 S. 1 Nr. 3 und Nr. 4 berufen kann, wenn es um die Offenlegung sogenannter Willkürreserven geht.[92] Dabei handelt es sich um stille Reserven, die nicht mit einer ordnungsgemäßen Buchführung zu vereinbaren sind, sondern lediglich aufgrund bilanzpolitischer Überlegungen durch eine sachlich nicht gerechtfertigte Unterbewertung oder Passivierung gebildet werden.[93] An der Vermeidung solcher Reserven, die zu einer unzulässigen Minderung des ausschüttungsfähigen Bilanzgewinns führen, hat der Aktionär ein legitimes Interesse.[94] Berechtigte Belange der Gesellschaft stehen der Auskunftserteilung in einem solchen Fall nicht entgegen, weil § 131 Abs. 3 S. 1 Nr. 3 und Nr. 4 nur sicherstellt, daß die Gesellschaft in der Hauptversammlung keine Auskünfte geben muß, die über die Angaben im Jahresabschluß und Lagebericht hinausgehen.[95] Umgekehrt darf das, was die AG bereits im Jahresabschluß offenlegen hätte müssen, in der Hauptversammlung nicht verschwiegen werden. Aus diesen Gründen genießt das Interesse des Aktionärs an einer Kontrolle, ob der Vorstand von seinen Bewertungs- und Bilanzierungsmethoden ordnungsgemäß Gebrauch gemacht hat, Vorrang.

4. § 131 Abs. 3 S. 1 Nr. 5

Der Vorstand darf eine Auskunft gemäß § 131 Abs. 3 S. 1 Nr. 5 verweigern, wenn er sich durch ihre Erteilung strafbar machen würde. Diese Vorschrift wurde für erforderlich gehalten, nachdem § 112 Abs. 1 S. 3 AktG 1937 nicht in

---

90 Ähnlich für § 112 AktG 1937: *Deuss* S. 82.

91 Dazu sogleich S. 176.

92 So etwa G/H/E/K-*Eckardt*, § 131 Rn. 110.

93 *Küting*, BB 1995 Beilage 15, S. 4.

94 Siehe auch *Ebenroth/Koos*, BB 1995 Beilage 8, S. 6; *Küting*, BB 1995 Beilage 15, S. 6.

95 Dazu auch Begr. § 131 Abs. 3 S. 1 Nr. 6 RegE, BT-Drucks. 11/6275, S. 26; *Hüffer*, AktG, § 131 Rn. 32.

das geltende Recht übernommen worden war. Nach dieser Regelung hatte eine Frage nicht beantwortet werden müssen, wenn dem der gemeine Nutzen von Volk und Reich entgegenstand. Aus Sorge, der Vorstand könne gezwungen sein, mit der Erteilung einer Auskunft ein Staatsgeheimnis preiszugeben (und sich auf diese Weise strafbar machen), wurde § 131 Abs. 3 S. 1 Nr. 5 eingefügt.[96] Während dieser Aspekt kaum einmal Bedeutung erlangt hat, fand die Vorschrift in jüngster Vergangenheit unter einem ganz anderen Gesichtspunkt Beachtung. Im Laufe der Debatte über das Verhältnis kapitalmarktrechtlicher und gesellschaftsrechtlicher Informationspflichten wurde zur Diskussion gestellt, ob der Vorstand deshalb eine Auskunft verweigern kann, weil ihm die Offenlegung einer Tatsache in der Hauptversammlung aufgrund kapitalmarktrechtlicher Vorschriften untersagt ist.[97] Damit sind die Regelungen des WpHG angesprochen, die eine Veröffentlichung bestimmter Umstände nur unter näher geregelten Voraussetzungen zulassen und einen Verstoß gegen diese Vorschriften als Ordnungswidrigkeit oder Straftat ahnden.

a. Auskunftsanspruch und insiderrechtliches Weitergabeverbot

Erörtert wird zum einen, ob es zu einem Konflikt zwischen dem aktienrechtlichen Auskunftsanspruch und dem insiderrechtlichen Weitergabeverbot kommen kann. Gemäß § 14 Abs. 1 Nr. 2 WpHG ist es dem Vorstand einer AG als (Primär-)insider[98] untersagt, eine nicht öffentlich bekannte Tatsache, die sich auf einen oder mehrere Emittenten von Insiderpapieren oder auf Insiderpapiere bezieht und die geeignet ist, im Falle ihres öffentlichen Bekanntwerdens den Kurs dieser Papiere erheblich zu beeinflussen, einem anderen unbefugt mitzuteilen oder zugänglich zu machen. Verstößt der Vorstand gegen dieses Verbot, so macht er sich gemäß § 38 Abs. 1 Nr. 2 WpHG strafbar. Deshalb stellt sich die Frage, ob er gemäß § 131 Abs. 1 S. 1 Nr. 5 ein Auskunftsbegehren in der Hauptversammlung mit der Begründung zurückweisen kann, es ziele auf die Mitteilung einer Insidertatsache ab.

Ein solcher Fall wird nicht allzu oft vorkommen. Regelmäßig werden Insidertatsachen, die für die Beurteilung der Tagesordnung erforderlich sind, auch Gegenstand der ad-hoc-Publizität gemäß § 15 Abs. 1 WpHG sein.[99] Ein ordnungsgemäß handelnder Vorstand muß sie deshalb unverzüglich veröffentlichen. Ist dies geschehen, so handelt es sich fortan um eine öffentlich bekannte

---

96 Begr. § 131 RegE, abgedr. bei *Kropff,* AktG, S. 187. Siehe auch GK^{3}-*Barz,* § 131 Anm. 19; *Baumbach/Hueck,* AktG, § 131 Anm. 16; *Hüffer,* AktG, § 131 Rn. 31.

97 Nachweise bei *Kümpel* in: Assmann/Schneider, WpHG, § 14 Rn. 50.

98 Siehe § 13 Abs. 1 Nr. 1 WpHG.

99 Siehe insbesondere *Hirte,* Bankrechtstag 1995, S. 47, 56, der die Begriffe „erheblich" in § 15 WpHG und „erforderlich" in § 131 Abs. 1 S. 1 gleichsetzt.

Tatsache, hinsichtlich derer ein Verstoß gegen § 14 Abs. 1 Nr. 2 WpHG nicht mehr in Betracht kommt. Ein Konflikt mit dem aktienrechtlichen Auskunftsanspruch kommt deshalb nur in Betracht, wenn der Vorstand bis zur Hauptversammlung seiner Publizitätspflicht nicht nachgekommen ist oder wenn es sich um eine Tatsache handelt, die zwar die Voraussetzungen des § 13 Abs. 1 WpHG, nicht aber die des enger gefaßten § 15 Abs. 1 WpHG erfüllt. Letzteres kann vor allem bei einem Vorgang aus dem laufenden Geschäftsjahr der Fall sein, der noch nicht den für eine Pflicht zur Veröffentlichung erforderlichen Realisierungsgrad erlangt hat.[100] Für die sachgemäße Beurteilung der Tagesordnung ist zwar grundsätzlich nur die Kenntnis solcher Tatsachen erforderlich, die sich in dem der Hauptversammlung vorangegangenen Geschäftsjahr ereignet haben. Spätere Vorgänge können aber ausnahmsweise im Hinblick auf die Entlastung des Vorstands Gegenstand einer Frage sein, weil die Aktionäre nicht nur die Tätigkeit der Verwaltung im Berichtsjahr beurteilen, sondern Vorstand und Aufsichtsrat auch das Vertrauen für die Zukunft aussprechen sollen. Umstände aus dem laufenden Geschäftsjahr, die einer solchen Vertrauenskundgebung entgegenstehen, dürfen ihnen deshalb nicht vorenthalten bleiben.[101]

Zum Teil wird vertreten, § 14 Abs. 1 Nr. 2 WpHG liege bereits tatbestandsmäßig nicht vor, wenn bei der Beantwortung einer Frage gemäß § 131 Abs. 1 S. 1 eine Insidertatsache mitgeteilt werde.[102] Begründet wird dies zum einen damit, daß der Vorstand in einem solchen Fall nicht unbefugt handle, weil er „im normalen Rahmen der Berufs- und Geschäftsausübungstätigkeit“[103] tätig werde. Zum anderen wird angeführt, das WpHG als ein dem Anlegerschutz dienendes Gesetz könne nicht herangezogen werden, um Aktionärs- und damit letztlich Anlegerrechte einzuschränken.[104] Dem erstgenannten Argument zufolge ist der Auskunftsanspruch des Aktionärs letztlich ein Rechtfertigungsgrund, der der Verwirklichung einer Straftat durch den Vorstand entgegensteht.[105] Träfe dies zu, so käme § 131 Abs. 3 S. 1 Nr. 5 niemals zum Tragen.

---

100 Siehe *J. Götz,* DB 1995, 1949, 1951, der als Beispiel einen mehrstufigen Entscheidungsprozeß nennt.

101 BGHZ 32, 159, 164; GK^3-*Barz,* § 131 Anm. 11; G/H/E/K-*Eckardt,* § 131 Rn. 91; *J. Götz,* DB 1995, 1949, 1951; *Hefermehl,* FS Duden, S. 109, 125; *Joussen,* DB 1994, 2485; *Nitschke/Bartsch,* AG 1969, 95, 98. Zu § 112 AktG 1937 bereits BGHZ 32, 159, 164; RGZ 167, 151, 165 f.

102 *Benner-Heinacher,* DB 1995, 765, 766.

103 In einem solchen Fall soll nach der Begründung des RegE, BT-Drucks. 12/6679, S. 3, keine unbefugte Weitergabe vorliegen.

104 *Benner-Heinacher,* DB 1995, 765; *Semler* in: Münch. Hdb AG, § 37 Rn. 43.

105 Allerdings handelt es sich bei der unbefugten Weitergabe i.S.d. § 14 Abs. 1 Nr. 2 nicht um ein allgemeines Verbrechensmerkmal, sondern um ein selbständig zu prüfendes Tatbe-

Denn wie jeder andere Auskunftsverweigerungsgrund setzt diese Regelung voraus, daß der Auskunftsanspruch gemäß § 131 Abs. 1 S. 1 dem Grunde nach besteht. Die Auskunftspflicht des Vorstands in der Hauptversammlung kann deshalb für sich genommen ein verbotswidriges Verhalten nicht rechtfertigen.[106]

Ebensowenig läßt sich aus der Charakterisierung des WpHG als ein dem Anlegerschutz dienendes Gesetz ableiten, der Vorstand sei ohne weiteres berechtigt, Auskünfte über Insidertatsachen zu erteilen. Durch die Weitergabe an die Aktionäre in der Hauptversammlung wird eine solche Tatsache noch nicht öffentlich bekannt. Sie erreicht lediglich einen Teil der Verbandsmitglieder, des Marktpublikums und der Öffentlichkeit, nicht aber eine unbestimmte Zahl von Personen.[107] Es liegt deshalb weiterhin eine Insidertatsache vor, so daß die Aktionäre nach der Erteilung einer entsprechenden Auskunft selbst als Primärinsider gemäß § 13 Abs. 1 Nr. 2 WpHG anzusehen sind, für die das Verbot von Insidergeschäften gemäß § 14 Abs. 1 WpHG gilt. Anderen in der Hauptversammlung anwesenden Personen wäre es hingegen gemäß § 14 Abs. 2 WpHG erlaubt, die erlangten Kenntnisse weiterzugeben oder auf ihrer Grundlage den Erwerb oder die Veräußerung von Aktien zu empfehlen. Ein solches Ergebnis ist mit dem Regelungszweck des insiderrechtlichen Weitergabeverbots, das die Chancengleichheit am Wertpapiermarkt gewährleisten soll und deshalb nur bestimmte Veröffentlichungsverfahren zuläßt, nicht zu vereinbaren.[108]

Ist die Weitergabe von Insidertatsachen in der Hauptversammlung tatbestandsmäßig i.S.v. § 14 Abs. 1 Nr. 2 WpHG, so bedeutet dies nicht, daß ein Vorstand, der eine entsprechende Frage beantworten will, sich zwangsläufig strafbar macht. Ein Verstoß gegen das Weitergabeverbot liegt nicht vor, wenn die Insidertatsache zumindest gleichzeitig mit der Auskunftserteilung öffentlich bekanntgemacht wird. Hierfür ist unabhängig davon, ob die Tatsache (bereits) Gegenstand der ad-hoc-Publizität ist, die Herstellung der sogenannten Bereichsöffentlichkeit gemäß § 15 Abs. 3 S. 1 WpHG ausreichend.[109] Mit der

---

standsmerkmal, siehe *Assmann/Cramer* in: Assmann/Schneider, WpHG, § 14 Rn. 47; *J. Götz,* DB 1995, 1949.

106 *Ebenroth* S. 95; KK-*Zöllner,* § 131 Rn. 43. Von einem *circulus vitiosus* sprechen hingegen *Katholnigg,* AG 1959, 304 und im Anschluß daran *Deuss* S. 285.

107 *Assmann* in: Assmann/Schneider, WpHG, § 13 Rn. 47; *ders.,* AG 1997, 50, 57; *J. Götz,* DB 1995, 1949, 1951; *Joussen,* DB 1994, 2485, 2486 f.; *Kümpel,* WM 1994, 2137, 2138; *ders.* in: Assmann/Schneider, WpHG, § 15 Rn. 163.

108 Siehe dazu Begr. des RegE, BT-Drucks. 12/6679, S. 34 f.; wie hier *Assmann/Cramer,* WpHG, § 14 Rn. 52; im Ergebnis auch *J. Götz,* DB 1995, 1949, 1951; *Joussen,* DB 1994, 2485, 2486 f.

109 *Hirte,* Bankrechtstag 1995, S. 47, 59; *Kümpel* in: Assmann/Schneider, WpHG, § 15 Rn. 163.

Publikation über ein elektronisches Informationsverbreitungssystem steht dem Vorstand ein Verfahren zur Verfügung, mit dem er regelmäßig noch im Laufe einer Hauptversammlung in der Lage sein wird, für die Veröffentlichung der Insidertatsache zu sorgen. Macht er von dieser Möglichkeit Gebrauch, so steht der Erteilung der Auskunft über die nunmehr öffentlich bekannte Tatsache nichts mehr im Wege.[110]

Während Einigkeit darüber besteht, daß sich der Vorstand für eine solche Vorgehensweise entscheiden kann, wird nicht immer deutlich, ob er diese Möglichkeit wahrnehmen muß, wenn die Voraussetzungen des Auskunftsanspruchs vorliegen.[111] Dafür spricht zunächst der Wortlaut von § 131 Abs. 3 S. 1 Nr. 5. Der Vorstand darf die Auskunft nur verweigern, *soweit* er sich durch ihre Erteilung strafbar machen würde. Daraus ergibt sich umgekehrt, daß er die Auskunft erteilen muß, wenn dies ohne Verwirklichung eines Straftatbestandes möglich ist. Auch der Regelungszweck des Auskunftsanspruchs legt eine solche Interpretation nahe. Das Fragerecht soll gewährleisten, daß die Aktionäre diejenigen Informationen erhalten, die eine sachgerechte Beurteilung der Tagesordnung ermöglichen. Liegen die Voraussetzungen des § 131 Abs. 1 S. 1 vor, so muß die Erteilung der Auskunft der Regelfall, ihre Verweigerung die Ausnahme sein. Im Hinblick auf § 131 Abs. 3 S. 1 Nr. 5 gilt das insbesondere dann, wenn eine Norm lediglich bestimmte Formen der Weitergabe von Informationen, nicht aber das Bekanntwerden einzelner Tatsachen schlechthin unterbinden soll. Erfolgen die Veröffentlichung einer Insidertatsache und die Auskunftserteilung gleichzeitig, so wird der Regelungsabsicht beider Vorschriften - § 131 Abs. 1 S. 1 AktG und § 14 Abs. 1 Nr. 2 WpHG - Rechnung getragen.[112] Der Vorstand darf die Beantwortung einer Frage deshalb nur ablehnen, wenn es ausnahmsweise nicht möglich ist, rechtzeitig vor der Auskunftserteilung für eine Veröffentlichung zu sorgen.

b. ad-hoc-Publizität und Auskunftserteilung in der Hauptversammlung

Damit ist auch der Weg vorgezeichnet für die Lösung eines weiteren denkbaren Konflikts zwischen kapitalmarktrechtlichen und gesellschaftsrechtlichen Informationspflichten. Eine Insidertatsache kann zugleich Gegenstand der ad hoc-Publizitätspflicht sein, wenn sie im Tätigkeitsbereich der Gesellschaft ein-

---

110 *Assmann*, AG 1997, 50, 57; *Kümpel* in: Assmann/Schneider, WpHG, § 15 Rn. 163.

111 Siehe etwa: Die deutsche Börse AG, Insiderhandelsverbote, S. 11; *Kümpel*, a.a.O., die eine solche Verfahrensweise lediglich empfehlen.

112 *J. Götz*, DB 1995, 1949, 1952. Im Ergebnis für die Offenlegung *emittentenbezogener* Insidertatsachen auch *Hirte*, Bankrechtstag 1995, S. 47, 60 f., der in einem solchen Fall § 15 Abs. 3 S. 2 WpHG als *lex specialis* zu § 14 Abs. 1 Nr. 2 WpHG ansieht und die Anwendung des Straftatbestandes ablehnt. A.A. (Recht zur Auskunftsverweigerung) wohl *Assmann*, AG 1997, 50, 57; *Assmann/Cramer* in: Assmann/Schneider, WpHG, § 14 Rn. 51 ff.

tritt[113] und sie wegen ihrer Auswirkungen auf die Vermögens- und Finanzlage oder den allgemeinen Geschäftsverlauf kursrelevant ist.[114] Eine solche Tatsache ist gemäß § 15 Abs. 1 WpHG durch den Vorstand einer AG, deren Aktien zum Handel an einer inländischen Börse zugelassen sind, unverzüglich zu veröffentlichen. Er muß sie gemäß § 15 Abs. 2 WpHG zunächst dem Bundesaufsichtsamt für den Wertpapierhandel und den Geschäftsführungen der Börsen, an denen die Aktien zum Handel zugelassen sind, mitteilen und sie sodann gemäß § 15 Abs. 3 S. 1 WpHG in einem überregionalem Börsenpflichtblatt oder durch ein elektronisches Informationsverbreitungssystem bekannt machen. Solange dies nicht geschehen ist, verbietet § 15 Abs. 3 S. 2 WpHG eine Veröffentlichung auf andere Art und Weise. Ein Verstoß gegen diese Vorschriften kann gemäß § 39 Abs. 1 Nr. 2 und Abs. 3 WpHG mit einem Bußgeld von bis zu 3 Mio. DM geahndet werden. Fraglich ist, ob eine Auskunft gemäß § 131 Abs. 3 S. 1 Nr. 5 mit der Begründung verweigert werden kann, der Vorstand sei andernfalls zu der (erstmaligen) Offenlegung einer gemäß § 15 Abs. 1 publizitätspflichtigen Tatsache in der Hauptversammlung, mithin zu einem ordnungswidrigen Verfahren gezwungen.[115]

Dürfte bereits die Offenlegung einer Insidertatsache in der Hauptversammlung die Ausnahme sein, so gilt dies erst recht für einen Konflikt von Auskunftsanspruch und ad-hoc-Publizität. Die Kursrelevanz einer Tatsache, die auf ihre Auswirkungen auf die Vermögens- und Finanzlage oder auf den allgemeinen Geschäftsverlauf zurückzuführen sein muß, wird zeitlich vor und sachlich unabhängig von der Hauptversammlung eintreten.[116] Hat es der Vorstand versäumt, unverzüglich seinen in § 15 Abs. 2 und 3 WpHG geregelten Mitteilungs- bzw. Veröffentlichungspflichten nachzukommen, so ist bereits der Tatbestand des § 38 Abs. 1 Nr. 2 WpHG verwirklicht, ohne daß es noch auf das Auskunftsbegehren eines Aktionärs ankommt.[117] Demnach führt die Beantwortung einer Frage in der Hauptversammlung nicht kausal zu einem Verstoß gegen die Publizitätspflicht, sondern der Vorstand ist lediglich gezwungen, ein ordnungswidriges Verhalten offenzulegen. Ein Recht, die Auskunft zu verweigern, kann er daraus nicht ableiten.

---

[113] Sogenannte Marktdaten sind demnach nicht Gegenstand der ad-hoc-Publizität; siehe dazu etwa *Kümpel,* AG 1997, 66, 67; *ders.* in: Assmann/Schneider, WpHG, § 15 Rn. 40.

[114] Dazu *Kümpel,* AG 1997, 66, 67.

[115] Für eine Gleichstellung von Straftat und Ordnungswidrigkeit im Rahmen von § 131 Abs. 3 S. 1 Nr. 5: G/H/E/K-*Eckardt,* § 131 Rn. 124; *Hefermehl,* FS Duden, S. 109, 114; zweifelnd *Hirte,* Bankrechtstag 1995, S. 47, 58.

[116] *Hopt,* ZHR 159 (1995), 135, 157; dagegen *Semler* in: Münch. Hdb AG, § 37 Rn. 44.

[117] *Benner-Heinacher,* DB 1995, 765 f.; *Hirte,* Bankrechtstag 1995, S. 47, 58; *Hopt,* ZHR 159 (1995), 135, 157.

Sollten dennoch einmal die Pflicht zur ad-hoc-Publizität und der Auskunftsanspruch des Aktionärs in der Hauptversammlung kollidieren, so gilt nichts anderes als für das Verbot der Weitergabe von Insidertatsachen. Eine Vorschrift, die auf eine unverzügliche Veröffentlichung bestimmter Tatsachen gerichtet ist, darf nicht in ihr Gegenteil verkehrt und zur Grundlage einer Auskunftsverweigerung in der Hauptversammlung gemacht werden. § 15 Abs. 1 WpHG schreibt lediglich ein bestimmtes Veröffentlichungsverfahren vor. Kann es eingehalten werden, so gebieten es Auskunftsanspruch und Publizitätspflicht, daß zunächst die Bereichsöffentlichkeit hergestellt und sodann Auskunft erteilt wird. Dazu wird der Vorstand ebenso wie bei Insidertatsachen regelmäßig im Laufe einer Hauptversammlung in der Lage sein. Es tritt lediglich das Erfordernis hinzu, daß vor der Veröffentlichung eine Mitteilung an das Bundesaufsichtsamt für den Wertpapierhandel und an die Geschäftsführungen der Börsen gemäß § 15 Abs. 2 erfolgen muß, was angesichts der kurzen Bearbeitungsfristen dort ohne weiteres möglich sein sollte.[118]

5. § 131 Abs. 3 S. 1 Nr. 6

Der in § 131 Abs. 3 S. 1 letztgenannte Grund für eine Auskunftsverweigerung berechtigt den Vorstand eines in der Rechtsform der AG betriebenen Kredit- oder Finanzdienstleistungsinstituts, eine Frage zu angewandten Bilanzierungs- und Bewertungsmethoden sowie über vorgenommene Verrechnungen unbeantwortet zu lassen, sofern entsprechende Angaben im Jahres- bzw. Konzernabschluß und im (Konzern-)lagebericht unterbleiben können. Die Vorschrift knüpft an § 340f Abs. 1 und Abs. 2 HGB an, wonach es Kreditinstituten erlaubt ist, bestimmte Forderungen und Wertpapiere mit einem niedrigeren Wert als dem gemäß §§ 253 Abs. 1 und Abs. 3 HGB zulässigen anzusetzen und diesen Wert abweichend vom Wertaufholungsgebot gemäß § 280 HGB beizubehalten. Diese sogenannten Vorsorgereserven sind zulässig, soweit sie nach vernünftiger kaufmännischer Beurteilung zur Sicherung gegen die besonderen Risiken des Geschäftszweigs der Kreditinstitute notwendig ist. Sie können nicht nur „still“ gebildet, sondern ebenso auch wieder aufgelöst werden. § 340f Abs. 3 HGB erlaubt eine Überkreuzkompensation, bei der echte Erträge und Aufwendungen mit Erträgen aus der Auflösung von Vorsorgereserven und unechten Aufwendungen (die an sich als Gewinnverwendung anzusehen sind), saldiert werden. Gemäß § 340f Abs. 4 HGB müssen weder über die Bildung und Auflösung von Vorsorgereserven noch über vorgenommene Verrechnungen im

---

118 *Hirte,* a.a.O., S. 57.

Lage- bzw. Konzernabschluß oder (Konzern-)lagebericht Angaben gemacht werden.[119]

§ 131 Abs. 3 S. 1 Nr. 6 wurde 1990 durch das BankBiRiLiG eingefügt und trat an die Stelle des inhaltsgleichen § 26a Abs. 3 S. 2 KWG, mit dem 1985 erstmals ein besonderes Recht zur Auskunftsverweigerung für Kreditinstitute geschaffen worden war. Bis zu diesem Zeitpunkt mußte sich der Vorstand einer Aktienbank auf § 131 Abs. 3 S. 1 Nr. 1 stützen, wenn er eine Frage zu Vorsorgereserven unbeantwortet lassen wollte. In diesem Zusammenhang hatte der BGH ein besonderes Geheimhaltungsinteresse der Banken grundsätzlich anerkannt und dies damit begründet, eine Auskunftserteilung über zulässige Verrechnungen könne gerade die Gefahren heraufbeschwören, die der Gesetzgeber durch die erweiterte Möglichkeit zur Bildung und Auflösung von Vorsorgereserven im Bankgewerbe habe vermeiden wollen. Deshalb sei die Verweigerung einer Auskunft aufgrund der Schutzklausel zulässig, wenn zu befürchten sei, daß durch ihre Erteilung die Öffentlichkeit unnötig beunruhigt und zu Fehlschlüssen zum Nachteil der Bank verleitet werde.[120]

Diese besondere Interessenlage nahm der BGH zugleich zum Anlaß, auf die Schranken des Auskunftsverweigerungsrechts gemäß § 131 Abs. 3 S. 1 Nr. 1 hinzuweisen, wie sie bereits dargestellt worden sind.[121] Demnach ist eine sorgfältige Prüfung erforderlich, ob mit der Auskunftserteilung nicht auch Vorteile für die AG verbunden sind, die der Annahme eines nicht unerheblichen Nachteils für die Gesellschaft entgegenstehen. Demnach kommt eine Verweigerung der Auskunft gemäß § 131 Abs. 3 S. 1 Nr. 1 insbesondere dann nicht in Betracht, wenn ein pflichtwidriges Verhalten des Vorstands, dessen Offenlegung im wohlverstandenen Interesse der Gesellschaft liegt, unerkannt bleiben soll.[122] Diese Einschränkung gilt auch für § 131 Abs. 3 S. 1 Nr. 6. Das läßt sich zwar dem Wortlaut der Vorschrift nicht unmittelbar entnehmen, ergibt sich aber aus ihrer Entstehungsgeschichte. Der Gesetzgeber wollte mit der gesetzlichen Regelung eines Auskunftsverweigerungsrechts für Kreditinstitute die bisherige Praxis nicht ändern. Die Begründung zu § 26a Abs. 3 S. 2 KWG nahm daher ausdrücklich Bezug auf die Entscheidung des BGH und führt aus, es bedürfe

---

119 Die rechtspolitische Berechtigung dieser Vorschriften ist umstritten, weil zum Teil die Bildung offener Rücklagen für ausreichend erachtet wird, siehe zum Meinungsstand *Hartmann*, BB 1989, 1936, 1939 f., m.w.N.

120 BGHZ 86, 1, 18 f.; 101, 1, 6 f.

121 Siehe oben S. 153 f.

122 BGHZ 86, 1, 19 f.; siehe dazu bereits oben S. 153 f.

insofern lediglich einer Klarstellung.[123] Für den inhaltsgleichen § 131 Abs. 3 S. 1 Nr. 6 gilt demgemäß nichts anderes.

II. Geltung des § 131 Abs. 3 für speziell geregelte Auskunftsrechte

Fraglich ist, ob die soeben im einzelnen dargestellten Gründe für eine Auskunftsverweigerung auch für die speziell geregelten Fragerechte gelten, die zur Vorbereitung von Entscheidungen über Strukturmaßnahmen vorgesehen sind.[124] Die entsprechenden Vorschriften zeichnen sich durchgängig dadurch aus, daß sie das Auskunftsrecht des Aktionärs auf die Angelegenheiten des anderen an der geplanten Maßnahme beteiligten Rechtsträgers erstrecken. Über „seine" Gesellschaft kann sich ein Aktionär in der Hauptversammlung, die über eine Verfassungsänderung der AG abstimmt, deshalb alleine auf der Grundlage von § 131 Abs. 1 S. 1 informieren. Insofern ergeben sich keine Unterschiede zu einer ordentlichen Hauptversammlung: Der Auskunftsanspruch kann nur in den Grenzen des § 131 Abs. 3 geltend gemacht werden.[125]

Kontrovers diskutiert wird hingegen, ob § 131 Abs. 3 S. 1 Nr. 1 bis 6 auch dann gilt, wenn ein Aktionär Auskunft über das andere an der geplanten Maßnahme beteiligte Unternehmen verlangt. Der BGH hat sich - ohne zu dieser Frage abschließend Stellung zu nehmen - eher ablehnend gegenüber einem Recht zur Auskunftsverweigerung geäußert und dies damit begründet, die betreffenden Vorschriften seien bewußt weit gefaßt worden.[126] Das entspricht der Argumentation *Würdingers,* der zufolge der Vorstand eine Auskunft nicht verweigern darf, weil die Aktionäre aufgrund der speziellen Regelungen über „alle" für die Beschlußfassung wesentlichen Angelegenheiten zu unterrichten seien.[127] Der BGH sah des weiteren die Gefahr, daß bei einer Auskunftsverweigerung gemäß § 131 Abs. 3 S. 1 Nr. 1 die speziellen Regelungen des Fragerechts leerliefen, was angesichts der weitreichenden Konsequenzen, die eine Strukturmaßnahme für die Aktionäre mit sich bringe, nicht hingenommen werden könne.[128]

Demgegenüber sprechen jedoch überwiegende Gründe dafür, § 131 Abs. 3 grundsätzlich auf die besonders geregelten Auskunftsrechte zu erstrecken. Der

---

123 BT-Drucks. 10/3440, S. 56; *Hüffer,* AktG, § 131 Rn. 32; ferner *Reischauer/Kleinhans,* KWG, § 26a Rn. 12.

124 Siehe dazu oben S. 137 ff.

125 G/H/E/K-*Geßler,* § 293 Rn. 76.

126 BGHZ 119, 1, 16, zu § 293 Abs. 4 a.F.

127 GK^3-*Würdinger,* § 293 Anm. 8, § 319 Anm. 14; zust. *Hüffer,* AktG, § 294 Rn. 4.

128 BGHZ 119, 1, 16 f.; ebenso *Emmerich/Sonnenschein,* KonzernR, § 13 VI 9 b; GK^3-*Würdinger,* § 293 Anm. 8.

Wortlaut der jeweiligen Vorschriften ist zwar weiter gefaßt als § 131 Abs. 1 S. 1. In der Sache ergibt sich daraus aber kein Unterschied zu der allgemeinen Regelung, die dem Aktionär ebenfalls das Recht gibt, sich über *alle* Tatsachen zu unterrichten, die für die sachgemäße Beurteilung des jeweiligen Gegenstands der Tagesordnung erforderlich sind.[129] Für den hier vertretenen Standpunkt läßt sich außerdem anführen, daß der Gesetzgeber lediglich die Erweiterung des Auskunftsgegenstands für regelungsbedürftig hielt, sich im übrigen aber für die Anwendung von §§ 131, 132 aussprach.[130] Er trug damit dem Umstand Rechnung, daß es sich bei den speziellen Fragerechten um einen Sonderfall des Auskunftsrechts gemäß § 131 handelt.[131] Schließlich führt die Gegenansicht zu dem wenig überzeugenden Ergebnis, daß ein Aktionär, der sich über die Angelegenheiten einer anderen an der Strukturmaßnahme beteiligten AG informiert, besser gestellt wird als deren Aktionäre, die Auskunft über „ihre" Gesellschaft nur in den Grenzen des § 131 Abs. 3 verlangen können.[132]

Allerdings ist dem Bedenken des BGH Rechnung zu tragen, das Recht auf Auskunftsverweigerung dürfe nicht dazu führen, daß den Aktionären die für den Vertragsschluß wesentlichen Tatsachen vorenthalten bleiben. Interessenkonflikte sind vor allem im Hinblick auf die Schutzklausel denkbar, weil die Kenntnis solcher Umstände, die das andere Unternehmen in einem nachteiligen Licht erscheinen lassen, für die Entscheidung der Aktionäre von erheblicher Bedeutung sein kann.[133] Der Vorstand muß deshalb seiner Entscheidung die Kriterien zugrunde legen, die der BGH im Zusammenhang mit § 131 Abs. 3 S. 1 Nr. 1 für eine Abwägung der für und wider eine Auskunftserteilung sprechenden Aspekte aufgestellt hat. Den Nachteilen, die dem anderen Unternehmen aus der Beantwortung einer Frage erwachsen können, sind deshalb die Vorteile gegenüberzustellen, die sich für die auskunftspflichtige AG aus der Offenlegung der betreffenden Tatsache ergeben.[134] Wird durch die Erteilung einer

---

129 Den Wortlaut der speziellen Regelungen hält auch G/H/E/K-*Geßler,* § 293 Rn. 76, für nicht ausschlaggebend.

130 Siehe Begr. § 340 Abs. 4 RegE (jetzt: § 64 Abs. 2 UmwG), abgedr. bei *Kropff,* AktG, S. 457.

131 In diesem Sinne auch BayObLG, NJW 1974, 2094; *Baumbach/Hueck,* AktG, §293 Rn. 10, § 319 Rn. 3; *Godin/Wilhelmi,* AktG, § 293 Anm. 4; Lutter-*Grunewald,* UmwG, § 64 Rn. 8; *Lutter,* FS Fleck, S. 169, 181 Fn. 44; Widmann/Mayer-*Rieger,* UmwR, § 64 Rn. 15; *U.H. Schneider,* WuB II A. § 131 AktG 1.89, 1025, 1026; G/H/E/K-*Semler/Grunewald,* § 319 Rn. 11; *Spitze/Diekmann,* ZHR 158 (1994), 447, 450 f.

132 *G. Krieger* in: Münch. Hdb AG, § 70 Rn. 43; § 73 Rn. 13.

133 Ähnlich KK^2-*Koppensteiner,* § 293 Rn. 29.

134 Siehe vor allem *Lutter,* FS Fleck, S. 169, 181, der in diesem Zusammenhang auf die Ausführungen des BGH zur Abwägung im Rahmen des § 131 Abs. 3 S. 1 Nr. 1 verweist. Ähnlich G/H/E/K-*Geßler,* § 293 Rn. 76; G/H/E/K-*Semler/Grunewald,* § 319 Rn. 11. Weitergehend

Auskunft der Abschluß eines Vertrages verhindert, der nicht im Interesse der Gesellschaft liegt, so kommt ein Recht zur Auskunftsverweigerung nicht in Betracht.

§ 20 Mißbrauch des Auskunftsrechts

Welche Grenzen dem Auskunftsrecht aufgrund allgemeiner Rechtsprinzipien gesetzt sind, wurde bereits unter der Geltung des § 112 AktG 1937 erörtert. Die im Vergleich mit der heutigen Regelung weitere Fassung der Tatbestandsvoraussetzungen, die einen Zusammenhang zu der Tagesordnung genügen ließ, gab vielfach Anlaß, ein Auskunftsverweigerungsrecht für den Fall zu fordern, daß der Aktionär seinen Auskunftsanspruch mißbräuchlich geltend machte.[135] Das Inkrafttreten von § 131 vermochte diese Debatte nicht zu beenden. Nachdem sich herausgestellt hat, daß weder das in den Tatbestand aufgenommene Erforderlichkeitskriterium noch die gesetzliche Normierung der Auskunftsverweigerungsgründe zu einem merklichen Rückgang von Auskunftsbegehren führten, ist der Mißbrauch des Auskunftsanspruchs nach wie vor Gegenstand der Auseinandersetzung.

I. Auskunftsverweigerung wegen Mißbrauchs des Auskunftsanspruchs

Während vor Inkrafttreten von § 131 weitgehend Einigkeit darüber bestand, daß eine Auskunft wegen eines mißbräuchlichen Verhaltens des Aktionärs verweigert werden könne,[136] wird dies nunmehr kontrovers diskutiert. Diejenigen, die sich gegen ein solches Recht zur Auskunftsverweigerung aussprechen, führen vor allem zwei Argumente an. Zum einen soll deshalb kein Raum mehr für eine ungeschriebene Schranke des Auskunftsanspruchs sein, weil dessen Mißbrauch ausdrücklich in § 131 Abs. 1 S. 1 geregelt worden sei. Die Frage, ob der Aktionär mit seiner Frage gegen Treu und Glauben verstoße, erübrigt sich demnach, weil dieses Problem mit der im Vergleich zu der Vorgängerregelung engeren Anknüpfung des Auskunftsanspruchs an die Tagesordnung der Hauptversammlung ausreichend und abschließend berücksichtigt worden ist.[137] Zum anderen wird auf § 131 Abs. 3 S. 2 verwiesen, wonach eine Auskunft nur aus den

---

KK²-*Koppensteiner,* § 293 Rn. 26, 29; § 319 Rn. 8, der aufgrund entsprechender Überlegungen § 131 Abs. 3 S. 2 Nr. 1 generell für unanwendbar hält.

135 Siehe etwa *Barz,* BB 1957, 1253, 1254 f.; *Deuss* S. 109 ff.; *Klauss,* BB 1957, 732, 733; *Neuburger,* BB 1957, 1045, 1046.

136 Siehe die Nachweise Fn. 135; a.A. allerdings *C. E. Fischer,* DB 1958, 1263 f.

137 *Ebenroth* S. 36; G/H/E/K-*Eckardt,* § 131 Rn. 132; *Meyer-Landrut* in: FS Schilling, S. 235, 243; *Meilicke/Heidel,* DStR 1992, 113, 115; *Reinicke* in: Beiträge zur Aktienrechtsreform, S. 117, 128.

in S. 1 Nr. 1 bis 6 bezeichneten Gründen verweigert werden darf. Aufgrund dieser abschließenden Aufzählung lasse sich aus einer allgemeinen Vorschrift wie § 242 BGB keine weitergehende Einschränkung des Auskunftsanspruchs ableiten.[138]

Diese Ansicht kann sich darauf stützen, daß das Kriterium der Erforderlichkeit gerade deshalb in den Tatbestand aufgenommen wurde, um einen mißbräuchlichen Gebrauch des Auskunftsanspruchs zu verhindern.[139] Zumindest durch solche Fragen, denen es an einem hinreichenden Zusammenhang zur Tagesordnung fehlt, sollte die Hauptversammlung nicht verzögert werden können. Mit der engeren Fassung der Anspruchsvoraussetzungen wurde deshalb einer bestimmten Form der mißbräuchlichen Ausübung des Auskunftsrechts entgegengetreten. Das bedeutet jedoch nicht, daß § 131 Abs. 1 S. 1 sämtliche unter diesem Stichwort erörterten Fallgruppen erfaßt. So läßt sich auch den Ausführungen in der Begründung des RegE nicht entnehmen, der Gesetzgeber habe die Aufnahme des Erforderlichkeitskriterium als abschließende Regelung dieses Problems angesehen.[140]

Ebensowenig legt § 131 Abs. 3 S. 2 eine solche Schlußfolgerung nahe. Die in § 131 Abs. 3 S. 1 vorgesehenen Gründe, aus denen eine Auskunft verweigert werden darf, greifen nur ein, wenn überhaupt ein Auskunftsanspruch dem Grunde nach gegeben ist. Ihrer bedarf es deshalb nicht, wenn eine Frage bereits aufgrund allgemeiner Vorschriften nicht beantwortet werden muß.[141] Dies ist etwa für den Fall anerkannt, daß dem Vorstand die Beantwortung einer Frage unmöglich ist, weil er trotz hinreichender Vorbereitung nicht über die erforderlichen Kenntnisse verfügt und sich diese auch nicht im Laufe der Hauptversammlung auf zumutbare Weise beschaffen kann.[142] Entsprechendes gilt für den Einwand des Rechtsmißbrauchs: Er führt nicht dazu, daß der Berechtigte ein „an sich" bestehenden Recht nur eingeschränkt ausüben kann, sondern er läßt dieses Recht gar nicht erst entstehen.[143]

---

138 *Kort,* ZGR 1987, 46, 48 f.

139 Siehe Begr. § 131 RegE, abgedr. bei *Kropff,* AktG, S. 185.

140 *Hefermehl,* FS Duden, S. 109, 117; *Hüffer,* AktG, § 131 Rn. 33.

141 *Hefermehl,* FS Duden, S. 109, 113 f.; *Henze,* BB 1996, 489, 495; KK-Zöllner, § 131 Rn. 44.

142 OLG Stuttgart, ZIP 1998, 1482, 1492; BayObLG, DB 1975, 297; G/H/E/K-*Eckardt,* § 131 Rn. 67; *Geßler,* AktG, § 131 Rn. 17; *Hefermehl,* FS Duden, S. 109, 118; *Kuhn,* WM 1966, 50, 51.

143 *Henze,* BB 1996, 489, 495; *Kuhn,* a.a.O.; ferner Soergel-*Teichmann,* BGB, § 242 Rn. 275.

II. Fallgruppen

Der Einwand, ein Aktionär verstoße mit seiner Frage gegen Treu und Glauben, birgt zumindest tendenziell die Gefahr, daß subjektive Billigkeitsvorstellungen an die Stelle einer sorgfältigen Prüfung eines Auskunftsbegehrens treten. Der Vorwurf mißbräuchlichen Verhaltens sollte jedoch nicht dazu dienen, das Bestreben des Gesetzgebers um eine Konkretisierung und Objektivierung der Anspruchsvoraussetzungen zu unterlaufen. §§ 226, 242, 826 BGB dürfen deshalb nicht als Grundlage für erwünschte, aus § 131 aber nicht ableitbare Ergebnisse herangezogen werden.[144] Daß hier mitunter Vorsicht geboten ist, zeigt die Bandbreite der unter diesem Stichwort erörterten Sachverhalte. Wohl einmalig dürfte der Fall geblieben sein, in dem sich die AG auf den Mißbrauch des Auskunftsrechts berief, obgleich ihr die Fragen des Aktionärs, dem sie rechtswidrig den Zutritt zu ihrer Hauptversammlung verweigert hatte, nicht einmal bekannt waren.[145] Zum Vorwurf wurde einem Aktionär aber auch gemacht, daß er seinen Anteilsbesitz erst unmittelbar vor der Hauptversammlung erworben[146] oder daß er sich bereits unabhängig von seinem Auskunftsersuchen eine feststehende Meinung gebildet habe[147]. Diese Beispiele zeigen, daß bisweilen allzu schnell der Vorwurf eines mißbräuchlichen Verhaltens erhoben wird. Letztlich haben sich vor allem drei Fallgruppen herausgebildet, die unter dem Stichwort „Mißbrauch des Auskunftsrechts" diskutiert werden.[148]

1. Illoyale, grob eigennützige Rechtsausübung

Ein Mißbrauch des Auskunftsanspruchs wird zum einen angenommen, wenn der Aktionär von diesem Recht auf eine illoyale, grob eigennützige Weise Gebrauch macht.[149] Dies ist keine Besonderheit des Fragerechts, sondern eine immanente Schranke, die sich aus der Treuepflicht des Aktionärs gegenüber der AG für alle eigennützigen Mitgliedschaftsrechte ergibt. Sie dürfen, sofern der Gesellschaft Nachteile drohen, nicht willkürlich und ohne Rücksicht auf die Verbandsinteressen geltend gemacht werden.[150] Fraglich ist jedoch, ob dieser

---

144 Für einen behutsamen Umgang auch *Hüffer,* AktG, § 131 Rn. 34.

145 Siehe der Fall OLG Düsseldorf, AG 1991, 444, 445 f.

146 Dagegen zu Recht KG, ZIP 1995, 1592, 1595; ferner *Geßler,* AktG, § 131 Rn. 3.

147 Siehe dazu bereits oben S. 96 mit Nachweisen.

148 Siehe dazu *Henze,* BB 1996, 489, 495; *Hüffer,* AktG, § 131 Rn. 34.

149 *Henze; Hüffer,* jeweils a.a.O.

150 Siehe bereits oben S. 13. Teilweise wird die Einschränkung des Auskunftsanspruchs nicht aus der aktienrechtlichen Treuepflicht, sondern aus den §§ 226, 242, 826 BGB abgeleitet, ohne daß sich in der Sache ein Unterschied ergibt, siehe etwa *Nitschke/Bartsch,* AG 1969, 95, 99; *Semler* in: Münch. Hdb AG, § 37 Rn. 41; *Trouet,* NJW 1986, 1302, 1305. Zutreffend zum

Aspekt neben den in § 131 genannten Anspruchsvoraussetzungen und Auskunftsverweigerungsgründen noch eine eigenständige Bedeutung hat. Auch wenn das Verbot mißbräuchlichen Verhaltens grundsätzlich von der Neufassung der Vorschrift unberührt geblieben ist, wird insbesondere das Erforderlichkeitskriterium als Grund dafür genannt, daß kaum jemals ein Treuepflichtverstoß des Aktionärs zum Tragen komme.[151]

a. Berücksichtigung der vom Aktionär mit seinem Auskunftsersuchen verfolgten Ziele?

In der Diskussion um eine illoyale und deshalb mißbräuchliche Ausübung des Auskunftsrecht geht es vielfach darum, in welchem Maße die Motive des fragenden Aktionärs bei der Beurteilung seines Auskunftsbegehrens eine Rolle spielen. Dabei ist es zunächst weniger das Merkmal der Erforderlichkeit als die Regelung in § 131 Abs. 3 S. 1 Nr. 1, die den Rückgriff auf einen Mißbrauchstatbestand überflüssig erscheinen läßt. Wird der Vorwurf des „illoyalen" und deshalb mißbräuchlichen Verhaltens aus der Treuepflicht gegenüber der AG abgeleitet, so ist er nur dann gerechtfertigt, wenn der Aktionär mit seinem Auskunftsbegehren die Interessen der Gesellschaft mißachtet. Dem trägt aber bereits die Schutzklausel Rechnung, die im Hinblick auf die Geheimhaltung bestimmter Umstände die Loyalitätspflicht des Aktionärs konkretisiert. Diese ausdrückliche gesetzliche Regelung darf nicht durch den Verweis auf die Generalklausel „Treuepflicht" umgangen werden. Ein ungeschriebenes Recht zur Auskunftsverweigerung darf an die Gefährdung der schutzwürdigen Belange der Gesellschaft keine geringeren Anforderungen stellen als § 131 Abs. 3 S. 1 Nr. 1. Demnach verhält sich der Aktionär nur dann „illoyal", wenn sich anhand objektiver Maßstäbe feststellen läßt, der AG drohe durch die Beantwortung seiner Frage ein nicht unerheblicher Nachteil. Ist dies der Fall, so kommt es nicht auf die hinter dem Auskunftsersuchen stehenden Motive des Aktionärs an. Ob er seine Frage stellt, weil er nicht weiß, daß sie geheimhaltungsbedürftige Umstände betrifft, oder ob er die Belange der Gesellschaft aus grob eigennützigen Beweggründen außer acht läßt, spielt keine Rolle.

Deshalb ist fraglich, ob die Vorstellungen und Interessen, von denen sich ein Fragesteller in der Hauptversammlung leiten läßt, für eine Auskunftsverweigerung nicht gänzlich unerheblich sind. Das Merkmal der Erforderlichkeit beantwortet diese Frage nur zum Teil. Der Aktionär ist an der Verfolgung gesellschaftsfremder Interessen zunächst nur insofern gehindert, als Fragen, die unter keinem Gesichtspunkt für die Beurteilung der Tagesordnung erforderlich sind,

---

Verhältnis von aktienrechtlicher Treuepflicht und § 242 BGB, *Hennrichs,* AcP 195 (1995), 221, 227 f.

151 *Henze,* BB 1996, 489, 495; *Hüffer,* AktG, § 131 Rn. 34; KK-*Zöllner,* § 131 Rn. 44.

nicht beantwortet werden müssen. Doch sind darüber hinaus Fälle denkbar, in denen der von § 131 Abs. 1 S. 1 geforderte Zusammenhang zur Tagesordnung der Hauptversammlung zwar objektiv besteht, der Aktionär mit seiner Frage aber erkennbar andere Ziele verfolgt. So mußte sich der BGH bereits unter der Geltung von § 112 AktG 1937 mit der Problematik befassen, ob ein Auskunftsersuchen deshalb als mißbräuchlich anzusehen ist, weil es dem Aktionär nicht auf die Ausübung seiner mitgliedschaftlichen Rechte, sondern auf die Steigerung des Kurswerts und einen günstigen Verkauf seiner Anteile ankommt.[152] In einem anderen Fall sah sich das KG zu der Feststellung veranlaßt, der Aktionär dürfe sich bei der Ausübung seines Auskunftsrechts von den Interessen eines Kapitalanlegers leiten lassen.[153] Demgegenüber hielt es das Gericht offenbar für unerheblich, daß dem Aktionär (erklärtermaßen) an einer Aufdeckung des „Beziehungsgeflechts zwischen deutschen Großkonzernen"[154] gelegen war. Ein weiteres Beispiel aus der Literatur betrifft die Frage, ob ein Aktionär mißbräuchlich handelt, der die Geschäftsführung nicht im Hinblick auf die zu treffende Entlastungsentscheidung hinterfragt, sondern aus Rache, nachdem er selbst aus dem Vorstand ausgeschieden ist.[155]

Die Behandlung dieser Fälle ist seit dem Inkrafttreten von § 112 AktG 1937 streitig. Das RG nahm einen Mißbrauch des Auskunftsanspruchs nur dann an, wenn sich der Aktionär ausschließlich von selbstsüchtigen Motiven leiten ließ. Bestünden daneben sachliche Gründe, die ein Auskunftsbegehren rechtfertigten, so müsse die Frage beantwortet werden.[156] An dieser Rechtsprechung ist kritisiert worden, sie degradiere den Mißbrauchseinwand zur Bedeutungslosigkeit, weil sich niemals nachweisen lasse, daß der Aktionär keinerlei legitimes Interesse an der Auskunft habe. Deshalb müsse es genügen, wenn selbstsüchtige Motive des Aktionärs derart überwiegen, daß sich das Auskunftsbegehren unter

---

152 BGHZ 36, 121, 135; siehe dazu auch die Vorinstanzen OLG Hamm, BB 1960, 16, 17; LG Detmold, BB 1958, 1072, 1074, sowie *Deuss* S. 116.

153 KG, ZIP 1995, 1585, 1587; dazu, daß die Kenntnis von Beteiligungen der AG an anderen Gesellschaften ab einer gewissen Größenordnung für die Beurteilung der Tagesordnung erforderlich sein kann, *Hüffer,* ZIP 1996, 401, 408.

154 *Wenger,* ZIP 1993, 1622, 1625.

155 Dazu etwa GK^{3}-*Barz,* § 131 Anm. 12; *Spitze/Diekmann,* ZHR 158 (1994), 447, 470; *Trouet,* NJW 1986, 1302, 1305 f.

156 RGZ 167, 151, 161 f. Diese Rechtsprechung knüpft offenbar an § 226 BGB an, wonach der Schikaneeinwand ausgeschlossen ist, wenn ein berechtigtes Interesse an der Rechtsausübung mitbestimmend sein kann; dazu RGZ 98, 15, 17; BGH, BB 1953, 373, 374; Soergel-*Fahse,* BGB, § 226 Rn. 5; Palandt-*Heinrichs,* BGB, § 226 Rn. 2.

Berücksichtigung aller Umstände als rechtsmißbräuchlich darstellt.[157] Diese Ansicht wird noch heute mit der Maßgabe vertreten, ein Auskunftsbegehren sei mißbräuchlich, wenn es dem Aktionär um die Verwirklichung sachfremder Ziele gehe.[158] Dem wird entgegengehalten, die Beweggründe des Fragestellers seien selbst dann unerheblich, wenn dieser eigene, gesellschaftsfremde Interessen verfolge.[159] Ein Mißbrauch des Auskunftsanspruchs könne demzufolge erst dann angenommen werden, wenn kein vernünftiger Aktionär dieselbe Auskunft begehren würde.[160]

Grundsätzlich kommt es bei Mitgliedschaftsrechten ebensowenig wie sonst in der Rechtsordnung darauf an, von welchen Motiven sich der Berechtigte bei der Ausübung seines Rechts leiten läßt.[161] Das KG hat deshalb zutreffend festgestellt, es sei unerheblich, ob der Aktionär seine Interessen als Kapitalanleger verfolge.[162] Insofern hätte es lediglich weiterer Ausführungen bedurft, inwieweit die Belange eines Anlegers in der Regelung des Auskunftsanspruchs als einem mitgliedschaftlichen Recht Niederschlag gefunden haben. Außerdem hätte der in derselben Entscheidung ausgesprochene Vorbehalt, der Fragesteller dürfe nicht rechtsmißbräuchlich handeln, einer näheren Erläuterung bedurft. Hier wäre Gelegenheit gewesen, auf allgemeine Grundsätze zurückzugreifen und der Entscheidung die Gegenüberstellung von institutionellem und individuellem Rechtsmißbrauch zugrunde zu legen.

b. Institutioneller und individueller Mißbrauch

Im Zusammenhang mit § 242 BGB wird von institutionellem Rechtsmißbrauch gesprochen, wenn mit der Durchsetzung eines Rechts gegen den Zweck der Berechtigung verstoßen wird. Ob dies der Fall ist, läßt sich nicht aufgrund der subjektiven Absichten des Handelnden, sondern nur anhand objektiver

---

[157] Zu § 112 AktG 1937 bereits: *Barz,* BB 1957, 1253, 1255; *Deuss* S. 113 f. Zu § 131 AktG 1965: *Nitschke/Bartsch,* AG 1969, 95, 99; *Spitze/Diekmann,* ZHR 158 (1994), 447, 470; *Trouet,* NJW 1986, 1302, 1305.

[158] OLG Frankfurt, AG 1984, 25, 26; *Dilger,* WuB II A. § 131 7.94, 1230, 1231; *Flohr,* JA 1982, 380, 384; *Spitze/Diekmann,* ZHR 158 (1994), 447, 470.

[159] OLG Düsseldorf, WM 1991, 2148, 2153, mit insofern kritischer Anm. *Gehling,* EWiR § 131 AktG 1/92, S. 115, 116; *Meilicke/Heidel,* DStR 1992, 113, 115; *Meyer-Landrut,* FS Schilling, S. 235, 243; *Semler* in: Münch. Hdb AG, § 37 Rn. 41; KK-Zöllner, § 131 Rn. 44; einschränkend KG, ZIP 1995, 1585, 1589: Motive des Aktionärs sind unerheblich, es sei denn er handelt rechtsmißbräuchlich.

[160] OLG Hamburg, AG 1979, 372, 373; siehe dazu *Zöllner,* a.a.O., der in einem solchen Fall die Auskunft bereits für nicht erforderlich hält.

[161] OLG Düsseldorf, WM 1991, 2148, 2153; *Meyer-Landrut,* FS Schilling, S. 235, 240; ferner *von Tuhr,* Allg. Teil II 2, S. 567.

[162] KG, ZIP 1995, 1585, 1589.

Maßstäbe festzustellen. Gegenstand der Prüfung ist nicht der individuelle Vorwurf eines verwerflichen oder mißbräuchlichen Verhaltens, sondern die Verfehlung des Normzwecks.[163] Das Argument, eine mitgliedschaftliche Berechtigung könne der Berechtigte nur dann geltend machen, wenn er sich von den Interessen leiten lasse, derentwegen sie ihm eingeräumt worden sei, ist deshalb zumindest irreführend.[164] Die Vorstellungen des Fragestellers sind, sofern sie in der Hauptversammlung überhaupt zuverlässig beurteilt werden können, allenfalls ein Indiz für den zweckwidrigen Gebrauch eines Rechts. Gelangt der Vorstand zu der Einschätzung, ein Aktionär verfolge sachfremde Ziele, so wird er besonders sorgfältig prüfen müssen, ob die Beantwortung einer Frage unter objektiven Kriterien zur sachgerechten Beurteilung eines Tagesordnungspunktes erforderlich ist.[165] Ist ein Zusammenhang zu einem Gegenstand der Tagesordnung unter keinem Gesichtspunkt ersichtlich, kann er den Aktionär auffordern, sein Auskunftsbegehren zu begründen.[166]

Ergibt sich bei einer Prüfung anhand objektiver Maßstäbe, daß die geforderte Auskunft den in § 131 Abs. 1 S. 1 genannten Anforderungen genügt, kann die hinter der Vorschrift stehende Regelungsabsicht nicht verfehlt werden. Auf die Motive des Aktionärs kommt es in diesem Zusammenhang ebensowenig an wie auf ein persönliches Interesse des Aktionärs an der Beantwortung einer Frage. Der Zweck des Auskunftsanspruchs erschöpft sich darin, jedem Aktionär in der Hauptversammlung die für die sachgemäße Beurteilung der Tagesordnung erforderlichen Informationen zur Verfügung zu stellen. Mehr oder etwas anderes kann mit einer Auskunft gemäß § 131 Abs. 1 S. 1 nicht erreicht werden.[167] Insbesondere enthält die Vorschrift keinerlei Anhaltspunkte, daß es auf die Konsequenzen ankäme, die ein Aktionär aus den erlangten Kenntnissen zu ziehen gedenkt. Ob er von seinem Stimmrecht in einem bestimmten Sinne Gebrauch macht, er aus der Gesellschaft auszuscheiden beabsichtigt oder einen Beschluß anfechten will, bedarf keiner Feststellung, weil der Auskunftsanspruch seiner Funktion als Kontrollrecht bereits mit der Offenlegung der für die Beurteilung der Tagesordnung erforderlichen Umstände in der Hauptversammlung gerecht wird. Diese Kontrolle liegt sowohl im Interesse der Öffentlichkeit

---

163 *Bokelmann,* BB 1972, 733, 737; Esser/Schmidt, Allg. SchR, § 10 III 1; *L. Raiser* in: summum ius, summa iniuria, S. 151 f.; ferner MüKo-*Roth,* BGB, § 242 Rn. 260; AK-*Teubner,* BGB, § 242 Rn. 39; Soergel-*Teichmann,* BGB, § 242 Rn. 13.

164 So etwa *Deuss* S.112 im Anschluß an *Müller-Erzbach,* Mitgliedschaft, S. 83; ähnlich *Flohr,* JA 1982, 380, 385; *Kallmeyer,* AG 1998, 123, 126; *Trouet,* NJW 1986, 1302, 1305.

165 KK-*Zöllner,* § 131 Rn. 44.

166 OLG Hamburg, AG 1970, 49, 50; *Ebenroth* S. 33; *Geßler,* AktG, § 131 Rn. 9; *Godin/Wilhelmi,* AktG, § 131 Anm. 4; *Obermüller/Werner/Winden* S. 163.

167 Ähnlich *Bokelmann,* BB 1972, 733, 737, zum Mißbrauch einer Anfechtungsklage.

als auch des Verbands, so daß ein institutioneller Mißbrauch des Auskunftsrechts ausgeschlossen ist.[168]

Allerdings hat der BGH im Zusammenhang mit einer Anfechtungsklage klargestellt, daß es die im allgemeinen Interesse liegende Kontrollfunktion eines mitgliedschaftlichen Rechts nicht zur Gänze ausschließe, die von dem einzelnen Aktionär verfolgten Zielsetzungen zu berücksichtigen.[169] Mit dieser Feststellung zielte das Gericht auf den sogenannten individuellen Mißbrauch ab, der gegenüber dem Berechtigten den Vorwurf des egoistischen, schikanösen Verhaltens erhebt. Er setzt als subjektiven Tatbestand eine zu mißbilligende Gesinnung oder Absicht des Handelnden voraus.[170] Bei der Ausübung eines Mitgliedschaftsrechts auf „eigennützige“ Motive des Aktionärs abzustellen, trifft dabei aber nicht das Wesentliche. Will dieser mit seiner Frage beispielsweise eine Erhöhung des Dividendenvorschlags des Vorstands erreichen, so handelt er - unter Umständen zum Nachteil der Gesellschaft - eigennützig, ohne daß sein Verhalten deshalb bereits mißbräuchlich wäre. Das Bestreben, eine höhere Gewinnbeteiligung zu erreichen, ist ein legitimes mitgliedschaftliches Interesse, das erst in den Vorschriften über die maximale Höhe des verteilungsfähigen Gewinns eine Grenze findet.[171]

Die inzwischen gefestigte Rechtsprechung[172] zum (individuellen) Mißbrauch der Anfechtungsklage läßt sich auf den Auskunftsanspruch nicht übertragen. Eine Anfechtungsklage ist abzuweisen, wenn sie von dem Aktionär mit dem Ziel erhoben worden ist, die Gesellschaft, der an der Vermeidung der anfechtungsbedingten Nachteile gelegen ist, im Gegenzug für die Rücknahme der Klage zur Zahlung eines erheblichen Betrags zu bewegen. Mißbräuchlich ist sein Verhalten in einem solchen Fall deshalb, weil der Aktionär die Gesellschaft in grob eigennütziger Weise zu einer Leistung veranlassen will, auf die er keinen Anspruch hat und billigerweise auch nicht erheben kann.[173] Ein Auskunftsbegehren ist für sich genommen als Druckmittel des „erpresserischen“

---

168 *M. Becker* S. 671; *Meyer-Landrut,* FS Schilling, S. 235, 243; ähnlich für die Anfechtungsklage BGH, WM 1989, 1128, 1133; *Bokelmann,* BB 1972, 733, 737.

169 BGH, a.a.O.

170 Esser/Schmidt, Allg. SchR, § 10 III 1; *L. Raiser* in: summum ius, summa iniuria, S. 150; AK-*Teubner,* BGB, § 242 Rn. 38; Soergel-*Teichmann,* BGB, § 242 Rn. 25 f.

171 BGHZ 36, 121, 138; LG Essen, AG 1999, 329, 332; *Nitschke/Bartsch,* AG 1969, 95, 99; KK-*Zöllner*, § 131 Rn. 45. Siehe auch *Scheu* S. 42 und im Anschluß daran *Deuss* S. 114, die Mißbrauch deshalb nicht bereits bei einer selbstsüchtigen, sondern nur bei einer nicht sachdienlichen Rechtsausübung annehmen wollen.

172 Siehe insb. BGHZ 107, 296, 308 ff.; BGH NJW 1992, 569, 570; AG 1992, 448, 449; AG 1991, 102, 104; NJW 1990, 322, 323.

173 BGH, WM 1989, 1128, 1133.

Aktionärs jedoch ungeeignet. Während bei einer Anfechtungsklage auch dann, wenn sie unbegründet ist, die Verzögerung der beschlossenen Maßnahme auf lange Zeit droht, kann der Vorstand ein unbegründetes Auskunftsverlangen unberücksichtigt lassen, ohne weitere Nachteile in Kauf nehmen zu müssen. Soweit der Gesellschaft bereits aus der Auskunftserteilung Schaden erwachsen kann, trägt dem - und damit schließt sich der Kreis zu den obigen Ausführungen - die Schutzklausel gemäß § 131 Abs. 3 S. 1 Nr. 1 Rechnung. Folgerichtig ist selbst dann, wenn ein Aktionär in der Hauptversammlung Auskunft verlangt, um auf deren Verweigerung eine Anfechtungsklage zu stützen und sich diese „abkaufen" zu lassen, nur letztere, nicht aber bereits das Auskunftsbegehren mißbräuchlich.[174]

2. Übermäßige Rechtsausübung

Eine Hauptversammlung muß an dem Tag beendet werden, an dem sie begonnen worden ist, sofern sie nicht von vornherein für mehrere Tage einberufen worden war. Gelingt es nicht, innerhalb dieses Zeitraums sämtliche Punkte der Tagesordnung zu behandeln, so muß erneut eine Hauptversammlung unter Einhaltung der Fristen einberufen werden.[175] Vor diesem Hintergrund kann die exzessive Ausnutzung des Auskunftsanspruchs durch einzelne Aktionäre zum Problem werden. Die Dauer, die die Beantwortung ihrer Fragen in Anspruch nimmt, kann den zur Verfügung stehenden zeitlichen Rahmen sprengen und dazu führen, daß andere Teilnehmer der Hauptversammlung nicht mehr ausreichend Gelegenheit haben, ihre eigenen Auskunftsersuchen vorzubringen. Beispielhaft für diese Problematik steht ein Fall, über den das OLG Frankfurt/Main zu befinden hatte: Das Auskunftsbegehren des Aktionärs bezog sich auf insgesamt 5.000 Geschäftsvorgänge und hätte zu seiner vollständigen Beantwortung 25.000 Einzelangaben erfordert.[176]

Darüber, daß das Auskunftsrecht des Aktionärs eine Schranke in dem durch die Hauptversammlung gesetzten Rahmen finden muß, besteht weitgehend Einigkeit. Der pauschale Hinweis auf ein mißbräuchliches Verhalten des Aktionärs wird dem aber nicht gerecht. Bevor der Vorstand auf ein ungeschriebenes Recht zur Verweigerung der Auskunft zurückgreift, muß er prüfen, ob die von dem Aktionär gestellten Fragen überhaupt den Anforderungen des § 131 Abs. 1 S. 1 genügen. Das wird vielfach zu verneinen sein, weil in der Regel die Kenntnis von einzelnen Geschäftsführungsmaßnahmen ebensowenig wie eine detail-

---

174 Ebenso *Hüffer*, AktG, § 131 Rn. 34.

175 LG Stuttgart, ZIP 1994, 950, 952; *Quack*, AG 1985, 145, 146; KK-*Zöllner*, § 119 Rn. 71, § 121 Rn. 38; a.A. *Happ/Freitag*, AG 1998, 493, 495.

176 OLG Frankfurt, AG 1984, 25, 26.

lierte Aufschlüsselung einzelner Bilanzposten erforderlich ist, um einen Gegenstand der Tagesordnung sachgerecht zu beurteilen.[177]

Allerdings kann alleine aus der Vielzahl der Fragen nicht ohne weiteres geschlossen werden, die einzelnen Auskunftsersuchen könnten bereits mangels Erforderlichkeit zurückgewiesen werden. Dieses Kriterium soll zwar einen möglichst reibungslosen Ablauf der Hauptversammlung gewährleisten, knüpft dabei aber nicht an die Zahl, sondern an den Inhalt der Auskunftsersuchen an.[178] Zu Recht hat der BGH auf die Qualität des Geschäftsvorgangs abgestellt, der zum Gegenstand eines Auskunftsbegehrens gemacht wird. Zu dem Erwerb eigener Aktien durch die Gesellschaft müssen gegenüber einem Fragesteller deshalb detaillierte Angaben gemacht werden. Weil solche Geschäfte nur unter engen gesetzlichen Voraussetzungen gestattet sind, kann der Aktionär Angaben verlangen, aufgrund derer er überprüfen kann, ob diese Voraussetzungen im Einzelfall vorlagen.[179]

Die Abwicklung der Hauptversammlung in angemessener Zeit macht eine sachgemäße Handhabung umfangreicher Fragenkataloge erforderlich.[180] Trägt ein Aktionär eine Vielzahl von Auskunftsbegehren vor, so wird bereits deren Beurteilung durch den Vorstand geraume Zeit dauern. Deshalb kann von einem Aktionär verlangt werden, daß er seine Fragen der Gesellschaft bereits eine angemessene Zeit vor der Hauptversammlung zukommen läßt. Unterläßt er dies und ist dem Vorstand im Laufe der Hauptversammlung eine Prüfung nicht zumutbar, so kann er den Fragenkatalog insgesamt zurückweisen.[181] Ist für die Beantwortung eines Auskunftsbegehrens eine Vielzahl von Einzelangaben erforderlich und würde die mündliche Erteilung der Auskunft deshalb den weiteren Ablauf der Hauptversammlung blockieren, so ist es nicht nur statthaft, sondern geboten, dem Aktionär (und allen anderen in der Hauptversammlung an-

---

177 In diesem Sinne auch G/H/E/K-Eckardt, § 131 Rn. 40; *Henze,* BB 1996, 489, 495; *Luther,* FS Möhring, S. 221, 242; *Marsch-Barner,* WM 1984, 41, 42; *Quack,* AG 1985, 145, 148; KK-Zöllner, § 131 Rn. 44.

178 *Hüffer,* AktG, § 131 Rn. 35.

179 BGH, WM 1987, 1065, 1069, zu § 71 AktG a.F. mit insofern zustimmender Anm. *H.-J Mertens,* WuB II A. § 131 AktG 1.88, 51, 53. In eine ähnliche Richtung geht die Argumentation des BayObLG 1999, 320, 321, hinsichtlich eines Grundstücksgeschäfts zwischen der AG und deren Aufsichtsratsvorsitzenden.

180 So auch *Happ/Freitag,* AG 1998, 493, 495, die eine Fortdauer der Hauptversammlung über 24.00 Uhr hinaus grundsätzlich für zulässig halten.

181 OLG Frankfurt, AG 1999, 231, 232; LG Essen, AG 1999, 329, 333; *Henze,* a.a.O.; ebenso für unvorhersehbare Fragen eines Aktionärs: BGHZ 32, 159, 165; *Baumbach/Hueck,* AktG, § 131 Anm. 11; *Ebenroth* S. 32 f.; *Godin/Wilhelmi,* AktG, § 131 Anm. 9; KK-*Zöllner,* § 131 Rn. 56.

wesenden Aktionären) die Einsichtnahme in die betreffenden Unterlagen zu ermöglichen.[182]

Das Problem des Mißbrauchs stellt sich demnach nur, wenn die Fragen eines Aktionärs auch in ihrer Vielzahl zur Beurteilung eines Gegenstands der Tagesordnung erforderlich sind und es nicht möglich ist, durch Vorlage von Unterlagen einem Auskunftsersuchen nachzukommen. In einem solchen Fall ist der Vorstand berechtigt, von einer Beantwortung abzusehen, weil nicht ein einzelner Aktionär das Auskunftsrecht für sich monopolisieren und auf diese Art und Weise andere Aktionäre von der Ausübung ihres Rechts ausschließen kann.[183]

3. Widersprüchliches Verhalten des Aktionärs

Schließlich wird ein Auskunftsbegehren dann als mißbräuchlich angesehen, wenn dem Aktionär der Vorwurf widersprüchlichen Verhaltens zur Last gelegt werden kann. Dabei handelt es sich um einen Fall des individuellen Mißbrauchs.[184] Er ist etwa dann gegeben, wenn sich ein Aktionär mit einer Vielzahl von Fragen an den Vorstand wendet, von denen zunächst nur ein Teil beantwortet wird. Wird er später aufgefordert, die unbeantwortet gebliebenen Auskunftsersuchen zu Protokoll zu geben und wiederholt er diese nur unvollständig, so kann er nach dem Schluß der Debatte nicht die fehlende Beantwortung eines nicht zu Protokoll gegebenen Auskunftsbegehrens rügen.[185] Dieses Beispiel zeigt, daß es jedem einzelnen Aktionär obliegt, bei der Gewährleistung einer reibungslosen Hauptversammlung mitzuwirken. So wie er sein Auskunftsbegehren zum „richtigen" Zeitpunkt vorbringen muß, um später eine Anfechtungsklage erheben zu können,[186] muß er auf entsprechende Aufforderung hin deutlich machen, daß er auf der Beantwortung seiner Fragen besteht. Er unterstützt auf diese Weise den Vorstand, dem es angesichts der Dauer einer Hauptversammlung, in der eine große Zahl von Auskünften erteilt werden muß, nicht zugemutet werden kann, sich stets über alle Auskunftsbegehren und deren Beantwortung Klarheit zu verschaffen.

182 BGH, a.a.O.; OLG Frankfurt, WM 1986, 615, 617; *Groß,* AG 1997, 97, 104; enger *Marsch-Barner,* WM 1984, 41, 42, der lediglich ein Recht des Vorstands zur freiwilligen Vorlage von Unterlagen bejaht.

183 KG, ZIP 1993, 1618, 1620; *Groß,* AG 1997, 99, 104; *Hüffer,* AktG, § 131 Rn. 35. Im Ergebnis auch *Hefermehl,* FS Duden, 109, 119, der in diesem Fall die Erteilung der Auskunft für unmöglich hält

184 Soergel-*Teichmann,* BGB, § 242 Rn. 27; siehe dazu bereits oben S. 185.

185 LG Mainz, AG 1988, 169, 170 (das zugleich einen konkludenten Verzicht annimmt); *Henze,* BB 1996, 489, 495; *Hüffer,* AktG, § 131 Rn. 35.

186 Dazu oben S. 15.

§ 21 Zwischenergebnis

Durch die Auskunftsverweigerungsgründe gemäß § 131 Abs. 3 S. 1 erfährt das tatbestandlich weit gefaßte Fragerecht des Aktionärs nicht unerhebliche Einschränkungen. Insbesondere was die Funktion des Auskunftsanspruchs als Kontrollrecht angeht, wirkt sich der Umstand aus, daß die Überwachung des Vorstands in erster Linie dem Aufsichtsrat übertragen ist. Ob die Einschränkungen, die damit für das Auskunftsrecht einhergehen, rechtspolitsch in vollem Umfang gerechtfertigt sind, ist zumindest hinsichtlich einzelner Auskunftsverweigerungsgründe fraglich.

§ 131 Abs. 3 S. 1 Nr. 1 erweist sich insofern allerdings als unproblematisch. Die Vorschrift resultiert daraus, daß die Mitgliedschaft des Aktionärs durch die Einbindung in einen unternehmerisch tätigen Verband geprägt ist. Soweit die Informationsinteressen eines Aktionärs mit den unternehmerischen Interessen der Gesellschaft kollidieren, ist letzteren unter den in der Schutzklausel näher genannten Voraussetzungen der Vorrang einzuräumen. § 131 Abs. 3 S. 1 Nr. 1 trägt so dem Umstand Rechnung, daß der einzelne Aktionär keiner Verschwiegenheitsverpflichtung unterliegt, die Offenlegung bestimmter Tatsachen aber zu einem nicht unerheblichen Nachteil für die Gesellschaft führen kann. Durch die Konkretisierung, die diese Vorschrift nach anfänglichen Unsicherheiten inzwischen in Rechtsprechung und Literatur erfahren hat, ist ein sachgerechter Ausgleich zwischen den Interessen einzelner Aktionäre und der Gesellschaft geschaffen.

Die Auskunftsverweigerungsgründe gemäß § 131 Abs. 3 S. 1 Nr. 2, 3 und 4 bieten sich hingegen sehr viel mehr für eine Überprüfung durch den Gesetzgeber an. Sie sind zwar letztlich nichts anderes als spezielle Regelungen der Schutzklausel. Ob ein Einblick in die Rechnungslegung der Gesellschaft, wie er den Aktionären aufgrund dieser Auskunftsverweigerungsgründe verwehrt bleibt, aber tatsächlich die gravierenden Nachteile für die Gesellschaft mit sich bringen würde, wie sie dem Gesetzgeber vorschwebten, ist fraglich. Die Möglichkeiten der Aktionäre, sich ein eigenes Bild von der Vermögens- und Ertragslage der Gesellschaft zu machen, werden dadurch, daß ihnen die Ausübung von Gestaltungsfreiheiten durch die Verwaltung verschlossen bleibt, um einiges eingeschränkt. Nicht zuletzt für einen Aktionär mit Anlegerinteressen verliert das Auskunftsrecht so erheblich an Nutzen. Letztlich ist die Regelung des Auskunftsrechts aber nicht der Ort, um die „Stille" von Reserven zu regeln. Soweit hier Reformbedarf besteht, ist dem, schon um eine Gleichbehandlung aller Kapitalanleger sicherzustellen, im Rahmen der Rechnungslegungsvorschriften Rechnung zu tragen. Daß die bestehende Rechtslage verfassungswidrig wäre, ist aber nicht ersichtlich, weil daß AktG einen Ausgleich für die eingeschränkten Kontrollrechte der Aktionäre durch andere Überwachungsmechanismen vorsieht. Nur in Fällen, in denen diese versagen und die Ausübung von Gestaltungsfreiheiten bei der Rechnungslegung von der Verwaltung dazu genutzt wird, ein pflichtwidriges Verhalten zu verbergen, kommt eine Auskunftsverweigerung nicht in Betracht. Hier gelten die gleichen Grundsätze wie für § 131 Abs. 3 S. 1 Nr. 6.

Die in jüngster Vergangenheit im Zusammenhang mit § 131 Abs. 3 S. 1 Nr. 5 diskutierten Probleme, die sich hinsichtlich des Zusammenspiels dieser Regelung mit kapitalmarktrechtlichen Vorschriften ergeben, lassen sich befriedigend lösen. Insiderrechtliche Weitergabeverbote und die Verpflichtung zur ad-hoc-Publizität können grundsätzlich nicht herangezogen werden, um ein berechtigtes Auskunftsbegehren zurückzuweisen. Von der Beantwortung einer Frage kann der Vorstand nur in Ausnahmefällen absehen, nämlich dann, wenn es ihm nicht möglich ist, durch eine vorhergehende Unterrichtung der Allgemeinheit nach Maßgabe der kapialmarktrechtlichen Vorschriften zu vermeiden, daß er mit der Auskunftserteilung in der Hauptversammlung eine Ordnungswidrigkeit oder Straftat begeht.

Für eine Auskunftsverweigerung wegen Mißbrauchs des Fragerechts ist neben § 131 Abs. 3 nur in eingeschränktem Maße Platz. Insbesondere darf ein vermeintlich mißbräuchliches Verhalten des Aktionärs nicht als Vorwand dienen, die mit einer Frage verfolgte Motive auszuforschen. Diese spielen für das Recht zu einer Auskunftsverweigerung ebenso wenig eine Rolle wie bei der Beurteilung der Erforderlichkeit eines Auskunftsbegehrens. Schranken für das Auskunftsrecht ergeben sich insofern vor allem aus den zeitlichen Beschränkungen, denen eine Hauptversammlung unterliegt, sowie bei einem widersprüchlichen Verhalten des Aktionärs.

7. KAPITEL: ZUSAMMENFASSUNG

Das Auskunftsrecht des Aktionärs ist ein mitgliedschaftliches Individualrecht von großer praktischer Bedeutung. Die Prüfung der in § 131 Abs. 1 S. 1 genannten Anspruchsvoraussetzungen wird auch in Zukunft bei der Durchführung von Hauptversammlungen eine herausragende Rolle spielen und in einer Vielzahl von Fällen die Gerichte beschäftigen. Daß die Vorschrift einen erheblichen Auslegungsspielraum läßt, ist hinzunehmen, weil nur eine allgemein gehaltene Regelung der Vielfalt von Fragen gerecht wird, deren Beantwortung im Laufe einer Hauptversammlung erforderlich werden kann. Gegenüber Versuchen, das Auskunftsrecht durch vermeintlich allgemein gültige Kriterien einzufassen, ist deshalb Zurückhaltung geboten. Den legitimen Informationsbedürfnissen der Aktionäre einerseits und den berechtigten Geheimhaltungsinteressen der Gesellschaft sowie den praktischen Erfordernissen bei der Durchführung einer Hauptversammlung andererseits läßt sich nur durch eine sorgfältige Abwägung der Umstände des Einzelfalls Rechnung tragen.

Bereits die Frage, ob es sich bei dem Gegenstand eines Auskunftsbegehrens um eine Angelegenheit der Gesellschaft handelt, läßt sich nicht vom Einzelfall losgelöst beantworten. Das Anliegen, bestimmte Tatsachen außerhalb der Sphäre der Gesellschaft anzusiedeln, darf nicht zu einer unangemessenen Einschränkung des Fragerechts führen. Das Informationsbedürfnis der Aktionäre erstreckt sich unter Umständen auch auf solche Umstände, die zunächst keinen Zusammenhang zu der Gesellschaft aufzuweisen scheinen. Ob Auskunft über eine Tatsache erteilt werden muß, hängt ausschließlich davon ab, ob den Aktionären durch die Erteilung der Auskunft eine sachgerechte Beurteilung eines Gegenstands der Tagesordnung ermöglicht wird. Anlaß, generell für eine restriktive Handhabung des Auskunftsanspruchs zu plädieren, gibt dieses an zweiter Stelle in § 131 Abs. 1 S. 1 genannte Tatbestandsmerkmal nicht. Insbesondere läßt sich eine Einschränkung des Fragerechts nicht ohne weiteres damit begründen, die bei den Aktionären verbliebenen Entscheidungsbefugnisse seien gering. Eine solche Verknüpfung des § 131 Abs. 1 S. 1 mit den anderen mitgliedschaftlichen Herrschaftsrechten läßt die Funktion des Auskunftsanspruchs als Kontrollrecht unberücksichtigt.

Der Ansicht, aus den Informationspflichten, die der Gesellschaft gegenüber Dritten oder der Öffentlichkeit obliegen, ließen sich Auskunftspflichten in der Hauptversammlung ableiten, ist nicht zu folgen. Die Informationen, die eine Aktiengesellschaft außerhalb der Hauptversammlung gewähren muß, dienen anderen, auf den jeweiligen Empfänger ausgerichteten Regelungszwecken und sind für die Auslegung von § 131 Abs. 1 S. 1 ungeeignet. Vor allem kapitalmarktrechtliche Offenlegungspflichten lassen sich deshalb nicht als Mindestmaß für eine Unterrichtung der Aktionäre heranziehen. Auf diese Weise kann dem Anliegen, durch den Auskunftsanspruch ein Stück weit gesellschaftsinternen Anlegerschutz zu verwirklichen, nicht Rechnung getragen werden. Gläubiger und Adressat der in der Hauptversammlung erteilten Auskünfte ist der einzelne Aktionär, dessen Mitgliedschaft in dem Verband die Grundlage des Auskunftsrechts ist.

Der Auskunftsanspruch des Aktionärs steht als Individualrecht exemplarisch für die Konzeption des AktG 1965, bei der die Rolle des einzelnen Aktionärs als hinter der Gesellschaft stehender „wirtschaftlicher Eigentümer" in den Vordergrund rückte. Vor allem die Parallele zu der Verfügungsgewalt eines bürgerlich-rechtlichen Eigentümers ist angesichts der wenigen bei den Aktionären verbliebenen Herrschaftsrechte jedoch verfehlt. Das Informationsbedürfnis des einzelnen Aktionärs, der von einer Einflußnahme auf die Geschäftsführung weitgehend ausgeschlossen ist, erschließt sich erst aus seiner Rolle als Finanzier der Gesellschaft. Mit ihr findet der Gedanke der Rechenschaft gegenüber dem Aktionär, der in seiner Funktion als Kapitalanleger an Auskünften über die Rentabilität seiner Investition interessiert ist, Eingang in die Auslegung von § 131 Abs. 1 S. 1. Da die Gesellschaft ihrerseits darauf angewiesen ist, daß ihr die für ihre wirtschaftliche Betätigung erforderlichen finanziellen Mittel zur Verfügung gestellt werden, schließt sich der Kreis zu einer Interpretation des Auskunftsanspruchs als Bestandteil eines gesellschaftsinternen Anlegerschutzes.

Diese Überlegungen haben in der Diskussion um den Auskunftsanspruch bislang nur zum Teil Niederschlag gefunden. In der Bezeichnung des Auskunftsrechts als eigennützigem Recht kommt zum Ausdruck, daß das Gesellschaftsinteresse nicht mit den von den Aktionären verfolgten Interessen übereinstimmen muß, ohne daß diese Interessen näher konkretisiert würden. Die Unterscheidung kollektiver und individueller Informationsrechte stellt zutreffend die Mitgliedschaft des Aktionärs als Grundlage seines Auskunftsanspruchs in den Vordergrund, läßt dabei aber offen, inwieweit die mitgliedschaftlichen Belange des Aktionärs mit seinen Interessen als Kapitalanleger übereinstimmen. Auch die Einordnung des Auskunftsanspruchs als Hilfsrecht ließ diese Frage lange Zeit offen, da § 131 Abs. 1 S. 1 lediglich mit den Herrschaftsrechten des Aktionärs in Verbindung gebracht wurde. Erst die Einbeziehung der mitgliedschaftlichen Vermögensrechte ermöglicht eine Berücksichtigung der Interessen des Aktionärs als Kapitalanleger. Die Rolle des Auskunftsanspruchs bei der Verwirklichung eines innergesellschaftlichen Anlegerschutzes richtet sich deshalb danach, inwieweit das Fragerecht zu einem Schutz der Vermögensrechte des Aktionärs beitragen kann.

Demgegenüber ist die Unterrichtung der Anleger über die Risiken einer Kapitalanlage Aufgabe vertriebsrechtlicher Vorschriften. Die betreffenden Informationspflichten sind von der Stellung des Empfängers als Verbandsmitglied unabhängig und zielen auf die Beseitigung von Informationsasymmetrien, bevor die Entscheidung über den Erwerb oder die Veräußerung von Aktien durch den Anleger getroffen wird. § 131 Abs. 1 S. 1 ist hingegen keine Vorschrift, die auf die Unterrichtung des Kapitalmarktpublikums abzielt oder deren Auslegung gar von den Informationsinteressen des Kapitalmarkts bestimmt würde. Von der Erteilung einer Auskunft in der Hauptversammlung profitiert zwar oftmals ein weit über die Aktionäre hinausgehender Personenkreis, doch handelt es sich dabei lediglich um eine Begleiterscheinung des gesellschaftsrechtlichen Fragerechts.

§ 131 Abs. 1 S. 1 ist ein versammlungsbezogenes Aktionärsrecht, das die aus der Mitgliedschaft des einzelnen Aktionärs resultierenden Informationsinteressen mit den Kompetenzen der Hauptversammlung verknüpft. Die Erforderlichkeit einer Auskunft ist deshalb nach objektiven Maßstäben im Hinblick auf den jeweiligen Tagesordnungspunkt zu ermitteln, ohne daß es eines besonderen, eigenen Interesses des einzelnen Aktionärs an einer Auskunft bedürfte. Ausreichend ist, daß ein berechtigtes Interesse an der Auskunftserteilung nachvollziehbar ist; ist dies der Fall, so kommt es auf die persönlichen Motive des Fragestellers nicht an. Jeder einzelne Aktionär trägt durch seine Auskunftsbegehren zu der Unterrichtung des Organs Hauptversammlung bei und übt sein Kontrollrecht nicht nur im eigenen, sondern im allgemeinen Interesse aus. Deshalb ist daran festzuhalten, daß die Größe des Anteilsbesitzes, über den der betreffende Aktionär verfügt, bei der Beurteilung der Auskunftspflicht des Vorstands keine Rolle spielt. Der Auskunftsanspruch fügt sich so in das aktienrechtliche Informationssystem und dient vor allem der Ergänzung der Informationen, die der Vorstand aus eigener Veranlassung gewähren muß. Da die Informationsinitiative den Aktionären zugeordnet ist, lassen sich ungeschriebene Mitteilungspflichten des Vorstands in der Hauptversammlung aus der Regelung des Auskunftsanspruchs nicht ableiten.

Der Auskunftsanspruch dient der Überwachung der Verwaltungstätigkeit durch die Aktionäre. Wie bei anderen zivilrechtlichen Informationsrechten spiegeln sich in § 131 Abs. 1 S. 1 zwei Regelungsgedanken wider: Das Fragerecht dient dazu, dem Aktionär eine sachgerechte Ausübung seiner Herrschaftsrechte zu ermöglichen und so seinen Einfluß in der AG geltend zu machen; eine Sichtweise, die in erster Linie mit der Rolle des Aktionärs als unternehmerisch tätigem Verbandsmitglied korrespondiert. In dieser lange Zeit im Vordergrund stehenden Funktion erschöpft sich der Zweck des Auskunftsanspruchs jedoch nicht, wie insbesondere die Entwicklung der Mitspracherechte der Aktionäre einerseits und der individuellen und allgemeinen Publizität in der AG andererseits bis zum heutigen Tage zeigt. Im Hinblick auf die mitgliedschaftlichen Vermögensrechte tritt der Auskunftsanspruch neben die Rechnungslegung der

Verwaltung, die der Ermittlung des Jahresüberschusses dient. Dieser ist Ausgangsgröße für den Bilanzgewinn, aus dessen Betrag die Höhe des mitgliedschaftlichen Gewinnbeteiligungsanspruchs gemäß § 58 Abs. 4 folgt. Insofern kann der Aktionär von seinem Fragerecht Gebrauch machen, um die Einhaltung der Rechnungslegungsvorschriften zu überprüfen und auf eine ordnungsgemäße Erfüllung seiner Vermögensrechte hinzuwirken; ein Aspekt, der vor allem für einen Kapitalanleger im Vordergrund stehen wird.

Die ambivalente Funktion des § 131 Abs. 1 S. 1 erklärt, warum das Auskunftsrecht des Aktionärs nicht ohne weiteres beschnitten werden kann, indem auf die im Laufe der Entwicklung des AktG mehr und mehr eingeschränkten Möglichkeiten der Aktionäre zu einer unmittelbaren Mitsprache in Gesellschaftsangelegenheiten verwiesen wird. Die Möglichkeiten der Aktionäre, Einfluß auf die Tätigkeit der Verwaltung zu nehmen, sind weitgehend auf eine ex-post Kontrolle beschränkt. Effektiv ist diese Kontrolle nur, wenn sie die Verwaltung veranlaßt, ihr Verhalten von vornherein so einzurichten, daß es einer nachträglichen Überprüfung standhält. Deshalb muß das Auskunftsrecht der Aktionäre gewährleisten, daß die Offenlegung von Mißständen in der Hauptversammlung hinreichend wahrscheinlich ist.

Eine herausragende Rolle spielt die Unterrichtung der Aktionäre bei Strukturentscheidungen nach dem AktG und dem UmwG. Auch in diesem Kontext zeigt sich, daß Auskunftsrechte ihre Grundlage sowohl in den mitgliedschaftlichen Herrschaftsrechten als auch den Vermögensrechten haben. Anknüpfungspunkt der speziell geregelten Fragerechte ist zunächst die Entscheidungsfindung über eine besonders weitreichende Maßnahme der Geschäftsführung. Doch erschöpft sich der Zweck der im Vorfeld solcher Beschlußfassungen eingeräumten Auskunftsansprüche nicht in der sachgerechten Ausübung des Stimmrechts und anderer Verwaltungsrechte. Daneben treten die Auswirkungen auf die vermögensrechtlichen Interessen der Aktionäre, die mit Verfassungsänderungen in der AG einhergehen. Die speziell geregelten Auskunftsrechte stehen unmittelbar mit den gesetzlichen Bestimmungen in Zusammenhang, die eine Kompensation für diejenigen Aktionäre vorsehen, deren mitgliedschaftliche Vermögensrechte durch eine Strukturmaßnahme nachhaltig beeinträchtigt werden. Sowohl die Aktionäre, die von einer solchen Kompensation profitieren, als auch die Aktionäre derjenigen Gesellschaft, die zu einem Ausgleich verpflichtet ist, sind auf Informationen über die Angemessenheit der Ausgleichsmaßnahme angewiesen, um ihre Vermögensinteressen sachgerecht wahrnehmen zu können.

Dem Interesse der Aktionäre, Einblick in die Rechnungslegung zu nehmen, hat der Gesetzgeber vor allem durch die Regelung der Auskunftsverweigerungsgründe Schranken gesetzt. Die Beantwortung einer Frage kann nicht verlangt werden, wenn der Gesellschaft ein nicht unerheblicher Nachteil droht. Ob diese Voraussetzungen gegeben sind, hat der Vorstand stets eigenständig zu prüfen. So wenig kapitalmarktrechtliche Informationspflichten geeignet sind, Auskunftspflichten in der Hauptversammlung zu begründen, so wenig läßt sich aus einer Befreiung von kapitalmarktrechtlichen Offenlegungspflichten ein Recht zur Auskunftsverweigerung ableiten. § 131 Abs. 3 S. 1 Nr. 2 bis Nr. 4 nehmen dem Aktionär weitgehend die Möglichkeit, stille Reserven aufzudecken. Diese Regelungen dürfen jedoch nicht einem Mißbrauch von Rechnungslegungsvorschriften Vorschub leisten. Ebenso wie bei § 131 Abs. 3 S. 1 Nr. 6 scheidet ein Recht zur Auskunftsverweigerung aus, wenn es um die Offenlegung eines pflichtwidrigen Verhaltens der Verwaltung geht, die der Gesellschaft zum Vorteil gereichen würde. Im Rahmen von § 131 Abs. 3 S. 1 Nr. 5 sind Kollisionen der Auskunftspflicht des Vorstands in der Hauptversammlung mit kapitalmarktrechtlichen Veröffentlichungsverboten kaum denkbar. Ein Recht, eine Auskunft zu verweigern, kann deshalb nur dann bejaht werden, wenn andernfalls ein Verstoß gegen das insiderrechtliche Weitergabeverbot oder die Vorschriften über die ad hoc-Publizität unvermeidbar ist. Bei Beachtung dieser Prinzipien steht einer Anwendung von § 131 Abs. 3 auf speziell geregelte Auskunftsrechte nichts entgegen.

Demgegenüber verliert der viel diskutierte Mißbrauch des Auskunftsrechts an Bedeutung. Ein Rückgriff auf diesen allgemeinen Regelungsgedanken ist durch die abschließende Aufzählung von Auskunftsverweigerungsgründen zwar nicht von vornherein ausgeschlossen, wird jedoch allenfalls in Ausnahmefällen in Betracht kommen.

Literaturverzeichnis

Acher, Anton, Auskunftspflicht über Vorstandsbezüge?, BB 1960, S. 428 ff.

-- Nochmals: Auskunftspflicht über Vorstandsbezüge?, BB 1960, S. 689 ff.

Adler/Düring/Schmaltz, Rechnungslegung und Prüfung der Unternehmen, Teilband 2 (§§ 284-289 HGB), 6. Auflage (Stand: 1. Januar 1995), Stuttgart 1995

Alternativkommentar zum BGB, Band 2 (Allgemeines Schuldrecht), Darmstadt 1980; zitiert: AK-*Bearbeiter*

Assmann, Heinz-Dieter, Kapitalmarktrecht - Zur Formation eines Rechtsgebiets in der vierzigjährigen Rechtsentwicklung der Bundesrepublik Deutschland, in: Nörr (Hrsg.), 40 Jahre Bundesrepublik Deutschland 40 Jahre Rechtsentwicklung, Tübingen 1990, S. 241 ff.

-- Konzeptionelle Grundlagen des Anlegerschutzes, ZBB 1989, S. 49 ff.

-- Rechtsanwendungsprobleme des Insiderrechts, AG 1997, S. 50 ff.

Assmann, Heinz-Dieter/Schneider, Uwe H. (Hrsg.), Wertpapierhandelsgesetz, 2. Auflage, Köln 1999

Assmann, Heinz-Dieter/Schütze, Rolf A. (Hrsg.), Handbuch des Kapitalanlagerechts, 2. Auflage, München, Stand: März 1999

Austmann, Andreas, Pflichten zur Offenlegung von Aktienbesitz, WiB 1994, S. 143 ff

Badura, Peter, Der Regierungsentwurf eines Mitbestimmungsgesetzes - Verfassungs-rechtliche Einwände -, ZfA 1974, S. 357 ff.

Badura, Peter/Rittner, Fritz/Rüthers, Bernd, Mitbestimmungsgesetz 1976 und Grundgesetz, Gemeinschaftsgutachten, München 1977

Barz, Carl Hans, Das Auskunftsrecht nach §§ 131/132AktG in der Rechtsprechung, Festschrift für Philipp Möhring zum 75. Geburtstag, München 1975, S. 153 ff.

-- Grenzen des Auskunftsrechtes des Aktionärs, BB 1957, S. 1253 ff.

-- Die große Hauptversammlung, AG 1962 Sonderbeilage I

Baumbach, Adolf/Hopt, Klaus J., Handelsgesetzbuch, 30. Auflage, München 2000

Baumbach, Adolf/Hueck, Alfred und Götz, Aktiengesetz, 13. Auflage, München 1968

Bayer, Walter, Anmerkung zu OLG Köln, Urteil vom 21. September 1988 (24 U 244/87), WuB II A. § 340a AktG 1.89

-- Anmerkung zu OLG Karlsruhe, Urteil vom 7. Februar 1992 (15 U 305/90), WuB II A. § 243 AktG 2.92

-- Herrschaftsveränderungen im Vertragskonzern, ZGR 1993, S. 599 ff.

-- Informationsrechte bei der Verschmelzung von Aktiengesellschaften, AG 1988, S. 323 ff.
-- Kein Abschied vom Minderheitenschutz durch Information - Plädoyer für eine restriktive Anwendung des § 16 Abs. 3 UmwG, ZGR 1995, S. 613 ff.
-- 1000 Tage neues Umwandlungsrecht - eine Zwischenbilanz, ZIP 1997, S. 1613 ff.
Bea, Franz Xaver/Thissen, Susanne, Institutionalisierung des Shareholder-Value Konzepts bei der GmbH, DB 1997, S. 787 ff.
Becker, Michael, Verwaltungskontrolle durch Gesellschafterrechte, Tübingen 1997
Becker, Robert, Die gerichtliche Kontrolle von Maßnahmen bei der Verschmelzung von Aktiengesellschaften, AG 1988, S. 223 ff.
Benner-Heinacher, Jella, Kollidiert die Auskunftspflicht des Vorstands mit dem Insidergesetz?, DB 1995, S. 765 f.
Bezzenberger, Tilman, Anmerkung zu LG Frankfurt/M., Urteil vom 7. Juni 1993 (3/1 O 10/93), WuB II A. § 131 AktG 3.94
-- Vorzugsaktien ohne Stimmrecht, Köln/Berlin/Bonn/München 1991
Bieg, Hartmut, Bankbilanzen und Bankenaufsicht, München 1983
Bitter, Christian von, Das Informationsrecht der GmbH-Gesellschafter in §§ 51a, 51b GmbHG, ZIP 1981, S. 825 ff.
Boesebeck, Ernst, Auskunftserteilung außerhalb der Hauptversammlung, AG 1963, S. 89 ff.
Bokelmann, Gunther, Rechtsmißbrauch des Anfechtungsrechts durch den Aktionär?, BB 1972, S. 733 ff.
Bonner Kommentar zum Grundgesetz, Band 2 (Art. 6-14), Stand: Mai 2001, Bonn; zitiert: BK-*Bearbeiter*
Bork, Reinhard, Kurzkommentar zu OLG Hamburg, Beschluß vom 24.2.1994 - 11 W 6/94, EWiR § 337 AktG 1/94, S. 217 f.
-- Kurzkommentar zu BayObLG, Urteil vom 23.8.1996 - 3Z BR 130/96, EWiR § 131 AktG 3/96, 963 f.
-- Kurzkommentar zu BVerfG, 1. Kammer, Beschluß vom 20.9.1999 – 1 BvR 636/95, EWiR § 131 AktG 3/99, 1035 f.
Brondics, Klaus, Die Aktionärsklage, Berlin 1988
Brox, Hans, Probleme der Entlastung im Gesellschaftsrecht, BB 1960, S. 1226 ff.
Budde, Wolfgang Dieter, Müssen die börsennotierten Gesellschaften eigene Wege gehen?, Festschrift für Hermann Clemm, München 1996, S. 81 ff.
Budde, Wolfgang Dieter/Steuber, Elgin, Rechnungslegung im Spannungsfeld zwischen Gläubigerschutz und Information der Gesellschafter, AG 1996, S. 542 ff.

-- Rückwirkung des Konzernabschlusses auf den Einzelabschluß, BB 2000, S. 971 ff.

Bühler, Ottmar, Steuerrecht der Gesellschaften und Konzerne, 3. Auflage, Frankfurt/M. 1956

Bundesverband des privaten Bankgewerbes, Denkschrift zur Reform des Aktienrechts, Köln 1958

Bungert, Hartwin, Die Treupflicht des Minderheitsaktionärs, DB 1995, S. 1749 ff.

-- Anmerkung zu OLG Karlsruhe, Urteil vom 13. November 1998, - 14 U 24/98 – NZG 1999, S. 605 ff.

Bunte, Hermann-Josef, Auskunftsrecht der Aktionäre bei berichtspflichtigen Vorgängen?, AG 1974, S. 374 ff.

-- Informationsrechte in der GmbH und im GmbH-Konzern, Bern/Frankfurt/M. 1976

Burgard, Ulrich, Die Offenlegung von Beteiligungen, Abhängigkeits- und Konzernlagen bei der Aktiengesellschaft, Berlin 1990

-- Die Offenlegung von Beteiligungen bei der Aktiengesellschaft, AG 1992, S. 41 ff.

Caemmerer, Ernst von, Publizitätsinteressen der Öffentlichkeit und Gesellschaftsrecht, in: Das Frankfurter Publizitätsgespräch, Carl Hans Barz u.a. (Hrsg.), Frankfurt 1962, S. 141 ff.

Claussen, Carsten Peter, Aktienrechtsreform 1997, AG 1996, S. 481 ff.

-- Anmerkung zu OLG München, Urteil vom 12. November 1993 (7 u 3165/93), WuB IV D. § 252 HGB 1.94

-- 25 Jahre Aktiengesetz von 1965 (II), AG 1991, S. 10 ff.

Clemm, Hermann, Unternehmerische Rechnungslegung - Aufgaben, Möglichkeiten und Grenzen -, Festschrift für Reinhard Goerdeler, Düsseldorf 1987, S. 93 ff.

Coenenberg, Adolf Gerhard, Jahresabschluß und Jahresabschlußanalyse, 17. Auflage, Landsberg am Lech 2000

Decher, Christian E., Information im Konzern und Auskunftsrecht der Aktionäre gem. § 131 Abs. 4 AktG, ZHR 158 (1994), S. 473 ff.

-- Personelle Verflechtungen im Aktienkonzern, Heidelberg 1990

-- Die Überwindung der Registersperre nach § 16 Abs. 3 UmwG, AG 1997, S. 388 ff.

Deuss, Peter, Das Auskunftsrecht des Aktionärs, München/Berlin 1962

Die deutsche Börse AG, Insiderhandelsverbote und Ad-hoc-Publizität nach dem Wertpapierhandelsgesetz, 1994

Diekgräf, Robert, Anmerkung zu LG München I, Beschluß vom 17. Februar 1995 (5 HKO 9943/94), WuB II A. § 131 AktG 2.96

Diekmann, Hans, Mitteilungspflichten nach §§ 20 ff AktG und dem Diskussionsentwurf des Wertpapierhandelsgesetzes, DZWiR 1994, S. 13 ff.

Dilger, Eberhard, Anmerkung zu Kammergericht, Beschluß vom 30. Juni 1994 (2 W 4531 und 4642/93), WuB II A. § 131 AktG 7.94
Döllerer, Georg, Zweck der aktienrechtlichen Publizität, BB 1958, S. 1281 ff.
Düringer/Hachenburg, Handelsgesetzbuch, III. Band/1. Teil, 3. Auflage 1934
Ebenroth, Carsten-Thomas, Das Auskunftsrecht des Aktionärs und seine Durchsetzung im Prozeß, Bielefeld 1970
-- Die Erweiterung des Auskunftsgegenstandes im Recht der verbundenen Unternehmen, AG 1970, S. 104 ff.
Ebenroth, Carsten-Thomas/Bohne, Michael, Anmerkung zu KG, Beschluß vom 24. August 1995 (2 W 4557/94), WuB II A. § 131 AktG 1.96
Ebenroth, Carsten-Thomas/Wilken, Oliver, Anmerkung zu KG, Beschluß vom 26. 8. 1993 - 2 W 6111/92, BB 1993, S. 2039 f.
-- Zum Auskunftsrecht des Aktionärs im Konzern, BB 1993, S. 1818 ff.
Ebenroth, Carsten/Koos, Stefan, Die Verfassungsmäßigkeit des Auskunftsverweigerungsrechts gem. § 131 Abs. 3 AktG bei Aktionärsanfragen bezüglich stiller Reserven, BB 1995 Beilage 8
Ehrenberg, Victor (Hrsg.), Handbuch des gesamten Handelsrechts, Dritter Band, 1. Abtei-lung, Leipzig 1916
Ehricke, Harry H., Das Auskunftsrecht des Aktionärs bei Abfindungsangeboten und bei Ruhestandsbezügen von Vorstandsmitgliedern, BB 1979, S. 496 ff.
Eichholz, Rainer, Anmerkung zu LG Berlin, Beschluß vom 24. Juni 1993 (93 O 244/92), WuB II A. § 131 AktG 2.94
Eisolt, Dirk, Aktuelle Überlegungen zu befreienden Konzernabschlüssen nach § 292 HGB, BB 1995, S. 1127 ff.
Ekkenga, Jens, Gibt es „wirtschaftliches Eigentum" im Handelsbilanzrecht?, ZGR 1997, S. 262 ff.
Emde, Raimond, Auskünfte inländischer Aktiengesellschaften für Bilanzen und Steuererklärungen ausländischer Aktionäre, ZIP 1998, S. 725 ff.
Emmerich, Volker/Sonnenschein, Jürgen, Konzernrecht, 6. Auflage, München 1997
Engelmeyer, Cäcilie, Informationsrechte und Verzichtsmöglichkeiten im Umwandlungsgesetz, BB 1998, S. 330 ff.
Eppenberger, Matthias, Information des Aktionärs - Auskunfts- oder Mitteilungspflicht?, Bern/Stuttgart 1990
Ernst, Tassilo, Der Genußschein als Kapitalbeschaffungsmittel, AG 1967, S. 75 ff.
Esser, Josef/Schmidt, Eike, Schuldrecht Band I, Allgemeiner Teil, Teilband 1, 8. Auflage, Heidelberg 1995
Esser, Josef/Weyers, Hans-Leo, Schuldrecht, Band II, Besonderer Teil, Teilband 1 (Die Verträge), 8. Auflage, Heidelberg 1998

Eyles, Uwe, Anmerkung zu Hans. OLG Hamburg, Beschluß vom 24. Februar 1994 (11 W 6/94), WuB II A. § 131 AktG 4.94
-- Anmerkung zu BayObLG, Beschluß vom 30. November 1995 (3 Z BR 161/93), WuB II A. § 131 AktG 3.96
Falkenhagen, Klaus, Aktuelle Fragen zu den neuen Mitteilungs- und Veröffentlichungspflichten nach Abschnitt 4 und 7 des Wertpapierhandelsgesetzes, WM 1995, S. 1005 ff.
Falkenhausen, Bernhard Freiherr von, Die Aufgaben der Publizität im Aktienrecht, AG 1962, S. 261 ff.
-- Minderheitenschutz und Aktienhandel, AG 1972, S. 237 ff.
-- Verfassungsrechtliche Grenzen der Mehrheitsherrschaft nach dem Recht der Kapitalgesellschaften (AG und GmbH), Karlsruhe 1967
Feddersen, Dieter/Knauth, Klaus-Wilhelm, Eigenkapitalbildung durch Genußscheine, Frankfurt/M. 1988
Finken, Manfred, Kurzkommentar zu OLG Frankfurt, Urteil vom 15.4.1986 - 5 U 191/84, EWiR § 131 AktG 2/86, S. 957 f.
Fischer, Curt Ed., Die „Grundrechte" für den Einzelaktionär und für Minderheiten, DB 1958, S. 1263 ff.
-- Rechtsschein und Wirklichkeit im Aktienrecht, AcP 154 (1955), S. 85 ff.
-- Die Reform des Aktiengesetzes, AcP 154 (1955), S. 181 ff.
Flohr, Eckhard, Das Auskunftsrecht des Aktionärs in der Hauptversammlung, JA 1982, S. 380 ff.
Flume, Werner, Allgemeiner Teil des Bürgerlichen Rechts, Berlin/Heidelberg/New York, 1. Band, 2. Teil (Die juristische Person) 1983; zitiert: I/2
-- Grundfragen der Aktienrechtsreform, Düsseldorf 1960
Franken, Paul/Heinsius, Theodor, Das Spannungsverhältnis der allgemeinen Publizität zum Auskunftsrecht des Aktionärs, Festschrift für Wolfgang Dieter Budde, München 1995, S. 213 ff.
Franta, Rudolf, Die Verfassung der Aktiengesellschaft nach dem Referentenentwurf eines neuen Aktiengesetzes, DB 1958, S. 1347 ff.
Friauf, Karl Heinrich Wendt, Rudolf, Eigentum am Unternehmen, Köln 1977
Friedewald, Rolf, Die personalistische Aktiengesellschaft, Köln/Berlin/Bonn/München 1991
Gehling, Christian, Kurzkommentar zu OLG Düsseldorf, Beschluß vom 17.7.1991 - 19 W 2/91, EWiR § 131 AktG 1/92, S. 115 f.
Geßler, Ernst, Auskunftsrecht des Aktionärs, DB 1957, S. 1254 ff.
Geßler, Ernst/Hefermehl, Wolfgang/Eckhardt, Ulrich/Kropff, Bruno, Aktiengesetz, München
1. Lieferung (§§ 1-22) 1973; 3. Lieferung (§§ 148-178) 1973;
5. Lieferung (§§ 117-147) 1974; 6. Lieferung (§§ 291-318) 1976;
7. Lieferung (§§ 53a-75) 1983; 8. Lieferung (§§ 23-53) 1984;

9. Lieferung (§§ 241-261) 1984; 13. Lieferung (§§ 319-358a) 1991
zitiert: G/H/E/K-*Bearbeiter*

Geßler, Jörg, Aktiengesetz, Stand: Oktober 2000, Neuwied/Kriftel/Berlin

Gierke, Otto von, Deutsche Genossenschaftstheorie und die deutsche Rechtsprechung, Berlin 1887 (Nachdruck 1963)

Godin, Reinhard Freiherr von/Wilhelmi, Sylvester, Aktiengesetz, 4. Auflage, Berlin/New York 1971

Goerdeler, Reinhard, Die Publizität der Rechenschaftslegung, in: Das Frankfurter Publizitätsgespräch, Carl Hans Barz u.a. (Hrsg.), Frankfurt/M. 1962, S. 211 ff.

Götz, Hans Norbert, Neuere Rechtsentwicklungen für die Wahrnehmung von Aktionärsrechten, ZIP 1995, S. 1310 ff.

Götz, Heinrich, Die Pflicht des Aufsichtsrats zur Haftbarmachung von Vorstandsmitgliedern, NJW 1997, S. 3275 ff.

Götz, Jürgen, Die unbefugte Weitergabe von Insidertatsachen, DB 1995, S. 1949 ff.

Grage, Katja, Das Auskunftsrecht des Aktionärs unter besonderer Berücksichtigung von Minderheitsbeteiligungen als Gegenstand aktienrechtlicher Auskunftsbegehren, Köln 1999

Groß, Wolfgang, Anmerkung zu OLG München, Urteil vom 26. April 1996 (23 U 4586/95), WuB II A. § 119 AktG 1.96

-- Anmerkung zu BayObLG, Beschluß vom 9. September 1996 (3 Z BR 36/94), WuB II A. § 131 AktG 1.97

-- Deutsches Gesellschaftsrecht in Europa, EuZW 1994, S. 395 ff.

-- Informations- und Auskunftsrecht des Aktionärs, AG 1997, S. 97 ff.

-- Der Inhalt des Bezugsrechts nach § 186 AktG, AG 1993, S. 449 ff.

-- Vorbereitung und Durchführung von Hauptversammlungsbeschlüssen zu Erwerb oder Veräußerung von Unternehmensbeteiligungen, AG 1996, S. 111 ff.

Großfeld, Bernhard, Aktiengesellschaft, Unternehmenskonzentration und Kleinaktionär, Tübingen 1968

-- Zur Stellung des Kleinaktionärs im Wirtschaftssystem, AG 1985, S. 1 ff.

Großfeld, Bernhard/Möhlenkamp, Andreas, Zum Auskunftsrecht des Aktionärs, ZIP 1994, S. 1425 ff.

-- Kurzkommentar zu LG München, Beschluß vom 29.8.1995 - 5 HKO 19424/94, EWiR § 131 AktG 1/96, S. 51 f.

Großkommentar zum Aktiengesetz, 3. Auflage, Berlin/New York
1. Band 1. Halbband: Lieferung 1 (§§ 1-53) April 1970, Lieferung 2 (§§ 54-94) Januar 1971
1. Band 2. Halbband: Lieferung 4 (§§ 118-147) August 1972
2. Band (§§ 148-178) 1970

4. Band Lieferung 1 (§§ 291-328) Dezember 1971, Lieferung 2 (§§ 329-393) Dezember 1973
zitiert: GK[3]-*Bearbeiter;*
4. Auflage: siehe Klaus J. Hopt/Wiedemann, Herbert (Hrsg.)

Grundmann, Stefan, Deutsches Anlegerschutzrecht in internationalen Sachverhalten, RabelsZ 54 (1990), S. 283 ff.

Grüner, Michael, Zeitliche Einschränkungen des Rede- und Fragerechts auf Hauptversammlungen, NZG 2000, S. 770 ff.

-- Anmerkung zum Beschluß des BVerfG vom 20. September 1999 –1 BvR 168/93, NZG 2000, S. 197 f.

Grunewald, Barbara, Einsichts- und Auskunftsrecht des GmbH-Gesellschafters nach neuem Recht, ZHR 146 (1982), S. 211 ff.

Günther, Walter, Politische Diskussion in der Hauptversammlung, Festschrift für Erich Fechner, Tübingen 1973, S. 117 ff.

Hahn, Volker, Das Informationsrecht des Kommanditisten, BB 1997, S. 741 ff.

Happ, Wilhelm, Zum Regierungsentwurf eines Wertpapierhandelsgesetzes, JZ 1994, S. 240 ff.

Happ, Wilhelm/Freitag, Angelika, Die Mitternachtsstund` als Nichtigkeitsgrund?, AG 1998, S. 493 ff.

Harrer, Herbert, Anmerkung zu LG Frankfurt a.M., Beschluß vom 16. September 1994, 3/3 O 83/92, DStR 1995, S. 1161

Hartmann, Manfred, Stille Reserven im Jahresabschluß von Kreditinstituten, BB 1989, S. 1936 ff.

Hasselbach, Kai, Kurzkommentar zu OLG Koblenz, Urteil vom 23.11.2000 - 6 U 1434/95, EWiR § 131 AktG 1/01, S. 205 f.

Heckschen, Heribert, Fusion von Kapitalgesellschaften im Spiegel der Rechtsprechung, WM 1990, S. 377 ff.

Hefermehl, Wolfgang, Umfang und Grenzen des Auskunftsrechts des Aktionärs in der Hauptversammlung, Festschrift für Konrad Duden, München 1977, S. 109 ff.

Heinze, Christian, Grundrechtsschutz des Eigentums nach dem Mitbestimmungsurteil des Bundesverfassungsgerichts, BB 1979, S. 1796 ff.

Hellwig, Hans-Jürgen, Der Auskunftsanspruch des Aktionärs nach unrichtiger Auskunftserteilung, Festschrift für Wolfgang Dieter Budde, München 1995, S. 265 ff.

Hemeling, Peter, Anmerkung zu Kammergericht, Beschluß vom 26. August 1993 (2 W 6111/92), WuB II A. § 131 AktG 1.94

Hengeler, Hans/Kreifels, Max, Absicht und Wirklichkeit im Referentenentwurf eines Aktiengesetzes, in: Beiträge zur Aktienrechtsreform, Hans Hengeler (Hrsg.), Heidelberg 1959, S. 11 ff.

Henn, Günter, Anmerkung zu LG Heilbronn, Beschluß vom 6. März 1967 - KfH. AktE 1/67 -, AG 1967, S. 83

-- Handbuch des Aktienrechts, 6. Auflage, Heidelberg 1998
-- Die Wahrung der Interessen der Aktionäre innerhalb und außerhalb der Hauptversammlung, BB 1982, S. 1185 ff.
Hennrichs, Joachim, Treupflichten im Aktienrecht, AcP 195 (1995), S. 221 ff.
Henssler, Martin, Verhaltenspflichten bei der Ausübung von Aktienstimmrechten durch Bevollmächtigte, ZHR 157 (1993), S. 91 ff.
Henze, Hartwig, Die Treupflicht im Aktienrecht, BB 1996, S. 489 ff.
-- Treupflichten der Gesellschafter im Kapitalgesellschaftsrecht, ZHR 162 (1998), S. 186 ff.
-- Treupflichtwidrige Stimmrechtsausübung und ihre rechtlichen Folgen, RWS-Forum Gesellschaftsrecht 1995, Köln 1996, S. 1 ff.
Hirte, Heribert, Die Ad-Hoc-Publizität im System des Aktien- und Börsenrechts, in: Das Zweite Finanzmarktförderungsgesetz in der praktischen Umsetzung; Bankrechtstag 1995, S. 47 ff.
-- Bezugsrechtsausschluß und Konzernbildung, Köln/Berlin/Bonn/München 1986
-- Geldausgleich statt Inhaltskontrolle, WM 1997, S. 1001 ff.
-- Genußscheine mit Eigenkapitalcharakter in der Aktiengesellschaft, ZIP 1988, S. 477 ff.
Hirte, Heribert/Leibe, Henning, Kurzkommentar zu BayObLG, Beschluß vom 30.11.1995 - 3 Z BR 161/93 -, EWiR § 131 AktG 2/96, S. 673 f.
Hölters, Wolfgang, Satzungsgestaltung und Organisationsstruktur von Unternehmen bei Einführung der qualifizierten Mitbestimmung, BB 1975, S. 797 ff.
Hommelhoff, Peter, 100 Bände BGHZ: Aktienrecht, ZHR 151 (1987), S. 493 ff.
-- Börsenhandel von GmbH- und KG-Anteilen?, ZHR 153 (1989), S. 181 ff.
-- Gesellschaftsrechtliche Fragen im Entwurf eines Bilanzrichtlinie-Gesetzes, BB 1981, S. 944 ff.
-- Jahresabschluß und Gesellschafterinformation in der GmbH, ZIP 1983, S. 383 ff.
-- Jetzt die „Kleine" und dann noch eine „AnlegerAG" in: Reformbedarf im Aktienrecht, Semler, Johannes/Hommelhoff, Peter/Doralt, Peter/Druey, Jean Nicolas, (Hrsg.), Berlin/New York 1994, S. 65 ff.
-- Die Konzernleitungspflicht, Köln/Berlin/Bonn/München 1982
-- Anlegerinformation im Aktien-, Bilanz- und Kapitalmarktrecht, ZGR 2000, S. 748 ff.
Hopt, Klaus J., Aktionärskreis und Vorstandsneutralität, ZGR 1993, S. 534 ff.
-- Grundsatz- und Praxisprobleme nach dem Wertpapierhandelsgesetz, ZHR 159 (1995), S. 135 ff.
-- Harmonisierung im europäischen Gesellschaftsrecht - Status quo, Probleme, Perspektiven, ZGR 1992, S. 265 ff.

-- Inwieweit empfiehlt sich eine allgemeine gesetzliche Regelung des Anlegerschutzes?, Verhandlungen des 51. Deutschen Juristentages, Band I (Gutachten), München 1976
-- Der Kapitalanlegerschutz im Recht der Banken, München 1975
-- Vom Aktien- und Börsenrecht zum Kapitalmarktrecht?, ZHR 141 (1977), S. 389 ff.
Hopt, Klaus J./Wiedemann, Herbert (Hrsg.), Großkommentar zum AktG, München/New York 4. Auflage,
1. Lieferung (Einleitung A-D) 1992
2. Lieferung (§§ 1-14) 1992
3. Lieferung (§§ 148-178) 1993
4. Lieferung (§§ 121-130) 1993
zitiert: GK⁴-*Bearbeiter*
Horn, Norbert, Die Haftung des Vorstands der AG gemäß § 93 AktG und die Pflichten des Aufsichtsrats, ZIP 1997, S. 1129 ff.
Huber, Ernst Rudolf, Grundgesetz und wirtschaftliche Mitbestimmung, Stuttgart/Berlin/ Köln/Mainz 1970
Huber, Herwart, Die „geplant beschlußlose" Hauptversammlung, ZIP 1995, S. 1740 ff.
Huber, Ulrich, Das Auskunftsrecht des Kommanditisten, ZGR 1982, S. 539 ff.
Hueck, Alfred, Der Treuegedanke im Recht der offenen Handelsgesellschaft, Festschrift für Rudolf Hübner, Jena 1935, S. 72 ff.
Hueck, Goetz, Gesellschaftsrecht, 19. Auflage, München 1991
Hüffer, Uwe, Aktiengesetz, 4. Auflage, München 1999
-- Anfechtungsbefugnis und Mindestanteilsbesitz - Vorschläge und Überlegungen zu einer gesetzlichen Neuorientierung, Festschrift für Hans Erich Brandner, Köln 1996, S. 57 ff.
-- Der korporationsrechtliche Charakter von Rechtsgeschäften - Eine hilfreiche Kategorie bei der Begrenzung von Stimmverboten in der GmbH?, Festschrift für Theodor Heinsius, Berlin/New York 1991, S. 337 ff.
-- Minderheitsbeteiligungen als Gegenstand aktienrechtlicher Auskunftsbegehren, ZIP 1996, S. 401 ff.
-- Zur gesellschaftsrechtlichen Treupflicht als richterrechtlicher Generalklausel, Festschrift für Ernst Steindorff, Berlin/New York 1990, S. 59 ff.
Hundert Jahre modernes Aktienrecht, siehe Schubert, Werner/Hommelhoff, Peter (Hrsg.)
Huppert, Walter, Recht und Wirklichkeit der Aktiengesellschaft, Berlin 1978
Immenga, Ulrich, Aktiengesellschaft, Aktionärsinteressen und institutionelle Anleger, Tübingen 1971
-- Der Preis der Konzernierung; Wirtschaftsordnung und Staatsverfassung, Festschrift für Franz Böhm, Tübingen 1975, S. 253 ff.

Isensee, Josef/Kirchhof, Paul, Handbuch des Staatsrechts der Bundesrepublik Deutschland, Band VI (Freiheitsrechte), 2. Auflage, Heidelberg 2001, zitiert: Hdb StaatsR

Jagenburg, Walter, Aktienrecht als Organisationsrecht, AG 1965, S. 156 ff.

Janberg, Hans, Das Auskunftsrecht des Aktionärs außerhalb der Hauptversammlung, AG 1965, S. 191 ff.

Joussen, Peter, Auskunftspflicht des Vorstandes nach § 131 AktG und Insiderrecht, DB 1994, S. 2485 ff.

-- Der Auskunftsanspruch des Aktionärs, AG 2000, S. 241 ff.

Junge, Werner, Anzeigepflichten und Publizität bei Beteiligungserwerb, Festschrift für Johannes Semler, Berlin/New York 1993, S. 473 ff.

Kallmeyer, Harald, Die Ausübung von Aktionärsrechten in der Hauptversammlung durch „Form-Aktionäre", AG 1998, S. 123 ff.

Kamprad, Balduin, Informations- und Auskunftspflichten über die steuerliche Tarifbelastung der Rücklagen im Jahresabschluß der AG?, AG 1991, S. 396 ff.

Karehnke, Klaus, Zum Auskunftsrecht des Aktionärs, AG 1968, S. 280 ff.

Kaserer, Christoph, Offenlegung stiller Reserven – eine internationale Perspektive, ZIP 1999, S. 2085 ff.

Katholnigg, Oskar, Auskunftsrecht des Aktionärs und „strafbare Handlung" im Referentenentwurf eines Aktiengesetzes, AG 1959, S. 304 f.

Klauss, Der arme Aktionär und seine Fragen, BB 1957, S. 732 ff.

Kluth, Winfried, Abschaffung von Mehrstimmrechtsaktien verfassungswidrig?, ZIP 1997, S. 1217 ff.

Koch, Eberhard, Fragen zur Entlastung nach § 120 AktG, AG 1969, S. 1 ff.

Kölner Kommentar zum Aktiengesetz, siehe Wolfgang Zöllner (Hrsg.)

Köhler, Helmut, Der Schadensersatz-, Bereicherungs- und Auskunftsanspruch im Wettbewerbsrecht, NJW 1992, S. 1477 ff.

Kort, Michael, Das Informationsrecht des Gesellschafters in der Konzernobergesellschaft, ZGR 1987, S. 46 ff.

-- Kurzkommentar zu OLG Koblenz, Beschluß vom 19.7.1995 - 6 W 274/95, EWiR § 132 AktG 1/95, S. 841 f.

-- Kurzkommentar zu LG München I, Beschluß vom 10.12.1998 - 5 HKO 10806/97, EWiR § 131 AktG 1/99, S. 241 f.

Krieger, Albrecht, Empfiehlt sich eine gesetzliche Regelung der Publikums-KG?, Festschrift für Walter Stimpel, Berlin/New York 1985, S. 307 ff.

Krieger, Gerd, Auskunftsanspruch der Aktionäre hinsichtlich der an anderen AG gehaltenen Anteile, DStR 1994, 177 ff.

Kronstein, Heinrich/Claussen, Carsten Peter, Publizität und Gewinnverteilung im neuen Aktienrecht, Frankfurt/M. 1960

Kropff, Bruno, Aktiengesetz, Düsseldorf 1965

-- Außenseiterschutz in der faktisch abhängigen „kleinen“ Aktiengesellschaft, ZGR 1988, S. 558 ff.
-- 25 Jahre Aktiengesetz - was waren die Ziele und was wurde erreicht?, in: Lutter (Hrsg.), 25 Jahre Aktiengesetz, Düsseldorf 1991, S. 19 ff.
-- Zur Konzernleitungspflicht, ZGR 1984, S. 112 ff.
-- Die Mobilisierung stiller Reserven nach neuem Recht, in: Baetge (Hrsg.) Rechnungs-legung, Finanzen, Steuern und Prüfung in den neunziger Jahren, Düsseldorf 1991, S. 64 ff.
Krüger, Herbert, Allgemeine Staatslehre, 2. Auflage, Stuttgart/Berlin/Köln/Mainz 1966
Kübler, Friedrich, Aktiengesellschaft und Privateigentum, ZHR 131 (1968), S. 255 ff.
-- Gesellschaftsrecht, 5. Auflage, Heidelberg 1998
-- Transparenz am Kapitalmarkt, AG 1977, S. 85 ff.
-- Unternehmensstruktur und Kapitalmarktfunktion - Überlegungen zur Krise der Aktiengesellschaft, AG 1981, S. 5 ff.
Kübler, Friedrich/Mendelsohn, Morris/Mundheim, Robert H., Die Kosten des Bezugsrechts, AG 1990, S. 461 ff.
Kübler, Friedrich/Schmidt, Walter/Simitis, Spiros, Mitbestimmung als gesetzgebungspolitische Aufgabe, Baden-Baden 1978
Kümpel, Siegfried, Aktuelle Fragen der Ad hoc-Publizität, AG 1997, S. 66 ff.
-- Zum Begriff der Insidertatsache, WM 1994, S. 2137 ff.
Küting, Karlheinz, Stille Rücklagen - ein betriebswirtschaftliches Phänomen, BB 1995, Beilage 15
Kuhn, Georg, Die Rechtsprechung des BGH auf dem Gebiete des Aktienrechts, WM 1966, S. 50 ff.
Kunze, Otto, Mitbestimmung in der Wirtschaft und Eigentumsordnung, RdA 1972, S. 257 ff.
Kutzenberger, Gerhard, Mitbestimmung der Aktionäre, Berlin 1964
Larenz, Karl, Lehrbuch des Schuldrechts, München
Band 1 (Allgemeiner Teil), 14. Auflage 1987; zitiert: SchR I
Band 2 Halbband 1 (Besonderer Teil), 13. Auflage 1986; zitiert: SchR II 1
-- Methodenlehre der Rechtswissenschaft, 6. Auflage, Berlin/Heidelberg 1991, zitiert: Methodenlehre
Leo, Hans-Christoph, Der Schutz der Aktionärsinteressen durch den Vorstand nach geltendem Aktienrecht, AG 1957, S. 152 ff.
Leuering, Dieter, Die Erteilung von Abschriften an Aktionäre, ZIP 2000, S. 2053 ff.
Leverkus, Johann Christian, Das Verhalten der Kleinaktionäre in seiner Bedeutung für die Eigentumspolitik, Berlin 1969
Löffler, Eugen, Der Konzern als Finanzintermediär, Wiesbaden 1991

Luther, Martin, Überlegungen zur Handhabung von Auskunftsrecht und Auskunftspflicht in Hauptversammlungen von Publikums-Aktiengesellschaften, Festschrift für Philipp Möhring zum 75. Geburtstag, München 1975, S. 221 ff.

Lutter, Marcus, Der Aktionär in der Marktwirtschaft, Berlin/New York 1973; zitiert: Aktionär

-- Due diligence des Erwerbers beim Kauf einer Beteiligung, ZIP 1997, S. 613 ff.

-- Die Eintragung anfechtbarer Hauptversammlungsbeschlüsse im Handelsregister, NJW 1969, S. 1873 ff.

-- Die entgeltliche Ablösung von Anfechtungsrechten - Gedanken zur aktiven Gleichbehandlung im Aktienrecht -, ZGR 1978, S. 347 ff.

-- Die Fortentwicklung des Aktienrechts durch die Rechtsprechung, in: Lutter (Hrsg.), 25 Jahre Aktiengesetz, Düsseldorf 1991, S. 53 ff.

-- Fragerecht und Informationsanspruch des Aktionärs und GmbH-Gesellschafters im Konzern, AG 1985, S. 117 ff.

-- Das Girmes-Urteil, JZ 1995, S. 1053 ff.

-- Information und Vertraulichkeit im Aufsichtsrat, 2. Auflage, Köln/Berlin/Bonn/Mün-chen 1984

-- Kurzkommentar zu OLG Düsseldorf, Beschluß vom 22.7.1986 - 19 W 2/86, EWiR § 131 AktG 3/86, S. 1055 f.

-- Organzuständigkeiten in Konzernen, Festschrift für Walter Stimpel, Berlin/New York 1985, S. 825 ff.

-- Theorie der Mitgliedschaft, AcP 180 (1980), S. 84 ff.

-- Die Treupflicht des Aktionärs, ZHR 153 (1989), S. 446 ff.

-- Treupflichten und ihre Anwendungsprobleme, ZHR 162 (1998), S. 164 ff.

-- Verfassungsrechtliche Grenzen der Mehrheitsherrschaft nach dem Recht der Kapitalgesellschaften, AG 1968, S. 73 ff.

-- Zukunft der Aktie, AG 1981, S. 21 ff.

-- Zum Informationsrecht des Gesellschafters nach neuem GmbH-Recht, ZGR 1982, S. 1 ff.

-- Zur Abwehr räuberischer Aktionäre, Festschrift 40 Jahre Der Betrieb, Stuttgart 1988, S. 193 ff.

-- Zur Treuepflicht des Großaktionärs, JZ 1976, S. 225 ff.

-- Zur Vorbereitung und Durchführung von Grundlagenbeschlüssen in Aktiengesellschaften, Festschrift für Hans Joachim Fleck, Berlin/New York 1988, S. 169 ff.

Lutter, Marcus (Hrsg.), Umwandlungsgesetz, Band I (§§ 1-151), 2. Auflage, Köln 2000; zitiert: Lutter-*Bearbeiter*

Lutter, Marcus/Leinekugel, Rolf, Der Ermächtigungsbeschluß der Hauptversammlung zu grundlegenden Strukturmaßnahmen - zulässige Kompetenzübertragung oder unzulässige Selbstentmachtung?, ZIP 1998, S. 805 ff.

Luttermann, Claus, Kurzkommentar zu BVerfG, 1. Kammer, Beschluß vom 20.9.1999 - 1 BvR 168/93, EWiR § 131 AktG 2/99, S. 1033 f

Marsch-Barner, Reinhard, Anmerkung zu LG Berlin, Urteil vom 26. Mai 1994 (104 O 19/94), WuB II A. § 131 AktG 6.94

-- Zum Auskunftsrecht des Aktionärs in der Hauptversammlung, zugleich Anmerkung zum Beschluß des OLG Frankfurt vom 22.7.1983, WM 1984, S. 41 ff.

Martens, Klaus-Peter, Der Ausschluß des Bezugsrechts, ZIP 1992, S. 1677 ff.

-- Der Bezugsrechtsausschluß anläßlich eines ausländischen Beteiligungserwerbs, Festschrift für Ernst Steindorff, Berlin/New York 1990, S. 151 ff.

-- Die Leitungskompetenzen auf der Hauptversammlung einer Aktiengesellschaft, WM 1981, S. 1010 ff.

-- Mehrheits- und Konzernherrschaft in der personalistischen GmbH, Köln 1970

Matthes, Gottfried (Hrsg.), Aktienrecht, Berlin 1937

Maunz, Theodor/Dürig, Günter/Herzog, Roman/Scholz, Rupert, Grundgesetz Kommentar, Band II (Art. 12-21), München, Stand: August 2000, zitiert: M/D/H/S-*Bearbeiter*

May, Peter, Die Sicherung des Familieneinflusses auf die Führung der börsennotierten Aktiengesellschaft, Köln 1992

Meier-Schatz, Christian J., Wirtschaftsrecht und Unternehmenspublizität, Zürich 1989

Meilicke, Heinz, Ist die Tarifbelastung des verwendbaren Eigenkapitals im Jahresabschluß der AG und gegenüber den Aktionären offenzulegen?, BB 1991, S. 241 ff.

Meilicke, Heinz/Heidel, Thomas, Das Auskunftsrecht des Aktionärs in der Hauptversammlung, DStR 1992, S. 72 ff. (Teil I) und S. 113 ff. (Teil II)

Mertens, Hans-Joachim, Anmerkung zu BGH, Urteil vom 9. Februar 1987 (II ZR 119/86), WuB II A. § 131 AktG 1.88

-- § 51 a GmbHG und die kapitalistisch strukturierte GmbH, Festschrift für Winfried Werner, S. 557 ff., Berlin/New York 1984

-- Das Minderheitsrecht nach § 122 Abs. 2 AktG und seine Grenzen, AG 1997, S. 481 ff.

Mertens, Kai, Die Information des Erwerbers einer wesentlichen Unternehmensbeteiligung an der Aktiengesellschaft durch deren Vorstand, AG 1997, S. 541 ff.

Mestmäcker, Ernst-Joachim, Verwaltung, Konzerngewalt und Rechte der Aktionäre, Karlsruhe 1958

Meyer-Landrut, Joachim, Der „Mißbrauch" aktienrechtlicher Minderheits- oder Individualrechte, insbesondere des Auskunftsrechts, Festschrift für Wolfgang Schilling, Ber-lin/New York 1973, S. 235 ff.

Möllers, Thomas M. J., Anlegerschutz durch Aktien- und Kapitalmarktrecht, ZGR 1997, S. 334 ff.

Moxter, Adolf, Zum neuen Bilanzrechtsentwurf, BB 1985, S. 1101 ff.

Mülbert, Peter O., Aktiengesellschaft, Unternehmensgruppe und Kapitalmarkt, München 1995

-- Shareholder Value aus rechtlicher Sicht, ZGR 1997, S. 129 ff.

Müller, Hans-Friedrich, Anmerkung zu BayObLG, Beschluß vom 23. August 1996 (3 Z BR 130/95), WuB II A. § 131 AktG 2.97

Müller-Erzbach, Rudolf, Das private Recht der Mitgliedschaft als Prüfstein eines kausalen Rechtsdenkens, Weimar 1948

Münchener Handbuch des Gesellschaftsrechts, Band 4, Aktiengesellschaft, 2. Auflage, München 1999, zitiert: *Bearbeiter* in: Münch.Hdb AG

Münchener Kommentar zum Bürgerlichen Gesetzbuch, München
Band 1 Allgemeiner Teil (§§ 1-240; AGB-Gesetz), 4. Auflage, 2001
Band 2 Schuldrecht Allgemeiner Teil (§§ 241-432), 3. Auflage, 1994
Band 4 Schuldrecht Besonderer Teil II (§§ 607-704 BGB), 3. Auflage, 1997; zitiert: MüKo-*Bearbeiter*

Neuburger, August, Das Auskunftsrecht des Aktionärs, BB 1957, S. 1045 ff.

Neye, Hans-Werner, Harmonisierung der Mitteilungspflichten zum Beteiligungsbesitz von börsennotierten Aktiengesellschaften, ZIP 1996, S. 1853 ff.

Nirk, Rudolf/Reuter, Hans-Peter/Bächle, Hans-Ulrich, Handbuch der Aktiengesellschaft, Band I, 3. Auflage, Köln 1994 (Stand: Oktober 2000)

Nitschke, Manfred/Bartsch, Hans-Jürgen, Über Bedeutung und Umfang des Auskunftsrechts, insbesondere im Zusammenhang mit Entlastungsbeschlüssen, AG 1969, S. 95 ff.

Noack, Ulrich, Anmerkung zu KG, Beschluß vom 26. 8. 1993 - 2 W 6111/92 -, DZWir 1994, S. 121 ff.

-- Kurzkommentar zu KG, Beschluß vom 30.6.1994 - 2 W 4531 und 4642/93 -, EWiR § 131 AktG 1/94, S. 833 f.

-- Kurzkommentar zu KG, Beschluß vom 24.8.1995 - 2 W 1255/95 -, EWiR § 131 AktG 2/95, S. 1047 f.

Obermüller, Walter, Auskunftspflicht über Vorstandsbezüge?, BB 1960, S. 390 ff.

-- Die Diskussion in der Hauptversammlung der Aktiengesellschaft, DB 1962, S. 827 ff.

-- Einsichtnahme in das Teilnehmerverzeichnis durch Pressevertreter in der Hauptversammlung einer AG, NJW 1969, 265

-- Nochmals: Auskunftspflicht über Vorstandsbezüge, BB 1960, S. 689 ff.

Obermüller, Walter/Werner, Winfried/Winden, Kurt, Die Hauptversammlung der Aktiengesellschaft, 3. Auflage, Düsseldorf, 1967
Oehler, Andreas/Mesel, Karin, Kleinanleger als stabilisierender Faktor für die deutschen Wertpapiermärkte, Die Bank 1990, S. 560 ff.
Oettmeier, Michael, Ausgestaltung von Genußrechten und Genußscheinen, Diss. Bayreuth 1989
Pabst, Das Auskunftsrecht des Aktionärs, BB 1956, 149 ff.
Palandt, Bürgerliches Gesetzbuch, 60. Auflage, München 2001; zitiert: Palandt-*Bearbeiter*
Papier, Hans-Jürgen, Unternehmen und Unternehmer in der verfassungsrechtlichen Ordnung der Wirtschaft, VVDStRL 35 (1977), S. 55 ff.
Pflugradt, Michael, Leistungsklagen zur Erzwingung rechtmäßigen Vorstandsverhaltens in der Aktiengesellschaft, München 1990
Plessen, Christian Friedrich von, Qualifizierte Mitbestimmung und Eigentumsgarantie, Köln/Berlin/Bonn/München 1969
Priester, Hans-Joachim, Anmerkung zu BGH, Urteil vom 21.4.1997 - II ZR 175/95 -, EWiR § 112 AktG 1/97, S. 677 f.
-- Das neue Verschmelzungsrecht, NJW 1983, S. 1459 ff.
Quack, Karlheinz, Beschränkungen der Redezeit und des Auskunftsrechts des Aktionärs, AG 1985, S. 145 ff.
-- Das Rederecht des Aktionärs in der Hauptversammlung, Festschrift für Hans Erich Brandner, Köln 1996, S. 113 ff.
Quassowski, Leo, Die Publizität im neuen Aktienrecht, Beiträge zur Erläuterung des Deutschen Rechts 1932, S. 401 ff.
Raiser, Ludwig, Rechtsschutz und Institutionenschutz im Privatrecht, summum ius, summa iniuria, Tübingen 1963, S. 145 ff.
Raiser, Thomas, Pflicht und Ermessen von Aufsichtsratsmitgliedern, NJW 1996, S. 552 ff.
Rechenberg, Wolf-Georg Freiherr von, Die Hauptversammlung als oberstes Organ der Aktiengesellschaft, Heidelberg 1986
Reckinger, Gabriele, Vorzugsaktien in der Bundesrepublik, AG 1983, S. 216 ff.
Reinhardt, Rudolf, Aktienrecht und Eigentumsordnung, Festschrift für Walter Schmidt, Berlin 1959, S. 23 ff.
-- Die Problematik der Aktienrechtsreform, in: Marburger Aussprache zur Aktienrechtsreform, Marburg 1959, S. 9 ff.
Reinhart, Alexander, Die Auswirkungen der Rechnungslegung nach „International Accounting Standards" auf die betragsmäßige Ergebnisanalyse deutscher Jahresabschlüsse, BB 1998, S. 1355 ff.
Reinicke, Gerhard, Das Auskunftsrecht des Aktionärs, in: Beiträge zur Aktienrechtsreform, Heidelberg 1959, S. 117 ff.
Reinisch, Armin, Der Ausschluß von Aktionären aus der Aktiengesellschaft, Köln 1992

Reischauer, Friedrich/Kleinhans, Joachim, Gesetz über das Kreditwesen, Band I, Stand Ergänzungslieferung 1/87, Berlin

Reuter, Alexander, Das Auskunftsrecht des Aktionärs - neuere Rechtsprechung zu § 131 AktG, DB 1988, S. 2615 ff.

-- § 51 a GmbHG - Quo Vadis?, BB 1986, S. 1653 ff.

Reuter, Dieter, Ansätze eines Konzernrechts der Personengesellschaft in der höchstrichterlichen Rechtsprechung, AG 1986, S. 130 ff.

-- Der Beirat der Personengesellschaft, Festschrift für Ernst Steindorff, Berlin/New York 1990, S. 229 ff.

-- Genuß ohne Reue?, AG 1985, S. 104 ff.

-- Welche Maßnahmen empfehlen sich, insbesondere im Gesellschafts- und Kapitalmarktrecht, um die Eigenkapitalausstattung der Unternehmen langfristig zu verbessern?, Gutachten B für den 55. Deutschen Juristentag, München 1984

Richter, Martin, Die Sicherung der aktienrechtlichen Publizität durch ein Aktienamt, Köln/Berlin/Bonn/München 1975

Rieger, Bodo/Schockenhoff, Martin, Das Unbedenklichkeitsverfahren zur Eintragung der Umwandlung ins Handelsregister, ZIP 1997, S. 2105 ff.

Risse, Heinz, Das Recht des Aktionärs auf Auskunft über Steuerbilanz und stille Reserven, BB 1958, S. 349 f.

Rittner, Fritz, Anmerkung zu OLG Düsseldorf, Urteil vom 22.6.1995 - 6 U 104/94 -, EWiR § 116 AktG 1/95, S. 629 f.

-- Die handelsrechtliche Publizität außerhalb der Aktiengesellschaft, in: Verhandlungen des 45. Deutschen Juristentages, Band I (Gutachten) Teil 4, München/Berlin 1964

-- Unternehmensverfassung und Eigentum, Festschrift für Wolfgang Schilling, Berlin/New York 1973, S. 363 ff.

Roth, Günther H., Unternehmensverfassung, Vermögensbeteiligung und Anlegerschutz, AG 1976, S. 176 ff.

Saenger, Ingo, Hinzuziehung von Stellvertreter oder Beistand bei Beschlußfassung und Kontrolle im Gesellschaftsrecht, NJW 1992, S. 348 ff.

-- Kurzkommentar zu OLG München, Urteil vom 26.4.1996 - 23 U 4586/95, EWiR § 119 AktG 2/97, S. 1109 f.

-- Mehrstimmrechte bei Aktiengesellschaften, ZIP 1997, S. 1813 ff.

-- Zum Auskunftsanspruch des Aktionärs über Minderheitsbeteiligungen, DB 1997, S. 145 ff.

Schaaf, Andreas, Publikumshauptversammlung und Rederecht, ZIP 1997, S. 1324 ff.

Schäfer, Sebastian, Das Recht des Aktionärs auf Auskunft über Beteiligungen, Köln 1999

Schäffer, Fritz, Die Aktienrechtsreform und ihre Probleme, BB 1958, S. 1253 ff.

Schilling, Wolf Ulrich, Shareholder Value und Aktiengesetz, BB 1997, S. 373 ff.
Schilling, Wolfgang, Anmerkung zu BGH, Urteil vom 23.11.1961 (II ZR 4/60), JZ 1962, S. 410 ff.
Schippert, Richard, Die Entlastung des Vorstandes und des Aufsichtsrates in Aktiengesellschaften, BB 1958, S. 1191 ff.
Schlaus, Wilhelm, Eine Zwischenbilanz zum Aktiengesetz 1965, DB 1972, S. 374 ff.
Schlegelberger, Franz/Quassowski, Leo, Aktiengesetz, 3. Auflage, Berlin 1939
Schlömer, Robert, Das aktienrechtliche Überwachungssystem unter Berücksichtigung der Besonderheiten von Unternehmenskrisen, Bergisch Gladbach/Köln 1985
Schmidt, Karsten, Die Gesellschaft bürgerlichen Rechts, Gutachten und Vorschläge zur Überarbeitung des Schuldrechts, Band III, Köln 1983, S. 413 ff
-- Gesellschaftsrecht, 3. Auflage, Köln/Berlin/Bonn/München 1997; zitiert: GesR
-- Informationsrechte in Gesellschaften und Verbänden, ZHR Beiheft Nr. 57, Heidelberg 1984; zitiert: Informationsrechte
-- „Insichprozesse“ durch Leistungsklagen in der Aktiengesellschaft?, ZZP 92 (1979), S. 212 ff.
-- Kapitalersetzende Bankenkredite?, ZHR 147 (1983); S. 165 ff.
-- Das neue Auskunfts- und Einsichtsrecht des GmbH-Gesellschafters in: Das neue GmbH-Recht in der Diskussion, Centrale für GmbH Dr. Otto Schmidt (Hrsg.), Köln 1981, S. 87 ff.
-- Zivilistische Rechtsfiguren zwischen Rechtsdogmatik und Rechtspolitik. Exemplarisches zum Programm der Ringvorlesung, in: Karsten Schmidt (Hrsg.), Rechtsdogmatik und Rechtspolitik, Berlin 1990, S. 9 ff.
Schneider, Uwe H., Anmerkung zu LG Frankfurt/M., Urteil vom 15. Februar 1989 (3/8 O 134/88), WuB II A. § 131 AktG 1.89
-- Anwendungsprobleme bei den kapitalmarktrechtlichen Vorschriften zur Offenlegung von wesentlichen Beteiligungen (§§ 21 ff WpHG), AG 1997, S. 81 ff.
-- Genußrechte an Konzernunternehmen, Festschrift für Reinhard Goerdeler, Düsseldorf 1987, S. 511 ff.
-- Sonderrecht für Publikumspersonengesellschaften, ZHR 142 (1978), S. 228 ff.
Schneider, Uwe H./Burgard, Ulrich, Transparenz als Instrument der Steuerung des Einflusses der Kreditinstitute auf Aktiengesellschaften, DB 1996, S. 1761 ff.
Schockenhoff, Martin, Gesellschaftsinteresse und Gleichbehandlung beim Bezugsrechtsausschluß, Köln/Berlin/Bonn/München 1988

Schönle, Herbert, Der Entlastungsbeschluß im deutschen Gesellschaftsrecht, ZHR 126 (1964), S. 199 ff.

Scholz, Kommentar zum GmbH-Gesetz II. Band (§§ 45-85), 8. Auflage, Köln 1995

Schredelseker, Klaus, Eigentümerkontrolle in der großen Aktiengesellschaft, Frankfurt/M. 1975

Schubert, Werner/Hommelhoff, Peter (Hrsg.), Hundert Jahre modernes Aktienrecht, Berlin/New York 1985

Schulenberg, Matthias, Die Antragsberechtigung gemäß §§ 15, 305 ff. UmwG und die „Informationslast" des Antragstellers im Spruchverfahren, AG 1998, S. 74 ff.

Schuler, Hans, Auskunftsrecht der Aktionäre über Vorstandsbezüge, NJW 1962, S. 841 ff.

Schulze-Osterloh, Joachim, Der gemeinsame Zweck der Personengesellschaften, Berlin/New York 1973

Schwark, Eberhard, Anlegerschutz durch Wirtschaftsrecht, München 1979

-- Gesellschaftsrecht und Kapitalmarktrecht, Festschrift für Walter Stimpel, Berlin/New York 1985, S. 1087 ff.

-- Kapitalanlegerschutz im deutschen Gesellschaftsrecht, ZGR 1976, S. 271 ff.

-- Lücken im Anlegerschutz, ZRP 1973, S. 7 ff.

Schwerdtfeger, Gunther, Unternehmerische Mitbestimmung der Arbeitnehmer und Grundgesetz, Frankfurt/M. 1972

Seifert, Peter, Zum Auskunftsanspruch des Aktionärs nach neuem Aktienrecht, AG 1967, S. 1 ff.

Semler, Johannes, Erläuterungs- und Lagebericht, Quartalsberichte sowie Formen der Publizität, ZfbF 1980 Sonderheft 10, S. 177 ff.

-- Leitung und Überwachung der Aktiengesellschaft, 2. Auflage, Köln/Berlin/Bonn/Mün-chen 1996

Simon, Jürgen, Der „verschwundene Aktionär", AG 1996, S. 540 ff.

Siegel, Theodor/Bareis, Peter/ Rückle, Dieter/Schneider, Dieter/Sigloch, Jochen/Streim, Hannes/Wagner, Franz W., Stille Reserven und aktienrechtliche Informationspflichten, ZIP 1999, S. 2077 ff.

Soergel, Hans Theodor (Begr.), Bürgerliches Gesetzbuch, Stuttgart/Berlin/Köln/Mainz
Band 2 Schuldrecht I (§§ 241-432), 12. Auflage, Stand: Juli 1990
Band 4/2 Schuldrecht III/2 (§§ 651a-704) 12. Auflage, Stand: Frühjahr 1999
zitiert: Soergel-*Bearbeiter*

Sonnenschein, Jürgen, Die Eingliederung im mehrstufigen Konzern, BB 1975, S. 1088 ff.

-- Organschaft und Konzerngesellschaftsrecht, Baden-Baden 1976

Spindler, Gerald, Deregulierung des Aktienrechts?, AG 1998, S. 53 ff.

-- Internet und Corporate Governance – ein virtueller (T)Raum?, ZGR 2000, S. 420 ff.

Spitze, Peter Alexander/Diekmann, Hans, Verbundene Unternehmen als Gegenstand des Interesses von Aktionären, ZHR 158 (1994), S. 447 ff.

Staub Großkommentar zum Handelsgesetzbuch,
3. Auflage, 2. Band 1. Halbband (§§ 105-144), Berlin/New York 1973
4. Auflage, Berlin/New York, 11. Lieferung (§§ 238-245 u. §§ 257-263) September 1988, 12. Lieferung (§§ 105-113) November 1988
zitiert: Staub-*Bearbeiter*

Stebut, Dietrich von, Geheimnisschutz und Verschwiegenheitspflicht im Aktienrecht, Köln/Berlin/Bonn/München 1972

Stengel, Arndt, Anmerkung zu BayObLG, Beschluß vom 20. März 1996 (3Z BR 324/95), WuB II A. § 131 AktG 4.96

Strauß, Walter, Die Rechtsstellung des Aktionärs, in: Marburger Aussprache zur Aktienrechtsreform, Marburg 1959, S. 15 ff.

Stürner, Rolf, Die Aufklärungspflicht der Parteien des Zivilprozesses, Tübingen 1976

Stützel, Wolfgang, Bemerkungen zur Bilanztheorie, ZfB 1967, S. 314 ff.

Stützle, Rudolf, Anmerkung zu LG Dortmund, Beschluß vom 19. Februar 1987 (18 AktE 2/86), WuB II A. § 131 2.87

-- Anmerkung zu OLG Düsseldorf, Beschluß vom 5. November 1987 (19 W 6/87), WuB II A. § 131 AktG 2.88

Tellis, Nikolaos, Die Rechtsnatur der gesellschaftsrechtlichen Entlastung und die Entlastungsklage, München 1988

Thümmel, Roderich C.; Zu den Pflichten des Aufsichtsrats bei der Verfolgung von Haftungsansprüchen gegenüber dem Vorstand der AG, DB 1997, S. 1117 ff.

Tuhr, Andreas von, Der allgemeine Teil des deutschen Bürgerlichen Rechts, Band II 2. Hälfte, Berlin (Nachdruck) 1957

Timm, Wolfram, Das neue GmbH-Recht in der Diskussion, GmbHR 1980, S. 286 ff.

-- Kurzkommentar zu LG Dortmund, Beschluß vom 25.10.1985 - 18 AktE 2/85, EWiR § 131 AktG 1/86, S. 7 f.

-- Treuepflichten im Aktienrecht, WM 1991, S. 481 ff.

-- Zur Bedeutung des „Hoesch"-Urteils für die Fortentwicklung des Konzern- und Verschmelzungsrechts, JZ 1982, S. 403 ff.

Trouet, Klaus, Die Hauptversammlung - Organ der Aktiengesellschaft oder Forum Aktionäre?, NJW 1986, S. 1302 ff.

Ulmer, Peter, Kündigungsschranken im Handels- und Gesellschaftsrecht, Festschrift für Philipp Möhring zum 75. Geburtstag, München 1975, S. 295 ff.

Ulmer, Peter/Dopfer, Jürgen, Anlegerschutz und Gesellschaftsrecht, BB 1978, S. 461 ff.

Veelken, Winfried, Der Betriebsführungsvertrag im deutschen und amerikanischen Aktien- und Konzernrecht, Baden-Baden 1975

Vogel, C. Wolfgang, Aktienrecht und Aktienwirklichkeit - Organisation und Aufgabenverteilung von Vorstand und Aufsichtsrat, Baden-Baden 1980

Vollmer, Lothar, Der Genußschein - ein Instrument für mittelständische Unternehmen zur Eigenkapitalbeschaffung an der Börse, ZGR 1983, S. 445 ff.

Vollmer, Lothar/Lorch, Bernhard, Der Ausschluß des Bezugsrechts von Minderheitsaktionären auf Genußscheine und andere stimmrechtslose Titel, DB 1991, S. 1313 ff.

Vossel, Herbert, Auskunftsrechte im Aktienkonzern, Köln/Berlin/Bonn/München 1996

-- Zum Auskunftsrecht des Aktionärs im Konzern, ZIP 1988, S. 755 ff.

Wagner, Franz W., Allokative und distributive Wirkungen der Ausschüttungskompetenzen von Hauptversammlung und Verwaltung einer Aktiengesellschaft, ZGR 1988, S. 210 ff

Weitbrecht, Andreas/Wilken, Oliver, Publizität, Anlegerschutz und Gesellschaftsrecht im Europäischen Kapitalmarktrecht, EWS 1994, 418 ff.

Wenger, Ekkehard, Anmerkung zu KG, Beschluß vom 26.8.1993 - 2 W 6111/92, ZIP 1993, S. 1622 ff.

Wenninger, Renate, Die aktienrechtliche Schweigepflicht, Zürich 1983

Werder, Axel von, Shareholder Value-Ansatz als (einzige) Richtschnur des Vorstandshandelns?, ZGR 1998, S. 69 ff.

Werner, Winfried, Anmerkung zu OLG Düsseldorf, Beschluß vom 22. Juli 1986 (19 W 2/86), WuB II A. § 131 AktG 1.87

-- Anmerkung zu BGH, Urteil vom 18. Dezember 1989 (II ZR 254/88), WuB II A. § 340a AktG 4.90

-- Anmerkung zu OLG Düsseldorf, Beschluß vom 17. Juli 1991 (19 W 2/91), WuB II A. § 132 AktG 1.92

-- Bekanntmachung der Tagesordnung und bekanntmachungsfreie Anträge, Festschrift für Hans Joachim Fleck, Berlin/New York 1988, S. 401 ff.

-- Der erste Kommentar zum neuen Aktiengesetz, AG 1967, 122 ff.

Westermann, Harm Peter, Anmerkung zu OLG Frankfurt, Urteil vom 6. November 1990 (5 U 191/84), WuB II A. § 243 AktG 1.91

Wiedemann, Herbert, Gesellschaftsrecht Band I (Grundlagen), München 1980, zitiert: GesR I

-- Grundfragen der Unternehmensverfassung, ZGR 1975, S. 385 ff.

-- Der Kapitalanlegerschutz im deutschen Gesellschaftsrecht, BB 1975, S. 1591 ff.

-- Organverantwortung und Gesellschafterklagen im Gesellschaftsrecht, Opladen 1989

-- Die Übertragung und Vererbung von Mitgliedschaftsrechten bei Handelsgesellschaften, München/Berlin 1965

Widmann, Siegfried/Mayer, Dieter (Hrsg.), UmwR, Bonn, Stand: April 2001

Wiethölter, Rudolf, Interessen und Organisation der Aktiengesellschaft im amerikanischen und deutschen Recht, Karlsruhe 1961

-- Die Publizitätsinteressen der Anteilseigner, in: Das Frankfurter Publizitätsgespräch, Carl Hans Barz u.a. (Hrsg.), Frankfurt/M. 1962, S. 33 ff.

Wilde, Christian, Informationsrechte und Informationspflichten im Gefüge der Gesellschaftsorgane, ZGR 1998, S. 423 ff.

Wilhelm, Jan, Konzernrecht und allgemeines Haftungsrecht, DB 1986, S. 2113 ff.

-- Inkompetenz des Aktionärs und Auskunfts- und Klagerecht, DB 2001, S. 520 ff.

Wilhelmi, Hans, Das neue Aktiengesetz, AG 1965, S. 153 ff.

Wilhelmi, Sylvester, Probleme zum aktienrechtlichen Auskunftsrecht, NJW 1968, S. 731 ff.

Wilken, Oliver, Kurzkommentar zu LG Frankfurt/M, Beschluß vom 16.9.1994 - 3/3 O 83/92, EWiR § 132 AktG 1/94, S. 1155 f

-- Kurzkommentar zu KG, Beschluß vom 24.8.1995 - 2 W 4557/94, EWiR § 131 AktG 1/95, S. 943 f

Windbichler, Christine, Kurzkommentar zu BGH, Urteil vom 15.6.1992 - II ZR 18/91, EWiR § 295 AktG 1/92, S. 953 f.

Winkler von Mohrenfels, Peter, Abgeleitete Informationsleistungspflichten im deutschen Zivilrecht, Berlin 1986

Winter, Martin, Mitgliedschaftliche Treubindungen im GmbH-Recht, München 1988

Wischenbart, Maresa, Informationsbedarf und Informationsrecht im Gesellschaftsrecht, Frankfurt/M./Bern 1986

Witt, Carl-Heinz, Vorschlag für eine Zusammenfügung der §§ 21 ff. WpHG und des § 20 AktG zu einen einzigen Regelungskomplex, AG 1998, S. 171 ff.

-- Anmerkung zu BVerfG, Beschlüsse vom 20. September 1999 (1 BvR 636/95 u. 1 BvR 168/93), WuB II A. § 131 AktG 1.00

-- Das Informationsrecht des Aktionärs und seine Durchsetzung in den USA, Großbritannien und Frankreich, AG 2000, S. 257 ff.

Witte, Andreas, Zum Informationsrecht des Gesellschafters einer mitbestimmten GmbH, ZGR 1998, S. 151 ff.

Wittkowski, Dirk, Anmerkung zu LG Frankfurt a.M., Beschluß vom 16. September 1994 (3/3 O 83/92), WuB II A. § 131 AktG 2.95

-- Kurzkommentar zu KG, Beschluß vom 26.8.1993 - 2 W 6111/92, EWiR § 131 AktG 2/93, S. 1043 f.

Wohlleben, Hermann Peter, Informationsrechte des Gesellschafters, Köln/Berlin/Bonn/München 1989
Wolany, Josef, Zu den Grundlagen und Grenzen des Auskunftsrechts des Aktionärs, Sonderbeilage zu AG 1959
Würdinger, Hans, Aktienrecht und das Recht der verbundenen Unternehmen, 4. Auflage, Heidelberg; Karlsruhe 1981
Zacher, Hans F., Der Regierungsentwurf eines Mitbestimmungsgesetzes und die Grundrechte des Eigentums, der Berufsfreiheit und der Vereinigungsfreiheit, Festschrift für Horst Peters, Stuttgart/Berlin/Köln/Mainz 1975, S. 223 ff.
Zempelin, Hans Günther, Fragen der Aufsichtsratshaftung, AcP 155 (1956), S. 209 ff.
Zöllner, Wolfgang, Kontrollrechte des einzelnen Aktionärs: Beschränkung, Erweiterung und Mißbrauchsbekämpfung, in: Reformbedarf im Aktienrecht, Semler, Johannes/Hommelhoff, Peter/Doralt, Peter/Druey, Jean Nicolas, (Hrsg.), Berlin/New York 1994, S. 147 ff.
-- Rechtssubjektivität von Personengesellschaften?, Festschrift für Joachim Gernhuber, Tübingen 1993, S. 563 ff.
-- Die sogenannten Gesellschafterklagen im Kapitalgesellschaftsrecht, ZGR 1988, S. 392 ff.
Zöllner, Wolfgang (Hrsg.) Kölner Kommentar zum Aktiengesetz, Köln/Berlin/Bonn/ München; zitiert: KK-*Bearbeiter*
1. Auflage:
Einleitungs-Band 1984
Band 1 (§§ 1-147) 1985,
Band 2 (§§ 148-290) 1985
2. Auflage:
Band 4 (Rechnungslegung), Stand: September 1989 (§§ 238-289 HGB)
Band 5/1 (§§ 179-240), Stand: August 1989 (§§ 179-220), März 1993 (§§ 221-240)
Band 6, 1. Lieferung, Stand: Mai 1987
Zöllner, Wolfgang/Hanau, Hans, Die verfassungsrechtlichen Grenzen der Beseitigung von Mehrstimmrechten bei Aktiengesellschaften, AG 1997, S. 206 ff.

FSC
www.fsc.org
MIX
Papier | Fördert gute Waldnutzung
FSC® C083411

Kolibri 360 GmbH
Ferdinand-Jühlke-Straße 7
99095 Erfurt, Deutschland
produktsicherheit@kolibri360.de

Druck:
CPI Druckdienstleistungen GmbH
im Auftrag der
Kolibri 360 GmbH
Ferdinand-Jühlke-Str. 7
99095 Erfurt